U0567399

史学、经学与思想

—— 在世界史背景下对于中国古代历史文化的思考

（增订版）

刘家和　著

商务印书馆
The Commercial Press

图书在版编目（CIP）数据

史学、经学与思想：在世界史背景下对于中国古代历史文化的思考 / 刘家和著. — 增订本. — 北京：商务印书馆，2024
ISBN 978-7-100-20584-9

Ⅰ.①史… Ⅱ.①刘… Ⅲ.①史学—研究—中国—古代②古典哲学—研究—中国 Ⅳ.① K220.7 ② B215

中国版本图书馆 CIP 数据核字（2022）第 007097 号

史学、经学与思想
——在世界史背景下对于中国古代历史文化的思考
（增订版）

刘家和 著

商 务 印 书 馆 出 版
（北京王府井大街 36 号 邮政编码 100710）
商 务 印 书 馆 发 行
北京新华印刷有限公司印刷
ISBN 978-7-100-20584-9

2024 年 3 月第 1 版　　　　开本 710×1000　1/16
2024 年 3 月北京第 1 次印刷　　印张 28

定价：128.00 元

初版序

　　这本小书收集了我近十年来所写一些主要论文，凡二十一篇。原来以为，这些拙文平平庸庸，编起来与其说是供人参考，不如说是更便于接受多方面的指教，还写什么序言？可是，出版者的盛情难却，就只好写了。那么，又该写一点什么呢？想了许久，觉得读者在见到此书但尚未批阅以前可能就有一些需要事先了解的问题，所以就以设为问答的形式来下笔。

　　或问：这既然是一本论文集，为何不直接题为某某文集或用一个书斋雅号之类的词来作文集之名，却用"史学"、"经学"、"思想"这样一些概念外延既广而内涵又极丰富的词语来作书名呢？名实能相副吗？

　　对曰：这正是我首先要说明的问题。文集如此题名，非敢虚张声势以表示它能囊括一切史学、经学与思想之内容，其实这也是绝对不可能的。之所以这样题书名，那是因为书里的内容涉及了这三个方面，不出这三个方面以外。如果说此外还有一点微意，那就是就个人学力所及的范围说明此三者之间的关系，以探讨中国历史与史学之特点。当然，我知道，兹事体大，而个人学力有限，姑且作一些粗浅尝试，如能起一点抛砖引玉的作用，那就算万幸了。

　　或又问：你是学历史的，怎么会涉及这样三个方面？

　　对曰：这就要说一点个人的读书学习过程了。从早年读中国典籍的时候起，我就是在经史不分的状况里度过的。《春秋》《左传》是经是史？这个问题原先基本没有想过。以后，我长期从事世界古代史与中国古代史的教学与研究工作，在研究古代印度史的时候遇到了"经学"的问题，即婆罗门教和佛教的经学问题；不过，那些经学只是其历史内容的一部分，而与史学无关，甚至"道不同，不相为谋"。因为，那些宗教的经学所关注的终极目标在于彼岸世界，而史学所关注的目标的最大极限仍然不出此岸世界。在古印度的学术史上，既然宗教的经学占据了支配的地位，所以为史学留下的余地自然也就不多了。

在研究古希腊史的时候，不难发现那里有发达的史学。不过，那里有百家之学（在中国称诸子之学），而无经学。如果一定要找出与中国经学相类似的义理之学，那就是哲学。可是，古希腊的哲学植根于逻辑理性的土壤中，坚信真理只能在永恒的不变中去把握，具有实质主义（substantialism）的特点，而实质主义具有反历史的倾向。所以，古希腊的哲学与史学之间也有一条鸿沟。而且，古希腊的"第一哲学"（形而上学）为纯思辨的学问，为智慧而求智慧，而不求任何具体的实用之价值，所以也与史学之重总结历史经验的经世致用目标颇异其趣。

古代中国有发达的史学与经学，而且二者之间相互关系密切。中国的经学（甚至诸子之学）则一般皆植根于历史主义的土壤之中，坚信真理只能从变化的动态中去把握，具有反实质主义的历史倾向；所以，史学与经学之间相互沟通。而且，中国古代哲学主体为历史智慧之学，以经世致用为目标，所以与历史学之经世致用的目标恰好互为表里。

正因为这样，在我研究中国古代史学的时候就感觉到无法离开经学。特别是我对中国历史的研究重在先秦、两汉阶段，所以尤其深感二者的相辅相成，惟其如此，才能相得益彰。

或又问："六经皆史"之说，可说人所共知，你现在还强调经史关系密切，又有什么自己的新特点呢？

对曰：章学诚讲"六经皆史"，李宗侗教授又把这一观念追溯到唐代，其实再上溯到司马迁也是可以的。可以说，从司马迁到张之洞，不知有多少学者谈到了经史关系的密切。他们或从义理推求的角度，或从文献考证的角度（包括文字训诂）发现了二者关系的密切。对于这些，我深深受惠于前人，是绝对不能忘记的。如果说拙作还有一些微小的新意，那就是：我是在中外古史比较研究中再认识中国史学与经学关系的特性的，此其一；又窃以为，以史学与经学相结合的方法研究中国古史，不仅有助于对中国古代历史与学术思想的理解，而且也有助于对中国史学在世界史学上的特殊个性与中西异同的理解，此其二；而且，我试图通过中国古代史学与经学密切关系的研究，来探讨中西古代理性结构的异同，试图从一个更深的层面了解中西文化特点的异同，此其三。当然，对于我来说，这很可能是一种奢望，它很难在我这样学力有限的人身上得到实现；不过自己总有一种不能自已的学术冲动，心向往之。个人学术研究的成败算不了什么，只要认真严肃地做，即使失败，其错误的教训也可以从反面有益于来者。

或又问：你说了经学与中国古史研究的关系，那么，书名里的"思想"二字又有何着落？

对曰：经学与史学在中国学术传统中一向有两重关系：一为文献考证方面，二为义理推求方面。经学的论证基本上是以历史的论证为基础的，而历史学的文献考证正好为经学的论证提供了史料的基础。从前有一篇拙作《史学与经学》，那就是从这一层面讲经学与史学的关系。应该说，经学与史学之间更为内在的关系则在于思想的层面上。所以，要研究经学与史学，就不可能离开思想。经学与史学的对话是在具体的历史条件下进行的，也是在具体的思想的场合（context，或译语境）中进行的，离开历史与思想，经学和史学就既失去了存在的根据，又失去了相互对话的条件。

因此，"思想"一词也出现在书名之中。当然，这绝对不表示这一本小小的拙作就能涉及全部的中国历史与思想史，其实那也是绝对不可能的。书名里题有"思想"一词，只是说明，我在探讨经学与史学的时候没有敢于忘记了思想而已。

或又问：你的这一本文章选集，所展现的是各篇文章的"单兵训练"，还是文章之间也有一点内在关联的"队列训练"呢？

对曰：此书既然不是按篇章节目的体例撰写，而是一些文章的编集，那么自然不能有精密的系统安排，不是严格意义上的"队列训练"，而只能是论文的"单兵训练"。不过，倒也不是一盘散沙的"单兵训练"，其中还是有一些内在的关联的。这本小书所收的二十一篇论文大体可以分为三组：第一组七篇，第二组七篇，第三组七篇。谨略述三组分划的微意如下：

第一组，重在一些理论问题的探讨。其中第一篇谈比较研究与世界历史，它反映了我对历史的比较研究从逻辑角度的一些思考，探讨了比较研究对于世界历史研究的可能性与必要性问题。我的研究既然以比较研究为出发点，所以也就权以此文来为本书作一场开场锣鼓。现在看来这篇文章还留有一些要继续深入说明的问题，容待将来续论。

随后三篇文章讨论中国传统史学里的两个理论问题，即求真与致用的问题和变与常的问题。关于前者的文章二篇，前一篇对史学求真与致用作一般理论性的探讨，后一篇专就先秦史学的求真和致用作具体的分析；关于后者的文章一篇，讨论司马迁史学思想中的变与常的问题。与古代希腊的形而上学的求真无关致用不同，中国古代史学重视二者的统一；与古代希腊的形而上学重在从常中把握真理不同，中国古代史学深究变与常的内在关系。应该说，中国古代史学对于这两对范畴的丰富而发人深省的探讨，其中时时闪烁着历史理性的光芒，是我们中国人也是全世界人的珍贵文化遗产。我的讨论，大抵都是初步的，希望以后能够继续有所深入。

再以下三篇都是关系到中外史学比较之作。其中第一篇讲历史理性在古代中国的发生，是在分析中国古代理性结构发展过程中，对历史理性的优先的或支配的地位作了一个概括性的论述，虽未直接具体地讨论古代希腊，而实际上是以古希腊的逻辑理性在理性结构中的优先或支配地位为参照系的；第二篇讲史学在中国传统学术中的地位，是以古代中国、印度及希腊来作的比较；第三篇讲通史，意在说明严格意义上的通史，或者体现着历史理性的通史，只有中国才有，而为古代希腊所无。总之，这一组文章，虽以中国古代史学为主，但实际上则不离中外古代史学思想与理论的探讨。

第二组，重在经学及其与史学的关系的探讨。儒家经典中与史学关系最为密切的莫如《尚书》《春秋》与《左传》，金毓黻先生在其《中国史学史》中曾经辨析"六经皆史"之说，以为五经中唯《尚书》与《春秋》（含《左传》）可以称为史学，其余各经只能视为史料，所见极是。所以我在探讨史学与经学关系的时候主要也集中注意于《尚书》《春秋》及《左传》。又考虑到，自己作为中国人，看本国典籍时可能会有"不识庐山真面目，只缘身在此山中"之蔽，所以在这一组文章中首先安排了四篇评论外国学者的《尚书》《春秋》及《左传》研究的文章。在此四篇文章中，前两篇是论19世纪英国汉学家理雅各（James Legge）译注的《书经》（附《竹书纪年》）（与邵东方博士合作，他主要探讨《竹书纪年》）的，第三篇是论理雅各译注的《春秋》《左传》（东方及费乐仁博士曾参与讨论并提供了一些关于理雅各的资料）的，第四篇则将理雅各的《左传》研究与19世纪日本学者安井衡的《左传》研究作了一番对比的探讨。理雅各在其中国友人王韬协助下遍译中国经典，每译一书必就版本源流、前人成果、思想内容等方面做一长篇引论以为系统之探讨，译文之于可商榷之处也往往注出异说，并说明自己译文之根据。他的翻译和研究在当时甚至今日皆不愧为一流之作，他对《书经》《春秋》及《左传》的某些见解对中国学者是很有启发的。当然，由于时代的限制，尤其因文化背景的限制，他的理解以至译文皆有可商之处。他要帮助中国人打破对于儒家经典的迷信，可是自己对于儒家思想的若干积极方面也无法理解。拙文则从文献根据、文字训诂、译文正误、思想见解等方面对理雅各的成果进行分析和探讨。安井衡也是一位博通中国经子之学的学者，曾注释多种经书、子书。他的《左传辑释》对于《左传》中所蕴涵的民本思想有着敏锐的理解和把握，并认为这体现的正是孔子作《春秋》的精神。国人之治《左传》者往往重视日本竹添光鸿之《左氏会笺》，以为所收训解丰富，如就思想深度而言，后起之竹添书盖不如其前修安井书矣。通过比较研究，窃以为，中国历史上的统治阶级神化儒家经典，制造迷信以愚民，这是必须彻底摒弃的；但是其中的民本思想仍不失为我们宝贵的文化资源，是应当有分析地加以发扬光大的。

随后三篇涉及一些经学本身的问题。首先谈自1936年上海世界书局出版至今仍在不断翻印的那一套宋元人注《四书五经》里的第三册《春秋三传》的底本问题。这本书把《春秋》和左氏、公羊、榖梁三传放在一起，而且还有许多评释与附录，甚便读者，但其中问题（尤其在思想方面）也不少。世界书局原编者故意隐瞒此书的真正底本，更加令人怀疑重重。这一小文以清康熙时期的《钦定春秋传说汇纂》与今《春秋三传》相比较，剖析其异同得失，说明治经学者不宜忽视版本问题，出版者不说清版本源流乃学术上之一大忌，不知而乱说则尤其不可。下一篇论孟子与儒家经传，说明儒家经学的最初起源与思想倾向。最后一篇从清儒臧否中看《左传》杜注，就此一个案论证清儒在文字训诂等微观方面的巨大成就与宏观见解方面之不足之间的张力，说明清儒成果对于我们既是宝贵资源但又不是不可突破的最高极限。我们的经学研究必须自觉地保持传承与创新之间的必要的张力。

第三组基本上都是关于中国古代思想史或与思想史背景有关的文章，因为写作时并无明确一致的目标，所以不如以上两组文章那样论题集中。不过，在其中还是可以看到经学与史学关系的内容的。第一篇讨论殷周关系研究史中的问题，其本身可以说是考证性的史学史领域的文章，不过其所涉及的核心事实却是中国大一统思想源头上的一个关键点。第二篇论先秦时期天下一家思想的萌生，讨论了儒家经典与诸子著作中一个殊途同归的思想，即关于统一的思想。第三篇儒家孝道与家庭伦理的社会化，讨论的是儒家将作为亲亲之爱的孝道扩充为天下一家思想的伦理根据的问题。因此，这三篇文章可以作一个小的类来看。第四篇讨论战国时期不同学派关于人性恶的问题的见解，辨析其间之异同；如果说孟子的性善说体现了儒家经学中的一个思想根据，那么荀子的性恶说则从另外一个方面体现了儒家经学的又一个思想根据。孟、荀二人可谓殊途同归。第五、六、七三篇文章讨论《左传》和《公羊传》的经学思想。论《左传》文讨论其中的人本思想与民本思想以及二者之间的关系，这是前述的安井衡书虽已有所涉及但未及深入的问题，此文特别加以申论发挥。论《公羊传》或汉代公羊学的两篇文章则一篇讨论其中的历史统一观，一篇讨论其中的历史发展观；窃以为，不论汉代公羊学里有多少非常异议可怪之论，但其主张的中国历史在连续中统一、在统一中发展的思想实在是非常出色的。我认为，公羊学里蕴涵着一种历史哲学，而这一点是理雅各所无法理解，而安井衡也未能见到的。

　　关于这本小书，要说的就是这么多了。如果能蒙读者诸君有所见教，则不胜企望感激之至。

2004 年 4 月初识于北京师范大学之寓庐愚庵

目　　录

历史的比较研究与世界历史

历史的比较研究，不论在国外还是国内，现在都是一个比较热门的研究取向。世界历史（world history）或者全球史（global history），现在也是一个日益为人们所重视的研究领域。其实，比较研究作为一种方法，几乎和历史学一样的古老；而世界历史的写作，也在很早的时期就是历史学家的一种高尚的理想了。希罗多德所写的《历史》虽然以希腊波斯战争为主题，但是也涉及了当时他所知世界的历史。司马迁所写的《史记》虽然以当时的中国通史为基本，但是也涉及了当时他所知的世界；而且，以后的中国历代的"正史"，大多数都继承了《史记》的做法。当然，这些都不是世界史，而只是一种史家注意周围世界的倾向；真正叙述全世界历史的书的出现，在时代上则要晚得多。因为在世界范围的联系出现以前，要求写真正的世界史，那实际是不可能的。而且，如果按严格的要求来说，即使晚近某些以"世界史"为题的书也未必真能算得上是世界史。这一篇小文的目的，就是要谈谈历史的比较研究和严格意义上的世界历史的关系。

一、历史的比较研究

比较研究（comparative study）就是对于不同对象进行的互为参照的研究，在一般情况下多用来说明对同时并列的诸对象的研究。"比较"一词，英文作comparison，法文作comparaison，德文作Komparation，皆来自拉丁文comparo，这个词由com和paro组成，前者意为"共同"，后者意为"并立"、"平列"等，原有不同事物之间的"联结"、"结合"的意思，引申而为

"比较"、"对照"的意思。在中国文字里，情况也很相似。"比"字在甲骨文和金文里与"从"字不分，都是两个"人"字并列，所以"比"字原意本是"并列"；《说文解字》把"比"字和"从"字分开（只是两个"人"的方向与"从"字相反），解释说"比，相次比也"。这也就是并列的意思。而"较"字却是"对照"的意思，例如，《老子》第二章："长短相形"，王弼本作"长短相较"。"形"与"较"（与"校"相通）在这里都是对照、参校的意思。所以，在中国语言里，"比较"也是由并列而引出对照、比较的意思来的。

"比较"这个词虽然产生于同时并列的事物之间，但是它一旦作为一种方法用于历史的研究上，就在原有的共时比较之外，又加上了历时性比较的方面。比较研究的基本功能不外乎明同异。横向的共时性（synchronic）的比较说明不同的国家、民族、社会集团等等之间在同一历史时期中的同异，纵向的历时性（diachronic）的比较说明同一个国家、民族、社会集团等等在不同历史时期中的同异。前者说明历史的时代特点，后者说明历史的发展趋势。历史的比较研究，从总体来说，就包括这两种取向。

以上说到历史比较的功能在于明同异，其实，同异也是历史的比较研究赖以实现的前提。历史时期相同，不同的国家、民族、社会集团等等之间比较才是有意义的，而同一个国家、民族、社会集团与其自身没有比较的价值。这就是说，无异之同不具有比较研究的条件。历史时期不同，同一个国家、民族、社会集团的前后比较是有意义的，而不同的国家、民族、社会集团之间就没有比较的价值。这就是说，无同之异也不具备比较研究的条件。总之，有相同，才能比其异同；有相异，才能比其同异。所以，不同时期的不同国家之间，一般说来虽然不具有可比性，但是，只要从一个相同的角度去看，其间仍然是可以比较的。例如，西周时期的中国与中古时期的欧洲，主体非一，时代不同，本来不具有可比的条件，可是，只要我们注意到二者皆有分封制度，那么其间的异同就颇有可研究的了。又例如，近代美洲的易洛魁人与古代希腊人、罗马人本来并无相同之处可以构成比较的条件，但是，当人们注意到他们都有氏族、部落制度，那么其间的异同也就大有可研究的了。这就是说，以上所举的两个例证虽然主体不同，时代也不同，但是其可比性在于其间可能有在历史发展阶段上的相同。这种相同不是绝对意义上的时间相同，而是相对意义上的时间相同。这也是一种横向的比较，一种相对共时性的异体比较，而其作用却有助于我们理解历史的纵向的发展趋势。应该说明的是，这样的比较研究，能够给予我们的启发性与危险性都比较大，所以运用时必须十分谨慎。

二、历史的比较研究与世界历史的关系

现在我们再来考察历史的比较研究与世界历史的关系。

第一，"世界历史"首先是由多而一的历史。世界历史，顾名思义，它就不是地区、国别史；不过，它又不能没有地区、国别史的内容作为基础。因为，自从有史以来，这个世界就是由各个地区和国家构成的，所以没有各个地区和国家的历史，也就不会有世界的历史。那么，是否把一切地区、国家的历史加在一起，就成了世界历史呢？不是，那样加起来的只能是地区、国别史的总集或汇纂。若干个"一"用算术的方法加在一起，那所得到的只能是某一个多数，而不可能是"一"。可是，世界历史作为全世界的历史，它必须是一个整体，必须是"一"。我们可以把各个地区、国家的"一"名之为"小一"，而把世界的"一"名之为"大一"。"大一"由诸"小一"集合而来。从这一角度来看，它是"小一"的继续，但是诸"小一"集合的直接结果只能是多，只能是一种量变。要使诸"小一"的集合成为"大一"，那必须是一种质变，必须经过否定（Negation）或扬弃（Aufhebung, Sublation）的过程。那么，我们应该怎样来说明这个过程呢？我以为，这可以从两个方面来分析。

一则，这个过程说起来似乎显得抽象，其实作为历史考察的实践来说，只不过是要求我们把看问题的角度变换一下：当我们研究地区、国别史的时候，我们眼中的认识单位是一个个的地区、国家，它们是作为"一"出现的；而当我们研究世界历史的时候，我们眼中的认识单位就是整个的世界，它才是作为"一"出现的。每一位具有历史研究经验的学者都会知道，由

于看问题的角度的这一变化，地区、国别史的研究将会与世界历史的研究有多大区别，在此不须赘述。

二则，由诸"小一"经否定而达到"大一"的过程，在逻辑上就是抽象（abstract）的过程。而所谓抽象，就是从许多对象中舍弃了它们的特殊性（speciality）而抽取其一般性（generality），从而在舍、取并行的过程（即否定或扬弃的过程）中达到了由特殊而一般的境地，同时也就达到了由"多"而"一"的境地。按诸事物各自的特殊性即是其相互之间的异，而诸事物的一般性亦即其相互之间的同。所以，不辨异同，就无从进行抽象；而如无比较的研究，也就无从明辨异同。在这里，比较研究的"明异同"，恰好在方法上构成了世界历史所需的"辨一多"的必要条件。这样，我们就作了历史的比较研究与世界历史的关系的第一个方面的论证。

第二，"世界历史"同时又是一中涵多的历史。在我们认识到世界历史必须首先视为一个整体以后，进一步就必须了解这个整体是怎么样构成的。如果我们满足于由抽象达到的"一"，那么这个世界历史的"一"也就成为抽象的无差别的"一"或者纯粹的"一"。这个"一"必然像黑格尔的逻辑的起点的纯粹的"有"（Sein）一样，它在一方面是无所不包的，同时在另一方面又是一无所有的。所以它必然会直接地转化为无。按照逻辑学的规则，一个概念的抽象程度越高，它的外延就越大，同时这个概念的内涵也就越少。概念的外延与内涵成反比。一旦世界历史的"一"的抽象程度到了最高点，它作为概念的外延便接近于无穷大，相应地它的内涵也就接近于零了。内涵接近于零的世界历史，就不成其为历史；它不可能作为实际的历史存在，也不具有存在的价值。

这个道理说起来又似乎很玄虚，其实早在两千多年以前，古代的思想家们就对此有了明白的说明。古希腊哲学家柏拉图在其所作《巴曼尼得斯篇》曾经以严密的逻辑论证了绝对纯粹的"一"是不可能存在的。不过，我们最好还是用比较形象的方法来说明这个问题。例如，《左传》昭公二十年记载了齐国的晏子与国君的一段对话，大意是说：齐景公对晏子说"唯据（指他的宠臣梁丘据）与我和夫。"晏子回答说："据亦同也，焉得为和？"齐君说："和与同异乎?"晏子说："异。"以下他就举了一些例子,譬如,厨师做菜,要用各种不同的材料和调味品,加以调制,才成了美味佳肴;乐师奏乐,要用各种乐器、音调、节奏,加以谐调,才能奏出美好的音乐。所以,在君臣之间,也必须有不同意见的商榷,然后才能有良好的政治。最后他说:"今据不然。君所谓可,据亦曰可。君所谓否,据亦曰否。若以水济水,谁能食之。若琴瑟之专一,谁能听之。同之不可也如是。"晏子把无差别的"一"或同叫做"专一",而有差别的"一"或同照理应该称为"和一"。他说的"专一"之不可取,其道理实际也适用于世界历史。

　　以上我们把世界历史理解为"一",是从各个地区、国别的历史中抽象出同而加以概括(generalization)的结果。不如此,我们从世界各地、各国看到的就是杂乱无章的一大堆事情,就没有世界历史。同样,如果把世界历史就看作抽象的同一,那么整个世界上的事情又变成了一大口袋马铃薯。从外表的口袋(抽象)来看,它是"一";而从其内容(具体)来看,它们仍然是一堆杂乱无章的多。如果要想把世界历史看成有机的"一",那么势必要把认识再深入一个层次,由抽象再上升到具体。那也就是从同中再看出异来,看出那些各异的部分是怎么样既互相拒斥又互相渗透地构成为有机的一体的。这就是晏子所说的"和",亦即包含了异的同或者包含了多的一。

　　怎么样才能使认识深入一层次,从而由同中再看出异来? 这里所需要的就是比较研究的深入一个层次。譬如,在古代的许多地区都曾有过以城市为中心的小邦,通过比较发现了这一共性,是有意义的;但是还必须作进一步的比较,看出它们的差别以及如何在差别中构成一个时代的总面貌的。这样我们才能算是了解了这个时代。所以,只要有了比较研究的同中见异,也就有了世界历史的多样统一的活生生的"一"。可见,历史的比较研究在方法上又可以成为世界历史所需的"明一多"的充分条件。这样,我们就又为比较研究与世界历史的关系作了第二个方面的论证。

　　在实际的世界历史研究中,我们时常可以看到人们在认识发展上的三个阶段:开始时我们看到的都是"异",甲国和乙国不同,乙国又与丙国有异。在整个世界上没有一处完全相同，正如没有两个人完全相同一样。继而经过比较，人们又会发现，不同国家之间原来在甲方面有相同之处、在乙方面又有相同之处，以至有多方面的相同之处。于是，人们的认识就达到了由异而同、由多而一的阶段。再进一步，人们不能满足于抽象的"一"，就又经过比较而认识到世界正是一个多样统一的有机整体。这样就完成了对世界历史的一次完整的认识过程，而且这样的认识过程实际是需要不断深入进行的。而全部这样的认识过程都必须也必然是在比较的研究中实现的。有时不免会有两种不同的倾向：一种是初步一比，就断言世界的各个地区、国别的不同，从而否认世界历史的发展有其一般的规律；这种情况，如果用荀子的话来说，就是有所"蔽"，蔽于异而不知同。另一种是通过比较而看到了各个地区、国家的共同性，继而又忽视了世界的多样同一性；这种情况，如果用荀子的话来说，也是有所"蔽"，蔽于同而不知异。这两种情况在世界历史的研究过程中的出现是难免的，不过这不是比较研究的过错，而毋宁是比较研究半途而废的失误。只有在不断深入的比较研究中，我们才能达到世界历史研究的不断深入。

三、关于历史比较研究的限度问题

以上从"同异"与"一多"的逻辑联系探讨了历史的比较研究与世界历史的关系，下面再就关于世界历史的一些具体问题谈谈它与比较研究的关系。

第一个问题是，我们知道，"世界历史"既是在比较中逻辑地存在的，又是在联系中现实地存在的。那么，这两种存在之间的关系又是什么？通常我们可以看到"世界历史"被学者们分为两大阶段，其间以公元1500年左右的新航路的发现为界。这种分期的标准是全世界范围内各地区、国家间的实际联系的开始。在此以前，世界尚未形成一体，如果说有"世界历史"，那也只能是它的准备时期或潜在阶段。而在此以后，世界就真正逐步地走向一体化，以至于终于达到密不可分的程度。这种说法当然是有道理的，因而也为人们广泛地接受了。那么，在这样的世界历史分期中，比较研究的作用和意义又是什么？如果用一个比较简单的方法来回答，那就是：世界各地、各国间的现实联系的研究可以告诉我们这个过程是什么样的，而比较的研究则可以告诉我们它为什么是那样的。

现在我们可以作一些具体的说明。从人类文明在几个大河流域开始出现，到15世纪末的新航路发现，经历了一个漫长的历史过程。最初的古老文明好似广阔无垠的野蛮的沙漠中的几点绿洲，是互相隔离的。逐渐地文明的城市与其周边的地区在经济和文化等方面有所对流，于是文明的外缘不断向外浸润，以致一些距离较近的文明之间逐渐联成一片，形成了古代近东、古代印度、古代中国等几个文明的中心区，稍后又形成了古希腊、罗马文明中心区。这些文明中心区之间有着东西间的联系，同时又与它们北方邻居的游牧部落之间有着南北的联系。正是这些联系及其不断地进展，才使得以后全世界的联系逐渐成为可能的。那么，为什么在古代的东西之间、南北之间会有种种交往和对流呢？让我们假设在它们之间没有差别或者说完全相同，那么相互间的交往或对流就没有必要或者说失去了真正的意义，当然也就不会发生；试想，如果在物质生产上双方完全相同，那么它们之间还有什么可以交换？用相同的货物交换，如果不是白痴又有谁会这样做呢？在文化、艺术等等方面无不如此。只有在相异文明之间，才会有交流，才会有有意义的交流。为了说明不同文明之间的交流之所以发生，就不能不分析其间之异；而要分析其间之异，就不能没有比较的研究。再让我们假设在不同的文明之间存在着完全的异或者说达到了无共存条件的境界，那么在它们之间又用什么来进行相互间的交流？用货币？相互间没有共同的、至少可以相互沟通的货币；用货物？彼此之间没有相互需求的东西。在这样的情况下，如果不是白痴，又有谁会从事这种从根本上就是不可能的交往和对流呢？所以，要实现不同文明之间的交往和对流，除了双方必须有异之外，还必须双方之间有同。为了真正理解不同文明之间的交往和对流的产生原因，就不能不分析其间之同；而要分析不同文明之间的同，那就又不能不进行比较的研究。总而言之，不进行比较的研究，就不能明白古代的没有全球范围联系的世界为什么会变成这样全球沟通的世界。

那么，是否到了全球范围联系的世界出现以后，比较的研究就没有必要了呢？不是，而是更加必要了。当今的世界固然已经是一个联结为一体的世界，其所以能成为一体，无疑是因为各国之间有了越来越多的多方面的联系。为什么会有这种联系加多并加深的现象出现呢？因为其间有了越来越多的共同利害关系，因为其间有时代上的趋同性；而要了解这种趋同性的发生，我们就不能不进行比较的研究。同时，当今已经在多方面一体化了的世界难道就没有了差别？东方与西方的差别，南方与北方的差别，依然明显地存在着。不了解这种差别，就不能了解这个世界是怎么样现实地构成的，同样也就无从了解这个世界上的各种利害关系的真实背景和本质。所以，为了认识这个已经一体化了的世界，除了其间的同以外，还不能不了解其间的异；而要了解其间的异，这就又不能不作比较的研究。不如此，就不能了解这个世界的发展动向。

以上说了比较研究对于古今世界历史研究的必要性，现在再从另一个层面或者更原则的层面来说一下这种必要性所以会发生的原因。不论古今，历史发展的纵向趋势，总是由各个时期的人类社会中的不同群体之间的横向关系的发展来推动、来制约的。要了解一个时期的不同群体之间的关系的发展，就必须了解其间的异同；而要分析这种异同，就不能没有比较的研究。所以说，比较研究的重要性就植根于历史发展的这种横向关系推动并制约纵向趋势的基础上。

第二个要谈的问题是，我们知道，大概还没有一部称为"世界历史"的书真正能够把地球上一切国家、民族的历史囊括无遗。要说明这种现象出现的原因，就不能不回答以下两个问题。

这里需要回答的第一个问题是，那种无所不包的"世界历史"在实际上是否可能？看来这个问题比较容易回答，答案就是"不可能"。这有两个原因：一方面，并非一切国家、民族都有自己的历史记录；对于没有历史记录的国家、民族，自然也就无从撰写它们的历史。这对于历史学家来说，可以说是客观方面的不可能。另一方面，如果要求把一切有可能撰写的国家、民族的历史写入世界历史之中，并且写清楚了，那么这部书的篇幅将是何等巨大，实在难以实现；假如每一个国家、民族只写一点，那样就会成为一堆杂拌，从而没有价值，同样难以实现。这对于历史学家来说，可以说是主观上的不可能。

这里需要回答的第二个问题是，那种无所不包的"世界历史"在科学上是否必要？看来对于这个问题的答案应该是"没有必要"。因为以前我们已经说过，"世界历史"是世界作为"一"的历史，不是各个地区、国家、民族的历史的算术上的总和。它之作为"世界历史"，那只是从全世界发展的角度来观察历史的结果。如果作一个生动一点的比方，那么"世界历史"并非一只用工笔方式画出来的鸟，不求每一片羽毛都画出来；其实，就是在工笔画里，也不可能把一只鸟的每一片羽毛都画出来。"世界历史"只能是写意画，而且永远只能是写意画，当然其中还有大写意与小写意的区别。那么，什么是作为写意画的"世界历史"的特点呢？我想，那应该有这样一些基本的要求，即比例适当、重点突出、动态鲜明，这样就能达到总体上的神似。要写这样一部"世界历史"，所需的倒不是数量上的齐全，而毋宁是在结构上成为有机的整体。既然要把世界历史当作一个结构来考察，那就不能不在内容上有重有轻、篇幅上有详有略。必须承认，在不同的历史时期，世界的历史上有不同的中心；既然不同时期有不同的中心，那么也就承认了世界历史上的中心的转移。既然承认了世界历史上有中心和中心的转移，那么就不能不辨别中心与非中心的区别，不能不作出选择。而要作辨别与选择，就不能没有比较的研究。这也就是说，从"世界历史"的写作的角度看，比较的研究也是必不可少的。

文章写到这里，我想应该作一个简要的说明以作为结束。以上都说了历史的比较研究对于世界历史的重要性，以至说到前者是后者的必要条件，并在一定前提下（就世界范围作比较研究）是后者的充分条件。且不管我说得是否正确，那总容易给人一个印象，以为我是把比较研究看成能解决全部历史问题而无任何局限性的。其实不是这样。我是认为历史的比较研究也是有其局限性的。关于比较史学的局限性，前人已经从不同角度有所讨论；这里且不去论他们的是非，而只是以最扼要的方式表述一下个人的看法。我认为，历史的比较研究的局限性，就在于其自身离不开有意识的角度选择。因为，既有角度的选择，就必然有视域的规定性；而规定即否定，在选定视域以外的，自然就是被忽略了的。因此，如果我们不是清醒地认识这种局限性的存在，那么就必然会把自己一时比较研究所得视为绝对真理，从而陷于一种盲目自信的状态。世界历史可以选择的比较研究的角度是难以限定的。随着条件的变化和发展，人们会不断发现新的比较视角。所以，历史的比较研究不是可以一次完成的，世界历史也不是可以一次写定的。这也可以说是一种历史主义的态度吧！

原载《北京师范大学学报（社会科学版）》1996年第5期

史学的求真与致用问题

本文包括四个部分，第一，不同学术传统对于史学的求真与致用的不同看法，这部分也可以说是问题提出的缘由；第二，关于史学的求真问题；第三，关于史学的致用问题；第四，关于史学的求真与致用的关系问题。以下让我们来作具体分析。

一、问题提出的缘由

中国在世界各国中素称史学发达，也有着优良的史学传统。中国史学之所以如此发达，实际上也与其本身的优良传统有关。什么是中国史学的优良传统呢？概括地说，那就是既讲究史学的经世致用，又重视史学的求真。如果我们把中国史学的开端追溯到《尚书》，那么就会在其《康诰》《酒诰》《召诰》《多士》《无逸》《君奭》《多方》《立政》等篇里发现，周公是如此重视夏、商两代兴亡、成败的历史，以至于多次论述到它。很显然，周公反复说这些历史，其目的无疑是要使周人汲取前人的经验教训，也就是说，他是在以史学来经世致用；同样，在以上诸篇中，我们还可以看到，周公对于殷商的先哲王的作用是充分肯定的，对于殷商曾是"大邦"、"天邑"而周则为"小邦"的历史事实也是毫无隐讳的。也可以说，他并不因为殷周之间的对立关系而放弃了对于史实的求真。当然，我们不能说周公已经自觉地、系统地解决了史学的致用与求真的关系问题，不过也不能否认，这正是中国史学优良传统的滥觞。以下历代官、私修史，不论其具体结果如何，基本上莫不以求真与致用的结合为其宗旨。例如司马光的名著《资治通鉴》，就是颇重二者结合的一个典型之作。司马光早就有志"专取关国家盛衰、系生民休戚、善可为法、恶可为戒者，为编年一书"（见光所作《进书表》）。后来受宋英宗之命修史，神宗又赐书名为《资治通鉴》，这完全是一部讲究经世致用之书。可是，他和助手们修这部书时，除引用了各正史以外，还参考了杂史322种，可见征引之博；在博引中往往发现前人于一事之记载有所异同，于是又作了《考异》三十卷（今所见胡三省注本已将考异散入有关各条下），可见考证之精。而其精其博，皆在于求史之真。应该说司马光作《通鉴》是在求真与致用两头都做了很大的努力的。这就是中国学术的一种优良传统的表现。

我们说兼重史学的求真与致用是中国学术的一种优良传统，还可以与古希腊的学术传统来作一些比较的说明。在古希腊，史学家是重视史学的求真与致用的。例如，修昔底德作《伯罗奔尼撒战争史》，在一方面很注重记事之求真，在另一方面，又认为，由于人性总是一样的，因而往事在以后某一时期总会在一定程度上重演，所以察往会有益于知来（见《伯罗奔尼撒战争史》，Ⅰ，2）。可是，古希腊的哲学家们却对于史学之求真与致用皆没有太高的估价。亚里士多德在其《诗学》（Ⅸ，2—4）中说，史与诗的区别不在于一为散文一为韵文，"真正的不同之处是，一种说明已发生的事，另一种说明可能发生的事。因而，诗比史更具有哲学的和严肃的性质。诗有助于提供一般真理，而史只提供特殊的事实"。他认为，在诗中，某种性格的人总是会有某种行为，几乎可以推知；而在史中，某种事实被记录下来，它以后是否还会发生呢？那就难说了。他对于史学的求真与致用都抱这样的存疑态度，显然是受了他的老师柏拉图的思想影响。柏拉图在其《理想国》（475E—480D）中曾经详细地说明了"知识"与"意见"的区别。如果我们在此不管他的具体论证过程而只述其要点，那就是说，"知识"是对应于存在而生的，"无知"是对应不存在或者无而生的，这是对立的两极；另外还有一种介于二者之间的（比"知识"暧昧，比"无知"明确）东西，即"意见"，它是对应于变动不居的具体事物而生的。在柏拉图看来，存在就是存在，过去是、现在是、将来也必定是存在。"知识"一旦把握了这种存在，便永远把握了它；知道它的过去，也就准确地知道了它的未来。哲学家所爱好的也就是这种"知识"。按照这样的观点，史学家即使记载了过去历史之真，也未必能保证其在未来亦为真；这样，史学就不能给人以"知识"，而只能给人以"意见"。在柏拉图看来，"意见"倒不是毫无用处，其致命弱点是靠不住。如果依照柏拉图的看法，则史学之求真与致用皆未可必。所以，如果从把握真理的角度来看，古希腊哲学家是以为真理只有从对象的永恒状态中来把握的；而中国古代的学者却以为真理只有在对象的运动状态中才能把握之，这不仅表现在中国人历来重视史学这一点上，而且，在《易经》和《易传》里，我们也可以看到中国的哲学同样是注重从运动中把握真理的。到底哪一种把握真理的途径更为好一些呢？当然应该说从运动中把握真理的思想更高一筹。这也就是说，中国人注重史学的求真与致用有比古希腊人高明的一面，从比较的角度说这也是中国学术中的一种优良传统。

　　不过，问题还有着另一方面。中国史学传统之讲求真，一般都是称道"直书"和"实录"。班固说，刘向、扬雄很佩服司马迁的"良史之材"，称赞他"其文直，其事核，不虚美，不隐恶，故谓之实录"（见《汉书·司马迁传赞》）。这就是说，史学要想求真，史家必须做到两点：一是态度必须忠实、正直，不管遇到多大的压力，该写什么还是要写什么；二是必须把历史上的事实考察得既清楚又切实，不留下模糊和错误的记载。以后刘知幾作《史通》，其中有《直书》和《曲笔》两篇专讲这个问题，而核心思想仍然不外乎这些。作为古人，尤其是古代的史学家，他们能把上述两个方面当作对于史学的求真的要求，这已经是相当了不起了。不过，这样的史学求真毕竟还缺乏更深层次的理论思考，不能说其中没有留下任何问题。这一点请待下文再说。而中国史学传统之讲致用，如果说其成就伟大，那么大概还必须补充一句话，即问题也不少。问题是什么呢？那就是由致用而变为滥用。自古以来，史学被滥用的事例太多了，只要翻翻《史通》，我们就很容易找到许多这一类的例子。就以"文化大革命"中的情况来说，当时"四人帮"把史学滥用到了什么程度，这已经是人所共知的事，不须细说了。在中国，有对于史学的滥用，就有对于这种滥用的批评和谴责，这也应该说是一种好的学术传统。不过，对于滥用史学的批评，一般都是先指出某文或某书在哪些地方滥用了历史，违背了历史的真相，进而分析其滥用历史的不光彩的动机以至揭露其阴谋之所在。似乎到了这个程度，也就可以认为批判透了，因为已经追究到了问题的政治实质或者阶级实质。不过，史学的经世致用有没有它的一定限度？人们在以史学致用时是否应该有所自律？如果应该，又将何以自律？诸如此类的问题，仍然有待于作进一步的理论思考。一言以蔽之，中国学者在史学的致用与求真的限度方面缺乏深度的理论的思考，这又是我们应该借鉴于希腊人的地方。

二、关于史学的求真问题

史学既以已往的人类历史进程为研究对象，以论述已往的人类历史进程为自己的任务，那么它的成功与失败、正确与谬误自然也就取决于它是否通过适当的研究达到了正确论述已往历史进程的目的。追求对于已往历史进程的正确论述，这也就是史学的求真。

中国自古以来就有史学求真的良好传统，也有许多关于史学求真的实例。例如，《左传》宣公二年所记晋太史董狐不畏赵盾的权势而书"赵盾弑其君"，《左传》襄公二十五年所记齐太史兄弟不惜牺牲生命而直书"崔杼弑其君"，这些都在历史上传为千古美谈。不过，到底怎么样记载史事就算是求得了历史之真呢？史学求真在方法论上的要求到底是什么呢？刘知幾在《史通·惑经》中说："盖明镜之照物也，妍媸必露，不以毛嫱之面或有疵瑕而寝其鉴也。虚空之传响也，清浊必闻，不以绵驹之歌时有误曲而辍其应也。夫史官执简，宜类于斯。苟爱而知其丑，憎而知其善；善恶必书，斯为实录。"刘氏此说，如果以最简要的话来概括，那就是史学之真在于无误地反映客观的历史进程或事实。从质的角度而言，史学应为历史之反映，这大体符合所谓的"真理符合说"（correspondence theory of truth）；从量的角度而言，史学应在最大程度上反映历史，如同好的明镜或好的录音机不会失真一样。怎样才能达到这样不失真的要求呢？在刘氏看来，那就是要排除主观好恶的影响，或者说要史家保持高度的客观的精神状态。刘知幾（661—721）的史学求真论，不能不说是一种卓见。它会使人们很自然地联想起德国历史学家兰克（1795—1886）所主张的著史当"如其本来面目"（Wie es eigentlich gewessen）说，以及其所标榜的客观主义。

显然，不论刘知幾还是近代主张客观主义的科学史学派的学者，都有一种近于天真的想法，即只要把史料找齐核实并排除主观的干扰，史学之真便可达到百分之百，亦即"不多不少"正是科学的程度。可是，正是这种以为凭着绝对的客观主义便可以得史学绝对之真的绝对主义的主张，引出了它的对立物——相对主义的史学理论；主张后一种理论的史学家彼尔德嘲讽说，那种纯客观主义的求史学之真，原来不过是一个"高尚的梦"。

应当说，相对主义的史学理论在其批评史学的绝对客观和绝对真实说上是有其积极意义的。因为，一方面，史学既然是人们对于往事的研究和论述，它本身就是人的精神活动及其成果；因而我们只能要求史学的主观尽可能地符合客观，而不可能要求史学完全排斥主观。因为，完全排斥主观并不足以达到纯客观，相反却使史学的客观也无所依托。某些主张凭借纯客观主义便可实现史学求真的学者，对于这一点是缺乏认识的。他们的错误在于把真与主观简单地对立起来。某些主张相对主义的历史哲学家以为，史学既离不开主观，其内容也就无所谓客观之真。其实他们和他们所反对的客观主义的史学家犯了一个同样的错误，就是同样地把主观与真简单地对立起来了。其实，主观既可以使人们背离历史进程的真实，又可以使人们在研究的过程中逼近真实。正是由于人们的主观能力总是处于一定的历史限度以内，所以我们把握历史之真的能力也总是有限度的。作为历史学者很有必要认清这一点。

另一方面，我们知道，史学之求真就是要求其论述符合已往的历史进程。怎样才能做到这一点呢？那就是要有充分的证据。历史的进程总是涵盖多方面和多层次的内容的，而历史的记载不可能涉及所有的方面和层次，于是史学之求真总会在证据上受到一定方面和层次的限制。所以史学所能反映历史进程之真，总是在一定方面和一定层次上的。某些主张相对主义的史学家以为这样相对的真便不是真，那显然是错误的。自然科学上的真又何尝不是在一定方面和一定层次上的呢？所以，对于历史学家来说，清醒地认识到史学之求真总是有限度的，总是在一定的方面和层次上的，这也很有必要。

如果认为只要采取客观主义的态度并搜集足够的资料便可以完全地反映历史过程之真，像明镜鉴物和虚空传响一样，那么史学就不会有太多的发展余地。因为，一旦史学家的角色变得像反光镜和传声筒一样，那么就成了完全被动的反映的工具，还有什么史学的发展可言？相反，如果清醒地认识到史学的求真总是有其具体的方面和层次的限度的，或者说总是在其一定的发展阶段上的，那么，即使在我们对于一个具体的史学领域或问题取得求真的胜利的时候，我们也不会以为史学求真的任务是有可能在一时一举告成的。这在实际上只能使我们在求真的过程中避免笼统的观念并从而使逐步深入的求真成为可能。

中国古代的史学在以上这一点上是不甚清楚的。例如，以上所引齐太史之书"崔杼弑其君"与晋太史董狐之书"赵盾弑其君"，从来都被并列为直书实录的典型，可是这两项记录的真实性并不完全一样。按《左传》所记，齐庄公是被崔杼亲自组织并指挥的人杀死的，所以"崔杼弑其君"是历史事实的直接记录，其真是叙述之真。而晋灵公是赵穿杀死的，赵盾当时正逃亡在外，并不知其事。董狐说"赵盾弑其君"，是因为赵盾身为正卿，逃亡未出境，返国又未讨弑君之人（赵穿），所以对于这次弑君事件负有罪责。董狐之笔所记并非叙述之真，因为如果直接验证事实，那么所记并非为真；他所记的实际上是一种判断，按照当时的政治伦理标准来说，这样的判断是正确的。所以，如果说这样的判断为真，那也只是一种定性之真。过去对于这样两种不同的"直书"没有加以具体分析，因而对于求真的理解也是笼统含糊的。

三、关于史学的致用问题

史学可以致用，这在中国人看来是没有问题的。因为历史所记无非是前人的经验，前人的经验对于后人自然有用。可是，前人的经验是否全对后人有用，或者能有用到何种程度，这样的问题，在我们的传统史学中就没有太多的深入的探讨了。

司马迁作为一位出色的史学家认识到了历史的古今之变，所以他说："居今之世，志古之道，所以自镜也。未必尽同。帝王者各殊礼而异务。要以成功为统纪，岂可绲乎"（见《史记·高祖功臣侯者年表序》）。在他看来，古是有用的，用处在于今人可以用它作为镜子来照照自己；不过，汉代已经不同于五帝三王之世，所以也不能一切都照古帝王的样子办。这里面就透露出了一种信息：史学是有用的，不过用处也是有限度的。司马迁的不足之处是未作进一步的分析，当然对于古人，能有如此卓见已属难得，是不应有过度苛求的。

那么，史学之有用性为什么会有其限度呢？我以为，这可以从两方面来加以说明：

第一，史学以已往历史为研究对象，其内容自然为"古"；而以史学致用的服务对象是当代之人，其要求自然不是为了"古"而是为了"今"。因此就有了大家都熟悉的"古为今用"的问题。"古"为什么可以为"今"用？因为"今"是"古"的延续，"今"不能凭空而起，对于"古"必然有所继承；历史不能割断，"古""今"是相沿而来的。惟其相沿，所以相通，所以可以为用。这一方面的道理大家都很熟悉，不须细说。但是"古"与"今"之间不仅有相沿的关系，而且有相革的关系。"古"不革不足以成"今"。"古"与"今"延续的过程实际是以否定或扬弃的方式实现的。所以，历史的过程中既有其"通"，又有其"变"；非"通"无以见其"变"，非"变"又无以成其"通"。其实这个道理司马迁早就说过了。既然有变有革，"古"与"今"就不是相互雷同，而是有同有异。既然有同有异，古之所无常为今之所有，而古之所有又常为今之所无，那么"古"之可为"今"用者也就不能没有其限度了。

第二，如果说"古"与"今"在客观上的差异是史学的有用性的一方面的原因，那么，从另一方面来看，史学研究本身的进行方向与致用于今的进行方向，其间也有着显然的不同。史学作为学术，是以今人研究过去，其进行的方向是回溯的；而经世致用，究其本质，则是今人为了实现自己的目的（目的本身是要在未来实现的东西），从而其进行方向是面对未来的。人们常说古为今用，其实这个"今"即"现在"在严格意义上只是其值接近于零的一刹那，当你为这一刹那的"今"致用的时候，它已经过去了；这也说明所谓古为今用实际上是为今人所用，为今人的某种目标所用，为今人的或短或长的未来所用。由于这种进行方向的差异，史学能以为今用的功能本身就不是直接性的。研究历史就是要弄清和理解过去的事，如果做得好，其直接的效果是使人能够成为"事后诸葛亮"（其实这一点也不是很容易做到的）。有了对于过去的清楚的知识和理解，只是有了对于未来产生正确了解的必要的条件，但还不是充分的条件。"事后诸葛亮"的直接或间接经验多了，就有了可以转化为诸葛亮的必要条件，不过究竟能否转化为诸葛亮，还需要其他条件的配合。所以，史学的致用在这一点上也是有其限度的。

人们在讨论史学致用问题的时候，通常总是讲史学有哪些用处，而以上却谈了它的限度问题。其实，这并不是说史学不能或者不要致用，而是说我们在以史学致用的时候要有一种清醒的意识，以免在不知不觉中误以为史学可以无限地致用或者任意地致用，从而造成史学被滥用的现象。不辨古今之异，以古代的儒法之争讽示当代的斗争，其为对于史学的滥用，此为人所共知；其为害于国家、为害于史学之严重后果，也为人所共知。因此我们不能不意识到，不注意史学致用的适当限度，其结果正可能走向反面。

如果对于史学致用的本身加以分析，那么还可以发现，史学之用基本上表现在两个层次上。

其一，在有意识致用的层次上，或者说在有用之用的层次上。比如，司马光作《资治通鉴》，有意识地总结前代在政治上成败得失的经验与教训，以为当时统治者及其后世所用。由于目的明确，其选材标准也明确，所以的确对于宋代以至后代的为政者起了很人的作用。这是就其正面效果而言。可是，正由于其目的之明确，《通鉴》本身的局限性也比较明显。司马光在书中大书对君主尽忠守节的人物事迹，到今天就没有什么意义了。这样就显出了其有用之用的局限性的一个方面。再从另一方面说，《通鉴》在过去教人们对于君主尽忠守节，其效果比较好，可是对于这样的效果本身又当如何看呢？恐怕也不能一概肯定。这就是其局限性的又一方面。正如黑格尔所说："凡有限之物都是自相矛盾的，并且由于自相矛盾而自己扬弃自己。"[1] 史学致用的目的越明确，其达成致用的方向也就越具体，方向越具体就表明其规定性越强，而规定性即是限定性。所以，史学的有用之用的规定性与限定性是同时存在的，而且规定性愈明则限定性也愈大。

其二，在无意识致用的层次上，或者说在无用之用的层次上。自《书》《诗》以下，中国历史上有连续而繁富的史籍，它们实际上都各有自己的写作目的或致用目标。那是属于有用之用的层次上的。可是，在那些典籍里也记载了中国历史文化的方方面面的进程。这些过程本身的记录在当时不一定有什么具体的致用的目的，但是正是在这种历史文化之流的保存中，中国人终于越来越明确地意识到了自己是中国人。现在有各种各样的世界历史书，其作者当然各有其致用之目的。可是，在他们的明确的意识以外记载了的世界历史文化之流，却往往使读者产生了对于人类文明的理解和感情。总之，史学可以使人爱祖国、爱人类，可以通过与历史人物的对话使读者在素质上有不知不觉的提高。这些都属于无用之用，在某种意义上还可以说是大用。所以，史学之致用固然是讲功利的，但是也不必太功利主义了。

---

① 〔德〕黑格尔:《小逻辑》，贺麟译，177页，北京，商务印书馆，1980。

四、关于史学求真与致用的关系问题

史学是一门人文科学（如按德国人的说法，就是精神科学，die Geisteswissenschaft），它是今人的精神对于昔人往事（并通过往事对于昔人的精神）的把握。因此它本身是属于精神范畴的。但是，史学作为精神产物，其两"极"却由客观的实际（reality）制约着。这就是说，史学作为知识系统来说，其内容为过去的实际，其目的在于求真；而史学作为价值系统来说，其功能在于为今人的实际服务，其目的在于求善。如果换一个说法，那就是，史学之体在于其为真，而史学之用则在于其为善。无史学内容之真，则史学不复成为史学，亦即史学之体不存；体之不存，则用将焉出？无史学，则何来史学之功用？无史学功能之善，则史学无复价值可言，亦即史学之用不复存；史学之用不存，人将弃史学如敝屣，则史学之体又将焉托以自见？所以，我们可以说，史学作为一种学术，就存在于古今两极（两种实际）的张力之中。

那么我们怎样来看待这种张力下的史学呢？以下试分为两层来探讨。

第一，让我们从逻辑上来作一些探讨。在刚才所说的一段话里，实际上已经涉及了史学的致用与史学的求真之间互为条件的问题，现在再稍事展开，作一点进一步的分析。

我们可以试作这样的判断：

无史学之求真，即无史学之致用。

这就是说史学之求真为其致用之必要条件。那么这一判断是否正确呢？答案应该是肯定的。因为，无史学之求真，即无史学之真；无史学之真，则无史学之真之用。因此以上判断能够成立。也许有人会反驳说：史学不须求真也能致用，过去这样致用之例甚多。我们说：不求真的"史学致用"，不是真的史学的致用，而是假史学的致用或史学的滥用。这里的界限必须清楚。驳议不能成立。

我们还可以试作这样的判断：

无史学之致用，即无史学之求真。

这就是说，史学之致用为其求真之必要条件。那么这一判断是否正确呢？答案也应该是肯定的。如果史学不能致用，那么它就没有价值，就没有存在的理由；那还会有谁去求其真呢？因此以上判断能够成立。也许有人会反驳说：过去有许多从事历史考证的史学家，他们根本就未曾想到过史学致用的问题，怎么可以说无致用即无史学之求真呢？我们说：史学之致用实际有两个层次：其一层是为社会所用，也就是我们通常说的致用；如果打一个比方，这相当于砍柴。其二层是为发展史学自身所用，看来脱离实际的考证家们做的就是这一类的事情；如果打一个比方，这相当于磨刀。俗话说，磨刀不误砍柴工。因为磨刀虽非砍柴，却间接地为砍柴所用。这里只有间接的致用与直接的致用之分，而无致用与不致用之别。所以驳议也不能成立。

由以上论证可知，史学之求真为其致用之必要条件，则按逻辑，史学之致用当为其求真的充分条件；史学之致用为其求真之必要条件，则按逻辑，史学之求真当为其致用的充分条件。于是，史学之求真与史学之致用互为充分必要条件。我们说，史学存在于求真与致用的张力之中，其逻辑的根据即在于此。如果说，真为史学之体，用为史学之用，那么现在也就可以说，史学可以即用见体，即体见用，即用即体，体用不二。

第二，让我们再对这种张力中的史学作一些具体的探讨，也可以说是对于以上逻辑论证的进一步的事实说明和分析。

古今两极对于史学之所以能形成张力，是因为二者之间既有区别又有联系，既有矛盾又有统一。古变而为今，今非古（区别）而又源于古（联系）。古本身已经不复存在，而其流则展延不绝，以至于今；可以说古已逝而犹存，它存在于传统之中，继续起着作用。这就说明，在历史发展的客观过程中，古与今之间实际上是有一条无形而有力的链子拉着的，这链子就是历史的链子。惟其在客观上有这样一条链子的存在，人们就不能不对于古有一种回顾与理解的要求。因为不知古便难以确乎知今；不知古之知今，往往是知其然而不知其所以然。人们为了知今，转而上溯以求知古。

这样就在古今之间形成了另一条链子，这也就是史学的链子。在这一条链子上，人们要知古就要求真，这是一个方向的努力；可是，人们又非为了古而求知古，知古对于他们不过是知今的一种手段，所以这又是另一个方向的努力。史学的链子就是这样被两种方向的力拉得紧紧的。

现在再让我们来对这条史学的链子上的两种力的具体作用作一些分析。这可以从两个方面来说，首先就其分力或者求真与致用的矛盾方面来说，它们彼此之间是可以互相为害的。如果史学的致用超过了一定的限度，也就是超过了史学之真的限度，那么这样的致用就成了滥用。这样的滥用通常可能造成两种危害：其一就是带来消极的，以至破坏性的社会后果，这也就是所谓的受到历史的惩罚。这样的例子在历史上有很多，不须再作列举。其二就是给史学带来影响以至破坏性的创伤。这一类的例子也很多，无须再说。总之，史学的致用有一个弹力极限，那就是史学之真；一旦超过这一极限，就会发生致用与求真两极间的链子断裂。这是应该避免的。同样，如果史学求真确实远离了致用，以至连间接的致用的作用也不具备，那么这样史学是不可能不逐渐萎缩以至失去存在的可能的。这样的事例也是无须列举的。所以，史学的求真也不能脱离了致用的极限。

再则，还可以从求真与致用两极之间的合力或者从二者的统一方面来说，它们又是可以起互相促进的作用的。自从有了人类，也就有了历史；不过只是到了文明产生以后，才有了史学。几千年来，史学的发展是成绩可观的。而成绩的取得，则靠着史学致用的推动。直接致用的需求为史学的发展提供了问题，而间接致用（即致用于史学本身发展）的研究成果则常常为解决问题提供了条件。如果说人们的主观有时会造成求真的失误，那么同样是人们的主观（正确的主观努力）为史学的发展做出了必不可少的贡献。同样，史学求真的发展，又不断为史学的致用开拓出新的领域和新的层次，这样才能保证致用的不断发展。

说到这里，我们还应该注意到上述的史学的间接致用本身所具有的特点：它从一方面来看，是致用；而从另一方面来看，却又是求真。所以，正确地认识并处理好这种间接性的致用，使它既能联系上史学的直接的致用

（致用于社会），又能紧密地联系上求真，这正是史学得以发展的一个关键，同时也是史学家的努力所必须注重之点。

最后，我想说，中国人历来重视并相信史学的求真的可能与致用的必要，这个学术传统是很好的。不过，我们也要看到，古希腊哲学家对于史学的真和用的致疑是富有启发性的。因为这种致疑可以使我们想到史学之求真与致用是有其限度的；而注意到了这种限度，就有可能在史学的求真与致用问题上有一个更深入的认识。

原载《学术月刊》1997 年第 1 期

先秦史学传统中的致用与求真

中国自古有重史的传统，史学素称发达。中国人重视史学，首先是为了经世致用；如果史学本身无用或者古代中国人未曾发现其致用的功能，那么如此发达的中国古代史学就是不可思议的。当然，要使史学能够致用，那就不能不重视史学本身的质量。于是而有对史学之真的要求。所以，致用和求真便成了中国史学传统中一对永恒的课题，引起学者们的不断思考。

史学的致用与求真，作为一种传统，在先秦时期就已经开始了。但是在过去的史学史著作中很少见到有对此的专门而充分的论述。读了白寿彝先生的《中国史学史》第一册中第一篇"先秦时期，中国史学的童年"，觉得很受启发。此篇共五章，前四章论述先秦史学的发生和发展，而第五章则专论"历史知识的运用"。这样就既考察了这一时期史学本身发展的进程，又考察了史学在当时社会实际生活中所发挥的功能。正是从历史知识的运用中，我们可以更清楚地看到当时人们对于史学所能掌握和运用的程度。

在此篇第五章中共有三节：一、"多识前言往行以蓄其德"；二、"疏通知远"；三、直笔、参验、解蔽。其中第一和第二两节所论为史学的致用，而第三节则论史学的求真。为什么把史学的求真和史学的致用放在一起谈呢？据我体会，在这里，致用是史学之体的致用，无史学之体的真便难得史学之用的实；求真是求史学之体的真，无致用又无以验史学之体的真。即用言体，即体言用，即用即体，体用不二。这原来是中国固有的学术传统。按中国的传统论中国史学，自是方便法门。

一、关于史学的致用

《易·大畜·象传》"君子以多识前言往行以畜其德"。白先生借以说明中国古代史学致用的第一个方面，并指出："这个德字不光指道德、品性说，还包含有见解、器识。这一类的目的，主要是'明是非、别善恶'和'观成败'。"[①]依据历史知识，人们对过去能明是非、别善恶、观成败，这当然是见解和器识的改善和提高。白先生从不同方面列举许多事例说明了人们这类品质的改善和提高在社会生活中的重要作用。这种作用就是史学的作用。从白先生的以"畜德"为史学的首要功能的提法中，我自己也得到了一些体会。"德"在这里的确不仅指道德和品性，而是有更广泛的含义。在古代文献中，"德"常与"得"相通。《诗·魏风·硕鼠》"莫我肯德"，《吕氏春秋·离俗览·举难》"（宁戚）击牛角疾歌"，高诱注引作"莫我肯得"。古人常以"得"释"德"。《庄子·天地》"物得以生谓之德"。《韩非子·解老》"德也者，人之所以建生也"。贾谊《新书·道德说》"所得以生谓之德"。《淮南子·齐俗训》"得其天性谓之德"。所以，德就是人（甚至物）得之以生的根本条件或赖之以存的基本属性。在中国上古，人们都生活在以血缘关系为纽带的共同体里，同一共同体的人自然有共同的基本属性。古人说"异姓则异德，异德则异类"，"同姓则同德，同德则同心，同心则同志"（《国语·晋语四》），讲的就是这个意思。到周代，封建与宗法并行，宗统与君统相应，于是血缘共同体之德又发展为邦国之德。《左传》定公四年记卫祝佗（子鱼）云："昔武王克商，成王定之，选建明德（同书，桓公二年云："天子建国"，隐公八年云"天子建德"）以蕃屏周……管、蔡启商，惎间王室，王于是乎杀管叔而蔡蔡叔，以车七乘，徒七十人。其子蔡仲改行帅德，周公举之，以为己卿士，见诸王，而命之以蔡。其命书云：'王曰：胡！无若尔考之违王命也。'"这就是说，周天子选明德之人（或释明为勉，即

---

① 白寿彝：《中国史学史》第 1 册，323～324 页，上海，上海人民出版社，1986。

勉力为本邦之德的人，亦通。在经典中，"明德"一语的确有时也是用来表示勉力行德的意思的）以为诸侯。如果诸侯违反王命，那便是失德，便要受到处罚；如果改变自己的行为，遵循（帅，循也）天子之德，那便可重新受到分封。对明德之人按共同体内部关系处理，即待之以德；对失德之人按共同体以外关系处理，即待之以刑。古人说："德以柔中国，刑以威四夷。"（《左传》僖公二十五年）内以德而外以刑，这种区别是很明显的。《左传》宣公十二年记晋随武子（会）评楚庄王对郑国的态度时说："叛而伐之，服而舍之，德刑成矣。伐叛刑也，柔服德也。"楚庄王虽不是天子，却也是盟主。当郑国叛盟时，它背离了同盟之德，于是以伐为刑；当郑重新归服时，它又认同于同盟之德，于是以柔为德。为服为叛，为内为外，可以随时变化，以德以刑也就因时因事而不同。所以古人特别重视"明德慎罚"（见《尚书》的《康诰》《多方》等篇）。明德就是要明确共同体内部的关系及其对外的界限，不明德就不能分辨施德与行罚的界限，因而也就不能慎罚，所以明德是慎罚的前提，有明德才可能有慎罚。《尚书·尧典》云："克明俊德，以亲九族；九族既睦，平章百姓，百姓昭明，协和万邦，黎民于变时雍。"只要能够明德，就能够修身，就能够齐家，就能够治国，就能够平天下。从另一方面来说，如果一个人不能明德，那么个人的德就和国家的德不能调和，必然就要有严重的后果。周公在分析夏桀与商纣覆亡的原因时说："桀德惟乃弗作往任，是惟暴德，罔后。"桀既不遵循传统，他个人有的就是暴虐之德，当然也就不能有好下场，终于亡国。"其在受（即纣）德暋，惟羞刑暴德之人，同于厥邦；乃惟庶习逸德之人，同于厥政"（见《尚书·立政》）。纣任用的都是暴虐重刑、好逸恶劳的人，其结果则是被周取代。所以郑子产曾说"德，国家之基也"（《左传》襄公二十四年）。

从上述情况来看，中国先秦的"德"指的主要就是从血缘共同体到邦国共同体的基本属性。它在许多情况下也指个人的德；不过个人的德是好是坏，那就要看它是否合于共同体的德了。德对共同体和个人既然如此重要，一个人对德就不能不明，也不能不勉。实际上德不可能与生俱来，人们只有了解了共同体的德，才可能认同它，实践它。了解共同体的德并实践它，须有一个长期的过程。这个过程就是蓄德的过程。为什么个人的德要有一个蓄的过程呢？因为古人并未把自己的共同体的德归结为几个字或几句话，让人一学就能立刻把德的内容都掌握了。要说概括的字，那也有，就是一个德字；任你怎么学这个德字，你也只能得个概念。所以，要有德，就得从传统中学，从历史流传的前言往行中一点一点地学。怎么学呢？这就要"识"。识古通志（即记），所谓识首先就是要记下来；记识以后，进而有认识和辨识。① 这样对前言往行的不断记识和认识的过程就是蓄德的过程。事实上共同体的德也不是一天形成的。从知识的角度说，它是在不断地克服无知的过程中产生的；从道德的角度说，它是在不断地克服错误的过程中产生的。这两种过程都反映在历史的前言往行中。一个人不管多么杰出，他的知识都必须以传统的知识为起点，而要确立这个起点，就不能不从共同体的知识形成的历史中学；他的品格都必须以传统的标准为起点，而要确立这个起点，就不能不从共同体的道德形成的历史中学。不从共同体的历史（具体地说，就是前言往行）中学，作为一个人，就失去了对共同体认同的可能，也就失去了作为人的基本属性的德（包括知识和品德）的起点；作为一个共同体，也就失去了自我认同的可能，也就失去了共同体自身赖以存在的德或基本属性。

所以清人龚自珍说："灭人之国，必先去其史；隳人之枋（枋与柄通），败人之纲纪，必先去其史；绝人之才，湮塞人之教，必先去其史；夷人之祖宗，必先去其史。"② 而去人之史也并不困难，只要让人忘记其共同体的前言往行就可以了。龚氏的话充分说明了史学的重要，也说明了"多识前言往行以蓄其德"是史学的一种最基本、最经常的大用。

《礼记·经解》"疏通知远，书教也"。白先生借以说明史学致用的第二个方面。他说："对于'疏通知远'，我们不局限于《礼记·经解》的原义，要求可以略高一点。我们所谓'疏通知远'，主要包含两个问题。一个

---

① 杨树达：《积微居小学述林》第 1 卷"释识"条，9 页，北京，中华书局，1983。
② 龚自珍：《古史钩沉论二》，见《龚自珍全集》上册，22 页，北京，中华书局，1959。

是依据自己的历史知识观察当前的历史动向。又一个是依据自己的历史知识，提出自己对未来历史的想法"（第334～335页）。我觉得这样的想法是对的。

对于"疏通知远"，古人的解释是颇多问题的。郑玄对此句无注。孔颖达疏云："书录帝王言诰，举其大纲，事非繁密，是疏通；上知帝王之世，是知远也"，"书广知久远，若不节制，则失在于诬"。他把"疏通"解为并不繁密，这是望文生义；把"知远"解为知上古帝王之事，这只见到一个方面。元代学者吴澄注云："疏谓开明，通谓透彻，书载古先帝王之事，使人心识明彻，上知久远。"① 他对疏通的解释有所前进，而对知远则仍然只看到上知古远的一个方面。清儒孙希旦注云："疏通谓通达于政事，知远言能远知帝王之事也。"② 前半句增字解经（尽管前人已有此说），后半句也了无新义。唯有宋儒叶梦得解释说："书之记述治乱，要使人考古验今而已。智之事也，故其教疏通知远。"③ 他能把疏通知远解释为考古验今，通古今以为说，见解甚为出色。如果说尚有不足，那就是作为解经之文，它缺乏像孔颖达疏那样的具体论证。

其实"疏通"之疏的本义就是"通"（在《说文解字》第二下及《广雅·释诂一》，疏字都释为"通也"），作动词用相当于"开"（变塞为通就是开），所以疏通就是开通。前人多把"知远"解为知远古，这就和"疏通"之义相径庭。汉代学者王充说："夫知古不知今，谓之陆沉"；又说："夫知今不知古，谓之盲瞽"（《论衡·谢短》）。陆沉或盲瞽之人，当然不能说通。"故能说一经者为儒生，博览古今者为通人。"（《论衡·超奇》）荀子说："故善言古者必有节（节，犹验也）于今。"（《荀子·性恶》）《礼记·经解》所说的疏通知远，其意义与荀子的话是相通的，④ 所以知远的意思不能是只知远

---

① 吴澄：《礼记纂言》，见清儒朱轼重校本《经解》第二七。

② 孙希旦：《礼记集解》第48卷。

③ 卫湜：《礼记集说》第117卷，见《经解》第二六，《四库全书》本。

④ 清儒方苞曾说《经解》篇中多有荀子之言。他的话是有道理的。见方氏《礼记析疑》第27卷。

古，而必须是通古今。

不过，还有一个问题，知今并不能说为知远。因此，在这里，知远当既包括过去之远，也包括未来之远。这就是白先生所说的"对未来历史的想法"。孔子说："殷因于夏礼，所损益可知也；周因于殷礼，所损益可知也；其或继周者，虽百世可知也。"（《论语·为政》）他由知过去之远而推知未来之远，这就是疏通知远。当然，这样的两头知远，不是没有一定的危险性的。孔子的话也只能表现他对疏通知远有坚定的信心，而不能说明他的知远就正确。所以说"书之失诬"，书教或史学一有失误，那就是失实（诬）。

书教（或史学）的功能在于疏通知远，这在《尚书》里是确有证据的。在《尚书·周书》的许多篇中，我们都可以看到周公在总结夏商两代（尤其是商代）兴亡的经验，以指导周王朝的政治。《尚书·召诰》："我不可不监于有夏，亦不可不监于有殷。我不敢知曰，有夏服天命，惟有历年，我不敢知曰，不其延；惟不敬厥德，乃早坠厥命。我不敢知曰，有殷受天命，惟有历年，我不敢知曰，不其延；惟不敬厥德，乃早坠厥命。今王嗣受厥命，我亦惟兹二国命，嗣若功……今天其命哲、命吉凶、命历年。知今我初服，宅新邑，肆惟王其疾敬德。王其德之用，祈天永命。其惟王勿以小民淫用非彝，亦敢殄戮，用乂民若有功。其惟王位在德元，小民乃惟刑用于天下，越王显。上下勤恤，其曰：我受天命，丕若有夏历年，式勿替有殷历年，欲王以小民受天永命。"周公[1]以夏商两代历史为例说明：夏代受天命是否有命定的年数，这不敢说，是否这个命定的年数就不能延伸，这也不敢说；只知他们不能敬德，因此早早失去天命。殷代的情况也是一样。现在周王受的命就是夏殷二国受过的命，要做的也就是他们做过的工作。现在周新受天命，吉凶与年数均不可知；所知的只是新受命、新建东都洛邑，王必须努力敬德。怎么敬德呢？那就是，王不能对小民乱用非法，任意杀戮，以为那就是安民有功；王应该带头用德，让天下小民学习王的榜样，这才是王

---

[1]　伪孔传以为《召诰》乃召公所作，非是。于省吾先生列举八条证据说明乃周公所作，是可信的。见于先生《双剑誃尚书新证》第3卷，1～4页，北平，大业印刷局，1934。

的光荣。让我们上下共同努力，但愿我有周之受天命能有夏那样多的年代，能有不少于殷的年代，让周王永远保有小民以享天命。所以，周公对于所谓的天命实际上是不知道的。但是他从历史的前言往行中知道，夏商曾以有德而兴，失德而亡；这是他上通过去之远。他由此又知道，周王朝将来的兴亡也将取决于德之得失；这是他下通未来之远。周公能疏通上下之远，这就是他在《尚书》中遗留下来的思想遗产或书教。从周公的这一实例来看，孔子所说"其或继周者，虽百世可知也"，也并非全是空话。

所以疏通知远就是要由鉴往而知来。这种鉴往知来的通，就是史学的致用。王充曾说："凡贵通者，贵其能用之也。"（《论衡·超奇》）真能做到疏通知远，就真能使史学有以致用。史学的重要价值之一亦在于此。

以上分别谈了作为史学功能的蓄德与知远。如果作进一步的分析，我们还可以看到二者之间是有着内在的相互关系的。古代中国人最重视"温故而知新"（孔子认为，人能如此，就"可以为师矣"，见《论语·为政》）。这在直接意义上固然讲的是教育问题，实际上也在间接的意义上讲了历史的作用。《易·系辞上》"神以知来，知以藏往。"这在直接意义上讲的是占卜问题，是从"蓍之德圆而神，卦之德方以知"说起的，而实际上也讲了"藏往"与"知来"之间的关系。按《易经》的思想，蓍是变化莫测（圆而神）的，能知未来；卦则象已成而辞已定，以人们已有的经验为表述。无知来之蓍，藏往之卦便无意义；无藏往之卦，知来之蓍也无以体现其自身。这个道理同样可以用于历史。过去的历史是既定的（方），其中凝结了人类的大量经验教训（智），可以说其德方以知；未来的历史变化不定（圆），因而可推知而又难于断言（神），可以说其德圆而神。惟其多识前言往行以蓄其德，才能实现知以藏往；这样才能使每一代人都能有一个自己的新起点，而不是一切从零开始。须知如果每一代人都从零开始，那么就没有人类的历史和文化，也就没有区别于其他动物的人。所以，如果没有这个起点，就不能想象人们可以推知未来。反之，如果不是为了推知未来、规划未来，那么过去历史上留下的一切文化都失去了它的意义。人们常说古为今用。其实如果严格地说，真正的今在时间上只是极短极短的一瞬。所谓古为今用的今实际上已经包含了从今开始的未来。在中国古代历史上，凡能疏通知远的人，大体都不外是多识前言往行之士。这在《左传》《国语》等书中有许多事例。白先生书中所说到的子产等就是这一类的人物。

因此，史学致用功能的两个方面是一而二又二而一的。

二、关于史学的求真

《礼记·经解》在说"疏通知远书教也"以后，接着就说"书之失诬"。这是很有卓识的。史学如果用之不当，其结果必失于诬。为什么呢？郑玄说："书知远近诬。"这只是说明现象，未说明所以。孔颖达疏云："书广知久远，若不节制，则失在于诬"，也未解决问题。实际上古人已经开始认识到这个诬还有不同的诬法。如卫湜《礼记集说》（第一三〇卷）引马氏说："蔽于疏通知远，而不知疑而缺之，所以为诬。"吴澄（《礼记纂言》"经解第二七"）云："诬，如所谓尽信书则不如无书者是也。"这些人看到的诬是指诬古，就是使古史内容不实。清儒方苞说："远慕上古之事，或以为后世可以复行，是之谓诬"（《礼记析疑》卷二二）。清儒姜兆锡说："务疏通知远而轻于事，则失于无实矣，故诬。"[1]这些人看到的诬是指诬今，就是以古况今或重古轻今，从而使对今的认识失实。当然，还有一种情况，那就是既诬古又诬今，为诬今而诬古，由诬古以诬今。"文化大革命"时期"四人帮"在"批林批孔"中的所作所为就属于此类。所以治史之大患在诬，其致用之大患亦在诬。如何才能克服诬呢？这就不能不重视史学的求真。

白先生以直笔、参验、解蔽为古代学者史学求真的三个方面，这也是有道理的。以下再分别就这些方面谈一些自己的体会。

史学若要求真，首先必须有史家的直笔。如果史家不能振笔直书，那么历史的记录就和历史的过程不符，其结果恰好与史学之求真相反。在中国先秦，史学恰好有这样的传统。正如白先生所指出的，中国最古老、最

---

① 转引自杭世骏《续礼记集说》第83卷。

著名的史官直书的故事是晋太史董狐书"赵盾弑其君"（见《左传》宣公二年）与齐太史兄弟书"崔杼弑其君"（见《左传》襄公二十五年）。董狐与齐太史兄弟都有不畏权贵与勇于为直书而献身的精神，因此历来为后人所崇敬。不过，如果细加分析，那么我们还可以发现二者之间是有着特点的区别的。

按崔杼杀齐庄公，是他亲自组织并指挥人把齐庄公杀死的，尽管他未亲自出面并动手。所以说"崔杼弑其君"，这是记录的直笔（此句为陈述句，它说明：某人做了某事）。而杀死晋灵公的人是赵穿。其时赵盾逃亡在野，赵穿弑君后他才回来。董狐说赵盾弑君，赵盾当面否认；董狐说了"子为正卿，亡不越境，反不讨贼，非子而谁"，赵盾才不再争论。所以，董狐的直笔是经过分析后的定性的直笔（此句为判断句，它说明：做某事的是某人）。因为从记录的直接要求来说，应该写"赵穿弑其君"。董狐为了说明事情的实质，他特地断定：弑君者是赵盾而（主要地）不是赵穿。由此可以看出，定性的直笔是间接的，不具有记录的直接性。白先生说："董狐所记，在具体情节上跟事实有出入。"（第356页）就是指出了这一点。可是，古代的学者并没有能很好地注意到这一层区别。

那么说明这种区别的意义又何在呢？我认为，在于记录的直接性与间接性的不同。直接性的记录，只要记录者的了解无误，它的真实性就无可怀疑。而间接性的记录，即使记录者的了解无误，它的真实性仍有可疑。因为，在某种情况下（即记录者的了解，不仅按其本身的是非标准来说是无误的，而且按事实来衡量也是无误的情况下），它的真实性就无可怀疑；在某种情况下（即记录者的了解，按其自己的是非标准来说是无误的，但以事实来衡量时却有误的情况下），它的真实性就不能成立。不分清二者的区别，就会造成认识上的混沌。在这里，我们不妨借用后世的一些史例来作说明。例如，唐代史家刘知幾在《史通·曲笔》中说："盖霜雪交下，始见贞松之操；国家丧乱，方验忠臣之节。若汉末之董承、耿纪；晋初之诸葛、毋丘；齐兴而有刘秉、袁粲；周灭而有王谦、尉迟迥。斯皆破家殉国，视死犹生；而历代诸史，皆书之曰逆。将何以激扬名教，以劝事君者乎。"他对此十分愤慨，以为是史书的可耻的曲笔，而且大有害于名教。可是，董承、耿纪的牺牲是为了反对曹操篡汉，诸葛诞、毋丘俭是为了反对司马氏篡曹魏，刘秉、袁粲是为了反对南朝的萧齐篡刘宋，王谦、尉迟迥是为了反对杨坚篡北周。他们对于被取代的王朝来说都是真正的忠臣，而对于新王朝来说自然是反逆了。因为新旧王朝之间是截然对立的，他们的性质既于一边为正，则于另一边必然为负。判断在这里必须是排中的。如果旧王朝还有遗民为之修史，那么这些人当然会被写为忠臣；因为写史的权力通常都掌握在新王朝手里，他们也就成为史书里的反逆了。既然新旧王朝各有自己的标准，所以他们都可以视自己的定性为真，视对方的定性为伪。而他们的争执与历史的客观过程并无关系。对于后人来说，重要的是要了解事情的过程；至于如何定性，后人自有自己的标准。尽管几乎所有的史家都希望以自己的认识去影响后世，但后世总会有自己的新认识，不是前人可以随意强加的。

古人很重视《春秋》，它基本上是记实的。但是，由于《春秋》被视为孔子所作的圣经，古代儒者常想从中学到孔子的圣道，于是有人专门从一字褒贬上下功夫，希望从中悟出微言大义。这样就从崇拜《春秋》的偶像一转而为背离《春秋》的记实精神。汉代今文经学家就犯了这个毛病。白先生引了朱熹的话说："《春秋》只是直载当时之事。要见当时治乱兴衰，非是于一字上见褒贬"，"而今却要去一字半字上理会褒贬，却要去求圣人之意，你如何得知他肚里事"（第357页，引自《朱子语类》第八三卷），并评论说："朱熹的这两段话是很有通识的。"据我理解，他的意思也是要说明，记录性的直笔在史学上是远重于定性的直笔的。我以为，只有这样，我们才能是有分析地对待了我国古代的史学遗产。

史学的求真首先要求史家的记录的直笔，而要能做到记录的直笔，又必须先有史家对史实的正确了解。如何才能对史实有正确的了解？这就必须有对材料的征实，必须有参验的过程。

白先生在书中（第358～363页）列举了孔、墨、孟、荀、韩非诸人之书以及《吕氏春秋》中有关征实与参验的论述，并指出，从孔子的文献征实到荀、韩的参验，其中是有发展的。

史家要想做到如实或直笔，首先自然要从文献征实入手。孔子之重视文献征实，既有正面的史料要求（如言夏、殷之礼必待文献之证），又有负面的"阙疑"的要求。他主张"多闻阙疑，慎言其余"（《论语·为政》）的多闻是需要的，但所闻中的可疑部分则不能轻信；与其信之，不如阙之。这无疑是一种严肃的对待历史的态度。但是，见可疑而缺之，何如见可疑而疑之。《荀子·非十二子》："信信，信也；疑疑，亦信也。"这就从孔子的缺疑又前进了一步。因为，疑，作为名词，表示可疑之事物（于历史，则为可疑之传说或记载）。对于人来说，它不是知，也不是不知；而是似知非知，在于两可之间。《易·系辞下》"中心疑者其辞枝"，说的就是这种精神状态。它不应被视为真而取之，因为它并非肯定的真知；也不应被视为非真而舍之，因为它又并非肯定的非真知。它在于知与不知之间，是从不知到知的过渡状态，是从不知到知的桥梁。我们不应简单地舍之、缺之，中断这一认识的桥梁，而是要把"疑"当作动词来用，去怀疑、去分析、去推度（疑，度也），从而实现由不知到知的过程。这个过程在史学领域里，就表现为参验的过程。

所谓参验，一是验之于事，一是验之于理。白先生书中（第 360 页）曾经举了孟子怀疑《诗》《书》的两个例子。《诗·云汉》云："周余黎民，靡有孑遗。"可是，在孟子说话的时候，周人依然存在着。仅凭这一简单的事实，就足以把这两句诗的内容真实性否定了。又《周书·武成》（逸书）说，周武王伐纣时，曾经有过"血流漂杵"的事。孟子说，以至仁伐至不仁，不可能有这种情况。孟子的意思是明确的，只是没有作具体论证。按殷、周间的兵力悬殊是史有明文的，这是一个总前提。如果那场战争的胜负是由直接的战斗决定的，那么就是兵强者胜，即胜者应该是殷纣，而不可能是周武王。历史既然证实胜者是周武王，那么决定那场战斗的就一定不是直接的武力，而是有异于武力的精神力量（那就是靠"以至仁伐至不仁"对敌方士兵的吸引力）。既然在那场战斗中决定胜负的不是直接的武力战斗，那么怎能有"血流漂杵"的事呢？这样的论证，就是事理的参验。

参验，按其实质来说，就是一种用已有的确定的知识去检验尚在考察中的事物的方法；在史学领域里，也就是考证的方法。仍以上述两例为据来说。周人依然存在，这在当时是已知的确定的事实；这个事实就足以检验出说周人没有孑遗不合事实。这就在否定那句诗真实性的基础上确立了一个新知识。为了证明武王伐纣时"血流漂杵"不是事实，诚然需要逻辑的论证，不过逻辑论证中的前提都必须是已知的确定的事实。在这里，像在几何学中一样，没有自明的公理或已经证实的定理为已知条件，就不可能有几何学的求证；没有已知的确定的历史知识，也就不可能有历史的考证。总之，如果没有既有的知识为前提，一切新知都无从开始。因此，具有已知的确定的知识，对于史学研究来说是十分重要的。

不过，像一切有用之物在使用不当时都会变成有害一样，已有的确定的知识在使用不当时也会成为有害之物，那就是蔽。白先生在论述参验对史学研究的价值以后，就引证《论语》《荀子》和《庄子》之文来论述解蔽对史学的重要性（第 363 ～ 372 页），这不是没有道理的。

"蔽"，在《荀子·解蔽》中又称"蔽塞"，意思就是遮挡（《广雅·释诂二》：蔽，障也）或遮蔽（《广雅·释诂四》：蔽，隐也）。孔子说"好仁不好学，其蔽也愚。好知不好学，其蔽也荡"（《论语·阳货》）等等，其所谓蔽，就是指所好的前者遮挡了所不好的后者的结果。白先生指出："孔子这里也有一些解蔽的思想，但还没有明确地表示"（第 364 页）。又说《荀子·解蔽》对孔子这一思想大有发展。他的这些话都是很对的。因为荀子对于蔽的成因和解蔽的途径都有了清晰而深刻的说明。

《荀子·解蔽》云："故为蔽：欲为蔽，恶为蔽；始为蔽，终为蔽；远为蔽，近为蔽；博为蔽，浅为蔽；古为蔽，今为蔽。凡万物异则莫不相为蔽，此心术之公患也。"欲（爱欲）与恶（厌恶）相异相对，始与终相异相对，远与近相异相对，博与浅相异相对，古与今相异相对。凡相蔽者都是相异相对的两个方面，同一方面则不存在相蔽的问题。譬如，事物的正面可以遮蔽其背面，背面可以遮蔽其正面，而正面或背面皆不会遮蔽其自身。所以，造成人类认识之蔽的不是无知，而是有知；但又不是有全面之知，而是有片面之知，并且误以为此片面之知为全面之知。"曲知之人，观于道之一隅而未之能识也，故以为足而饰之，内以自乱，外以惑人，上以蔽下，下以蔽上，此蔽塞之祸也"（《解蔽》）说的就是这个意思。《荀子·非十二子》和《庄子·天下》在批评诸子时都是指出了被批评者的认识的片面性以及他们误以自己的"曲知"为"大道"的问题。怎么样才能解蔽呢?《解蔽》:"人何以知道? 曰：心。心何以知? 曰：虚壹而静。心未尝不臧也，然而有所谓虚；心未尝不满（杨注云:'满，当为两；两，谓同时兼知。'按杨说是）也，然而有所谓一；心未尝不动也，然而有所谓静。人生而有知，知而有志（与识通，记也）；志也者，臧也。然而有所谓虚。不以所已臧害所将受，谓之虚。心生而有知，知而有异；异也者，同时兼知之。同时兼知之，两也；然而有所谓一。不以夫一害此一，谓之壹。心卧则梦，偷则自行，使之则谋，故心未尝不动也。然而有所谓静。不以梦剧乱知，谓之静。"这就是说，人总会有所知，知道了就记住了；记住了就是心有所藏（即臧），然而心有所藏还可以虚。不以所已知道的遮挡所将知道的，就是心之虚。简言之，心不能求其无知，只要不把已知者化为成见，就算是虚心了。按这是荀子的第一层意思：不能以已见的一方面（正面）遮蔽将见的另一方面（反面），因为只见一面即片面，片面之知当然不成。那么兼知正反两面就可以了? 也不然。荀子把这叫做"两"，两不成，应该达到"壹"。为什么呢? 因为，虽然兼知两面，但是还不知此两面的关系；那么孰是孰非、何去何从? 不知道；事情的全局（壹）是什么? 也不知道。所以，只知正（thesis）、反（antithesis）两面还不成，还必须知道"壹"（即"合"，synthesis）。这就是荀子的第二层意思。心知多事而不知"壹"，心就会动，就会乱；能由知正而知反，由知正、反而知"壹"（"合"），心自然就可以达到静的境地。这才是荀子的第三层意思，也就是他所要求的最高境界。荀子的解蔽思想不仅适用于一般问题的思考，而且很有助于史学的研究。例如，上文中提到的董承、耿纪、诸葛诞、毋丘俭、刘秉、袁粲、王谦、尉迟迥等人的问题。新夺得政权的王朝把他们说为逆贼，这是一种说法，姑且算是正面。刘知幾看到了问题的另一面：他们都是旧王朝的真正的忠臣。刘知幾尽管是古代杰出的史家，尽管已经知道问题的两面，可是限于历史条件，他未能站到一个更高的层次，因而难以摆脱两难的疑境。在古代，凡为君主而死的人都是忠臣，董承等人都为君主而死，所以董承等人都是忠臣。这本是不该有问题的。可是，又一说以为，董承等人为之效忠的那些人已经不再是君主了，君主已经换了新人，董承等人未能坚持为君主（新君）效力，因此就不能算忠而只能算逆。同样的逻辑，只是前提中的君主换了人，结论也就变了。这真让人困惑不解。这就是荀子所说的"两疑则惑矣"（《解蔽》）。现在我们可以超越以上两种看法的局限，看出它们虽然具体结论相反，但反映的却是同一的封建伦理。这样，我们就达到了荀子所说的"壹"。所以，如果史学要求真，要由表及里地求真，那么荀子的"虚壹而静"的解蔽思想仍然是有价值的。

值得玩味的是，白先生在此章之末列有"'蔽'和'通'"一节。此节虽然着笔不多，但是明确地指出了二者之间的关系。社会蔽塞而不通，则必穷；"穷则变，变则通"。史学蔽塞而不通，则或"陆沉"（知古不知今，古为蔽），或"盲瞽"（知今不知古，今为蔽）；所以，史学要求真，则必"通古今之变"。

从以上所述可见，自先秦时代起，中国史学已经开始有了致用与求真兼重的传统。这无疑是一种十分优良的传统。不过，说中国古代史学有这样的优良传统，不等于说其中没有问题。因为史学的致用与史学的求真毕竟是两回事。如果加以排列组合，其间实有四种可能：在首先重视致用的情况下，一、一种可能是也重求真，二、另一种可能是不重求真；在首先重视求真的情况下，三、一种可能是也重致用，四、另一种可能是不重致用。在人类的史学史上，上述四种情况大抵都曾出现过。在一和三两种情况下，史学的致用与求真都能有较好的成绩；而在二和四的情况下，结果则相反。

周公非常重视从夏、殷两代的兴亡中学习经验教训，他所作的各篇《尚书》不愧为古代史学致用的典范。他能从夏、殷的兴亡（即所谓天命得失）的历史中看出，国之兴亡在于德之有无，天命之得失在于民心之向背。这的确是对历史法则的重大发现和对史学认识的重大贡献。周公不仅以此指导周王朝的行政，而且用以教育人民（包括对殷遗民，周公都讲夏、商、周得失的历史，见于《尚书·多士》等篇），因而为"郁郁乎文哉"的西周盛世奠定了基础。尤其值得指出的是，周公在以史学致用时也很尊重历史之真。他在不止一篇文告里都提到了"殷先哲王"，这些殷王包括"自成汤至帝乙"（见《尚书·酒诰》）。这样其中就包括了曾经杀死周公和武王的祖父（季历）的殷王文丁。周公并未因杀祖之仇而否定文丁，尊重了历史的真实性。那么周公就是一位只知史学求真而不知史学致用的拘迂之人？绝对不是。他若不能究殷人得失之真，那就不能以真史为鉴，而只能以伪史自欺。像周公这样杰出的思想家，当然不会做那种愚蠢的事情。周公兼重致用与求真的范例，为中国古代史学的优良传统奠定了基础。

当然，为了一时、一己的利益而抹煞历史之真、歪曲历史之真的事例早在先秦也出现了。例如，有人问孟子周代的爵禄制度如何，孟子说："其详不可得而闻也。诸侯恶其害己也，而皆去其籍。"（《孟子·万章下》）为什么这样做呢？因为"暴君污吏必慢其经界"（见《孟子·滕文公上》）。这就是毁历史之真以为用的一个典型。不是让人民知道周代爵禄制度及其得失，而是毁掉历史。这是愚民以逞的反文化行为。商鞅、韩非等人对古今之变有其强烈的历史敏感。可是他们在看到社会经济进步的同时，又强调了随之而来的道德的退步。于是，他们只重视严刑峻法，而鄙视历史文化。他们反对人民读《诗》《书》、知历史，主张愚民以强国。他们在一定程度上看到了某些历史趋势的同时，又企图使人民做历史的盲目工具。秦国接受了他们的思想，无情地践踏历史、文化并愚弄人民，固然取得了对六国的成功，但也因此而埋下了秦亡的种子。秦亡的教训从反面也说明了先秦时期开始的史学兼重致用与求真的传统的重要性。

原载北京师范大学史学研究所编：《历史科学与历史前途：祝贺白寿彝教授八十五华诞》，

河南人民出版社，1994 年

司马迁史学思想中的变与常

司马迁曾经自己说明，他作《史记》的一个目的，就是要"究天人之际，通古今之变，成一家之言"[①]，这一篇文章只想讨论其中的"通古今之变"的问题。在此以前，已有不少学者讨论过这一问题，不过一般都是着重分析司马迁的论历史之变，说明他能从变中把握了历史的发展，成为中国古代的杰出的历史学家。这些论述无疑都是有意义的。

这一篇文章的目的是想说明，司马迁既注意到了历史上的"变"，又注意到了历史上的"常"，而且正是在贯通"变"与"常"这一点上，他显示出了自己的出色的史学思想。

一、司马迁对于历史上的变的论述

《史记》是一部叙述从黄帝到当时（汉武帝时）的通史，自然记载了古今种种不同的变化。值得注意的是，司马迁很重视以下两个方面的变化：

（一）政治制度方面的变化。关于这一方面的变化，司马迁着重叙述了两种，即从君位禅让制到世袭制的变化和从封建制到郡县制的变化。

第一，他叙述了君位从禅让到世袭的变化。《五帝本纪》叙述了尧、舜、禹之间禅让的情况如下：

> 尧立七十年得舜，二十年而老，令舜摄行天子之政，荐之于天。
> 尧辟位凡二十八年而崩……尧知子丹朱之不肖，不足授天下，于是乃

---

① 班固:《汉书·司马迁传》，2735 页，北京，中华书局，1962。

权授舜。授舜，则天下得其利而丹朱病；授丹朱，则天下病而丹朱得其利。尧曰："终不以天下之病而利一人。"而卒授舜以天下。尧崩，三年之丧毕，舜让辟丹朱于南河之南。诸侯朝觐者不之丹朱而之舜，狱讼者不之丹朱而之舜，讴歌者不讴歌丹朱而讴歌舜。舜曰："天也。"夫而后之中国践天子位焉，是为帝舜。①

舜子商均亦不肖，舜乃预荐禹于天。十七年而崩。三年丧毕，禹亦让舜子，如舜让尧子。诸侯归之，然后禹践天子位。尧子丹朱、舜子商均，皆有疆土，以奉先祀。服其服，礼乐如之。以客见天子，天子弗臣，示不敢专也。②

到了禹以下，情况发生了变化，《夏本纪》记："帝禹立而举皋陶荐之，且授政焉，而皋陶卒。封皋陶之后于英、六，或在许。而后举益，任之政。十年，帝禹东巡狩，至于会稽而崩。以天下授益。三年之丧毕，益让帝禹之子启，而辟居箕山之阳。禹子启贤，天下属意焉。及禹崩，虽授益，益之佐禹日浅，天下未洽。故诸侯皆去益而朝启，曰：'吾君帝禹之子也。'于是启遂即天子之位，是为夏后帝启。"③

从夏后启以下，中国的君主都实行了父传子及兄传弟的家内世袭制。

第二，司马迁叙述了从封建制到郡县制的转变。据《史记》的记载，从五帝的时候起，在全国之上就有一个天子，在天子之下又有许多诸侯。尽管这许许多多的诸侯小邦原先都是从不同的部落发展而来的，但是在名义上都经过了天子的册封。这就是所谓的封建制。《周本纪》还记载了周武王克商以后分封诸侯的一些具体情况：

封商纣子禄父殷之余民……武王追思先圣王，乃褒封神农之后于焦，黄帝之后于祝，帝尧之后于蓟，帝舜之后于陈，大禹之后于杞。于

---

① 司马迁：《史记》，30 页。北京，中华书局，1959。
② 同上书，44 页。
③ 同上书，83 页。

是封功臣谋士，而师尚父为首封。封尚父于营丘，曰齐。封弟周公旦于曲阜，曰鲁。封召公奭于燕。封弟叔鲜于管，弟叔度于蔡。余各以次封。①

周初建立的封建邦国系统，到春秋战国时期已经在大国兼并的战争中逐渐消灭殆尽，郡县制逐渐发生。《史记·秦始皇本纪》记，秦始皇统一六国以后，又有大臣提议分封皇子，"廷尉李斯议曰：'周文武所封子弟同姓甚众，然后属疏远，相攻如仇雠，诸侯更相诛伐，周天子弗能禁止。今海内赖陛下神灵一统，皆为郡县，诸子功臣以公赋税重赏赐之，甚足易制。天下无异意，则安宁之术也。置诸侯不便。'始皇曰：'天下共苦战斗不休，以有侯王。赖宗庙，天下初定，又复立国，是树兵也，而求其宁息，岂不难哉！廷尉议是。'分天下为三十六郡，郡置守、尉、监"。②这样，各级地方官吏直属皇帝的郡县制就代替了由诸侯、大夫等分层统治的封建制。

秦亡以后，汉初曾经在实行郡县制的同时，分封了一些诸侯王；结果是异姓诸侯王先反，随后是同姓诸侯再反。为此汉朝皇帝不断采取措施以消灭或削弱势力强大的诸侯王，到了司马迁生活的汉武帝时期，这种残存的封建制已经无足轻重了。这些过程，在《史记》的《汉兴以来诸侯王年表》《高祖功臣侯者年表》等表中皆有详细记载，这里不须细说了。总之，《史记》鲜明地表述了这种从封建制到郡县制的变化。

（二）决定政权得失的直接因素的变化。在这方面，司马迁叙述了前后变化的三个阶段：

第一阶段，在尧、舜、禹禅让时期，决定一个人政权得失的直接因素是德。如上所述，尧子丹朱、舜子商均都因无德而不能获得政权，而舜和禹却因有德而登上帝位。所以，在当时，帝位不能因血亲关系而世袭，只能由诸侯和人民所信任的有德者来继承。

---

① 《史记》，126～127页。
② 同上书，238～239页。

第二阶段，在夏、商、周三代，帝位既已世袭，政权的转移就不再经过禅让，而是经过所谓的征诛了。据《夏本纪》记，夏代后期，"帝孔甲立，好方鬼神，事淫乱。夏后氏德衰，诸侯畔之"①。到末代君主桀的时候，"桀不务德而武伤百姓，百姓弗堪。乃召汤而囚之夏台，已而释之。汤修德，诸侯皆归汤，汤遂率兵以伐夏桀。桀走鸣条，遂放而死。桀谓人曰：'吾悔不遂杀汤于夏台，使至此。'汤乃践天子位，代夏朝天下。"②据《殷本纪》记，商朝末代君主纣奢侈淫乱，"百姓怨望而诸侯有畔者，于是纣乃重刑辟，有炮格之法"。西伯（后来的周文王）也曾受过纣的监禁，经贿赂才被赦免。"西伯归，乃阴修德行善，诸侯多叛纣而往归西伯。西伯滋大，纣由是稍失权重。"到西伯之子周武王时，"纣愈淫乱不止"。"周武王于是率诸侯伐纣。纣亦发兵距之牧野。甲子日，纣兵败。纣走入，登鹿台，衣其宝玉衣，赴火而死……于是周武王为天子"。③这就是说，商汤之代夏及周武王之代商，虽然也有德的因素在起作用，不过直接的因素则是战争的胜利。

第三阶段，到战国和秦统一时期，战争暴力完全取代了一切道德和信义。《史记·六国年表序》记："及田常杀简公而相齐国，诸侯燕然弗讨，海内争于战功矣。三国（指魏、赵、韩）之卒分晋，田和亦灭齐而有之，六国之盛自此始。务在强兵并敌，谋诈用而从衡短长之说起。矫称蜂出，誓盟不信，虽置质剖符犹不能约束也。"④秦之强盛是从商鞅改革开始的，秦之所以能灭六国而成一统也是坚持了商鞅制定的方针的结果。商鞅是怎么样做的呢？《史记·商君列传》记，商鞅劝说秦孝公伐魏，以打开秦东进的门户，"孝公以为然，使卫鞅（即商鞅）将而伐魏。魏使公子卬将而击之。军既相距，卫鞅遗魏将公子卬书曰：'吾始与公子欢，今俱为两国将，不忍相攻，可与公子面相见，盟，乐饮而罢兵，以安秦魏。'魏公子卬以为然。会

---

① 《史记》，86页。
② 同上书，88页。
③ 同上书，105~108页。
④ 同上书，685页。

盟已，饮，而卫鞅伏甲士而袭虏魏公子卬，因攻其军，尽破之以归秦"①。结果是魏国被迫向秦割地求和，而卫鞅在秦受封于商，成了商君，称商鞅。总之，《史记》鲜明地表述了中国古代历史上影响政权得失的直接因素的前后变化。

现在我们还要来看一看司马迁是以什么态度对待他所记载的这些变化的。对于从封建制到郡县制的变化，《高祖功臣侯者年表序》分析了汉初的封建诸侯与三代时的封建之异同，说明汉代的诸侯已难以像上古那样持久，然后说："居今之世，志古之道，所以自镜也，未必尽同。帝王者各殊礼而异务，要以成功为统纪，岂可绲乎。"② 对于帝王取天下的手段，他在《六国年表序》中说："秦取天下多暴，然世异变，成功大。传曰：'法后王'，何也？以其近己而俗变相类，议卑而易行也。学者牵于所闻，见秦在帝位日浅，不察其终始，因举而笑之，不敢道，此与以耳食无异。悲夫。"③ 由此可见，对于历史上的变化，只要是取得成功的，司马迁基本上是取肯定的态度的。

二、司马迁对于历史上的常的论述

司马迁在《史记》中几乎处处都在写历史之变，因为历史本身就是在不断变化之中的；司马迁不仅这样写了，而且对变取了肯定的态度。这一点正是许多研究者所以赞扬他的地方。不过，司马迁也并未否认历史上有常，更没有看轻常在历史上的作用。

在这里有必要对本文中所用的"常"的概念作一个简要的说明。《尔雅·释诂》："典、彝、法、则、刑（即型）、范、矩、庸、恒、律、戛、职、秩，常也。"④ 以上十三个解释"常"的字包含了两重意思：其中绝大多数表

---

① 《史记》，2232～2233 页。
② 同上书，878 页。
③ 同上书，686 页。
④ 郝懿行：《尔雅义疏》，见《清经解》第 7 册，253 页，上海，上海书店，1988。

示法则、范型、常规的意思，而"恒"字的意思则是固定和长久。① 从这两重意思来看，"常"与"变"是不同的，因为法则、范型及常规都是衡量变化的标尺，其自身必然要有其固定性和长久性。但是，这个"常"又非绝对的"不变"。因为，这里的法则、范型及常规都是变化本身的、具有长久稳定性的属性。所以，《周易·系辞上》："动静有常，刚柔断矣。"② 动与静就是变化，但它们是有常规的。所以，《荀子·天论》："天行有常，不为尧存，不为桀亡。"③ 荀子这里所说的"天行"包括了天体的运行与季节的变化，所以，天行之常就是天行的变化规律。对"常"作了这样的解说以后，我们就可以来看司马迁是怎么样论述历史上的"常"的了。

司马迁对于历史上的常的论述主要表现在以下两个方面：

（一）在司马迁笔下，发展经济与致富是人们的恒常行动目标，而且这也总是社会和谐与国家强盛的基础。

《货殖列传》记："太史公曰：夫神农以前，吾不知已。至若《诗》《书》所述虞、夏以来，耳目欲极声色之好，口欲穷刍豢之味，身安逸乐，而心夸矜势能之荣使。俗之渐民久矣，虽户说以眇论，终不能化。故善者因之，其次利导之，其次教诲之，其次整齐之，最下与之争。夫山西饶材、竹、谷、纑、旄、玉石；山东多鱼、盐、漆、丝、声色；江南出楠、梓、姜、桂、金、锡、连、丹沙、犀、玳瑁、珠玑、齿革；龙门、碣石北多马、牛、羊、旃裘、筋角；铜、铁则千里往往山出棋置；此其大较也。皆中国人民所喜好，谣俗被服饮食奉生送死之具也。故待农而食之，虞而出之，工而成之，商而通之。此宁有政教发征期会哉？人各任其能，竭其力，以得其欲。故物贱之征贵，贵之征贱，各劝其业，乐其事，若水之趋下，日夜无休时，不召而自来，不求而民出之。岂非道之所符，而自然之验邪？"④

---

① 《周易·系辞下》："恒，德之固也"，89 页；《周易·杂卦》："恒，久也"，96 页。《周易正义》，见《十三经注疏》，北京，中华书局，1980。

② 同上书，76 页。

③ 王先谦：《荀子集解》，见《诸子集成》第 2 册，205 页，上海，上海书店，1986。

④ 《史记》，3253 ～ 3254 页。

接着，他写了这样一些内容：不同地区有不同物产和风俗民情，而求富的努力则是一致的；各种行业有合法的与非法的区分，而其经营的目的则均为求富；人们在社会中的地位各有不同，而财富对此总起了重要的作用；社会有礼义盛衰之分，国家有实力强弱之别，而财富却总是其基础。

然后他说："富者，人之性情，所不学而俱欲者也"①。所以，在司马迁看来，不论历史如何变化，人们对于财富的追求却总是其天然的恒常基础。

（二）在司马迁的笔下，财富是维持社会生存的恒常的必要条件，已如上述，但他并未以此为其充分的条件。他知道，财富的产生与分配总是在一定社会秩序中进行的，所以社会秩序同样是历史赖以延续的恒常条件。怎么样才能保持一个社会的良好秩序呢？在司马迁看来，这就是礼义。礼义作为社会伦理体系，是不能天天变的；所以中国古来就把这种伦理体系叫做伦常。

司马迁在《管晏列传》中说："管仲既任政相齐，以区区之齐在海滨，通货积财，富国强兵，与俗同好恶。故其称曰：'仓廪实而知礼节，衣食足而知荣辱，上服度则六亲固。四维（四维：礼、义、廉、耻）不张，国乃灭亡。下令如流水之源，令顺民心。'故论卑而易行。俗之所欲，因而予之；俗之所否，因而去之。其为政也，善因祸而为福，转败而为功。"②从他的这一段议论中，我们正好看到了司马迁对于求富与礼义这一对矛盾的两方面间关系的见解。满足人们求富的恒常欲望，这是礼义的起点，也是目标；而实现礼义就是要使人们的求富处于一种正常的状态中，不致因有任何过度的行为（所以他重视"上服度"）而造成社会的动荡与国家的灭亡，从而最终还是危害了求富。

那么恒常的礼义从哪里去寻求呢？司马迁在《太史公自序》里记他回答壶遂问孔子为何而作《春秋》时说："余闻董生（仲舒）曰：'周道衰废，孔子为鲁司寇，诸侯害之，大夫壅之。孔子知言之不用，道之不行也，是非

---

① 《史记》，3271 页。
② 同上书，2132～2133 页。

二百四十二年之中，以为天下仪表，贬天子，退诸侯，讨大夫，以达王事而已矣。'子曰：'我欲载之空言，不如见之于行事之深切著明也。'夫《春秋》，上明三王之道，下辨人事之纪，别嫌疑，明是非，定犹豫，善善恶恶，贤贤贱不肖，存亡国，继绝世，补敝起废，王道之大者也……故有国者不可以不知《春秋》，前有谗而弗见，后有贼而不知。为人臣者不可以不知《春秋》，守经事而不知其宜，遭变事而不知其权。为人君父而不通于《春秋》之义者，必蒙首恶之名。为人臣子而不通于《春秋》之义者，必陷篡弑之诛，死罪之名。其实皆以为义，为之不知其义，被之空言而不敢辞。夫不通礼义之旨，至于君不君，臣不臣，父不父，子不子。夫君不君则犯，臣不臣则诛，父不父则无道，子不子则不孝。此四行者，天下之大过也。以天下之大过予之，则受而弗敢辞。故《春秋》者，礼义之大宗也。"①司马迁所说的孔子的这一思想，也记载在《论语·颜渊》篇中："齐景公问政于孔子，孔子对曰：'君君、臣臣、父父、子子。'公曰：'善哉，信如君不君，臣不臣，父不父，子不子，虽有粟，吾得而食诸。'"②人类社会必有父子，在孔子、司马迁等古人看来，也必有君臣；因此他们把这些看作社会的最基本的秩序。他们认为，使人们在这种社会的基本秩序中各按自己的适当地位而适当地行动，这就是实现了礼义，这就能使社会保持正常的运转。在司马迁的史学思想中，人类求富之常情与人类礼义之常理是维持社会平衡的两根支柱，也是保证历史运行的两个车轮。所以，他十分重视这两种历史的恒常因素。

三、司马迁的"通古今之变"

首先应该说明"通"在司马迁的笔下实际具有两重含义：其一，是通晓的意思，这里的"通古今之变"就是通晓古今变化的意思。这是从历史学家的主观对于历史客观的了解的角度说的，它的意思比较具有直接性，

---

① 《史记》，3297～3298页。
② 刘宝楠：《论语正义》，见《诸子集成》第1册，271页。

所以不需要任何更多的解释。"通"还有另外一重意思，在司马迁对于历史的客观发展过程的说明中表现出来。他在《太史公自序》中说："礼乐损益，律历改易，兵权山川鬼神，天人之际，承敝通变，作八书。"[①] 这里的"承敝通变"是指"礼乐损益、律历改易"这些历史过程的变化而言的，所以这里的"通"是指历史过程的由变而通。按司马迁的变通思想是从《周易》接受过来的。《周易·系辞下》中曾说到包牺氏、神农氏、黄帝、尧、舜在历史上所作的变革，说这是"通其变，使民不倦"。又说："易，穷则变，变则通，通则久。"[②] 司马迁在《史记》中曾多次说到"承敝易变"或"承敝通变"，从而"使民不倦"，其思想来源皆在于此。这一层意义上的"通"是指：客观历史过程中发生了问题，发展不下去了，就是要穷或者走到尽头了，这时来了一次变化，于是历史又继续发展下去，从穷而通，由于通了所以也就能持久了。这样历史的过程似乎就达到了一种悖论（paradox），恒常或持久的过程竟然是由变来达到的。然而，事情的实质正如"悖论"这个词的含义一样，竟然是似非而是（seemingly absurd though perhaps really well-founded statement）。

以上分析"通古今之变"的"通"的两重意义，对于我们说明司马迁的"通古今之变"有什么意义呢？应该说，其意义也在于两个方面：首先是要有客观历史过程的通，其次是历史学家对于这一通的过程如实的认知和理解，也就是说历史学家对于这一通的历史过程的通的了解。司马迁所企求的"成一家之言"，实际就是希望能对于客观的通的历史过程有一个通识或通史的著述。能对于客观的历史之通有一个通晓，这就是司马迁所要求的"通古今之变"，通晓了这样的古今之通变，自然地就成了一家之言。

下面就让我们从两个方面来看一看司马迁是怎么样从历史之变中说明历史之通的。

其一，在司马迁看来，礼义是有常的，已如上述。那么，礼义又如何由

---

① 《史记》，3319 页。
② 《十三经注疏》，86 页。

变而通呢？以上我们曾经引用《高祖功臣侯者年表》中所说"帝王者各殊礼而异务，要在以成功为统纪"，那么这种"殊礼"与"异务"中又有什么常可言呢？在说明司马迁对于这个问题的回答以前，有必要谈一下孔子对于这个问题的见解，因为司马迁的见解实际是从孔子那里引申而来的。《论语·为政》记："子张问：'十世可知也？'子曰：'殷因于夏礼，所损益可知也；周因于殷礼，所损益可知也；其或继周者，虽百世可知也。'"[①]这里的"损益"就是变化，知道了礼的从夏到殷的变化和从殷到周的变化，为什么就能知道以后百世的变化呢？这就必须有一个条件，即这种变化本身是有其一定之规的；否则，孔子的百世可知的推论就在逻辑上成为不可能的。由此可以说明，至少从孔子起就认为礼的变动（礼运）是有一定的常规的。不过，孔子在这里并没有说明，其中的变化常规究竟是什么。

司马迁从同时前辈学者董仲舒的《春秋》公羊说得到了启发，接受了董氏的夏、商、周三统说。[②]他在《高祖本纪》赞中说："夏之政忠。忠之敝，小人以野，故殷人承之以敬。敬之敝，小人以鬼，故周人承之以文。文之敝，小人以僿，故救僿莫若以忠。三王之道若循环，终而复始。周秦之间，可谓文敝矣。秦政不改，反酷刑法，岂不缪乎？故汉兴，承敝易变，使人不倦，得天统矣。"[③]由于有了这样的忠、敬、文三者的循环，礼的变化常规或法则就有了一个明确的表述。当然，这样的变化常规或法则的表述，是有其明显的缺陷的。不过，只要看一看《高祖功臣侯者年表序》中对于三代的封建与汉初的封建之间的异同所作的分析，我们就不会相信司马迁是真正的历史循环论者了；因此，如果把上述忠、敬、文的常规不解释为封闭的圆圈而解释为螺旋线，那也许会更为准确一些。

其二，上文中曾经说到，司马迁对于从尧、舜的禅让到汤、武的征诛，再到战国及秦的凭借暴力夺取成功，是作为历史之变来说明的。那么，在

---

① 刘宝楠：《论语正义》，见《诸子集成》第 1 册，39 页。

② 董仲舒：《春秋繁露》，见苏舆：《春秋繁露义证》，钟哲校点，183～213 页，北京，中华书局，1992。

③ 《史记》，393～394 页。

这样的变里还有没有常呢？现在就让我们来看一看司马迁是怎么样处理这个问题的。他在《五帝本纪》中讲尧、舜、禹之间的禅让，那是直接以人心的向背来说明君主的政权的得失的。这一点非常清楚，不需赘述。司马迁写商汤和周武王的战胜并取代桀、纣，直接手段当然是战争。可是如果细读《殷本纪》和《周本纪》，那就会发现，夏桀与殷纣的势力都曾经远比商、周强大，商汤及周文王（西伯）曾经分别被桀、纣关进监狱。商汤与周文、武的由弱变强是靠了行善积德，从而得到人民的拥护与诸侯支持的结果。①在《秦楚之际月表序》里，他更明确地说："昔虞、夏之兴，积善累功数十年，德洽百姓，摄行政事，考之于天，然后在位。汤、武之王，乃由契、后稷修仁行义十余世，不期而会孟津八百诸侯，犹以为未可，其后乃放弑。"②这就是说，汤、武都是首先依赖修行仁义取得民心，然后才用武力夺取王位的。秦的情况又如何？司马迁已经说过"秦取天下多暴"，那么，其中也有人心向背在起作用吗？据《商君列传》记，商鞅变法之初，秦民多有以为不便者，可是太子犯了法，其师傅也受了刑罚，所以法令被遵守了。"行之十年，秦民大悦，道不拾遗，山无盗贼，家给人足。"③原来商鞅变法也有其得人心的一方面。《秦始皇本纪》又引贾谊的话说："秦并海内，兼诸侯，南面称帝，以养四海，天下之士斐然乡风，若是者何也？曰：近古之无王者久矣。周室卑微，五霸既殁，令不行于天下，是以诸侯力政，强侵弱，众暴寡，兵革不休，士民罢敝。今秦南面而王天下，是上有天子也。既元元之民冀得安其性命，莫不虚心而仰上，当此之时，守威定功，安危之本在于此矣……秦离战国而王天下，其道不易，其政不改，是其所以取之守之者（无）异也。孤独而有之，故其亡可立而待。"④这说明，在战国时期，各国君主都在争城夺地，不惜残民以逞；秦虽多暴，但还有其法治与公平的一面，比较能得民心。秦得天下后本来是有可能长治久安的，可是秦始皇与二世仍旧

① 《史记》，93～95、116～117 页。
② 同上书，759 页。
③ 同上书，2231 页。
④ 同上书，283 页。

实行暴政，这样就丧失了民心，从而招致了速亡。归根到底，还是人心的向背在秦的兴亡中起了关键性的作用。这样，人心向背就作为一个政权兴亡的恒常因素，在从尧、舜到商、周以至于秦之统一的长期变化过程中一直都起了作用。所以，在这种变里是有常的，而且常正是以不断变化的形式起了作用。

司马迁发现并说明了历史上的由变而通而常，这就是他做到了通古今之变，因而也就是成了一家之言。

原载《北京师范大学学报（社会科学版）》2000 年第 2 期

历史理性在古代中国的发生

一、弁言——略说"历史理性"

"理性"在今天已经是一个大家常用的词，但各人使用此词时取义颇有不同，所以在这里先交代一下本文使用此词的取义。按现在大家所用的"理性"，乃自外文[①]译来，就此词之多重含义概括言之，它包括两个方面：一是人对于事物的性质与功能的思考与论证，二是事物自身存在的理由与理路（或条理）。[②]如果按照中国固有名词，那么此词也可以用一个"理"字来表达。《说文解字》："理，治玉也。"段玉裁注云："《战国策》：郑人谓玉之未理者为璞。是理为剖析也。玉虽至坚，而治之得其理以成器不难，谓之理。凡天下一事一物，必推其情至于无憾，而后即安，是之谓天理，是之谓善治。此引申之意也。"[③]这就是说，理字本意为治玉，而治玉必依玉本身之条理，故条理亦为理。引而申之，理作为动词之意为对于事物之治理，而作为名词之意则为事物本身之条理。《广雅·释诂三下》亦云："理，治也。"[④]《广雅·释诂三上》又云："理，道也。"[⑤]道、理互训，道作为动词之意为"导"，而导必依事物之理，故道作为名词之意即为事物之理。所以，理性或道理，皆实际包括主、客观两方面而言之。

---

① 英文之 reason，来自法文之 la raison，法文此字来自拉丁文 ratio，其动词为 reor，意为筹算、思考、推论等，有从筹算、思考、论证到理由、理智诸义。

② 或者如黑格尔所说的"自觉的理性与存在于事物中的理性"，见〔德〕黑格尔：《小逻辑》，贺麟译，43 页，北京，商务印书馆，1980。

③ 段玉裁：《说文解字注》，15 页，上海，上海古籍出版社，1981。

④ 王念孙：《广雅疏证》，8 页，上海，上海古籍出版社，1983。

⑤ 同上书，32 页。

现在常说的历史理性（historical reason）实际也就包括历史（作为客观过程）的理性（the reason of history）和史学（作为研究过程）的理性（the reason of historiography），简易言之，就是探究历史过程的所以然或道理和探究历史研究过程的所以然或道理。[①]

在世界诸文明古国中，史学最发达者，当推中国和希腊。古代中国和希腊的历史学家都在治史求真的方法上有相当高度的自觉和自律。这当然是一种历史理性的表现。在这一方面，古代希腊人由于受哲学上的实质主义（substantialism）的影响，[②]以为真理只能从永恒、静止的存在中去把握，而历史变动不居，不能使人产生知识，仅能使人产生意见，故与理性无缘。古代中国人在这一点上恰恰与希腊人相反，以为真理只能从变化、运动的存在中去把握。这是两种不同的思路，很值得研究。本文所要探讨的就是古代中国人在这一方面认识的特点。

二、以人心为背景的历史理性的曙光（正）
（殷周之际与周初）

（一）对于"天命"的信与疑

《礼记·表记》："子曰：夏道尊命，事鬼敬神而远之，近人而忠焉，先禄而后威，先赏而后罚，亲而不尊；其民之敝，蠢而愚，乔而野，朴而不文。殷人尊神，率民以事神，先鬼而后礼，先罚而后赏，尊而不亲；其民之

---

① 如果作进一步的思考，也许可以说，第一种历史理性所讨论的是历史本身存有方式的问题，从性质上说是属于本体论的（ontological）问题，第二种历史理性所讨论的是历史研究中的人的认知能力和研究方法的问题，从性质上说是属于认识论的（epistemological）和方法论的（methodological）问题。当然，在古代中外史学史上都还没有出现这样系统而自觉的区分与探究。

② 〔英〕柯林武德：《历史的观念》，何兆武、张文杰译，22～24页，48～51页，北京，中国社会科学出版社，1986。cf. R. G. Collingwood, *The Idea of History*, London: The Oxford Press,1956, pp. 20-21, pp. 42-45.

敝，荡而不静，胜而无耻。周人尊礼尚施，事鬼敬神而远之，近人而忠焉，其赏罚用爵列，亲而不尊；其民之敝，利而巧，文而不惭，贼而蔽。"①其中所说夏人情况目前尚无材料为证，而所说殷人与周人情况基本符合历史事实。从大量甲骨卜辞材料可知，殷人的确敬信鬼神，以为鬼神能主宰人的命运。《尚书·西伯戡黎》记，周人已经打到距殷不远的黎国，对殷构成了威胁，大臣祖伊向纣报告，纣竟然说："我生不有命在天。"②这也说明殷人对于天命鬼神的迷信程度是很深的。殷纣以为他的王权来自天命，天命决定历史。所以，其中没有任何理性可言。当然，并非所有殷人都是如此，祖伊就是对于天命鬼神持有怀疑态度的人；不过，这样的人在殷代不居主流地位。真正开始对天命产生深度怀疑的是后来战胜并取代了殷王朝的周人。

（二）历史发展自身理路的开始发现

殷代后期，周人逐渐兴起，不过由于殷周之间力量对比的悬殊，周人对于殷人处于某种从属地位，承认殷为天子而自己实际又保持本邦的基本独立状态。周王朝最初的奠基人文王之父王季为殷王文丁所杀，③文王本人也曾一度遭到纣的囚禁。周人是深知殷人实力之强大的，甚至在周取代殷之后，周人还记得殷是"大邦殷"④、"天邑商"⑤，而自己是"我小国"⑥。可是，历史的发展结果是，随着牧野一战的胜利，小邦周竟然取代了大邦殷或天邑商，成了诸侯的共主——天子。殷人赖以自恃的"天命"转移到了周人手中。非常难得的是，周王朝的主要领导人武王和周公旦不仅没有被胜利冲昏头脑，而且深陷于恐惧之中。《史记·周本纪》记，武王伐纣胜利以后，忧虑得夜晚连觉都睡不着，周公去看武王，问他为何睡不着，武王回

① 孔颖达：《礼记正义》，见《十三经注疏》，1641～1642页，北京，中华书局，1987。
② 孔颖达：《尚书正义》，见《十三经注疏》，177页。
③ 方诗铭、王修龄：《古本竹书纪年辑证》，36页，上海，上海古籍出版社，1981。
④ 《尚书·召诰》《尚书·康王之诰》，见《十三经注疏》，212、244页。
⑤ 《尚书·多士》，见《十三经注疏》，220页。
⑥ 同上书，219页。

答说："我未定天保，何暇寐。"① 不久武王去世，周公主持周王朝大政，《尚书·周书》中的周初诸诰，大多出自周公之手。我们只要读一读这些文告，就可以知道周公曾经作了多么深刻的反省，从而获得了多么难得的觉醒。按这种觉醒可以从两个方面来说：第一，重视"天命"而又有所怀疑。《尚书·牧誓》："今予发（武王自称名）惟恭行天之罚"②，武王自称受天命伐纣。《尚书·大诰》："予（周公）惟小子，不敢替上帝命。天休于宁（文）王，兴我小邦周。"③ 上帝赐命与文王，因此小邦周得以兴起，我不敢失上帝之命，即不敢坐视武庚、管蔡之乱不予平定。《尚书·召诰》："皇天上帝，改厥元子，兹大国殷命，惟王受命。"④ 是皇天上帝改了大国殷的命，而转交给了周。如此等等，在《尚书》与《诗经》中多不胜举。周既胜殷而有天下，当然知道政权的转移已经实现，或者说天命已经转移到自己手中。但是，武王、周公（尤其是周公）深感不安的是，天命难道原来不是在殷人手中的吗？为什么会发生这种历史性的转移呢？从前天命的转移，使自己由无而有，如果现在再发生天命转移，那就是使自己从有变无、由得而失了。这样一想，就感到非常可怕，所以睡不着觉。天命或王朝历史命运的转移，原来是既存在而又不可靠的。第二，天命是不可靠的，但也不是完全不可知。周公考察了夏、商两代王朝政权的转移，从中深加反省，终于懂得："天棐忱辞，其考我民"⑤，"天畏棐忱，民情大可见"⑥，"古人有言曰：'人无于水监，当于民监。'今惟殷坠厥命，我其可不大监抚于时"⑦。这些都是极为深刻的道理。在《尚书·无逸》这篇教导周成王的文章里，周公叙述了殷王中宗（大戊）、高宗（武丁）、祖甲及周文王四位勤政爱民的历史事实，说明他们深得人心，因此或者能够很好地维持王权或者能够获得王权。在《尚

---

① 《史记》第 1 册，128～129 页，北京，中华书局，1973。《逸周书·度邑解》有类似记载。

② 《十三经注疏》，183 页。

③ 同上书，199 页。

④ 同上书，212 页。

⑤ 《尚书·大诰》，见《十三经注疏》，199 页。

⑥ 《尚书·康诰》，见《十三经注疏》，203 页。

⑦ 《尚书·酒诰》，见《十三经注疏》，207 页。

书·多士》这篇告诫殷遗民的文书里，周公又叙述了夏、殷两代失去王权的历史，指出夏朝末代君主不听天命，大事淫逸，丧失民心，天就命令商汤取代了夏；商朝末代君主也是不听天命，大事淫逸，失去民心，所以周就受天命而取代了殷商。类似的话在《尚书》《诗经》里颇为不少。甚至早在武王伐纣时就说过："天视自我民视，天听自我民听。"[①]周武王、周公兄弟发现了一个道理：天命的背后原来就是人心，天命的变迁原来就是人心向背的转移。

周初周公等人所发现的，从直接层面来说，只是关于政权转移的道理或理性。不过，这种转移是当时历史变迁上的大事，因此，可以说这是周公等人对于历史发展自身的理路的新认识，是中国古代对于历史理性发现的开端。

（三）历史理性与道德理性的合一

在周公等人所发现的天命人心说里，呈现出了历史理性的最初曙光。因为它是最初的曙光，所以也就具有自己的一些特色。

其一，它不是对于历史发展整体的理论概括，而只是关于政权或天命转移的历史经验的总结性的理论归纳。它的内容属于历史理性的范畴，但它还不能被说为历史理性完整的直接呈现。

其二，它的视线所及还只是历史在两极之间的运动的理路，即天命或政权在得和失两极之间的摆动。在历史的运行中的确有这样的两极之间的运动，但是这只是复杂的历史运动中的一种比较简单的形式。

其三，也是最值得注意的一点，这种历史理性已经突破了殷人对于鬼神的迷信，开始闪现出人文主义精神的曙光。在这种曙光中，我们可以看到历史理性与道德理性的最初的统一。周公说："我不可不监于有夏，亦不可不监于有殷。我不敢知曰，有夏服天命，惟有历年，我不敢知曰，不其

---

① 《孟子·万章上》引《泰誓》"民之所欲，天必从之"。《左传》襄公三十一年、昭公元年，《国语·郑语》引《泰誓》。

延；惟不敬厥德，乃早坠厥命。我不敢知曰，有殷受天命，惟有历年，我不敢知曰，不其延；惟不敬厥德，乃早坠厥命。今王嗣受厥命，我亦惟兹二国命，嗣若功。"[1] 夏、殷王朝的统治年限长短，人们都无法推定；但是它们的亡国原因是可以确实知道的，即"不敬厥德"。不仅夏殷两代如此，正在掌权的周王朝也是如此。类似的话，在《尚书》其他篇中也不少见。从周公的这一段话里，我们可以看出他的战战兢兢的惶恐心态，唯恐由失德而失民心，由失民心而失天命；同时也可以看出他的道德理性与历史理性的一并觉醒。这样两种理性同时觉醒的现象，作为人的崇高理想在上天的投射，实在是中国古代文明史上的灿烂朝霞，光彩夺目。当然，我们也不能不看到其中还有其天真的一面，即以为只要人能做出最大而又正当的努力，事业就一定可以成功。殷人以为只要对鬼神进行盛大而殷勤的献祭，就能获得成功，这是一种迷信的天真——以为人的意志能够主宰历史。周公作为伟大的政治家、思想家，以其历史理性与道德理性的并现打破了殷人迷信的天真；可是，由于时代的局限，他也是以为人的意志（坚持敬德）是能够决定历史的；他还没有也不可能认识历史的某种客观的必然性，因而显现了一种最初的理性的天真。

三、与人心疏离的历史理性的无情化（反）
（西周晚期至秦）

西周自昭王、穆王以下，已经过了全盛时期，逐渐走向衰落。厉王被放逐后，虽有宣王一度"中兴"，实际上仍然不能扭转颓局，至幽王遂被犬戎灭亡。东迁以后，周王室势力日益衰落，春秋五霸迭兴。周公在周初制定的制度与思想体系，在名义上虽然还受到一定程度的尊重，而实际上已经名存实亡。所以孔子才感叹说："天下无道，则礼乐征伐自诸侯出。自诸侯出，盖十世希不失矣。自大夫出，五世希不失矣。陪臣执国命，三世希不

----

[1] 《尚书·召诰》，见《十三经注疏》，213 页。

失矣""禄之去公室，五世矣。政逮于大夫，四世矣。"① 由春秋而战国，"及田常杀简公而相齐国，诸侯晏然弗讨，海内争于战功矣。三国（指魏、赵、韩）之卒分晋，田和亦灭齐而有之，六国之盛自此始。务在强兵并敌，谋诈用而从衡短长之说起。矫称蜂出，盟誓不信，虽置质剖符犹不能约束也"②。所以，到了战国时期，道德理性到底还有多大价值，大概除了儒家以外，已经没有多少人还看重了。可是，当时的历史却在剧烈的运动、变化之中。那么，历史运动变化的理路安在？这就使当时的学者们产生了新的思路。

（一）对于西周初期的天人合一的历史理性的怀疑

西周末叶，随着统治阶层的腐化及社会问题的涌现，天灾人祸并至，社会上的怨天尤人情绪在《诗经》里的"变风"与"变雅"③诸篇清晰地显现出来。《国语·周语（一）》在历述穆王、厉王、宣王的失政以后记："幽王二年，西周三川皆震。伯阳父曰：'周将亡矣。夫天地之气，不失其序。若过其序，民乱之也。阳伏而不能出，阴迫而不能蒸，于是有地震……山崩川竭，亡之征也。川竭，山必崩。若国亡，不过十年，数之纪也。夫天之所弃，不过其纪。'是岁也，三川竭，岐山崩。十一年，幽王乃灭。"④这就是说，国君失德，将引起阴阳不和而生天灾。从一方面说，这一思想，是周初的天命人心说（天人相应说之一种）的继续；从另一方面说，它又不是君德影响人心、从而又影响天命之说，而是君德直接影响阴阳、从而又引起自然之灾变之说。这里出现了与人文和自然兼有关联的阴阳两极的相互作用。《国语·周语（三）》记："灵王二十二年，穀、洛斗，将毁王宫。王欲壅之。王子晋谏曰：'不可。'"⑤以下这位王子又说了一大套国君不能壅塞河

---

① 《论语·季氏》，参见刘宝楠《论语正义》，见《诸子集成》第1册，354～356页。
② 《六国年表序》，见《史记》第2册，685页。
③ 按传统说法，"国风"中《周南》《召南》以下邶、鄘、卫等十三国风为变风，"小雅"中《六月》以下直至《何草不黄》、"大雅"中《民劳》以下直至《召旻》为变雅。
④ 《国语》，见《四部备要》本第1卷，10页。以下引此书只记卷数页数。
⑤ 《国语》，第3卷，5页。

流、不能违乱天地阴阳之气，否则就会导致亡国绝嗣。他说："夫亡者，岂翳无宠？皆黄炎之后也。唯不帅天地之度，不顺四时之序，不度民神之义，不仪生物之则，以殄灭无胤，至于今不祀。"[①]这里的天地阴阳之气又表现为一种客观的自然秩序，是人所不能违背的。这样，就在作为道德理性的天以外，出现了作为自然理性的天。人们终于发现，在能被道德理性影响的天以外，还有一种不能被道德理性影响的天。原来天是有道德的主宰，是顺从民意的。可是此时的君主既然已经违背了天地之度、四时之序（自然理性），那么，尽管民怨沸腾，老天爷却高高在上，纹丝不动，麻木不仁。在《诗经》"变雅"里多有反映这种怨天尤人情绪的篇章，这些都是对于西周初期的那种乐观而又天真的历史理性与道德理性合一的认知的否定。

（二）历史理性与道德理性的背离

到了春秋战国时期，诸子蜂起。除儒家基本仍守周公的理念外，道家、法家都不再相信天命，也不再相信人心。从前的观念是，天是一种道德理性的体现，所以，天能体察民瘼，把天命及时地从暴君手里转移到仁者（或圣人）手里。这就是《尚书·周书》里所显出的周公的思想，亦即道德理性与历史理性的一致。可是，道家和法家的思路就与此大不相同了。

《老子》以为："天地不仁，以万物为刍狗；圣人不仁，以百姓为刍狗。"[②]古往今来，人事变化，根本没有以天或圣人为代表的道德理性在起作用。或者说，《尚书·周书》所提倡、后世儒家所推崇的德，在老子看来只不过是下德，或者根本就不是德。《老子》以为："上德不德，是以有德；下德不失德，是以无德。上德无为而无以为，下德为之而有以为；上仁为之而无以为，上义为之而有以为；上礼为之而莫之应，则攘臂而扔之。故失道而后德，失德而后仁，失仁而后义，失义而后礼。夫礼者，忠信之薄，而

---

① 《国语》，第3卷，7页。
② 王弼注：《老子道德经》（五章），《诸子集成》第3册，3页。以下引此书皆据此本，只记页数。按王弼注"刍狗"不确；当从魏源《老子本义》解，见此书第4页。

乱之首。前识者，道之华，而愚之始。"① 这就是说，上德不自以为德，所以能成其为德；一旦自以为德，那么德就发生异化，转化为下德，且终于成为不德。在德以下，仁、义、礼莫不如此，一旦这些品德从自在状态变为自为状态，它们就都转化到其反面。这种转化的过程，也就是一般人所说的"智"（知识）产生的过程；在老子看来这种"智"或"前识"只不过是道的美丽的幻影，而其实正是他所说的愚的开始。在这里，必须说明，老子所说的智和愚与一般人所说的智和愚的意思正好相反——"正言若反"②。如果用他自己的话来说，就是"大巧若拙"③。故云："大道废，有仁义；慧智出，有大伪。"④ 知识的产生与进步既然是引起大伪的前提，那当然就正是这种"智（知识）"的进步，导致了道德本身的退步。于是，人之智日进，而人之德日退；历史进程既然与人之智俱进，那么历史进程就必然成为道德倒退之过程。于是，历史理性便与道德理性形成为一种反比的函数关系。故云："不尚贤，使民不争；不贵难得之货，使民不为盗；不见可欲，使民心不乱"⑤，"绝圣弃智，民利百倍；绝仁弃义，民复孝慈；绝巧弃利，盗贼无有。"⑥ 那么，要维护人的道德理性将如何？他的理想是："小国寡民，使有什伯之器而不用。使民重死而不远徙。虽有舟舆，无所乘之；虽有甲兵，无所陈之。使人复结绳而用之。甘其食，美其服，安其居，乐其俗。邻国相望，鸡犬之声相闻，民至老死不相往来。"⑦ 所以，如果说历史理性的运行方向是向前（由古而今或化朴为智）的，那么，在老子看来，历史理性与道德理性正好背道而驰；不然，历史理性自身就必须转向其反面（由今而古或去智归朴），从而使其自身形成矛盾。按老子见及于此，可说是看到了文明社会

① 《老子道德经》（38 章），23 页。按马王堆汉墓帛书甲、乙本《老子》皆以此章居首，传世本则以此章为下篇之首，盖因此章意义十分重要。

② 《老子道德经》（78 章），46 页。

③ 同上书（45 章），28 页。

④ 同上书（18 章），10 页。

⑤ 同上书（3 章），2 页。

⑥ 同上书（19 章），10 页。

⑦ 同上书（80 章），46～47 页。

自身所包含的内在矛盾，本身是很深刻的。不过，他的使人"复归于朴"①的设想实际上也只不过是一种无法实现的幻影而已。类似的思想在《庄子》里还有更充分的展开论述。

在对历史与道德的关系的问题上，法家和道家的见解上有其相似或相通之处，那就是法家也认为，在人类历史上道德的状况呈每况愈下的趋势，所以道德理性与历史理性的方向互相矛盾。在《五蠹》篇中，我们看到韩非是这样概括历史发展的趋势的："上古竞于道德，中世逐于智谋，当今争于气力。"②为什么会这样呢？韩非提供了两点说明：第一，他在此篇开头就说明，上古之世，人民少而不敌禽兽，有巢氏教民构巢避害；人民生食容易致病，燧人氏教民钻木取火以熟食。中古之世，洪水为灾，禹决渎以治水。近古之世，桀纣暴乱，汤武征伐以安民。在禹的时代教民构木为巢，在汤武的时代教民决渎，都会为人所笑。如果战国时期的人还想学尧、舜、禹、汤、武那样行事（重道德），那么一定也会为时人所笑。这就是说，历史随着人的智慧的进步而发展，所以才会从上古的竞于道德发展到中世的逐于智谋。③第二，他说："古者，丈夫不耕，草木之实足食也。妇人不织，禽兽之皮足衣也。不事力而养足，人民少而财有余，故民不争。是以厚赏不行，重罚不用，而民自治。今人有五子不为多，子又有五子，大父未死而已有二十五孙。是以人民众而货财寡，事力劳而供养薄，故民争，虽倍赏累罚而不免于乱。"④这就是说，人口增多，财富相应地不足，从而引起争斗。韩非所举的第一条理由，即智的增加引起德的减退，这是与道家见解一致的；而其所举的第二条理由，即以人多财少导致从竞于道德转变为争于气力的原因，这却是道家所不曾提到的。认为道德理性与历史理性一致的时代已成过去，这是韩非与道家相同的地方；不过他认为历史不可能倒

---

① 《老子道德经》(28章)，16页。

② 王先慎：《韩非子集解》，《诸子集成》第5册，341页。以下引此书皆据此本只记页数。

③ 同上书，339页。

④ 同上书，339～340页。

退，则是他与道家最大的不同之处。历史既然不能倒转，时代变了，情况变了，那么该怎么办？《南面》篇云："夫不变古者，袭乱之迹；适民心者，恣奸之行也。民愚而不知乱，上懦而不能更，是治之失也。人主者，明能知治，严必行之，故虽拂于民心，立其治。"[1]时代已非竟于道德的古代，就必须改变古代的办法，如果还是走顺从民心的老路，那么就会促成奸邪横行。因为人民奋其私智而实际愚蠢，从而不明白自己奋其私智就是在作乱，所以知道治国之道的明君虽然违背民心也能做好自己的统治。这样就直接地提出了与天命人心说相对立的统治理论。这种理论的实质就是历史理性与道德理性的彻底背离。当然，法家与道家在对待历史的态度上又有很大的不同，道家主张归真反璞，回到上古时代；而法家则主张向前看，正如《五蠹》篇所说"圣人不期修古，不法常可，论世之事，因为之备"[2]。所以，在法家看来，历史理性虽然与道德理性背离，但是历史理性还是必须服从的。

（三）历史理性与自然理性的比附

上文已经说到，到了战国时期，历史理性与道德理性的背离已成事实。韩非虽然对"竞于道德"、"逐于智谋"、"争于气力"的历史三段说作了论证，但是他的论证还不足以表示出历史理性所应具有的必然性。稍后于孟子、商鞅的邹衍"乃深观阴阳消息而作怪迂之变，《终始》《大圣》之篇十余万言"[3]。《终始》言五德终始之说，原书已佚，大意可见《吕氏春秋·有始览·应同》，其文云："凡帝王之将兴也，天必先见祥乎下民。黄帝之时，天先见大蚓大蝼。黄帝曰：'土气胜。'土气胜，故其色尚黄，其事则土。及禹之时，天先见草木秋冬不杀。禹曰：'木气胜。'木气胜，故其色尚青，其事则木。及汤之时，天先见金刃生于水。汤曰：'金气胜。'金气胜，故其色尚白，其事则金。及文王之时，天先见火，赤乌衔丹书集于周社。文王曰：'火气胜。'火气胜，故其色尚赤，其事则火。代火者必将水。天且见水气

① 《韩非子集解》，87页。
② 同上书，339页。
③ 《史记·孟子荀卿列传》，《史记》第7册，2344页。

胜。水气胜，故其色尚黑，其事则水。"① 依照这个次序：黄帝以土德王，色尚黄；夏代以木德王，色尚青；商代以金德王，色尚白；周代以火德王，色尚赤；代火德者为水德，色尚黑。这就是五行相胜说，次序为：木克土、代土，金克木、代木，火克金、代金，水克火、代火，土克水、代水，如此循环不已。五种物质按其特性，一个战胜并取代另一个，其间是有其必然性的。这种必然性所体现的正是一种自然的理性。不过，这样的自然理性虽然有其先后相代的历史顺序，但总不是历史理性的自身。拿这种自然理性作为历史理性的比方，似乎有些道理，但总不是历史本身的内在的必然性或理性，而仅仅是一种比附。所以在本质上是没有根据的。

邹衍的这一套五德终始说，如果现在说来，那么肯定不会有人相信。可是当其时，却十分流行。秦始皇也许可以说是一个不信邪的人，对于神鬼，一点也不客气。可是他偏偏相信五德终始这一套。据《史记·秦始皇本纪》记："始皇推终始五德之传，以为周得火德，秦代周德，从所不胜。方今水德之始，改年始，朝贺皆自十月朔。衣服旄旌节旗皆上黑。数以六为纪，符、法冠皆六寸，而舆六尺，六尺为步，乘六马。更名河曰德水，以为水德之始。刚毅戾深，事皆决于法，刻削毋仁恩和义，然后合五德之数。于是急法，久者不赦。"② 秦始皇为什么要以水德王？看来不是出于对某种自然理性的尊重，而是出于一种现实的功利的考虑。因为按照五德的各自特性是：木，色青，数用七，时为春，"其德喜赢，而发出节"；火，色赤，数用九，时为夏，"其德施舍修乐"；土，色黄，数用五，（时为长夏，其实不占一个季）"其德和平用均，中正无私"；金，色白，数用八，时为秋，"其德忧哀静正严顺"；水，色黑，数用六，"其德淳越温（王引之读'温'为'愠'，是。愠即怒）怒周密"③。按"淳（不杂为淳）越（与"于"通）愠怒周密"，意思就是纯然（行事）暴戾无情、（执法）苛刻严密。这和《史记》所说水德"刚毅戾深，事皆决于法，刻削毋仁恩和义"意思如出一辙。当然，

---

① 《吕氏春秋》，《诸子集成》本，第 6 册，126～127 页。

② 《史记》第 1 册，237～238 页。

③ 参阅戴望：《管子校正》，《诸子集成》本，第 5 册，238～240、249 页。

韩非所说的"当今争于气力",也是同样的意思,不过韩非的说法就事论事,而且说明"当今争于气力"就是放弃了"上古的竞于道德",公开承认了这种历史理性与道德理性的背离,从而缺少某种神圣的光环。秦始皇要的也就是这种精神,不过,他知道,一旦他用五德终始之说对此加以缘饰,那么就可以满有理由地表示自己的行为准则所体现的也是一种德,而且是一种体现了时代精神的德,而他自己也只不过是在自觉地体现时代的精神罢了。当时他要以武力征服六国并巩固自己的统治,原来以火德王的周代的精神——"施舍修乐"(或以为"施"乃"弛"之讹,如是则"弛舍"即宽舒之义)与他的主张截然相反,自然是必须予以取代的。

四、天人合一的历史理性的有情有理化(合)
(汉代)

秦始皇宣布以水德王,自觉地执行法家的以暴戾无情、严刑峻法治国的政治方略。应该说,他在某种程度上是感到了那是一种时代的需要。《史记·秦始皇本纪》叙述了他确定以水德王以后,接着记载了这样一段事:"丞相绾等言:'诸侯初破,燕、齐、荆地远,不为置王,无以填之。请立诸子,唯上幸许。'始皇下其议于群臣,群臣皆以为便。廷尉李斯议曰:'周文武所封子弟同姓甚众,然后属疏远,相攻击如仇雠,诸侯更相诛伐,周天子弗能禁止。今海内赖陛下神灵一统,皆为郡县,诸子功臣以公赋税重赏赐之,甚足易制。天下无异意,则安宁之术也。置诸侯不便。'始皇曰:'天下共苦战斗不休,以有侯王。赖宗庙,天下初定,又复立国,是树兵也,而求其宁息,岂不难哉!廷尉议是。'"[①]从这一件事来看,秦始皇对于功臣、子弟而言是无情的;他的思想集中于一统大业,自觉地放弃周代分封功臣、子弟的办法,而代以郡县制度。他的这一思想,符合历史潮流的需要,可以说是一种历史理性的体现。他对功臣、子弟无德,却符合于历史理性;

---

① 《史记》第1册,238～239页。

所以，从一个角度看，道德理性是可以与历史理性背离的。不过，秦始皇不封国树兵，又是为了免除诸侯混战给人民所带来的痛苦（这在战国时期已经被充分证明了），应该说，其中也有道德理性的体现。所以，从另一个角度看，秦始皇在体现历史理性的时候，也有体现道德理性的方面。

因此，只要经过具体的分析，我们便可以发现，道德理性本身也是有其历史性的。在西周初期曾经是合乎道德理性的制度，到了战国时期就不再是合乎历史理性的了。李斯与秦始皇看到了这一点，应该说，这也是很不凡的。

可是，秦始皇在看到了这一点的同时，他便以为自己既然是时代精神的代表，那么就可以为所欲为，真正地按照水德的特点（刚毅戾深、刻削无仁恩和义）行事。其他巡游天下、营造宫殿等劳民伤财之事暂且不说，就以他与二世在营造他的陵墓上的行为为例来看："始皇初即位，穿治郦山，及并天下，天下徒送诣七十余万人，穿三泉，下铜而致椁，宫观百官奇器珍怪徙臧满之。令匠作机弩矢，有所穿近者辄射之。以水银为百川江河大海，机相灌输，上具天文，下具地理。以人鱼膏为烛，度不灭者久之。二世曰：'先帝后宫非有子者，出焉不宜。'皆令从死，死者甚众。葬既已下，或言工匠为机，臧皆知之，臧重即泄。大事毕，已臧，闭中羡，下外羡门，尽闭工匠臧者，无复出者。"[1] 就在这种情况下，陈胜、吴广揭竿而起，曾经强大无比的秦帝国竟然迅速地土崩瓦解了。

（一）汉初对于历史的反省

刘邦最后取得胜利，建立起汉帝国。刘邦布衣出身，毫无凭借，乃能代秦而有天下，这比"小邦周"之取代"天邑商"更为出乎人之意料。刘邦本人因其文化素养不高，未能自觉对此作深入的反省。他能认识到自己的胜利主要在于能任用张良、萧何、韩信，就已经沾沾自喜了。[2]《史记·郦生

---

① 《史记》第1册，265页。
② 《史记》第2册，380～381页。

陆贾列传》记："陆生时时前说称《诗》《书》。高帝骂之曰：'乃公居马上而得之，安事《诗》《书》！'陆生曰：'居马上得之，宁可以马上治之乎？且汤武逆取而以顺守之，文武并用，长久之术也。昔者吴王夫差、智伯极武而亡；秦任刑法不变，卒灭赵氏（秦之姓）。乡使秦已并天下，行仁义，法先王，陛下安得而有之？'高帝不怿而有惭色，乃谓陆生曰：'试为我著秦所以失天下，吾所以得之者何，及古成败之国。'陆生乃粗述存亡之征，凡著十二篇。每奏一篇，高帝未尝不称善，左右呼万岁，号其书曰《新语》。"①今《新语》十二篇尚存，内容大体如上述。

在陆贾《新语》的基础上进一步作反省的是贾谊。司马迁在《秦始皇本纪》的末尾引用了贾谊的《过秦论》，其中分析了秦之所以能战胜六国及其后覆亡的根本原因，大意是：一、秦胜六国不是因为其力量大于六国，而是六国内部矛盾甚多、甚深，秦故能利用其有利地形，当六国联合进攻时固守，待六国内部矛盾爆发时各个击破之；二、秦已一统天下之后，已经饱受长期战乱之苦的人民本来是希望由此得到安宁的，可是"秦王（指秦始皇）怀贪鄙之心，行自奋之智，不信功臣，不亲士民，废王道，立私权，禁文书而酷刑法，先诈力而后仁义，以暴虐为天下始"。二世"更始作阿房宫，繁刑严诛，吏治刻深，赏罚不当，赋敛无度，天下多事吏弗能纪，百姓困穷而主弗收恤。然后奸伪并起，而上下相遁，蒙罪者众，刑戮相望于道，而天下苦之。自君卿以下至于众庶，人怀自危之心，亲处穷苦之实，咸不安其位，故易动也。是以陈涉不用汤武之贤，不藉公侯之尊，奋臂于大泽而天下响应者，其民危也"②。贾谊从秦的兴亡历史中分析概括出了这样的结论：

闻之于政也，民无不为本也。国以为本，君以为本，吏以为本。故国以民为安危，君以民为威侮，吏以民为贵贱。此之谓民无不为本也。

---

① 《史记》第 8 册，2699 页。

② 《史记》第 1 册，第 283 ～ 284 页。

闻之于政也，民无不为命也。国以为命，君以为命，吏以为命。故国以民为存亡，君以民为盲明，吏以民为贤不肖。此之谓民无不为命也。闻之于政也，民无不为功也。故国以为功，君以为功，吏以为功。国以民为兴坏，君以民为弱强，吏以民为能不能。此之谓民无不为功也。闻之于政也，民无不为力也。故国以为力，君以为力，吏以为力。故夫战之胜也，民欲胜也。攻之得也，民欲得也。守之存也，民欲存也。故吏率民而守，而民不欲存，则莫能以存矣。故率民而攻，民不欲得，则莫能以得矣。故率民而战，民不欲胜，则莫能以胜矣。故其民之于其上也，接敌而喜，进而不能止，敌人必骇，战由此胜也。夫民之于其上也，接敌而惧，退必走去，战由此败也。故夫灾与福也，非降在天也，必在士民也。呜呼，戒之戒之。夫士民之志，不可不要也。呜呼，戒之戒之。行之善也，萃以为福已矣。行之恶也，萃以为灾已矣。故受天之福者，天不功焉。被天之灾，则亦无怨天矣，行自为取之也。知善而弗行，谓之不明；知恶而弗改，必受天殃。天有常福，必与有德；天有常灾，必与夺民时。故夫民者，至贱而不可简也，至愚而不可欺也。故自古至于今，与民为仇者，有迟有速，而民必胜之。[①]

贾谊从秦亡的历史中总结出的结论是，民为国家及君主之本、之命、之功、之力，与民为敌，迟早必亡。这样的论述与《尚书》里的天命人心说道理相通，而论证则更为明确透彻。不过，贾谊在强调道德理性的同时，也没有放弃五德终始的说法。据《史记·屈原贾生列传》记："贾生以为汉兴至孝文二十余年，天下和洽，而固当改正朔，易服色，法制度，定官名，兴礼乐，乃悉草具其事仪法，色尚黄，数用五，为官名，悉更秦之法。孝文帝初即位，谦让未遑也。"[②]从形式上看，建汉之土德是为了克秦之水德，所循仍然是后者战胜前者的逻辑，但从实质来看，如前所述，土德"和平用

---

① 贾谊：《新书·大政上》，《百子全书》，第1册，《新书》九，1页，杭州，浙江人民出版社，1984。

② 《史记》第8册，2492页。

均，中正无私"，以此取代秦之"刚毅戾深、刻削毋仁恩和义"的水德，也正是当时历史的需要。《新书·时变》篇云："商君违礼义，弃伦理，并心于进取。行之三岁，秦俗日败。秦人有子，家富子壮则出分，家贫子壮则出赘。假父耰鉏杖彗耳，虑有德色矣。母取瓢碗箕帚，虑立讯语。抱哺其子，与公并踞；妇姑不相说，则反唇而睨。其慈子嗜利而轻简父母也，念罪非有储（储一作伦）理也，亦不同禽兽仅焉耳。然犹并心而赴时者，曰功成而败义耳。蹶六国，兼天下，求得矣，然不知反廉耻之节，仁义之厚，信并兼之法，遂进取之业，凡十三岁而社稷为墟，不知守成之数、得之之术也。悲夫。"[1] 所以，贾谊提出以土德代替秦之水德，不仅符合以土克水的五行相胜规则，而且也是与他反对秦之暴戾刻薄（水德）的思想相符合的。

贾谊继承并发展了西周天命人心说的传统，重视道德理性的建立，同时又努力使这种道德理性和五行相胜说的历史理性尽可能地结合起来。这是汉代学者第一次使二者结合的努力。

（二）五行与三统

与贾谊同时，鲁人公孙臣也上书文帝建议以土德王，而丞相张苍则"推以为今水德"，主张沿用秦之水德，因此未能改为土德。[2] 汉武帝初年，曾以"三代受命，其符安在？灾异之变，何缘而起？性命之情，或夭或寿，或仁或鄙，习闻其号，未烛其理"等为题策问，董仲舒于对策（即所谓天人三策）中反复说明，天命的转移或政权的得失，都在于君主之有德或无德，以及由此引起的人心之向背；这些都是周代天命人心说的再版，不须赘述。关于历史演进中的变化，他认为："至周末之世，大为亡道，以失天下。秦继其后，独不能改，又益甚之……故立为天子十四岁而国破亡矣。自古以来，未尝有以乱济乱，大败天下之民如秦者也。其遗毒余烈，至今未灭……故汉得天下以来，常欲善治而至今不可善治者，失之于当更化而不

---

① 《百子全书》第1册《新书》三，1～2页。

② 《史记》第2册，429页。

更化也。"① 如何更化呢？董仲舒说："然夏尚忠，殷尚敬，周尚文者，所继之救，当用此也。孔子曰：'殷因于夏礼，所损益可知也；周因于殷礼，所损益可知也；其或继周者，虽百世可知也。'此言百王之用，以此三者矣……由是观之，继治世者其道同，继乱世者其道异。今汉继大乱之后，若宜少损周之文致，用夏之忠者"②。董仲舒向汉武帝所陈说的三统说大体如此。

董仲舒的比较系统的理论见于其所著《春秋繁露·三代改制质文》，即"三正以黑统初。正日月朔于营室，斗建寅。天统气始通化物，物见萌达，其色黑。故朝正服黑，首服藻黑……亲赤统，故日分平明，平明朝正。正白统奈何？曰：正白统者，历正日月朔于虚，斗建丑。天统气始蜕化物，物始芽，其色白，故朝正服白，首服藻白……亲黑统，故日分鸣晨，鸣晨朝正。正赤统奈何？曰：正赤统者，历正日月朔于牵牛，斗建子。天统气始施化物，物始动，其色赤，故朝正服赤，首服藻赤……亲白统，故日分夜半，夜半朝正"③。这一理论的根据不再是五行的相胜（虽然《春秋繁露》中也有"五行相生"、"五行相胜"的篇章，不过所论皆无关于历史发展阶段），而是建立在夏、商、周三代历法岁首的不同上，即夏以建寅之月（正月，立春季节所在之月）为岁首，商以建丑之月（十二月）为岁首，周以建子之月（十一月，冬至季节所在之月）为岁首。春秋以下即有三代历法不同之说，《春秋》中也有"春王正月"、"王二月"、"王三月"之说，这三个带有王字的月就被认为是三代各自的正月。秦以建亥之月（十月）为岁首，不在子、丑、寅三正之列，所以不能作为一个王的统。三统说的黑（夏，其德为忠）、白（商，其德为敬）、赤（周，其德为文）三色，是比附植物根部在子丑寅三个月里的颜色而来的。

董仲舒十分重视道德理性的建立，认为天是根据国君的道德情况决定对其天命的予夺的。他的三统说的特点是：其一，引孔子话为根据，以三

---

① 班固：《汉书·董仲舒传》，见《汉书》第8册，2504～2505页，北京，中华书局，1975。

② 《汉书》第8册，2518～2519页。

③ 苏舆：《春秋繁露义证》，钟哲点校，191～195页，北京，中华书局，1992。

统代五德；其二，这种三统说以夏、商、周三代的忠、敬、文三德为标志，取代了五行说以自然界五种物质为标志的办法，使历史理性离开自然理性而与道德理性靠近一步；其三，三统的相续是生长过程中的延续，并不像五行相胜说那样的是后者战胜或消灭前者，后代之继前代不是为了克服或制胜前者，而是为了救弊；其四，否认秦为一统，以汉直接继周，因为秦未能救周之弊，反而发展了周末之弊，从而也就不具有独立的一德的资格。这样，董仲舒的历史理性里就充满了道德理性的成分。

汉武帝接受了董仲舒尊儒术的建议，但未采用其三统说。至武帝太初元年，"夏五月，正历，以正月为岁首。色尚黄，数用五，定官名，协音律"[①]。太初历以建寅之月为岁首，即取夏历，但是色尚黄（非如董生所云夏尚黑），遵循的仍然是五行相胜说。

到西汉中后期，这种五行相胜说渐为五行相生说所代替。原五行相生说在《吕氏春秋》的十二纪中已有陈述，唯未用于解说历史的发展。据《汉书·律历志》载："至孝成世，刘向总六历，列是非，作《五纪论》。向子歆究其微眇，作《三统历》及《谱》以说《春秋》，推法密要，故述焉。"[②] 按三统历在历法内容上沿袭了太初历，为八十一分历，[③] 但是刘歆并未沿袭汉武帝定太初历时所采用的五行相胜说，而是改用了五行相生说。据《律历志》记载的刘歆所作《世经》，其所排古来帝王德的更迭，即依五行相生次序：太昊帝（炮羲氏），"为百王先，首德始于木"；炎帝（神农氏），"以火承木"；黄帝（轩辕氏），"火生土，故为土德"；少昊帝（金天氏），"土生金，故为金德"；颛顼帝（高阳氏），"金生水，故为水德"；"帝喾（高辛氏），水生木，故为木德"；唐帝尧（陶唐氏），"木生火，故为火德"；虞帝舜（有虞氏），"火生土，故为土德"；禹（夏后氏），"土生金，故为金德"；汤（商，后称殷），"金生水，故为水德"；周武王，"水生木，故为木德"；"汉高祖皇

---

① 《武帝纪》，见《汉书》第 1 册，199 页。
② 《汉书》第 4 册，979 页。
③ 参阅朱文鑫：《中国历法源流》，载氏所著《天文考古录》，36～39 页，上海，商务印书馆《万有文库》本，1939。

帝，著纪，伐秦继周。木生火，故为火德"。① 如此，周当木德，（秦属闰统不计）汉承周正为火德。后来王莽篡汉，自命以土德王，其五行相生逻辑是火生土；刘秀建立东汉，又恢复以火德王。以后曹魏篡汉，还是自命为土德王；司马晋篡曹魏，则自命为金德王。于是五行相生说在中国历史上流行了相当长的一段时间。

五行相胜说与五行相生说，就其实质而言，不过是同一个魔术的两种不同玩法，其区别可以说无足轻重。如果一定要追究它们到底为何会有这样的变化，那么，我想其原因大概是：前者重相克，力图使历史理性与道德理性背离，乃战国时代法家学说与五行说结合之产物；而后者则重相生，力图使历史理性与道德理性尽量吻合，乃儒家学说与五行说相结合的结果，如此而已。

（三）公羊家的春秋三世说

《公羊传》徐彦疏引何休著《文谥例》云："三科九旨者，新周、故宋、以《春秋》当新王，此一科三旨也；又云，所见异词，所闻异词，所传闻异词，二科六旨也；又内其国而外诸夏，内诸夏而外夷狄，是三科九旨也。"② 又《公羊传》隐公元年"所见异辞，所闻异辞，所传闻异辞"句下之何休注云："于所传闻之世，见治起于衰乱之中，用心尚粗觕，故内其国而外诸夏；先详内而后治外，录大略小，内小恶书，外小恶不书，大国有大夫，小国略称人，内离会书，外离会不书，是也。于所传闻之世，见治升平，内诸夏而外夷狄，书外离会，小国有大夫；宣十一年秋，晋侯会狄于攒函，襄二十三年，邾娄劓我来奔，是也。至所见之世，著治太平，夷狄进至于爵，天下远近大小若一，用心尤深而详；故崇仁义，讥二名，晋魏曼多、仲孙何忌，是也。所以三世者，礼，为父母三年，为祖父母期，为曾祖父母齐衰三月，立爱自亲始。故《春秋》据哀录隐，上治祖祢。"③

---

① 《汉书》第 4 册，1011 ~ 1023 页。
② 《春秋公羊传注疏》，见《十三经注疏》，2195 页。
③ 同上书，2200 页。

按"所见异词,所闻异词,所传闻异词"于《公羊传》中曾三见(隐公元年,桓公二年,哀公十四年),原来是说《春秋》对于不同时期的事有不同的书法措辞。为什么要三世异词呢?何休对此作了富有创见的回答,即"所以三世者,礼,为父母三年,为祖父母期,为高曾祖父母齐衰三月,立爱自亲始"。这一回答所根据的是儒家所传之礼,而儒家的礼是与儒家的核心思想——仁相表里的。[①] 仁是人之所以为人的最根本的爱,亦即把人当作人来爱的人类之爱。但是,这种爱不能是墨子所说的那样无差别的兼爱,因为不符合人情之常,亦即人性的自然(nature)。一个人之所以能够作为一个具有社会性的人出现,这里实际有两个条件:第一,他必须是一个具有自己独立人格的人。第二,他必须建立起个人与所参与的社会的关系,而他自己正是这种参与的起点。因此,当个人人格建立起来,个人知道自尊和自爱的时候,他必须立即把这种自尊和自爱向外逐步拓展,这就是孔子所说的"己欲立而立人,己欲达而达人"[②]和"己所不欲,勿施于人"[③]的伦理原则:这个原则的起点是己,而其终点是人;把自己同样也把别人都当作人来亲爱、来尊重,这就是仁,儒家的仁。惟其这种爱必须是循序渐进,由近及远,从内向外地逐步推展的,所以,对于父母、祖父母、高曾祖父母之丧服乃有等差。

何休对于《公羊传》和公羊三世说的解释,有许多精彩独到的见解,也有很多非常异义可怪之论(而且若干精彩独到之见又在非常异义可怪之论中),这些只能另外为文专论,这里只想说他在使历史理性与道德理性重新结合上的作用:其一,何休三世说不像五行相胜说或五行相生说那样假自然理性的环节以为历史理性的环节,也不像董仲舒那样假三代三正之说(其中仍然没有完全超脱自然理性)的环节以为历史理性的环节,而是纯粹以人伦的道德理性的展开作为历史理性的展开的说明。其二,人伦的道德

① 参见拙作《先秦儒家仁礼学说新探》,载《古代中国与世界》,377~394页,武汉,武汉出版社,1995。

② 《论语·雍也》,《诸子集成》第1册,134页。

③ 《论语·颜渊》,《诸子集成》第1册,263页。

理性也并非凭空而生，它是以人之性情为根据的，或者说以儒家的人性说为依据的，而人性也是一种自然（nature），不过它不再是外在于人或异己的自然，而是人的内在的自然。其三，何休三世说与邹衍五行相胜说、刘歆五行相生说、董仲舒三统说具有一个很大的不同之点，即前三者都以为历史理性的展开是循环的，而何休三世说则摆脱了这种循环，作为体系是开放的。其四，何休三世说虽以春秋二百四十二年分为三世作立论之凭依，但其实又不拘于也不限于此二百四十二年之历史，他实际是为人类的历史提供了一个缩小了的模型；因为他的三世说的内容具有可放大性，譬如，"天下远近大小若一"，何休心中的模型只不过是汉帝国，而汉帝国远远不是"天下"，也更谈不上"远近大小若一"。

　　以上概述了历史理性在中国古代的产生过程，说明了历史理性在产生过程中与道德理性及自然理性的相互关系。这样的情况在历史学和哲学都相当发达的古希腊还不曾发生过。在古代西方，历史不曾被作为理性来思考，这在弁言里已有略说。在古代希腊，是逻辑理性而不是历史理性得到了相当充分的发展，相应地是逻辑理性在与自然理性、道德理性的相互关系中的发展。在西方，历史之被真正地当作理性来思考，那是从意大利学者维柯（G. Vico, 1668—1744）所著的《新科学》开始的，到了黑格尔（G. W. F. Hegel, 1770—1831）的《逻辑学》和《小逻辑》里，逻辑或理性本身也都变成历史的了。这样的历史理性与逻辑理性的结合，是中国古代的历史理性产生过程中所不曾出现的。

原载《史学理论研究》2003 年第 2 期

史学在中国传统学术中的地位

自先秦以至于清末，中国传统学术的内容是十分丰富的，而史学①在其中占有尤其特殊的重要地位。这种情况的直观表现是，中国历史学著作的连绵不断与浩博精详，为世界其他国家所少有；而其原因，则与古代中国人所特有的思考问题的路数与倾向有关。至于前者，已往的学者已早有论述，例如黑格尔（G. W. F. Hegel, 1770—1831）曾说："中国历史学家的层出不穷、继续不断，实在是任何民族所比不上的。"又说："尤其使人惊叹的，便是他们历史著作的精细正确。"②

本文所要说明的集中在后一方面。以下分为三个方面来谈。

一、史学在中国古代学术分合中所显现的特点

大体说来，人类的学术的发展总是经历着由浑沌而分明、由简单而复杂、由粗浅而精深的过程的。在这样的发展过程中，学术经历着不断的分化，在分化到一定程度的时候，又不断在分中有合，合中有分。《庄子·天下》是一篇论述先秦时期各个学术流派的著作。它认为，上古只有一种无

---

① 金毓黻（1887—1962）先生曾言："史学一辞，创于十六国之石勒，《晋书》卷一百四《载记》，石勒于晋元帝太兴二年（公元319）自立为赵王，以任播、崔浚为史学祭酒，是也。"见金著《中国史学史》，218页，上海，商务印书馆，1957重印版。谨按：此处所谓"史学"，乃指从事历史教学的教育机构，犹之今日大学中之历史系。本文所用"史学"一词，系指历史学之学术本身，与金先生所讲"史学"含义不同。史学之发生在先，而作为教育机构之"史学"或历史学系在后，这是没有什么可疑之处的。

② 〔德〕黑格尔：《历史哲学》，王造时译，161、163页，北京，生活·读书·新知三联书店，1956。

所不包的作为"一"的道术，随着人类社会里各种分歧和矛盾的发展，不同的人从统一的道术中各取所需的一偏，以形成自己的方术；于是诸子百家产生，"道术将为天下裂"。① 按《天下》篇指出先秦学术的发生乃是由一而多的分化过程，这不能不说是一种卓越的见解，只是此篇作者基于道家所特有的价值取向，把这样的发展过程视为一种倒退与悲剧了。

世界文明古国的文化最初大抵都从无所不包的宗教神话里逐渐分化而来，而史学又是在文化发展中逐渐分化出来的。当然，由于具体的历史条件的不同，各文明古国的发展情况又各有特点。

例如，在古代印度，雅利安人的最初文化渊源都出于"吠陀"（Veda，按 Veda 来自词根 vid，它的意思是"知识"、"求知"、"学问"），而四《吠陀》（Rigveda, Samaveda, Yajurveda, Atharvaveda）以及由此演生而又附属于此的梵书（Brahmanas）、森林书（Aranyakas）、奥义书（Upanishads）等以所谓得自"天启"（Sruti）的宗教经典的形式包括了当时所有的各方面的知识。由"吠陀"文献又发展出六个"吠陀分"（Vedangas），它们虽然不再源于"天启"而系来自"传承"（Smriti），但在内容上仍然是解说"吠陀"的。它们按内容分别是式叉论（Siksha, phonetics）、劫波论（Kalpa, ritual）、毗耶羯罗那论（Vyakarana, grammer）、尼录多论（Nirukta, etymology）、阐陀论（Chhandas, metrics）、竖底沙论（Jyotisha, astronomy），亦即文字、音韵、训诂之学、礼仪轨则之学及天文历数之学，颇与中国经学之若干部分内容相吻合，而独无史学的部分。② 当然，在"吠陀"文献中也有关于古代传说与故事之类的内容，继"吠陀"文献之后还有包括了更多"故事和传说"（itihasa & purana）的"史诗"，③ 成书更晚（约4世纪）的《往世书》（*Puranas*）则包括了更多的

---

① 郭庆藩：《庄子集释》，见《诸子集成》第3册，461～464页。

② R. C. Majumdar ed., *The History and Culture of the Indian People*, Vol. 1: *The Vedic Age*, London: George Allen & Unwin LTD, 1952, pp. 225-235, pp. 441-448, pp. 472-478. R. C. Majumdar, H. C. Raycgaudhuri, Kalikinkar Datta, *An Advanced History of India*, India: The MacMillan Company of India Limited（4th edition）, 1978, pp. 47-51.

③ E. J. Rapson, ed., *The Cambridge History of India*, Vol. 1: *Ancient India*, London: Cambridge University Press, 1935, p. 251ff.

历史传说。① 不过，不论是"史诗"还是"往世书"，都充满神话，并且人神难分，所以仍然不能算为历史典籍。据玄奘（600—664）所记印度佛教学术传统中的"五明大论"里也没有历史学的部分。②

又例如，在古代希腊，最早的传统的文献就是神话与历史不分的荷马史诗（Homeric Poems），即《伊利亚特》（*Iliad*，约产生于公元前 9 世纪）和《奥德赛》（*Odyssey*，约产生于公元前 8 世纪前期）。③ 随后，农民诗人赫西俄德撰写了《工作与时日》和《神谱》，如果说后者的内容是神话，那么前者的主要内容却是写当时的现实生活的，而且其中也有了对于历史进程的见解（以为一代不如一代），不过历史的变化是与神意相关的。④ 到公元前 6 世纪，希腊文化开始突飞猛进，不仅哲学家、诗人人才辈出，而且也开始了历史学的萌芽。当时出现了一批"叙事家"（logographers），其中最著名的当推米利都的赫卡泰乌斯（Hecataeus of Miletus，约前 540—前 476）。他曾经写有《大地周游记》（*Periegesis*）和《谱系志》（*Genealogies*），前者记载当时希腊人的确实地理知识，后者则记载本邦重要人物的世系，从而涉及历史的具体时间与空间框架的建构。赫氏在其《谱系志》的开端曾对希腊的传说表示了批判的态度，说："我之所记，为我所信其为真者。"对于其所不信者，则不予记载。⑤ 在这样的发展基础上，希罗多德（Herodotus，约前 484—前 430/420）和修昔底德（Thucydides，约前 460—前 400）先后写出了他们的名著《历史》（*History*）和《伯罗奔尼撒战争史》（*History of the Peloponnesian War*），前者的《历史》的主题是希腊波斯战争，但是其书的前一半叙述波斯帝国的扩张与帝国中若干地区、民族的风俗人情，体例属于通史；后者

① *The Vedic Age*, pp. 267-268。

② 玄奘、辩机撰，季羡林等校注：《大唐西域记校注》，185 ～ 187 页，北京，中华书局，1985。

③ N. G. L. Hammond, *A History of Greece,* Oxford: Oxford University Press, 1959, pp. 88-91.

④ H. G. Evelyn-White, *Works and Days, Theogony*, In the Loeb Classical Libery, Hesiod, *The Homeric Hymns and Homerica*. 赫希俄德：《工作与时日》,《神谱》，张竹明、蒋平译，北京，商务印书馆，1991。关于诗人年代问题，见中译者序，1 页。

⑤ N. G. L. Hammond, *A History of Greece*, pp. 280-282; Ernst Breisach, *Historiography*, pp. 9-10, Chicago: The Chicago University Press, 1983.

则专门叙述伯罗奔尼撒战争（因修氏去世而未能写完整个战争）的政治与军事过程，可视为断代的当代史。前者在西方被誉为"历史之父"，而后者对于西方史学实际发生了更为深远的影响。总之，这两位史家的出现，可以毫无疑义地表示古代希腊的史学已经从其他学术中分离出来。

中国古代的学术最初也是从浑然不分的状态中逐渐分离出来的。从有文字以下的情况来说，现在所知的最早的文献出现于商代。《尚书·多士》记周公之言曰："惟尔知惟殷先人有册有典。"[①]一百年来所发现的甲骨文文献恰好证明周公的话是确有根据的。商代的文献里包含了许多方面的文化知识，可是当时很难说有什么学科的分别；甲骨文材料本身也说明当时卜祝与文史的不分。可是，从《尚书》（确切地说，从其中的周初诸诰）起，中国的历史著作开始有了最初的萌芽。

《尚书》中最先出现的部分是商后期的《盘庚》诸篇及周初诸诰，本为当时的政治文献。不过，它们每篇都有一个论述的主题，有了确实的时空里的确实人事的记录。虽然，它们还没有连接成系统的历史著作，但是它与中国传统史学中的记事本末体有着密切的渊源关系。清人章学诚（1738—1801）说："按本末之为体也，因事命篇，不为常格。非深知古今之大体，天下经纶，不能网罗隐括，无遗无滥。文省于纪传，事豁于编年，决断去取，体圆用神，斯真《尚书》之遗也"[②]。他把"书教"说成"圆而神"，无疑是对《尚书》推崇得过度，但是他以为《尚书》乃为中国传统史学中记事本末体之嚆矢，这却不失为一种卓识。

如果说《尚书》各篇的写作原来并非有意著史，那么现在我们所见的《春秋》就不能不说是史书了。到春秋时期，各诸侯国一般都有了本国的"春秋"。《墨子·明鬼下》中曾说到"周之《春秋》"、"燕之《春秋》"、"宋之《春秋》"、"齐之《春秋》"，[③]隋唐间学者曾见《墨子》佚文云"吾见百

---

① 孔颖达：《尚书正义》，见《十三经注疏》，220 页。
② 章学诚：《文史通义·书教下》，11 页，上海，世界书局，1935。下引《文史通义》版本同此，只记页数。
③ 孙诒让：《墨子间诂》，《诸子集成》本，第 4 册，141、143、144、145 页。

国《春秋》"。^①《孟子·离娄下》记孟子（约前390—前305）^②曰："王者之迹息而诗亡，诗亡而后春秋作。晋之《乘》，楚之《梼杌》，鲁之《春秋》，一也。其事则齐桓、晋文，其文则史。孔子（前551—前479）曰：其义则丘窃取之矣。"^③结合墨子（约前480—前390）和孟子的话来看，春秋时期各国都有"春秋"，而各国"春秋"可以各取不同的具体名称。孟子所说的经过孔子修订或"取义"的鲁之《春秋》现存，是按年、时（季）、月、日次序记事的编年体断代史书（自鲁隐公元年至哀公十四年，前722—前481），其中无"怪、力、乱、神"^④的内容，有一定的论事的标准（即所谓"义"）；其明显的缺陷是，它仅记事目而无对于事件过程的叙述。所以，必须参阅《左传》才能真正读到一部系统的春秋时期的编年史。墨子所说的"百国春秋"现已不可见，但从《墨子》书中所引内容来看，它们却是有具体的事件过程的叙述的，不过现在我们能看到的只是墨子所引的一些鬼故事，显然是从古代流传下来的神话传说。最初的史书里夹带有这样的内容，并不足为奇。《左传》里也有类似墨子所引的神鬼传说。无论如何，我们必须承认《春秋》已经是一部真正的史书。对于孟子所说"诗亡而后《春秋》作"，前人有不同解说，这里可以暂且不论，其实，各国出现"春秋"时"诗"也并没有消亡，而只不过是"春秋"作为史书，开始从包含多重内容的"诗"里分离出来而已。

司马迁（约前145—前86）作《史记》，创为纪传体之通史，起自黄帝，迄于汉武帝天汉（前100—前97）年间。全书由不同体裁的各部分组成，凡本纪十二，表十，书八，世家三十，列传七十，共130篇。"本纪"为编年体，以帝王为纲记载国家之大事。"表"分世表（如三代君主年代不详，仅记世系）、年表（大多数表皆为年表）与月表（秦楚之际形势变化巨大而迅

---

① 孙诒让：《墨子间诂》，附录，9页。
② 本文中先秦诸子年代，皆据钱穆先生（1895—1990）《先秦诸子系年》"附诸子生卒年世约数"，615～620页，北京，中华书局，1985。
③ 焦循：《孟子正义》，见《诸子集成》第1册，337～338页。
④ 孔子所不语，见《论语·述而》，刘宝楠：《论语正义》，见《诸子集成》第1册，146页。

速，故作月表），表以帝王大事纪年为纲，附以诸侯国（一篇述将相名臣）大事，使同时异地之事并陈眼前。"书"为专题之史，包括礼乐典制、律历占星、封禅求神、水利财经等方面之内容。"世家"记诸侯之事，亦为编年之体。"列传"为历史人物传记，包括重要历史人物单独的传记、相互有关人物的合传（如老子与韩非，孟子与荀卿等）、同类性质的人物的集合传记（如刺客、游侠、循吏、酷吏、儒林、货殖等）以及边裔属国之传。《史记》不仅在著述体裁上包含了多重性，而且在所述内容上既涵盖了政治、经济、军事、文化、社会等不同方面，又涵盖了上起帝王将相下迄游侠商贾以至占卜吉凶者流（史公原作《日者》《龟策》二传已佚）。《史记》作为一部通史，其通表现在三个方面：

首先，从时间角度看，它着眼于古今通；其次，从社会政治的层次看，它着眼于上起帝王将相下至于社会底层之间的上下通（尽管书的主要篇幅用于叙述社会之上层）；又其次，从空间的角度看，它着眼于近述中原、远及边裔的内外通。《史记·太史公自序》说："礼乐损益，律历改易，兵权、山川、鬼神，天人之际，承敝通变，作八书。"[1] 司马迁在《报任少卿书》中也说他著书目的是："亦欲以究天人之际，通古今之变，成一家之言。"[2] 于此亦可见司马迁著史的包罗一切的理想。

班固（32—92）撰《汉书》，[3] 继承了司马迁所创始的纪传体，而专写西汉一代，开断代纪传体史书之先河，以后历代"正史"都可以说是《汉书》的继续。《汉书》包括十二纪、八表、十志、七十列传，凡百篇。班固在《汉书·叙传》最后说明自己著书目的时说："凡《汉书》，叙帝皇，列官司，建侯王。准天地，统阴阳，阐元极，步三光。分州域，物土疆，穷人理，该万方。纬六经，缀道纲，总百氏，赞篇章。函雅故，通古今，正文字，惟学

---

① 《史记》第 10 册，3319 页。

② 《汉书·司马迁传》第 9 册，2735 页。

③ 其父班彪（约 3—54），已有相当的准备，其妹班昭（约 49—120），又补固所未及作之"八表"及"天文志"。

林。"① 真是上至天文，下至地理，以至人事中的政治、经济、社会、文化等等各个方面，几乎无所不包。

像《史记》和《汉书》这样的历史著作，在古代世界的史学史上应该说也是不朽的名著，可是，它们的最大的一个特点就是，在它们以自身的成就表明中国史学已经卓然从其他学术中分离出来的同时，也就以一种其他国家古代史学所未有的气魄把人类社会的方方面面都作为有机组成部分囊括到史学的整体结构中来了。

二、中国传统史学与经学的关系

汉代是中国古代学术传统形成中的一个重要时期。在这个时期里，不仅史学从其他学术中分离出来，形成为一门独立的学问，而且儒家之学也从先秦诸子之学中脱颖而出，成为在中国的历史上（自汉至清）长期占统治或支配地位的经学。也正是从汉代开始，史学与经学之间形成了密切的关系，同时，史学也在中国传统学术中居于一种颇为突出的地位。这种情况大体是可以从目录学的著作中看出来的。

《汉书·艺文志》② 是中国古代流传下来的第一篇系统的目录学著作。它把图书分为六类，即"六艺"（即儒家经典）、"诸子"、"诗赋"、"兵书"、"术数"、"方技"，尚未将史书单列一类，而是把《太史公》（即《史记》）与《左传》《国语》《世本》《战国策》等属于史书类的书列于"六艺略"里的"春秋家"中。《汉志》的这样安排当然不能说明其时史学尚未从经学分离出来，而只能说明目录学的反映落后于学术发展的实际。为什么会有这样的落后呢？其一，当时已有的史书为数尚不多，不便单列一类；其二，史学著作的内容的确有与《春秋》相近的方面，更何况《太史公自序》里还明显地表现

---

① 《汉书》第 12 册，4271 页。

② 以下简称《汉志》，班固以西汉末刘歆（约前 53—公元 23）所作《七略》为底本编定。

出的"继《春秋》"①的志趣了。

曹魏代汉以后,秘书郎郑默据皇家图书馆藏书,撰书目曰《中经》;西晋秘书监荀勖(? —289)因《中经》而作《中经新簿》,分群书为四部:"一曰甲部,纪六艺及小学等书;二曰乙部,有古诸子家、近世子家、兵书、兵家、术数;三曰丙部,有史记、旧事、皇览簿、杂事;四曰丁部,有诗赋、图赞、《汲冢书》。"②至此史学著作在目录著作中也独立出来,列于经书、子书之后,属第三类。西晋晚期,"惠怀之乱,其书略尽。江左(东晋)草创,十不存一。后虽鸠集,淆乱已甚。及著作佐郎李充,始加删正,因荀勖旧簿四部之法,而换其乙丙之书,没略众篇之名,总以甲乙为次。自时厥后,世相祖述"③。按阮氏《七录》括经典录、记传(史传)录、子兵录、文集录、技术录、佛录、道录。史部仅次于经,在第二包类。至唐修《隋书·经籍志》,仍分四部,次序为经史子集,以后历代循而不改,史部终于一直居于仅次于经的地位。

中国传统史学之所以能够处于仅次于经学的重要地位,其原因实在于二者之间的有着密切的内在关系。

第一,就内容而言。今人皆知章学诚有"六经皆史"之说④。不过,正如李宗侗教授(1895—1974)所指出:"六经皆史之说,实非章实斋所独自发明,刘恕《通鉴外纪·序》曾及之,而王应麟《困学纪闻》卷八引《文中子·王道篇》及陆鲁望《复友生论文书》,亦有此说,二人皆生于唐代,则宋以前早已有之矣。此意至明代更推广之,王守仁《传习录》卷一云:'以事言曰史,以道言曰经;事即道,道即事。《春秋》亦经,五经亦史;《易》是庖牺之史,《书》是尧舜以下史,礼乐即三代史,五经亦即史。史以明善恶,示训戒,存其迹以示法。'王世贞《艺苑卮言》卷一云:'天地无非史而

---

① 司马迁一方面口头上表示不敢以作《春秋》自况,同时又对先人的"继春秋"的愿望表示"小子何敢让焉"。见《史记》第 10 册,3296 ~ 3300 页。

② 魏徵等:《隋书·经籍志》第 4 册,909 页,北京,中华书局,1973。

③ 阮孝绪《七录序》,原载《广弘明集》卷 3。此处引自严可均校辑:《全上古三代秦汉三国六朝文》第 4 册,3345 页,北京,中华书局,1958。

④ 《文史通义·易教上》,1 页。

已；六经，史之言理者也。'胡应麟《少室山房笔丛》卷二云：'夏商以前，经即史也；周秦之际，子即史也。'顾炎武《日知录》卷三云：'孟子曰：其文则史。不独《春秋》也，六经皆然。'凡此皆远在章氏以前，特至章氏而畅其意耳。"① 李氏的这一段话，不仅说明"六经皆史"之说并非章氏首创，而且实际上还指出了中国经、史二学之间长期关系密切的悠久传统。循此思路上推，我们可以发现司马迁也早就注意到了经史之间关系的密切。太史公所记"先人"之言中就有的"正《易传》，继《春秋》，本《诗》《书》《礼》《乐》之际"② 的期望，应该说是"六经皆史"之说的滥觞。

当然，对于"六经皆史"之说，还应该有进一步的具体分析。金毓黻先生就曾对章实斋此说作了很准确的分析，结语云："是故谓《尚书》《春秋》为史，可也；谓《易》《诗》《礼》《乐》为史，不可也。谓《易》《诗》《礼》《乐》为史料，可也；径谓为史著，不可也。"③ 章氏自己提出史有"记注"（史料）与"撰述"（著作）之别，而自己在提"六经皆史"之说时却又未作区分，金先生因而分析之，诚为允当不刊之论。愚以为略有可赘者，则《易》，固可以视为史料，然其意义恐有甚于作为史料者在，即《易》之思想适与中国传统史学之通变思想相通，甚至若和符节。这也是可以并应该加以考虑的。

第二，就研究途径而言。中国经学的研究途径，主要不外两点：一是文献考证之学，其中包括文字、音韵、训诂、目录、校勘、辨伪之学等等，其实质为知识之探求，可以说其目标在求真；二是义理辨析之学，其实质为价值之探求，可以说其目标在求善。文献考证与义理辨析二者之间又有着密切的相互关系，即义理之辨析以文献考证之成果为基础，而文献考证又以义理为理论上之指导。自从汉代经学产生以来，此二者一直是作为经学的支柱出现的。当然，在不同的历史时期甚至不同的经学流派那里，情

① 李宗侗：《中国史学史》，178 页，台北，华冈出版有限公司，1979。
② 《史记》第 10 册，3296 页。《索隐》以为"先人"指"先代贤人"。《正义》以为指迁父司马谈。按《正义》说是。
③ 参阅金著《中国史学史》，233 页。

况也会有所不同。即在某些时期或某些流派那里，经学的研究更侧重文献之考证，在另一些时期或流派那里，经学的研究则侧重义理之辨析。如以汉代经学与宋代经学相比，汉代经学较重训诂与文献考证，而宋儒较重义理的辨析，此为时代风气之不同。如以汉代而论，则今文学家较重义理之辨析，而古文学家较重文献之考证。如以宋代而论，则朱熹较重文献之考证，而陆九渊较重义理之辨析，此为学派之不同。

中国传统史学的研究途径，主要也在文献考证和义理辨析这两个方面。司马迁作《史记》，既"绌史记石室金匮之书"[1]，又"厥协六经异传，整齐百家杂语"[2]。我们现在读《史记》中关于先秦史部分，只要与现存的先秦文献一作比较，就仍然能清楚地看到，太史公是怎样对于五经、诸子的加以引用、取舍和训释的。这就是文献的整理与考证的工作。不过，文献的整理与考证是离不开思想的指导的，"六经异传"如何"厥协"？"百家杂语"如何整齐？这都需要一种思想上的定见（也许可以说是解释学家所说的 prejudice 或 die Vorurteilung），当时的风气和他本人都十分推崇孔子，所以他说："中国言六艺者折中于夫子"[3]。又说："夫学者载籍极博，犹考信于六艺。"[4] 这样就有了义理辨析的标准。自《史记》以下，历代史书之作，无不以文献之整理与考证为工作之起点，也无不以儒家经典之"义"作为其义理辨析之标准。至于对于文献考证与义理之侧重，则史家各有不同，在此不能备述。要而言之，史学之研究途径与经学基本上没有差异。

当然，前人对于经学与史学之差异是有所讨论的。例如朱熹（1130—1200）论《春秋》三传中《左传》与《公羊传》、《穀梁传》之异同时说："左氏是史学，公、穀是经学。史学者记得事却详，于道理上便差；经学者于义理上有功，然记事多误"[5]。在朱子看来，经学与史学的研究途径中皆有记

---

[1] 《史记》第 10 册，3296 页。

[2] 同上书，第 10 册，3319～3320 页。

[3] 同上书，第 6 册，1947 页。

[4] 同上书，第 7 册，2121 页。

[5] 黎靖德编：《朱子语类》，王星贤点校，第 6 册，2152 页，北京，中华书局，1986。

事，亦皆有义理，所不同者，在于其侧重点有异而已。应该说，朱子的这一看法基本上代表了中国历史上对经史之学异同的一般见解。

第三，就性质与功能而言。这也就是说就经学之体与用及史学之体与用的关系而言。就经学之性质或体而言，它是研究常道之学；在中国古代典籍中，经字的一个通常解释就是"常"。例如，《左传》昭公二十五年引子产云："夫礼，天之经也。"杜预（735—812）注云："经者，道之常。"①东汉末刘熙于所著《释名·释典艺》中云："经，径也，常典也。如径路无所不通，可常用也。"②可以说是古代对于"经"的一种通用解释的概括。

就经学之功能或用而言，它又是研究经世致用之学。在中国古代典籍中，"经"字又常有经济、经纬、经纶、经营（皆为同义或近义词）涵义。例如，《周易·屯卦·象辞》："云雷屯，君子以经纶。"③按唐陆德明（550—630）《周易音义·屯》"经论"条："黄颖云：经论，匡济也，本亦作纶。"④可见"经"又有匡时济世的意思。

经学就其性质或体而言既是关于常道之学，就其功能或用而言又是致用之学，而致用乃匡时济世之事，不同的时间、地点、条件下的问题都不一样，也就是说致用所面临的对象是不断的变化的局面。那么作为经之体的常又通过何种途径而应对其用所面临的变呢？在具体的层面上，经的付诸应用，往往与权相结合。《公羊传》桓公十一年曾说郑国的大臣祭仲善于行权。⑤如何才能行权？那当然要依历史条件的变化而定。如果再从逻辑的层面看，那么现在我们开始看到经学内部的张力，即开始看到其体与用或常与变之间的相拒斥之力，接着需要解决的是发现其间相互吸引之力在哪里。从逻辑上说，如果有一种常可以应变，那么就必须具备这样的条件，即这种常本身中就涵盖了变（含变之常），或者变本身中也涵盖了常（含常

① 《十三经注疏》，2107 页。
② 王先谦：《释名疏证补》，309 页，上海，上海古籍出版社，1984。
③ 孔颖达：《周易正义》，见《十三经注疏》，19 页。
④ 陆德明：《经典释文》，77 页，上海，上海古籍出版社，1985。
⑤ 何休注、徐彦疏：《春秋公羊传注疏》，见《十三经注疏》，2219～2220 页。

之变）。只有这样的常与变的相通才能构成二者之间的吸引之力，才能使经学的体与用之间的张力得以形成。那么，这种在逻辑上必须的含变之常与含常之变，在现实中是什么呢？应该说，这就是史学。所以，不论从具体层面还是从逻辑层面说，经学自身的问题都有待史学来协同解决。

中文里的"史"字不像"经"字那样本身就含有一种可以分析的内涵，它的本义是掌管某种文书的人；因学者所论已多，此处不烦赘述。我们可以直接从史学本身的特点谈起。历史的客观过程变动不居，对于历史的叙述或记载如要符合客观过程当然也就必须以记变为使命。这样，史学的内容就必然是充满了变的。当我们翻阅任何一本历史书时，也都会看到，不同时期和地区的历史事件没有任何两件是完全相同的。这也说明，历史的客观过程是不会重复的，史学的内容的确是充满了变的。不过，我们也不得不从以下两个层面上加以深思：

首先，从逻辑上说，历史上的变的本质含义是什么？我们知道，一切历史上的变都是具体的有限之物的变，而不是纯粹的、抽象的变。正如黑格尔所说："凡有限之物都是自相矛盾的，并且由于自相矛盾而自己扬弃自己。"[1] 所以，历史上的变，就是一种具体的否定，而"否定的东西也同样是肯定的；或说，自相矛盾的东西并不消解为零，消解为抽象的无，而是基本上仅仅消解为它的特殊内容的否定；或说，这样一个否定并非全盘否定，而是自行消解的被规定的事情的否定，因而是规定了的否定；于是，在结果中，本质上就包含着结果所从出的东西"[2]。这样，历史上的变就是兼否定与肯定而有之的扬弃（die Aufhebung），既说明了历史前后的区分，又说明了其间的连续。所以，这样的变的自身之中就包含了常。

其次，从历史上说，尽管一切具体的历史变化都不再重复，但是历史又非全无重复。例如，夏王朝的灭亡有其具体的、特殊的条件与理由，商王朝的灭亡又有其具体的、特殊的条件与理由，在直接的层面上它们是各

---

① 〔德〕黑格尔：《小逻辑》，贺麟译，177 页。
② 〔德〕黑格尔：《逻辑学》上卷，杨一之译，36 页，北京，商务印书馆，1977。

不相同的，没有重复的。但是，周人在取代商王朝以后，总结了夏、商两代灭亡的经验，就得出了"殷鉴不远，在夏后之世"①的认识。《尚书·周书》中更是有多篇一再总结殷商灭亡的经验与教训。例如，《召诰》云："王敬作所，不可不敬德。我不可不监于有夏，亦不可不监于有殷。我不敢知曰：有夏服天命，惟有历年。我不敢知曰：不其延。惟不敬厥德，乃早坠厥命。我不敢知曰：有殷受天命，惟有历年。我不敢知曰：不其延。惟不敬厥德，乃早坠厥命。今王嗣受厥命，我亦惟兹二国命，嗣若功。"②这就从夏、商、周三代之异中看出了其政权得失之同，即王朝的兴衰的关键在于德的有无：有德而兴，无德而亡。这样，原来在直接层面上可见的三代之间的不同性与不重复性，经过反思，到了间接的层面上竟然得到了相同性和重复性，于是在变中体现了常。尽管人们在最初的阶段不会自觉地意识到这一点，但是人们发现史学之有价值，最初盖源于此。如果历史的过程真是在任何意义和程度上都没有一点重复，从而史学的内容中也只有纯粹、绝对的变而无任何的常，那么已往历史的陈年老账对于今人就不会具有任何现实的价值。如果真是这样，那么史学在历史上根本就不可能发生，人类就会像其他动物一样没有历史意识地活着，也可以说就不会有人类的社会。当然，这一切都不是真实的。

因此，从经学与史学二者的性质和功能的角度来看，彼此之间的关系也是密不可分的。

三、史学在古代中国、印度、 希腊学术中处于不同地位之原因

以上说到史学在中国传统学术中长期占有仅次于经学的重要地位，这种情况是与古代印度、古代希腊很不相同的。

---

① 《诗·大雅·荡》，孔颖达：《毛诗正义》，见《十三经注疏》，554页。
② 孔颖达：《尚书正义》，见《十三经注疏》，213页。

在古代印度，史学未能真正从其他学术中分离并独立起来。英国学者 E. J. Rapson 曾说："婆罗门教、耆那教和佛教僧侣所掌握的文献，自然一定是重在表述信仰的而非民族的体系。它们一定是重思想甚于重行动，重理想甚于重事实。实际上，作为宗教史和哲学史的史料、法律和社会机构成长的史料、诸如有待于对事实作精审考察的文法学之类的学术发展的史料，它们在古代世界上都以其丰富性和连续性而居无与伦比的地位。可是，作为政治进程的记载，它们就付诸阙如。只靠这样的材料，要想把穆斯林征服以前的任何印度国家的政治史理出一个大纲都是不可能的。"[①] 这种说法是倾向于以古代印度人的重宗教、重思想而轻现实作为解释的。印度学者 R. C. Majumdar 承认古代印度缺乏史学文献，也没有出过像希腊的希罗多德、修昔底德，罗马的李维（Titus Livy，前 59—17）、塔西陀（Tacitus，56—120）那样的史学家。不过，他又不同意用印度人重来世轻今生的宗教倾向作解释，因为古代印度在法律学、政治学、管理艺术等现实层面的学术都是很有发展的。至于如何解释，他说："很难对这种缺陷作出合理的解释，不过事实无可怀疑。"[②] 的确，要作完全能使人满意的解释是不易的。我们知道，古代印度学术是很发达的，上文谈到"六吠陀分"就包含了多种学术，而且其中文字、音韵、训诂、礼仪、天算等颇与中国之经学内容相近似。所有这些学问以及其他种种学问，实际上在印度都有其与宗教学说相关联以至为宗教服务的成分。为什么唯独没有历史学的出现呢？这仍然要从印度宗教的情况来考察。在印度，不论是婆罗门教、耆那教还是佛教，都认为现实世界的一切都是变化无常的、虚幻的，而宗教所追求的最终境界则是长驻永恒的彼岸世界。历史永远属于此岸世界，史学所能体现的变中之常或某种法则也只能是属于此岸世界的。因此，史学是不能成为婆罗门教、耆那教、佛教的有效论证手段的。当然，在低层次上，某些历史故事可以说明宗教里的善恶报应的理论。例如，在《佛本生经》（*Jataka*）里有许

---

① *The Cambridge History of India*, Vol. 1, p. 58.

② *The Vedic Age*, pp. 47-48.（引文见 47）

许多多的故事或寓言，都是用来说明善恶皆有报应的道理的。不过，这只要零星的故事和寓言就够了，系统的历史因果关系并非必要的；所以《佛本生经》里出现的人物和地方通常就是那么一些，或者说这些人物和地方作为虚拟也是能够满足要求的。我想这也许可以作为古代印度史学没有发展起来的一种解释。在古代希腊，史学有了相当高度的发展，其发展程度决不能说在古代中国以下。但是，在古代希腊的学术里，史学所居的地位却无法与中国古代史学所居的地位相比。亚里士多德（Aristotle，前384—前322）在其《形而上学》的卷一第二章里说明，哲学不是研究任何具体学科的学术，而是研究根本的原理和原因的学问，所以是一切学术中最根本、最神圣的学术，"所有其他学术，较之哲学确为更切实用，但任何学术均不比哲学为更佳"①。于此可见，在古希腊人那里哲学处于最高地位，大体与古代中国经学的地位相似。至于史学，亚氏的估价则实在不高。他在《诗学》中说："史学家与诗人之区分不在于一个在写散文而另一个在写韵文，诚然希罗多德的著作可以改写为韵文，可是不论有韵无韵，它仍将是一种历史。二者的真正区分是，一个叙述已经发生了的事情，另一个则叙述将会发生的事情。所以诗比史更近于（科学）并更严肃，因为诗有助于提供一般真理，而史只提供特殊的事实。"②在亚氏看来，在一切学术中，哲学地位最高，诗因比史更近哲学，地位也比史学为高。这样史学就只能居于第三级的学术的队列之中。

亚里士多德的这种说法，是与古希腊人对于知识的基本看法直接相关的。英国哲学家兼史学家柯林武德（R. G. Collingwood, 1889—1943）曾说：

> 如果说希腊—罗马历史编纂学的人文主义（humanism），不管

---

① 亚里士多德：《形而上学》，吴寿彭译，3～6页（引文见第6页），北京，商务印书馆，1996。Aristotle, *Metaphysics*, I, 2/982a5-983a24, The Loeb Classical Libery, Hugh Tredennick 英译，pp. 9-17。

② Aristotle, *The Poetics*, Ⅷ 9, 2-4/1451b, The Loeb Classical Libery, W. Hamlton Fyfe 英译本，p. 35。唯英译文"诗比史更近于科学"句，不合原文，从整个上下文意来看，结合《形而上学》中亚里士多德的论点来看，这里英译的"科学"都应是"哲学"。

是多么微弱，乃是它的主要优点；那么它的主要缺点就是实质主义（substantialism）。所谓实质主义，我是指它是建立在一种形而上学的体系的基础之上，这种体系的主要范畴就是实质这一范畴。实质并不是指物质或者物理的实质；确实，有很多希腊形而上学家都认为没有什么实质可能是物质的。对柏拉图来说，似乎实质是非物质的，虽然也不是精神的；它们是客观的形式。在亚里士多德看来，归根到底，唯一最终的真正的实质就是心灵。于是实质主义的形而上学就蕴涵着一种知识论，按照这种知识论只有不变的东西才是可知的。但是凡属不变的东西都不是历史的。成其为历史的东西都是瞬息变化的事件。产生了事件的那种实质，或者从其本性中引出了事件的那种实质，对历史学家来说是不存在的。因此试图历史地进行思想和试图根据实质进行思想，两者乃是不相容的……历史学不能解释一个行动者是怎样产生的或经历过任何性质上的变化；因为行动者既是一种实质，就永远不可能产生也永远不可能经历任何性质上的变化，这是形而上学的公理。[1]

柯林武德还谈到了古希腊人对于人类认识所作的区分：一类是知识（episteme），另一类则是意见（doxa）。[2]

柯氏所说古希腊人关于"知识"与"意见"的区分，原出于柏拉图的《理想国》。[3]柏拉图的论证思路是：一个有知识的人总要有一些知识，而不能是一无所知。既要有知，那么其所知对象必须是有；如对象是无，即无所知。所以，知识必然与有相对应，无知必然与无相对应。假如一件事物忽有忽无，也就是说它是在变化着的，那么对它就既不能有知识，又不能

---

① 〔英〕柯林武德：《历史的观念》，48～49页。*The Idea of History*, pp. 42-43.

② 《历史的观念》，22～24页。英文原本，20～21页。

③ 《理想国》，郭斌和、张竹明译，219～227，300页，北京，商务印书馆，1994。*The Republic*, book V. XX-XXII/476d-480, book VII, XIV/534a, The Loeb Classical Libery, Paul Shorey 英译本，book 1-5, pp. 519-535; book6-10, pp. 205-207。

无知识，而只能有一种介于有知与无知之间的意见。按照这样的逻辑，哲学以永恒的有为研究对象，故其所得的是知识；史学以变化中的事为研究对象，故其所得的只能是意见。尽管正如柯氏所指出，柏拉图在其他对话中也并不完全否认正确的意见有其对人的一定指导作用，[①] 但是史学研究毕竟不能如哲学那样求得知识。因此，史学在古代希腊成为低于哲学以至诗歌的学术，这就是不可避免的了。其实，这种在古代希腊—罗马影响深远的实质主义思想，不仅使史学在人们的观念里难以成为最高级的学问，而且也使史学本身的发展受到了严重的障碍。柯林武德曾经指出这种观念对于古代希腊史学的三种局限，[②] 如果概括起来说就是，古代希腊人很难写出一部包罗万象、贯彻古今的通史来。以上我们曾经说到古代希腊史学不比古代中国史学逊色，这是从多方面的总水平说，如果就撰述包罗万象、贯通古今的通史的角度来看，那么就应该说古代希腊史学比古代中国史学相去甚远了。古代希腊史学是不可能孕育出像《史记》这样的通史巨著的。

在中国古代，为什么史学的地位会比古希腊和古印度高呢？为了回答这个问题，我们还要从柯林武德论古希腊史学的优缺点的分析开始。柯氏说希腊人史学的优点是人文主义，这一点，为古印度的虽有萌芽而未能产生的史学之所无，而为古代中国发达的史学所充分发展；柯氏说希腊人史学的缺点是实质主义，这一点，为古代印度宗教思想家们所常有，而却为古代中国的思想家与史学家之所无。以下就从这两方面分别加以论述。

首先，中国古代史学富有人文主义的传统。中国传统文献中最古的《尚书·周书》，虽然还不是系统的史学著作，但是已经有了相当深度的历史思想。在《周书》中，我们几乎到处可以看到"天"、"天命"、"命"、"皇天上帝"、"上帝"等等词语，而且在《周书》作者（主要是周公）的观念中"天"、"天命"也是在起作用的。不过，在《周书》以至《诗经》中，"天"和"天命"已经是变化无常，从而也就是难已确信的了。例如，《书·康

---

① 《历史的观念》。25 ～ 28 页。英文原本，22 ～ 25 页。
② 同上书，28 ～ 31 页。英文原本，25 ～ 28 页。

诰》：“惟命不于常。”①《诗·大雅·文王》：“天命靡常。”②《书·大诰》：“越天
棐忱。”③《诗·大雅·大明》：“天难忱斯。”④《诗·大雅·荡》：“天生蒸民，其
命匪谌。”⑤《书·君奭》：“若天棐忱”，“天命不易，天难谌”，“天不可信”。⑥
这样的“天”和“天命”观，与实质主义思想不可同日而语。“天”和“天
命”既然不能确定，那么人又该怎么办呢？

周人终于从人的方面找到了出路。《书·大诰》：“天棐忱辞，其考我
民。”⑦《书·康诰》：“天畏棐忱，民情大可见。”⑧《书·酒诰》：“古人有言曰：
人无于水监，当于民监。今惟殷坠厥命，我其可不大监于时。”⑨这样一来，
《诗》《书》中的全部天道与天命的思想都得到了一个标准的显示器，它就
是人心的向背。于是，超越的天转化成为人文的天，也可以说，原为外在
于人的超越变成了内在于人的超越。早在西周时期，中国的史学在发生阶
段就有了这样活泼泼的人文主义思想，以后又形成了中国史学的长期传统，
这在世界史学史上也是不可多见的现象。

其次，中国古代史学在本质上是反实质主义的。这一点可以说正好与
古希腊史学的特点相反。柯林武德曾经指出，古希腊人思想中有一种反历
史的倾向（anti-historical tendency）。⑩当然，古希腊人的反历史倾向和他们
的实质主义思想传统本来就是同一件事的两个不同的方面。按照这样的对
应关系，古代中国人思想中的反实质主义倾向正好是反对那种反历史倾向

---

① 《十三经注疏》，205 页。
② 同上书，505 页。
③ 同上书，200 页。
④ 同上书，506 页。
⑤ 同上书，552 页。
⑥ 同上书，223 页。
⑦ 同上书，199 页。
⑧ 同上书，203 页。
⑨ 同上书，207 页。
⑩ 《历史的观念》，22～24 页。英文原本，20～21 页。

的。^①具体说来，古代中国人与希腊人的认识不同之处是：在后者看来，知识或真理只能从永恒的常在中去把握，而在前者看来，知识或真理则必须从永恒的运动变化中去把握。正如以上所引《尚书》《诗经》的材料所显示，古代中国人不认为天或天命是一种不变之常，而是一种变化中的常。所以，对于这样变化中的常，不能用抽象的思辨去理解，而只能通过历史的运动去把握。

因此，中国儒家经典对于问题的论证，从《尚书》《诗经》开始就是以历史为论证手段的。不仅儒家经典，先秦诸子也几乎无一不以历史为主要论证手段。道家（如老、庄）的书中是最少以历史资料为论据的，但是在最少历史材料的《老子》中，它对于历史的运动作倒退观的思想却确确实实是从《老子》作者对于历史的观察与反思中得出来的。也可以说作者是在以历史为论证的。《庄子·天运》中有这样一段话：

> 老聃曰：小子少进。余语汝三皇、五帝之治天下。黄帝之治天下，使民心一，民有其亲死不哭，而民不非也。尧之治天下，使民心亲，民有为其亲杀其杀，而民不非也。舜之治天下，使民心竞，民孕妇十月生子，子生五月而能言，不至乎孩而始谁，则人始有夭矣。禹之治天下，使民心变，人有心而兵有顺，杀盗非杀，人自为种，而天下耳，是以天下大骇，儒墨皆起。^②

郭象（252—312）注"人自为种而天下耳"云：

> 不能大齐万物，而人人自别，斯人自为种也。承百代之流，而会

---

① 这里没有用"历史主义"这个词来表述古代中国人思想上的重历史倾向，是因为"历史主义"一词有多种、至少三种用法，见 *The Oxford Companion to Philosophy*, ed. by Ted Honderich, 1996, p. 357. 笼统地使用此词，可能发生误解。

② 郭庆藩：《庄子集释》，《诸子集成》本，第 3 册，232～233 页。

乎当今之变。其蔽至于斯者，非禹也，故曰天下耳。①

　　"承百代之流，而会乎当今之变"一句话表明了古代中国人观照一切现实问题的一个最基本的思路或观点。按照这种思路或观点，历史上的每一当今之变皆非一朝一夕之故，而是源于百代之流；且百代之史亦非一不变之实质（像古代希腊人所习惯于的那种思路一样），而是一条汇集了一切当今之变的流。你想要了解当今之变吗？请考百代之流。你想了解百代之流吗？那就请看历来的当今之变。所以，郭象的这一条注，不仅说明了《庄子》书中的一句话（这一句话也说明道家的历史运动观），而且很好地表达了古代中国学者对于历史所取的历史的而非形而上学的实质主义的见解。

　　在古代世界史上，只有中国和希腊的史学得到了充分的发展。在古希腊，史学是在实质主义的或反历史的思想环境中起来的；由于与总的思想环境的矛盾，希腊史学的发展不能不受到深刻的影响与限制。而在中国，史学是在人文主义与反实质主义相结合的最适当的环境里发展起来的；由于没有古希腊人所面临的那种矛盾，所以史学得以日益发扬光大起来。

原载《学丛》（新加坡国立大学中文系学报）

第 5 期，2000 年 6 月

---

① 郭庆藩:《庄子集释》,《诸子集成》本，第 3 册，233 页。

论通史

一、问题的提出

"通史"一词，大家都很熟悉。例如在书店里常常看到以"中国通史"、"世界通史"、"欧洲通史"等等为题的历史书籍，大家见了都觉得能知道它们的内容大概都说什么，而不会有疑问。又例如，在大学里，通常开有"中国通史"、"世界通史"等课程，大家一看也都很明白，知道那不是某朝某代或者某一时期的"断代史"，也不是某一专门史。所以，看起来其中并没有什么问题。

可是，当我们把一些译名为"通史"的外文原书拿来一对照，就会发现事情有些蹊跷。例如，海斯（Hayes）等人所编的 *World History* 就曾经被译称《世界通史》，其实只是《世界史》（后来的译本已经改作《世界史》）。鲁滨逊（Robinson）等人所编的 *A General History of Europe* 在过去曾被许多学校用作教材，通常被人们称为《欧洲通史》，其实也只是《欧洲（全）史》。斯塔夫里阿诺斯（Stavrianos）所编的 *A Global History* 现被译为《全球通史》，其实只是《全球史》。过去苏联科学院编的多卷本 *ВСЕМИРНАЯ ИСТОРИЯ* 被译称《世界通史》，其实也只是《全世界史》。如此之类的例子很多，原来中译本书名上的"通"字都是我们中国译者自己酌情加上去的。加了，肯定符合我们中国人的口味，便于我们了解它们不是断代史或专门史。但是，不加"通"字更符合原书特点。还有从另一个角度来看的例子，如白寿彝教授所主编的《中国通史纲要》，英文本就译为 *An Outline History of China*，变成了"中国史纲"。当年此书英译本稿子出来时，曾经拿来让我看看对译文有没有什么献疑。我看了书名的这样翻译也觉得很自然，无可非议。可是，事实上是丢了一个"通"字。白先生很重视这个"通"字，可是我竟然没有能力让英译本把这个"通"字加上去。此事过去已二十年，至今我还是不知道怎样加这个"通"字。为什么呢？因为，在西方甚至俄罗斯的历史书名里，一个国家的历史就直接以国家名冠于"史"字之前（当然也有因语法习惯而置国名于后者，不过意思一样），虽然那本历史书在时间上贯彻古今，仍然如此；其为断代史者，则往往于书名题下注明起讫年代，即何时至何时的某国历史。总之，非断代的某国历史，也只称为某国史，并无某国"通史"之说。英文书里既然无此习惯，我们的中文书译为英文当然就不好生造某一个英文的"通"字加上去了。这件事在我的头脑里形成了一个问题，为什么中西之间会有这样的区别呢？这一篇小文就来谈谈这个问题。

二、一些可能与"通史"有关的西方词语和中文里的"通史"之异同

首先让我们逐一地考察一下有关的西方词语。为方便计，以英文为主，偶尔附以其他西文。

1. General history：这个词最容易在中文里译为"通史"。其实，general 来源于拉丁文的 genus，原意是种、类（kind、class），凡同种、同类之集合即可以此词表达之，所以有"全体的"、"普通的"、"总的"、"一般的"、"概括的"等等意思。在一般的英文书目里，凡是在 general 项下的都是一般性的、概括性的书籍，以别于专门性的、原典性的书籍等。历史书而冠以此词者，即指内容为一般性、综括性的，如前述的 *A General History of Europe*，就是所述非指欧洲某一国或政治、经济、外交某一方面而言的综合概括的欧洲历史；其他某一地区、某一群岛或某一族属之人的历史也有冠以此词者。此类书中的确也是包括了从古到今的内容，不过这一点不是这个词的重点意义所在。

2. Universal history，即俄文之 ОБЩАЯ ИСТОРИЯ、德文之 allegemeine

Geschichte：这个词也是最容易译作"通史"的，不过它很少用在历史书名上，却常用于关于历史学的讨论中。例如，康德在《世界公民观点之下的普遍历史观念》的"命题九"里就说到了"普遍的世界历史"[1]。何兆武教授在此词下作了这样一条译注："'普遍的世界历史'一词原文为 allegemeine Weltgeschichte，相当于英文的 universal history，或法文的 histoire universelle，字面上通常可译作'通史'；但作者使用此词并不是指通常意义的通史或世界通史，而是企图把全人类的历史当作一个整体来进行哲学的考察，故此处作'普遍的世界历史'以与具体的或特殊的历史相区别。"在这里，何兆武教授一方面说明这个词"字面上通常可译作'通史'"[2]，另一方面，他又准确地把"普遍史"（或译"普世史"）与我们常用的"通史"作了区分。我觉得他的这一番解说很好。因为，一方面，既然是"普遍的历史"，那么就应该包括时间上的普遍性。例如，克罗齐就曾经说："普遍史确乎想画出一幅人类所发生过的全部事情的图景，从它在地球上的起源直到此时此刻为止。事实上，它要从事物的起源或创世写起，直到世界末日为止，因为否则就不成其为真正的普遍了。"从这一段话看，他是把普世史当作包括一切时间在内的历史了。不过，他明确地认为，这样的普世史是不可能有的。而当他随后给普世史举例的时候，所举的就是波里比阿所著的《历史》（*The Histories*）、奥古斯丁所著的《神国》（*Civitas Dei*，或译《上帝之城》）和黑格尔的《历史哲学》。[3] 在其中，波里比阿《历史》所述主要是第一、第二两次布匿战争间事，历时不过七十余年，加上其绪论所涉也不过百余年，所以照中国传统看来，那只是断代史；但是此书涉及罗马所征服的地中海

---

①　〔德〕康德：《历史理性批判文集》，何兆武译，18 页，北京，商务印书馆，1991。

②　例如：在何兆武、张文杰译《历史的观念》（北京，中国社会科学出版社，1986）第 1 页第 6 行提到："通史或世界史"，第 209 页第 3 行提到"普遍历史"，第 4 行又提到"通史"。这里的"通史"在柯林武德原本 *The Idea of History*, Oxford, 1956, p. 1, p. 264 里，都和"世界史"、"普遍历史"同样地是 universal history。

③　〔意〕克罗齐：《历史学的理论与实际》，傅任敢译，39～40 页，北京，商务印书馆，1982。B. Croce, *History: Its Theory and Practice*, trans. into English by D. Ainslie, Oxford, 1946, pp. 56-57.

世界，所以仍然被视为普世史。奥古斯丁书实际是以基督教为主轴的世界史。黑格尔的《历史哲学》也是世界史，他本人在此书的开头一句话就是说自己的讲演题目是 philosophische Weltgeshichte，即哲学的世界史。所以，严格地说，普世史的关键在普世或空间方面。何兆武教授的论述的确是很有启发性的。按 universal 来源于拉丁文之 universus（unus+versus），unus 的意思是"一"、"同一"，versus（由 verto 变来）的意思是"转动"，一同转动的当然只能是一个整体，所以它的意思是"全体的"、"普遍的"、"共同的"等，因此这种史重在空间之同一，与我们说的"通史"之重在时间之连续，实有不同。

3. Global history：这个词的意思很明确，即全球史。按 global 来自名词 globe（意思为球），而这个英文词来自拉丁文里的 globus，意思就是球或球形物。这个词在这里只能指全球的历史，重在空间范畴里的同一性。如果说这也是"通"，那么这种"通"就是空间上的横通，也异于我们所说的"通史"之"通"。

4. Ecumenical history：英国哲学家兼历史学家柯林武德在其《历史的观念》一书里提到了"普世历史"（ecumenical history）即"世界历史"（world history）在古典时期并不存在，而是到了希腊化时期才出现。[1]这里的"普世历史"就是世界史。按柯林武德已经指出，这个词来自希腊文的 οικουμενη（而此词又来自 οικεω，意思就是"居住"），η οικουμευr 就是 the whole habitable globe，就是人之所能居住之地，就是"维民所止"（《诗·商颂》语）。这种世界史，也与我们所说的通史不同，至少不完全相同。

5. Total history：法国思想家福柯（Foucault）在其《知识考古学》中以"整体历史"（total history）与"综合历史"（general history）相对立，认为"整体历史的设计是，寻求重建一个文明的总体形态、一个社会的物质或精神的原则、一个时代的一切现象所共有的意义、它们凝聚的法则，即可以

---

[1] *The Idea of History*, Oxford, 1946, pp. 31-33.〔英〕柯林武德:《历史的观念》，35～37 页。

隐喻地称为一个时代'面貌'的东西"，"一项整体的叙述，围绕着一个单一的中心——一个原则、一种意义、一个精神、一种世界观，一个笼罩一切的形式，来描画一切现象；恰好相反，综合历史则使一种分散的空间疏离开来"[①]。福柯所反对的"整体历史"实际上就是把一个时代的多整合为一的历史，并非我们所说的"通史"；而他所主张的"综合历史"也不是第一项里所说的 general history，所以更与"通史"无缘。按 total history 一词中的 total 来自拉丁文的 totus，它的意思是"全部"或"整体"。所以，从字源来看它也是各部分之合为整体，并无我们所说的"通"的意思。

　　以上对西方可能与"通史"有关的一些词作了一番讨论，现在再看一看中国人所说的"通史"中"通"字的含义为何。中国之有通史，自司马迁作《史记》始。其书始自黄帝迄于汉武帝太初之年，概括当时所知各代之史。不过，司马迁不自以通史为其书名。唐代史家刘知幾在《史通·六家》中专列史记一家，以为梁武帝命群臣（吴均为主）撰《通史》，"大体其体皆如《史记》"，这就是说以《史记》为通史家之开山。[②] 刘知幾以后，唐代杜佑作《通典》，为典制体通史；宋代司马光作《资治通鉴》，为编年体通史；郑樵作《通志》，为纪传体通史；宋元之际马端临作《文献通考》，为文献专史体通史。总之，通史之所以为"通"，与其体裁之为纪传体、编年体或为何种专门史体毫无关系，关键全在时间上的朝代的打通。有了时间上的通，就叫作"通"史。

　　按"通"字，《说文解字》："达也。"[③] 在经传中，通与达互训的例子很多，一般都是通（达）到的意思。"通"的反义词是"穷"，《易·系辞上》："往来不穷谓之通。"[④] 不穷，就是无穷无尽、无止无终，也就是通。"通"字本来是指空间意义上的由此及彼，而空间上的往来不穷又是在时间里进行

　　① *The Archaeology of Knowledge*, trans. into English by S. Smith, New York, pp. 9-10, 1972. 参阅刘北成：《福柯思想肖像》，166～167页，北京，北京师范大学出版社，1995。

　　② 浦起龙：《史通通释》第1卷，9页，上海，世界书局，1935。下引《史通》皆据此本，只记页数。

　　③ 段玉裁：《说文解字注》，71页，上海，上海古籍出版社，1981。

　　④ 《周易正义》第7卷，见《十三经注疏》，82页，北京，中华书局，1980。

的，因而也就变成了时间上的连续不断。"通"字用之于在时间中运行的历史，于是"通史"之"通"，主要即指时间上的连续而言。

这样我们就看到了中国与西方史学传统中的一个有趣的区别：同是通古今的史书，在中国就都称为通史，在西方则必须是带有普世性或区域群体性的才称作 global history、general history、universal history，单一国家的历史虽通古今也不冠以一个表示"通"（中国人心目中的通）的字眼。可见中西之间有着重通史与重普世的特点之不同。西方所重的是普世史的特色，而中国所重的是通史的特色。普世史固然必须以时间为经，但其重点却在共时性的普世的空间之纬；通史固然必须以空间为纬，但其重点却在历时性的时间之经。我想这也应该是中西历史学的传统上的一种不同吧！

三、"普世史"与"通史"两种史学传统试析

以上谈到西方的普世史传统与中国的通史传统，现在自然有必要说明这样两种不同传统在古代的产生，及其所以产生的原因。这里的说明将分三部分来进行：第一，略述西方的普世史传统的产生；第二，略述中国通史传统的产生；第三，试对两种传统作一些比较的分析。

第一，西方史学源于希腊。希腊古典时代史学开山大师希罗多德（Herodotus）所著《历史》和修昔底德（Thucydides）所著《伯罗奔尼撒战争史》对古代希腊、罗马的，甚至以后的西方史学都留下了深刻的影响，也可以说他们是开创西方史学传统的人。希罗多德的书所述内容是希腊—波斯战争的历史（其中有关于古代一些东方国家历史传说，但并非基本内容），是与史家本人同时代的历史；修昔底德的书所述内容是伯罗奔尼撒战争的历史，也是与史家本人同时代的历史。他们所写的内容有些是从直接经历其事的人那里了解来的，有些甚至就是史家自己亲身的经历。黑格尔把这种历史称之为"原始的历史"，说："这样的原始历史家把他们熟知的各种行动、事情和情况，改变为一种观念的作品。所以这种历史的内容不能有十分广大的范围……在他所描绘的一幕一幕的剧情中，他本人曾经亲

自参加做一名演员，至少也是一个休戚相关的看客。他所绘画的只是短促的时期，人物和事变的个别的形态，单独的、无反省的各种特点。"①这样的"原始史"就是当代史，用我们的说法也可以成为当代的"断代史"，总之，那不是通史。希腊古典时代是城邦时代，没有普世的观念，也没有普世史。正如上文已引柯林武德所说，从希腊化时代开始，包括罗马时代，随着城邦制的没落，普世史开始出现。在这一时期最具代表性的普世史当推波里比阿的《历史》和李维（Livy）的《罗马史（建城以来）》（*Ab Urbe Condita*）。

波里比阿的书，是断代性的罗马世界帝国形成史，当然是普世史，已如上述。而李维的书叙述自公元前 8 世纪罗马建城之年（前 742）至公元初奥古斯都时代（公元 9），从编撰体例来说应当是编年体的通史（今本已多有残缺）。美国历史学家巴恩斯曾说："李维是最伟大的古今一切故事叙说者之一，他的书是罗马国史巨著。它是关于罗马世界国家成长的一部宏富的散文史诗。"②这就是说，李维的《罗马史》虽时历古今，但其重点在罗马国史，而这个罗马国家又是一个世界帝国，所以，在西方史学传统里，它仍然被列为普世史。

黑格尔把这种普世史列为他所说的"反省的历史"的第一种。③他在分析普世史的特点时说："在这里，最主要的一点，就是历史资料的整理。进行工作的人用了他自己的精神来从事这种整理工作；他这一种精神和材料内容的精神不同。"黑格尔还以李维为例，说他以自己的精神写往古历史，让古代的历史人物说起话来就像他那个时代的人一样。那么，怎么办呢？黑格尔又说："一部历史如果要想涉历久长的时期，或者包罗整个的世界，那么，著史的人必须真正地放弃对于事实的个别描写，他必须用抽象的观念来缩短他的叙述；这不但要删除多数事变和行为，而且还要由'思想'

---

① 〔德〕黑格尔：《历史哲学》，王造时译，40 页，北京，生活·读书·新知三联书店，1956。G. W. F. Hegel, *The Philosophy of History*, trans. into English by J. Sibree, New York, 1956, p. 2.

② H. E. Barnes, *A History of Historical Writing*, New York, 1963, p. 37.

③ 按黑格尔把历史分为：原始的历史、反省的历史和哲学的历史，而反省的历史中又分为四类，即普世的历史、实验的历史、批评的历史和专门的历史。

来概括一切，以收言简意赅的效果。"① 这就是说，李维的《罗马史》虽然时贯古今，其精神却都是李维时代的，也就是说无变化的。在黑格尔看来，普世史只能是抽象概括的，如果要写出发展，那只有他的哲学的历史才能完成任务。李维的书时贯古今而无古今之变，这样，与中国的强调"通古今之变"的通史就又显然有所不同了。从维柯（G. B. Vico，1668—1744，意大利哲学家）开始，历史发展的思想在西方史学中日益发展，黑格尔的《历史哲学》可以作为其中一部出色的代表作。不过，黑格尔的《历史哲学》在讲历史的发展时，坚持以世界史或普世史（即东方、希腊、罗马和日耳曼世界所谓四个帝国）为其框架，所以整个世界史成了有发展的通史，而构成其世界史的各个国家或地区却没有了自己的通史，例如，在他的《历史哲学》里，中国就只有头而无尾（中国有了一个开头以后就只能派一个原地踏步不动的角色），而日耳曼世界在本质上又只有尾而无头（在他那里日耳曼世界所注定要扮演的只是世界精神发展最高阶段的化身）。因此，黑格尔的"世界历史"虽然有其通的内容，本身仍然是一部普世史。可见普世史的传统在西方还是影响深远的。

　　第二，中国史学源于先秦时期，其最初的萌芽是《尚书》。《尚书》里的《周书》诸篇，皆当时政治文献，如果作为历史，那就应该属于"原始的历史"。例如，周公在许多篇文告中所述，作为当时之人以当时之精神论当时之事，当然是黑格尔所说的"原始的历史"。不过，他有一个特点，就是在论当代事情的时候不断反省历史，总是爱把古今的事联系起来，考察它们之间的变中之常和常中之变。在他向殷遗民发表文告时，面对的问题是：殷商原来是"大邦"、"天邑"，是诸侯的共主（天子），周原来是"小邦"，从属于殷商，可是这时周却以武力取代了殷商的地位，怎样才能使殷遗民心服？针对这个问题，他解释说，殷商原来的确是受"天命"的"天邑"，因为"自成汤至于帝乙，罔不明德恤祀"，可是到了纣的时候，情况变了，纣严重失德。因此，周才代殷而受"天命"。而且，"惟尔知，惟殷先人有册有

---

① *The Philosophy of History*, pp. 4-5.《历史哲学》, 42～43 页。

典，殷革夏命"。你们先人的史册上明明记载着，当夏代君主从有德变为无德的时候，你们的先祖成汤不是也曾革过夏的命吗？[①]周公的这些话并非只是说给殷遗民听的，在《无逸》篇中对成王、在《康诰》《酒诰》中对康叔也用同样的历史材料说明了同样思想。所以，他所说的历史是大体属实的。而他所说的道理则是，夏、商、周三代的嬗迭是历史之变，而其间兴亡之理又是历史之常；其变是常中之变，其常是变中之常。从这样的角度来看，《尚书·周书》就既是原始的历史，又是反省的历史；而且在反省中不仅看到了常，同时还看到了变。我想，这就是中国史学里通史传统的源头。

到战国初、中期，随着历史的巨变，在《左传》《国语》里屡屡反映出历史之变，而且通过不同人的口说出这种变也属于常理。例如，《左传》（昭公三十二年）记史墨对赵简子论鲁国季氏出其君的事，不仅说明具体的事因，而且说："社稷无常奉，君臣无常位，自古以然。故《诗》曰：'高岸为谷，深谷为陵，三后之姓，于今为庶。'王（据阮元校勘记，'王'字当为'主'）所知也。"[②]

经过秦的统一到西汉帝国建立，先秦时期的历史局面已经根本改观。司马迁于汉兴七十余年后撰写《史记》，就正式把"通古今之变"[③]作为自己的著作目标之一。《史记》写了君位由禅让而世袭之变、制度由封建而郡县之变、风俗由忠而敬而文之变等等，同时也写了变中之不变，而此不变之常即在变化之中。拙作《论司马迁史学思想中的变与常》[④]对此有较详的说明，此处恕不备论。我们可以这样说，到了司马迁《史记》的出现，中国史学的通史传统，已经不仅在时历古今的体例层面而且在通古今之变的思想层面上基本确立了。

第三，现在再来对中西两种史学传统产生的哲学思想背景作一些比较的分析。柯林武德在《历史的观念》中指出希腊罗马史学的两个特点是：

---

① 《尚书·多士》，《十三经注疏》，219～221页。类似思想还见于《多方》等篇。
② 孔颖达：《春秋左传正义》，见《十三经注疏》，2128、2130页。
③ 《报任少卿书》，载班固：《汉书·司马迁传》，第9册，2735页，北京，中华书局，1962。
④ 载《北京师范大学学报（社会科学版）》，2000年第2期，已收入本书。

人文主义（Humanism）和实质主义（Substantialism）。① 史学要从神话中走出来，变成人的历史，人文主义自然是必不可少的。在古代希腊罗马，从"荷马史诗"到希罗多德的《历史》，情况如此；在古代中国，从甲骨卜辞到以人心向背解释天命的《尚书·周书》，同样也如此。这是古代中西史学传统相同之点。因为这一点是人所共知的，这里就不再作具体的论述。中西古代史学传统的不同，在我看来，是在柯林武德所说的第二个方面，即古代西方的重实质主义，与中国古代殊为径庭。

柯林武德说希腊罗马史学是实质主义的，这在其《历史的观念》第一编第三节"希腊思想的反历史倾向"里有相当详细的说明。② 他说："历史学是关于人类活动的一门科学；历史学家摆在自己面前的是人类在过去所做过的事，而这些都属于一个变化着的世界，——在这个世界之中事物不断地出现和消灭。这类事情，按照通行的希腊形而上学观点，应该是不可能的。""他们（指希腊人）完全肯定，能够成为真正的知识的对象的任何事物都必须是永恒的；因为它必须具有它自己某些确切的特征，因此它本身之内就不能包含使它自己消灭的种子。如果它是可以认识的，它就必须是确定的；而如果它是确定的，它就必须如此之完全而截然地是它自己，以至于没有任何内部的变化或外部的势力能够使得它变成另外的某种东西。"他举出柏拉图对于"知识"（episteme）与"意见"（doxa）的区分作为自己的论据，所谓的"知识"就是对于不变的实质（实质不变）的真知实见，而"意见"则是对应于变动不居的现象的感性的认识而已。所以，实质主义就是反历史主义的。柯林武德还在《历史的观念》第一编第五节里指出了"希腊历史方法及其局限性"③。这就是，希腊人的历史有待于历史事件目击者的作证，这种方法有助于第一手材料的运用和记载的真实，但是也使史家的眼光无法伸到更古的时代和更远的地方，结果只能写当代、当地的历史。这也就是黑格尔所说的原始的历史了。在柯林武德看来，古希

① *The Idea of History*, pp. 40-45.《历史的观念》，46 ~ 51 页。
② *The Idea of History*, pp. 21-22.《历史的观念》，22 ~ 24 页。
③ *The Idea of History*, pp. 25-28.《历史的观念》，28 ~ 31 页。

腊人在史学方法上的局限性实与其实质主义思想有关；不过，到了希腊化时代和罗马时代，这种方法上的局限性因世界帝国的出现而有所突破，但是，其实质主义的思想传统则在希腊化和罗马时代的史学领域里继续流传下来。①

与西方古代史学思想传统形成对比的是，古代中国思想家认为，对于当前的历史事件，当然要有、最好要有事件目击者的作证，不过，对于事件本身的认识却不是只凭事件本身就能真正认识到位的。例如，周人伐纣而代殷为天子，这一事件是当时周人和殷人同时共知的，可以信而无疑。但是，怎样才能认识这件事情的本质呢？周公不是去追究某种永恒不变的实质来加以解释，相反，他是从成汤伐桀代夏的历史事件中获得周伐纣代殷的理由或根据的。他是从变化的现象里寻取其背后的本质的。这种本质是变中之常（也是常中有变），不同于希腊人的永恒不变的实质。正如柯林武德所指出的，希腊人看到了世界万事在变，于是就追求其背后的不变的实质，经过抽象而获得的这种实质本身就是抽象的"一"，就是在其内部不能有对立方面的"一"。这种形而上学的"一"，当然是反历史的。古代中国思想家并非不求现象背后的本质（essence which makes a thing what it is 或者 das Wesen），不过他们寻求到的不是抽象的、无差别的"一"或永恒不变的实质，而恰恰相反，是变中之常。中国古代思想家认为，真理不能在永恒不变中去寻求，而只能从变化不居中去把握。《易·系辞上》："一阴一阳之谓道，继之者善也，成之者性也。"②对于这一段话，历来解释甚多，愚以为《周易折中》对"一阴一阳"句的案语甚好，案云："一阴一阳，兼对立与迭运二义。对立者，天地日月之类是也，即前章所谓刚柔也；迭运者，寒来暑往之类也，即前章所谓变化也。"③万物并无抽象不变的实质，也非抽象的

① 克罗齐也谈到了古希腊罗马人的"反历史的哲学"，不过他是以他们的未能接触到精神概念的"自然主义"来作解释的。*History: Its Theory and Practice*, pp. 191-192.《历史学的理论和实际》，151 页。

② 孔颖达：《周易正义》，见《十三经注疏》，78 页。

③ 李光地等奉清圣祖（康熙）之命编撰：《周易折中》，见影印《文渊阁四库全书》第38 册，381 页，台北，商务印书馆，1986。

无差别的"一",而是"一阴一阳"组成的道或本质。这种道或本质包含着对立,所以与西方的实质相反。惟其"一阴一阳",这样的道或本质就不能不变,也就是不能不迭运。不直接说"本质"而说"道"者,因为"道"兼体用。自其体而观之,道是对立的统一;自其用而观之,道又是迭运和不断的运动的途径。"继之者善":迭运不穷自然为善;"成之者性":"道"(大一)运成物(小一或具体的一),即成为此物之性,个性犹有道之一体。因此,古代中国人所选择的是与希腊人相反的思想路径,即反实质主义或历史主义。

古代希腊罗马人的史学思想是人文主义加实质主义(反历史主义),而古代中国人的史学思想是人文主义加历史主义(反实质主义)。这一点也就是西方普世史传统与中国的通史传统的区别的渊源所在。

四、通史体例与通史精神

我们讨论和研究通史,实际上是在两个既有联系又有区别的层面(通史体例和通史精神)上进行的。从体例层面上说,通史似乎是最容易理解的。一本历史书、一门历史课,只要是时贯古今的,那就是通史。可是,什么是"通"呢?前引《易·系辞》云:"往来不穷谓之通。"真正的通,是往来不穷的,因此在时间上是无限的。那么,真有贯通一切时间的通史吗?克罗齐早已说明包罗一切时间的普世史(即我们所说的通史)是不可能存在的。[①]人们根本无法写包括过去一切时间的历史,更不要说写未来的事了。因此,包括一切时间的"通",在实际上是没有的。我们所看到的一切中外古今的通史,如果按"通"的严格意义来说,那就都成了断代史,例如以通史著称的《史记》,假如只从时间上来看,那也只是自黄帝至汉武帝这一段时间的断代史,它和《伯罗奔尼撒战争史》的区别那也就只在于断代的时间段的长短不同而已。所以,如果只是从撰写体例来看一本书是否是通史,

---

① 克罗齐说已见前引。

深究起来，那还是有难以说清的问题的。换一个角度来说，李维的《建城以来》(《罗马史》)，如果只从时间的长度看，那也是足够称为通史的。可是人们都把它当作普世史。因此，一部史书所述时间长且经历不止一朝一代，严格地说，这只是作为通史的必要条件，还不具备作为通史的充分条件。怎样才能算是真正的通史呢？那就还要涉及问题的另一个层面，即必须具备通史精神。

那么，什么是通史精神呢？施丁教授曾说："不通古今之变，则不足以言通史。"[①]我觉得，他的话说得很好，"通古今之变"就是通史的精神。当然，通史精神必须寓于具有反省可能与必要的、覆盖较长时间的史书中，古典希腊史家所擅长撰写的以当时之人用当时之精神写当时之事件的"原始的历史"（如《伯罗奔尼撒战争史》）是无论如何不能成为通史的。这就是说，只有通史精神而无通史的题材，那也是写不出通史来的。不过，有了一项在时间上有足够长度的历史题材，也有了史家的反省（die Reflexion，或译作反思），那仍是以今人思想去反思古代历史，因此写出的还只能是黑格尔所说的"反省的历史"，如李维的《罗马史》。"反省的历史"（包括黑格尔所说的四种）都是后人（今人）用自己的精神对于前人（古人）历史进行反思的结果，因此它失去了直接性而成为间接的，思维的概括性出现了（黑格尔本人也认为写过去长时期的反省的历史要用概括的方法，说已见前引），而历史的生动活泼的直接性消失了。为了形成通史，那还需要对反思再反思，用黑格尔的话说，那就是要有"后思"（das Nachdenken）[②]。经过"后思"，黑格尔写出了他的《历史哲学》，一部通古今之变的、以他的"世界精神"为主体的普世史。司马迁不是经过对某种预设的精神的后思写一部"哲学的历史"，而是经过对于古今历史的反复思索，写出了一部纪传体通史——《史记》。在《史记》里，三代时期和春秋战国时期的历史人物，没有由于经过作者的反思而变得抽象、干瘪，像汉代人一模一样，而是经

---

① 施丁:《说通》,《史学史研究》,1989 年第 2 期,第 10 页。

② 参考黑格尔:《小逻辑》,贺麟译,北京,商务印书馆,1995。这个词,汉文或译"后思"(39 页),或译"反复思索"(42 页),或者就译为"反思"(74 页)。

过反复思索，写出三代时人不同于春秋战国时人，春秋战国时人不同于汉代的人，可是相互间又是可以沟通理解的。这就是古今有变而又相通，使得古代历史具备了直接性与间接性的统一。那么，《史记》就只有古今历时性纵向之通，而没有空间里的共时性的横向之通？从而完全没有任何的普世性？不是的。《史记》写先秦历史，讲天子与诸侯、诸侯与卿大夫、华夏与夷狄，写秦汉历史讲天子与诸侯、中央与地方、华夏与夷狄、中国与外国。古今纵向历时性之变，正是这些内外横向共时性之变的结果；而一切时代的横向的共时性的结构，又正是纵向的历时性发展的产物。纵向的历时性的发展与横向的共时性的变化是一而二、二而一的。通史作为传统，既是中国史学体例的一种表现，也是史学精神的一种展现；如果推展而言，这也是中国文明发展的连续性与统一性相互作用的一种在精神上的反映。

原载《史学史研究》2002 年第 4 期

理雅各英译《书经》及《竹书纪年》析论

引言

19世纪著名西方汉学家、苏格兰传教士理雅各氏（James Legge，1815—1897）在1861年至1872年间陆续发表了极有分量的英文译注《中国经书》（*The Chinese Classics*）。理氏来华本为传播基督教，却被中国传统学术，尤其是为儒家经典所吸引，而致力于翻译中国经书，向西方介绍中国文化。《中国经书》第三卷为《书经》（*The Shoo King*）（其中包括《竹书纪年》），出版于1865年。《书经》或称《尚书》是中国传统文献中时代最早，而且最为难懂的古书。然而作为中国儒家最重要的经典之一，《书经》对于中国传统文化有着很深的思想影响。如果人们想研究或者翻译《书经》，还会遇到一些比研究其他儒家经典更大的困难。这是因为，《书经》不仅有今古文之分的问题，还有其他经书所没有的有关篇数多少和文本真伪的问题。理雅各译注《书经》乃是他克服了重重困难和融合了许多学者的研究成果之后所做出的一项重要学术成果，确为中国古典文献的翻译注释开辟了不少新的途径，在西方汉学研究的历史上，具有划时代的重要意义，所以"自行世以来即已成为西方有关中国学术的经典作品，至今不能废"[1]。凡是读过理氏译注的人，都不能不惊服他那种一丝不苟的朴实学风。作为学术晚辈，我们对这位早期西方汉学家不能不肃然起敬。尽管人们可以向他的学术表示不同的意见，但绝没有人能够完全不理会他所译《中国经书》。事

---

① 余英时：《香港与中国学术研究——从理雅各和王韬的汉学合作谈起》，见《历史人物与文化危机》，141页，台北，东大图书公司，1995。

实上，理氏不仅以译注《中国经书》蜚声于西方学术界，而且对于中国的读者而言，他所从事的工作也恰好反映了西方汉学在 19 世纪的一项重要成就，象征着西方学者传布中国文化的一个重要里程碑。在这一方面，他的成绩可以说是非常辉煌的，其学术价值是不可否认的。

作为 20 世纪末的学者，不论是中国人或者是西方人，只要看了理氏这一部译作的目录，大概都会发生这样一些疑问：理氏翻译《书经》，为什么把《竹书纪年》也附带译在一起呢？① 如果说理氏翻译《春秋》时附入《左传》是有中国经学传统的依据的，那么翻译《书经》而附入《竹书纪年》则没有先例了。何况《竹书纪年》本身还有其真伪之辨的问题。再则，理氏所译的是《书经》五十八篇，而不仅仅是二十八（或二十九）篇（即所谓《今文尚书》）。② 宋代以降就有学者怀疑二十八篇以外各篇为伪书（所谓伪《古文尚书》），至清代阎若璩（1636—1704）《尚书古文疏证》及惠栋（1697—1758）《古文尚书考》问世，《古文尚书》为伪这一问题已经基本定案。其间毛奇龄（1623—1713）撰《古文尚书冤词》，力求反驳，实已无济于事。可是理氏为什么还坚持这样做呢？据我们所知，理氏并不是由于对中国经学的无知才如此做的。他在此书的《绪论》（Prolegomena）中，以毛奇龄之说为据，主张《古文尚书》不伪。而关于《竹书纪年》，清儒王鸣盛（1722—1797）、钱大昕（1728—1804）、崔述（1740—1816）及《四库提要》作者等皆有辨伪之文。但是理氏仍取陈逢衡（1778—1855）所言《竹书纪年》为真之说立论。理氏为《古文尚书》和《竹书纪年》辩护之词，见其英译本的

---

① 这里需要指出的是，理雅各所译《竹书纪年》实际上是后人重编的《今本竹书纪年》。清代中期以后，由于对明刻《竹书纪年》通行本的辨伪，学术界始称汲冢出土的《竹书纪年》为《古本竹书纪年》，而称明刻本为《今本竹书纪年》。为便于行文，本文仍称《今本竹书纪年》为《竹书纪年》，而称清代和现代学者的辑本为《古本竹书纪年》。

② 《今文尚书》二十八篇，篇目俱在，即：《尧典》《皋陶谟》《禹贡》《甘誓》《汤誓》《盘庚》《高宗肜日》《西伯戡黎》《微子》《牧誓》《洪范》《金縢》《大诰》《康诰》《酒诰》《梓材》《召诰》《洛诰》《多士》《无逸》《君奭》《多方》《立政》《顾命》《费誓》《吕刑》《文侯之命》《秦誓》。《史记》《汉书》都说有二十九篇。至于另一篇是什么，学者迄无定论。参阅蒋善国：《尚书综述》，21～28 页，上海，上海古籍出版社，1988。蒋氏以为另一篇即《泰誓》，也不能定论。

《绪论》之中。理氏对此二书的文献考证，我们别有所考，因非本篇所重，在此不赘论。不过，有兴趣的读者，不妨参阅理氏的《绪论》，自可分辨其考证的得失所在。

在这里需要特别指出的是，理氏译注《书经》（包括《竹书纪年》）之所以迄今仍受到西方学术界的重视，正是因为它具有其他译注本所不能取代的重要作用。如瑞典学者高本汉（Bernard Karlgren，1889—1978）的《书经注释》（*Glosses on the Book of Documents*，1948—1949 年出版）和《尚书》英文节译本（1950 年刊行）只包含今古文皆有之篇，对于伪《古文尚书》二十五篇，则不予收录注解。高本汉译注《尚书》虽因晚出而精于理氏之作，不过高氏仅注解了部分条目，亦非《尚书》全译，所以无法取代理氏的译注本。理氏所翻译的《古文尚书》并不因为其为伪书而毫无价值。应该说，《古文尚书》仍是研究晋代以降儒家思想的一项重要资料，而且其中所引若干先秦文献亦有一定的参考价值。从这个角度看，西方学者如有欲辨《尚书》今古文真伪者，则理氏译本无疑为研究之必备。至于《竹书纪年》，近年来海内外颇有为之辩护者，此书真伪的讨论亦可说是一学术热点。①因此，理氏所译《竹书纪年》的现实价值自然应当刮目相看了。

理氏英译《书经》和《竹书纪年》问世一百多年来，尚未见有专文论其得失，因此我们拟在这篇文章里对之加以讨论，主要涉及以下两个问题：

第一，关于理氏译注中的思想。在英译《书经》和《竹书纪年》这两部书时，理氏是有其思想上的背景的；他在论述中国上古历史的时候也体现了同样的思想认识。从其从事翻译的时代着眼，我们在分析理解理氏思想产生的缘由时，理应指出其中富有远见的积极成分；同时，我们将对于理氏思想中在今天看来已经不能成立的若干观点加以评析，而对他已经涉及，

---

① 关于这一问题的讨论，可以参看陈立：《〈今本竹书纪年〉研究》，载《四川大学学报丛刊》，1985（28），1～9 页；Edward L. Shaughnessy, "On the Authenticity of the *Bamboo Annals*", *Harvard Journal of Asiatic Studies*, 46. 1 (Nov. 1986), pp. 149-180; David S. Nivison, "The Key to the Chronology of the Three Dynasties: The 'Modern Text' *Bamboo Annals*", *Sino-Platonic Papers* 93 (January 1999), pp. 1-68。

但尚未充分阐述的中国传统中有益的文化资源则将作适当的发挥。

第二，理氏的英译文业已经过了一百多年，尽管他的翻译有其当时所参考的文献作为根据，其贡献是不可否认的。不过现在我们有必要根据近百余年来学术的发展，来重新检讨一下理氏所参考过的文献资料，并适当举例说明其译文的成绩与局限。高本汉对《书经》的注释，颇为西方近代学者所推重，故本文亦引高氏之说与理氏的译注相比较，以便更清楚地显示理氏此书的特点。

在论述具体问题之前，我们首先想对理氏为什么采用《书经》这一名称作一点说明。在先秦时期，孔子和其他诸子引用《书经》文字时都只称之为《书》，或者指出是何代之书，或者说明所引篇名，而无《尚书》或《书经》之称。到了汉代，开始出现以《书》为《尚书》的专名。例如司马迁（前145—前86）在《史记·三代世表》里说到《尚书》两次，而《史记索隐》引曰"尚犹久古也"，所以《尚书》即上古之书的意思。①《书经》各篇皆先秦时期的文献，汉代人称之为《尚书》是很自然的。在以后相当长的时期内，《书》和《尚书》两个名称的并用一直沿袭。唐代初年官修《五经正义》，其中注释《书经》的那一部仍然称为《尚书正义》。下逮宋代，学者们不仅在著述时称《书》或《尚书》，即便在口头对话中也是如此，《朱子语类》里的记录就是明证。②现在通行的蔡沈（1167—1230）注《书经集传》（以下称蔡传），原本的名称是《书集传》，蔡氏为此书作的自序中即如此题名的。明初官修的《书传大全》虽未称《书》为《书经》，③但是当时不少学者研究《尚书》的著作已经采用《书经》这一名称了。如吴澄为董鼎《尚书辑录纂注》所作之序即称《尚书》为《书经》。④及至清代，尽管《书》和《尚书》这两个名称继续并用，但是官修的《钦定日讲书经解义》和《钦定书经传说

---

① 《史记》卷13，487～488页。

② 参看黎靖德编：《朱子语类》卷78至79，1977～2064页。

③ 《书传大全》（10卷）是明代胡广（1369—1418）等人奉敕编撰的《五经大全》之一。此书后来收入《四库全书》时改为《书经大全》，然而《四库提要》仍称《书传大全》。

④ 见朱彝尊：《经义考》，见《四库备要》第12册，470页，北京，中华书局，1998。

汇纂》都正式以《书经》作为《尚书》的称谓了。①既然《尚书》早就被当作经，称《书经》当然也是很正常的事。理氏旅居清代晚期的香港，当时中国学者习惯上都称《尚书》为《书经》，他自然也就照此题名了。我们作这一点说明，一是想让读者了解一下《尚书》的名称演变的大致过程，二是想说明理氏只不过采用了此书当时通用的名称，而并非特别尊称它为"经"。为了行文的方便，我们这篇文字在涉及理氏译注时，也使用《书经》的名称。

一、关于理氏译注《书经》的思想

理氏译注《书经》，不仅是翻译之作，更重要的是发表其思想之作；在此书的《绪论》讨论中以至选材过程中，其思想的体系都有显著的表现。以下分为两个方面来论述：

（一）关于理氏编译此书的选材用意

1. 理氏翻译《书经》为何兼选《竹书纪年》

理氏翻译《书经》并在其《绪论》中加译了《竹书纪年》，这是有其思想上的原因的。直接地说，《书经》所载都是单篇文字，既无明确的年代说明，也无法从中梳理出一个历史的年表来。对理氏来说，这不能不是一个遗憾。他在《绪论》中说：

> 可以说，《书经》没有年代的安排和顺序……就目前的版本而言，它只记载了早期王朝的少数君王，而且仅有其中两三个君主的在位时间。不过，即便其所记是完备的，但《书经》却没有一个包括中国所有君主的名单，也没有他们各自在位的年数。②

---

① 前书为康熙皇帝（1654—1722）所定，后书为雍正皇帝（1678—1735）所定。

② 〔英〕理雅各：《中国经书》（*The Chinese Classics*）第3卷《书经》（*The Shoo King*），"绪论"（Prolegomena）81页，香港，香港大学出版社，1960。本书所引理雅各语，皆为笔者所译。

理氏是一位很重视历史年代学的学者，为此他以《绪论》的第三章专门讨论了《书经》中的年代问题，还特邀天文历法专家湛约翰（Rev. John Chalmers）撰写一篇关于中国古代天文历法的文章作为附录。① 理氏在此章讨论《书经》中的年代问题时，一再引用《竹书纪年》的材料，来与其他文献材料作比较的研究。理氏虽然并不完全相信《竹书纪年》中所记的年代，但是对他来说，以《竹书纪年》作为与《书经》相比较的文献材料，对于理解中国上古的历史还是相当有用的。由此他产生了翻译并介绍《竹书纪年》的动机。

问题尚不止于此，理雅各决定翻译《竹书纪年》，更是基于深一层思想上的考虑。② 理氏虽认为《竹书纪年》在以干支纪年和各朝积年方面存在着一些问题，不过此书在记尧、舜、禹的史事方面却比《书经》所记更为可信。以下两个重要的事例说明了理氏的看法：

第一，理氏十分重视《竹书纪年》所载禹的事迹，尽管其记载简略而有限。他说：

> 在《纪年》中，禹的工作仅限于治理黄河。尧指定给禹的工作，并不比大约一百年后禹的一位继承人少康指定给商侯的工作更为重大……没有说到广大范围内的灾害性的洪水，没有说到禹治山，治全国的地面，或者治黄河以南的任何一条河流。③

可是在《书经》里却有这样的内容，这明显是把大禹治水的功绩过度夸大了。

第二，按照《书经》的记载，舜的政府里有着完美的机构和二十二位大臣，而在《竹书纪年》里则只提到禹和皋陶两个人。理氏以为，《书经》

---

① 〔英〕湛约翰（Rev. John Chalmers）：《古代中国人的天文学》（*Astronomy of the Ancient Chinese*），见《中国经书》第 3 卷《书经》，90～104 页。

② 〔英〕理雅各：《中国经书》第 3 卷《书经》，"绪论" 105 页。

③ 同上书，"绪论" 182～183 页。

里所说那样的舜的政府，显然是后世那些"不顾人类进步规律"（regardless of the laws of human progress，他并未使用在当时欧洲盛行的"evolution"一词）的人为了把远古说成"黄金时代"而编造出来的。[①]

《书经》把远古的部落首脑如尧、舜、禹等夸张成品德和才能都特别杰出的皇帝。在理氏看来，这种说法既违背了古代历史的真实，又助长了中国儒家把远古说成黄金时代的迷信。如此的记载可以说是充当了一种"哲学虚构的工具"（the devices of philosophical romance），其后果对于中国人来说是很糟糕的。所以他宁可采取《竹书纪年》中对尧、舜、禹的简略记述，也要破除儒家经典对于古圣先王的美化。他说：

> 我个人的研究和反思使我考虑到，我们在《书经》中所读到的关于舜的秩序井然的政府和禹的贡献实际上大部分是后人编造的。这些记载的目的在于抬高这些古代圣贤的品质和成就，并且在中国历史的开端就把他们放置于超乎人类的智慧和能力的崇高极峰之上。我为我自己的观点能在《竹书纪年》中得到印证而感到欣慰。[②]

如果说康有为（1858—1927）在1897年出版的《孔子改制考》中开始怀疑"三代文教之盛"[③]，那么在这一点上理雅各又比中国儒家学者似乎提早"觉悟"了几十年。理雅各为什么会有这样的认识呢？应该说这与理氏本人在苏格兰哲学和史学上的深厚修养有关，故他能够自觉地对这一问题进行近代的诠释。[④] 以《书经》和《竹书纪年》相较，理氏评之曰：

---

① 〔英〕理雅各：《中国经书》第3卷《书经》，"绪论"184页。

② 同上书，"绪论"183页。

③ 康有为：《孔子改制考》，1页，北京，中华书局，1959。

④ 关于这个问题，可看 Lauren F. Pfister, "Some New Perspectives on James Legge's Multiform English Translations of the *Chinese Classics* and *Sacred Books of China*", Paper presented in the "*Symposium of the 70th Anniversary of the Department of Chinese of the University of Hong Kong*" (December, 1997)。

　　这两部书之间有许多共同之处，其原因无非是，两本书的作者都是根据同样的史料进行写作的，不管他们可能会增添什么样的史实。不过，《纪年》中的具体内容恰当地记述了书中的人物和他们的事迹。我们通过《纪年》，了解到了成长中的部落首领，而不是组织结构健全的庞大帝国中的皇帝。①

理氏并非凭空发表议论。苏格兰史学家乔治·布察南（George Buchanan, 1506—1582）的"批判史学"观点对理氏论学有莫大的启发，这是研究理氏的学者所共知的。② 理氏重视《竹书纪年》正是出于近代西方史学传统的需要。至此，我们就能理解理氏为什么冒着使用伪书的危险而去翻译《竹书纪年》了。理雅各在《绪论》的结尾处写道：

　　即便可以证实（实际是不可能的），《纪年》是晋代人伪造的，那么事实仍将是，与任何一个纪年的作者相比，造伪者对其国家的历史都采取了一种比其他史家的见解更合乎情理的态度。恕我冒昧揣测，这一论点可以普遍被西方质疑者所接受。③

这里必须指出，尽管理雅各以《竹书纪年》为可靠的记载，而不相信《书经》称上古为"黄金时代"的说法，但他也没有完全接受《古本竹书纪年》对中国古代的看法（他甚至认为这些并非《纪年》的原文，而是属于《琐语》的内容）。《古本竹书纪年》所载与儒家传统说法颇有出入。如尧、舜、禹禅让事，在儒家经典里说得确乎其实，而《古本》则以为是相互篡夺；又如伊尹与太甲之事，儒家传说太甲有过，伊尹废之，三年后太甲悔过，伊

---

　　① 〔英〕理雅各：《中国经书》第 3 卷《书经》，"绪论" 182 页。

　　② 参见 Lauren F. Pfister, "Some New Perspectives on James Legge's Multiform English Translations of the *Chinese Classics* and *Sacred Books of China*", p. 17.

　　③ 〔英〕理雅各：《中国经书》第 3 卷《书经》，"绪论" 183 页。

尹又迎他复位；而《古本》则以为是他们二人相因相杀。① 凡此种种，都说明《古本》与儒家经典在思想倾向上的对立。理氏注意到了这些与传统说法相异的记载，他在翻译《竹书纪年》"帝禹夏后氏"条时，特别加了一个注：

> 一些从汲冢出土的竹书其他部分而来的内容怪诞的段落被认为是属于《竹书纪年》，而这些段落对尧与舜之间的关系的记载与传统说法大为相异。比如说舜推翻了尧，并将尧囚禁；舜曾一度让丹朱即位，后来又取代了他。在此之后，舜也不允许尧、丹朱父子之间有任何的联系。②

不过理氏并没有对这个问题予以特别的重视，这看来与他相信《竹书纪年》为真书有些关系。也正因为此，他无法认识到，无论对《古本》的记载持肯定或否定的态度，上述的说法反映了成书于战国时代的《竹书纪年》原本的内容。而其思想倾向与和战国法家视古圣先王为阴险狡猾、夺利争权之人的说法颇有相似之处，也是无法抹杀的事实。当然，法家这样的看法显然有其片面性，因为从原始社会的思想来观察，古人毕竟还有其纯朴的一面，这大概也是一个无法否定的历史事实。

2. 理氏翻译《书经》为何仍收《古文尚书》

理氏所译《书经》凡五十八篇，即唐修《五经正义》以来的传统《尚书》篇目。此五十八篇中，蔡沈谓"今古文皆有者三十三篇，今文无、古文有者二十五篇"。自宋代起即有人怀疑其中仅为"古文"所有的部分，到元代吴澄（1249—1333）作《书纂言》③，仅收今古文皆有的篇目，而不收《古文尚书》的二十五篇。经过清代前期阎若璩、惠栋的辨伪之后，江声

---

① 关于"古本"和"今本"《竹书纪年》在思想倾向上相异的讨论，可参阅邵东方：《从思想倾向和著述体例谈〈今本竹书纪年〉的真伪问题》，载《中国哲学史》，89～104 页，1998（3）。

② 〔英〕理雅各：《中国经书》第 3 卷《书经》，"绪论"116 页。

③ 已由清代纳兰性德（1654—1685）收于其所编《通志堂经解》中。理氏所列引用书目（8）称《今文尚书纂言》，是因为此书未收《古文尚书》，所以特别加以标明。

（1721—1799）作《尚书集注音疏》，王鸣盛作《尚书后案》，段玉裁（1735—1815）作《古文尚书撰异》，孙星衍（1753—1818）作《尚书今古文注疏》，他们所收、所注都是只收今古文皆有的各篇，而一概不收《古文尚书》的二十五篇。理氏此书引用书目中都开列了以上各书，但是他不同意这些学者的意见，还是把《古文尚书》的二十五篇都收进来并译为英文。那么，理氏为什么这样做呢？从其《绪论》可以看出，这与理氏信从清代学者毛奇龄（1623—1713）不以《古文尚书》二十五篇为伪的观点有关。[1] 既然在他眼里，《古文尚书》是一部真书，当然也就不存在将其删落的可能。

不过，问题还不仅于此，理氏在《绪论》中也曾一再引用《古文尚书》的一些篇章，来说明其"直至周代以前，尧、舜尚未以圣君的面目出现"的主张[2]。例如，他引用了《古文尚书》中《夏书》《五子之歌》中的"惟彼陶唐，有此冀方"[3]。接着就表达了以下的见解：

> 对他〔尧〕的描述使我们了解了最早期的历史真相。尧并非是统治"万邦"的皇帝，而且是一位在黄河以北有其地位、统治冀方的君主或首长。我们可以怀疑，尧的权力是否扩展到了后来被称为冀州的整个地域，不过，他的权力尚未遍及黄河以南的地区，更没有达到黄河以西的地方，即现在的陕西和山西省。[4]

"今文"的《尧典》说到了尧能"协和万邦"，所显示出的乃是一种泱泱帝国的气象。我们知道，18 世纪以来，"进步"成为西方思想的一个中心观念，即人类社会是由落后野蛮向先进文明进步而来的。依照这种观点，理氏认为，在尧、舜的远古时代不可能出现那样庞大的国家，而只能存在一些小邦或部落，它们的领袖们也就不可能是什么大帝国的皇帝，而只能是一些

---

① 〔英〕理雅各：《中国经书》第 3 卷《书经》，40～41 页。
② 同上书，50～52 页。
③ 同上书，"绪论" 159 页。
④ 同上书，"绪论" 51 页。按山西省并非在黄河以西，理氏在此处有所疏忽。

小的君主或酋长。正因为如此，理氏自然不会赞同儒家的古胜于今的历史观，毋宁相信"古文"的《五子之歌》里的话了。

又如，理氏从《古文尚书》的《周官》看出了尧、舜时期与夏、商时期的官员在数量上的差别，他说：

> 在《周官》篇里，尧的国号为唐，舜的国号虞，他们所拥有的官员的人数远不如夏、商时期为多。①

其实，《周官》说："唐虞稽古，建官惟百。内有百揆、四岳，外有州牧、侯伯，庶政惟和，万国咸宁。夏商官倍……"②这段记载对尧、舜时期的政府机构与统治范围已经作了相当大的夸张。理氏却仅以"夏商官倍"这一句话，便来说明中国历史是在进步着的。对他而言，夏商时代比尧舜时代的机构复杂化了，这种现象就体现为一种社会的进步。理氏自己虽未特别说明《古文尚书》要比《今文尚书》更具有人类进步的思想，不过从以上所举的例子来看，他引《古文尚书》的某些说法，显然是为了符合他所理解的"历史进步"的观点。尽管现在我们已经不认为《古文尚书》是真书，也不认为理氏以《古文尚书》作为其人类历史进步的观点的论据是正确的，但是我们必须承认，理氏因不受儒家的正统思想所限，在否认所谓远古黄金时代说的方面，是走在当时的中国学者前面的。从本文研究的时代背景着眼，他所提供的这种具有启发意义的思想，无疑是有助于中国学者破除他们自己对儒家经典的迷信的。

（二）理氏对《书经》及其时代的论述与所体现的思想

1. 关于《书经》的文献分类问题

理氏不像当时中国的主流派经学家那样，把《书经》分成"今文"（实

---

① 〔英〕理雅各：《中国经书》第3卷《书经》，"绪论"51页。
② 同上书，"绪论"525～526页。

际是今古文皆有者）和"古文"（实际是仅为"古文"有而"今文"无者）两个部分，以"今文"经为真，以"古文"经为伪。清代经学家之所以有这样的区分，是因为《今文尚书》是汉初已有的先秦古书（在其中就没有再作成书时代的区分），而《古文尚书》则是晋代晚出的书。理氏则采取了另外一种分类和区分的方法。我们知道，《书经》通常被按朝代分为"唐书"、"虞书"、"夏书"、"商书"和"周书"五种，理氏却按其内容的可信程度，把前两种和后三种分为两类。他认为前两种（即"唐书"和"虞书"）的大部分内容都是传说性的，而后三种则比前二者更为可靠，具备了历史的性质。理氏之所以这样区分的理由是：关于尧和舜的记载显然都是传说性的，[①]而禹则是中国第一位具有历史性的统治者；禹建立了夏王朝，使中国从部落过渡到国家，这是他与尧、舜根本不同的地方。[②]理氏的这种区分方法使我们想起乔治·格罗特（George Grote，1794—1871，与理氏同时代而长其一辈的英国著名历史学家），他在其名著《希腊史》（*A History of Greece*，共十二卷，出版于 1846—1856 年间）里就是把古希腊史分为传说时代和历史时代来处理的。格罗特的分期法为当时欧洲的学者所普遍接受，所以看来理氏很可能是受了格罗特观点的影响。不过，理氏对于第二类中的三种书又作了具体的区分：一、《书经》中与尧、舜并提的禹，尤其是《禹贡》篇中有关禹的事迹，都是传说性的、并被夸大了的；[③]二、大概从成汤起，便开始有了历史记载的某种可信基点；三、而《书经》中的周代部分，则是与所述事件同时的作品。[④]

　　从理氏对于《书经》所作的文献分类来看，如果说他不信《古文尚书》为伪书是一个学术上的失误的话，那么他对于今古文皆有的《尚书》各篇章所作的时代区分却是一项出色的学术贡献。清代的学者之所以敢于怀疑《古文尚书》为伪，那是因为，一旦能够证明其为伪书，《古文尚书》就不复

---

　① 〔英〕理雅各:《中国经书》第 3 卷《书经》，"绪论" 53～54 页。

　② 同上书，"绪论" 55～56 页。

　③ 同上书，"绪论" 54～67 页。

　④ 同上书，"绪论" 48 页。

为经书；既然它已经不再是经书，对之加以评判自然也就不存在亵渎的罪名。对于今古文皆有的《尚书》，情况就不同了。由于知道它是一部真书，这就表明此书仍具有经书的权威，其内容本身自然就是神圣不可侵犯的了。对于经书的内容，还要分析其不同的可信层次，这在清代学者来说是不大敢想象的。例如，清代以善于疑古而著称的学者崔述，敢于怀疑伪《古文尚书》，把它弃而不用。可是在他所撰《唐虞考信录》和《夏考信录》里，今古文皆有的《尚书》《尧典》《皋陶谟》《禹贡》等篇是被当作第一手的可信材料来使用的。这实际上是他笃信儒家经典权威的结果，所以他的疑古仍不出儒学传统之范围，也就不能对被视为真书的《尚书》再作具体成书年代及可信性程度的理性判断和分析。理氏则因非儒家信徒而无此方面的顾虑。此外，理氏的思想曾受到 19 世纪苏格兰常识学派（School of Common Sense）的感染（他早期的哲学训练主要是这一派的哲学），[①] 所以他能够对儒家经典持一种批判性的态度。而理氏对于今古文皆有的《尚书》各篇的成书时代分析，在中国却要等到"五四"以后的 1923 年，顾颉刚（1893—1980）致胡适（1891—1962）的《论〈今文尚书〉著作时代书》才重新提上讨论日程。[②] 如果计算一下时间的话，这一封信比理氏之书晚出了约半个世纪，而这半个世纪恰恰是中国学者从儒家经典权威的笼罩下走出来的半个世纪。

　　2. 如何认识《书经》所记时代的历史内容

　　我们已经指出，理氏在把《书经》文献分为两部分的同时，也就把《书经》所记的时代也分成了传说时代和历史时代两部分；前者指尧舜时代，或部落时代，后者指夏、商、周三代的时期，即已经由部落转化成了国家的时代。关于《书经》所记时代的历史内容，理氏在英译此书的《绪论》专

---

　　① 参见 Lauren F. Pfister, "Some New Perspectives on James Legge's Multiform English Translations of the *Chinese Classics* and *Sacred Books of China*", pp. 12-15。
　　② 顾颉刚：《论〈今文尚书〉著作时代书》，《古史辨》第 1 册，200～206 页，北平，朴社，1926。

门写了第五章"中华古帝国"。^①现在拟就这一章的内容讨论以下三个问题：

第一，关于中国人和"中国"一词的来源。

理氏认为，中国人是在公元前二千年代间出现在中国大地上的，而这些中国人的部落则是从西方经过中亚地区东来的。^②理氏所采用的是当时颇为流行的中国人西来说，所以这并不足怪。不过，经过近几十年的考古发现的证明，大家都已知道，中国文明有着自己的新石器时代以至旧石器时代文化的悠久渊源，根本不是在公元前二千年代从西方迁来的。^③在这个问题上，理氏因未及赶上这些考古学成就的时代，他的不少看法显然是过时了。

理氏在论述中国上古国家政治体制时说到，在由部落转化而来的诸小邦之上，有一个大邦，它成了整个"封建帝国"的首脑。他说：

> 被认定为帝国的中央之邦的，就是最高统治者自己的领地，也是这个帝国范围内的各封建邦国中最大的一个。^④

紧接着这句话，他就作了一条注说："'中国'这个名称来源的真正含意就是位于'中心之国'、'中心之邦'。"^⑤按照理氏这样的理解，"中国"一词从它的起源上就具有一种政治上的优越感，也就是把自己视为其他国家的宗主，而把其他国家视为自己的附属国；或者说，把自己视为天子，而把其他国家视为诸侯。这一点很容易引起当时西方国家的反感，因为它们把对于清朝政府以"天朝"自居的盲目自大态度的反感，同这个词语联想在一起了。看来正是由于这个缘故，理氏在此特别强调了"中国"这个词的来源。

---

① 〔英〕理雅各：《中国经书》第3卷《书经》，"绪论"189～200页。

② 同上。

③ 中国社会科学院考古研究所编：《新中国的考古发现和研究》，1～210页，北京，文物出版社，1984。

④ 〔英〕理雅各：《中国经书》第3卷《书经》，"绪论"198页。

⑤ 同上。

这里必须指出，理氏对于"中国"一词来源的说明并不准确，而且"中国"一词本身也并不具有那样的政治上唯我独尊的意思。按"中国"一词，在不同历史时期和不同文献里是有不同含义的，这里我们只想作一些简单的说明。按"国"字古又作"或"，"或"的下面是"一"，表示地平线；地面上是一个"口"，表示一个城；再上面是一个"戈"，表示有人持武器（戈）在保卫这座城。所以，"国"本来就是城，有武装保卫的城。"国"字在古代还与"邦"字、"邑"字同义互训；因为邦从"邑"，"邑"的上半部是一个"口"，表示一座城，下面原本是一个"人"（小篆变为卩），所以都是人所居住的城。而"中国"一词本来的意思就是"国中"，也就是"城中"。例如，《孟子·公孙丑下》云："我欲中国而授孟子室。"齐宣王所说的这句话意为："我想在都城当中，授予孟子一座房屋。"① 又《孟子·离娄下》曰："遍国中无与立谈者。"这里的"国中"就是"城中"，意思是在整个城里，都没有人站住和他谈话的。② 郑玄在注《周礼》的时候也常常把"国中"注为"城中"。例如《周礼·司士》"掌国中之士治"注等等。在上古一个个以城为中心的小国中，"国中"等于"城中"等于"国内"或"本国"的意思（当然，也应该指出，随着以后国家范围的不断扩大，"中国"或"国中"所指的地理范围也是逐渐扩大的）。这应该说是"中国"一词的最初的源头，而在这样的源头里并没有任何政治上自大的意思。

那么，在《书经》本身里"中国"一词是否有理氏所说的那种高居其他诸侯国之上的天子之邦的意思呢？现在让我们来作一点具体的分析。《书经》中只有两次提到"中国"或"中邦"。其一，成书于西周早期的《周书·梓材》篇中有句云："皇天既付中国民越厥疆土于先王。"这句话的意思就是："上天既然把国中（或作'全国以内'）的人民和土地都交付给了先王。"在此处，"中国"即指"这个国家"，并没有相对于任何其他国家或民

---

① 理氏在译《孟子》时把这里的"中国"译为"in the middle of the kingdom"，见《中国经书》第 2 卷，226 页，这并不合原意。

② 理氏将这里的"国中"译为"the whole city"，见《中国经书》第 2 卷，341 页。理氏对于这里的"国中"的译文是正确的。

族而言的意思。理氏把此处的"中国"译为"this Middle kingdom",① 使它成为一个专有名词,严格地说是不确切的。其二,虽为"夏书"而实际成书于战国时代的《禹贡》中有云:"成赋中邦"。② 据《钦定书经传说汇纂》引蔡传云:"中邦,中国也。盖土赋或及于四夷,而田赋则止于中国而已。故曰成赋中邦。"③ 理氏把这里的"中邦"译为"the Middle region",④ 并于注中引胡渭(1633—1744)之说,以为"中邦"即下文所说的五服之前三服。⑤ 这些解释都是相当有道理的。可见此处的"中邦"已经是有所针对而言的了。不过,很明显,这里也还没有任何对于"中邦"以外地区歧视的意思。我们之所以作这样的分析,并非企图证明在后来,尤其是明清时期的统治者在用"中国"一词时也毫无政治上的自大感的意思,而只是想要说明,"中国"一词绝非从一开始就具有那种自大的意思,也不能说这个词本身就具有自大的意思。

第二,关于早期国家政治体制的论述。

理氏对于这一方面的论述皆见于本书《绪论》第五章第五节中。⑥ 他是这样讨论早期国家的发生过程的:

> 当首领的尊严发展到君权之时,中国人的部落也发展成为一个国家,一种被认为是封建帝国的国家形式。⑦

为什么会形成这样的帝国呢? 在理氏看来,这是因为当时刚刚出现的帝国之力量还太薄弱,不足以防御野蛮民族的入侵;所以各个小邦不能不建立

---

① 〔英〕理雅各:《中国经书》第3卷《书经》,418页。

② 这是按所谓"孔安国传"的解释断句,如按郑玄说则应断为"中邦锡土姓"。此处且从理氏所取之说。

③ 蔡沈:《书经集传》,见影印《文渊阁四库全书》第58册,602页,台北,台湾商务印书馆,1986。

④ 〔英〕理雅各;《中国经书》第3卷《书经》,141页。

⑤ 同上书,142页。

⑥ 同上书,"绪论"197～200页。

⑦ 同上书,"绪论"197页。

起自己的军事机构以自卫。从禹建立夏王朝开始，就给自己的部下分封了土地并赐以姓。不过，封建制度的发展和巩固大约是周朝才实现的，夏、商、周三代的王，从一方面来说，是本邦的君主，就像其他诸侯在他们的邦内一样；从另一方面来说，又是各诸侯国的共同宗主，即天子。各个诸侯在自己的邦内就是一个小的国王，同时有权再分封自己的下属贵族。

根据现存文献的记载，夏、商、周三代王朝的相继建立，都是由那些既有盛德又有武力的君主在既忠诚又能干的大臣之辅助下实现的。可是他们的后继者们照例总会逐渐变得昏庸懦弱，使得王权不振。这时诸侯们便乘机而起，各行其是，相互纷争，而周边的野蛮部落也起而进行侵扰。随后便有杰出的君主起而进行一番振作，但是这种中兴往往只是昙花一现。按照《书经》的说法，夏、商两代的末叶，都是经过长期衰弱状态，而后忽然出了一个孔武有力的暴君，引起了人民的普遍不满。在上天和人民都忍无可忍的情况下，此时便有累世积德的圣君起而革命，于是就建立起新的王朝。可是，理氏却不相信这样的儒家传统的说法。他说：

　　这些说法无疑都经过了极大的夸张和添枝加叶。其实，桀和纣并不是穷凶极恶的魔鬼，汤和武王也不是美德的化身。很有可能的情况是，早期的朝代像周朝一样，纯粹是因为国力衰竭而相继灭亡，而它们的最后一代君主也像赧王一样，是意志薄弱的懦夫，而非暴君。[1]

理氏的这种看法并不是没有来由的。对他早年影响甚大的苏格兰作家托马斯·卡莱尔（Thomas Carlyle，1796—1881）在《论英雄与英雄崇拜》（*On Hero and Hero-Worship*）中宣扬"英雄史观"，就不承认在历史上有所谓的暴君存在。[2]在中国，孔子的大弟子之一子贡也曾经说过："纣之不善，不如是

<hr>

① 〔英〕理雅各：《中国经书》第3卷《书经》，"绪论" 199页。
② 参看 Philip Rosenberg, "A Whole World of Heroes", in Harold Bloom, ed. *Thomas Carlyle*, New York: Chelsea House Publishers, 1986, pp. 95-108.

之甚也。是以君子恶居下流，天下之恶皆归焉。"① 不过，应该指出的是，殷商在其晚期仍然是一个强大的国家，不仅传统文献中有很多材料可以说明这一点，如理氏所译《竹书纪年》里就有周武王的父亲及祖父臣服于商王并遭受迫害的记载，② 而且20世纪70年代在陕西省周原发现的甲骨文材料更充分地证明，周曾经是殷商属下的一个"方伯"③。先周的这种情况是绝对不能同东周晚期的周赧王相提并论的。所以我们不能把理氏这一模拟的推理当作历史的事实。需要特别说明的是，理氏和子贡在思想的基本倾向上是不同的。所不同的是，子贡只怀疑桀、纣不如此之恶，而没有怀疑汤、武是否如此之善，所以并未由此而怀疑到儒家经典所设定的汤、武以圣君革桀、纣暴君之命的理论体系；而理氏则从怀疑桀、纣不如此之恶，怀疑到汤、武不如此之善，于是从根本上怀疑到了儒家关于古圣先王的整个理论体系了。

理氏不仅认为关于古圣先王的说教是不切历史事实的，而且也是没有实际效用的。他注意到，孔子的理想在其时代未能实现，而孟子时的情况更加糟糕，所以孟子以仁政统一天下的理想也没有能够实现。古代的封建帝国在争战的血海中解体了，代之而起的是秦始皇（前259—前210）的武力统一；于是中国由原来的封建帝国变成了专制帝国（despotic empire），这种帝国延续了两千多年，到理氏的时候正走上了其末路。理氏既看到了秦统一给中国带来的成功，也注意到了这种专制帝国的问题及其不可避免走向衰落的后果。因此他主张由制度上来解释朝代的兴亡，这是颇有见地的，显示出一种近代史家的开阔视野。

我们且不论理氏所说夏、商之末皆甚衰微是否符合历史事实（看来与殷商晚期的实情不合，至于是否符合夏晚期的情况，目前尚无材料可以证

---

① 《论语·子张》，理氏译文见《中国经书》第1卷《论语》《大学》《中庸》（*Confucian Analects, The Great Learning, The Doctrine of Means*），345～346页。

② 〔英〕理雅各：《中国经书》第3卷《书经》，"绪论"138～139页。

③ 周原甲骨H11:82和H11:84中都有"周方伯"一词。见陈全方：《周原与周文化》，108、111页，上海，上海人民出版社，1988。

明），这里还留下一个值得人们思考的问题，那就是，儒家关于古圣先王的仁政理论既然没有在从封建帝国向专制帝国转变中起到作用，那么它是否就毫无价值可言呢？这个问题留待下面加以探讨。

第三，关于上帝和王权关系的问题。

理氏在论述中国古代的宗教和迷信的时候，曾经描述了人们对于上帝或者天的信仰，他说：

> 根据上帝的旨意国王的职责是进行统治，诸侯的责任是颁行正义。所有的人都从属于上帝制定的法律之下，都要服从上帝的意旨。即便是普通人（劣者），上帝也赋予他们道德感，他们按照这种道德感行事，人们因此可以看出，他们的本性总是好的。所有的权力都来自上帝。他让一个人登上王位，而让另一个人退位。服从者必定会受到他的赐福，而不服从者则会被他诅咒。国王的职责是以公正和仁慈之心治理国家，使人民安居乐业。他们要为所有当权者和万民树立榜样。他们最大的成就，是能够使人民遵循他们的道德观认为正确的道路行进。当他犯错误时，上帝会通过各种天罚的形式对他们提出警告：暴风雨、饥荒，及其他灾难；如果他们执迷不悟，上帝就会对他们进行裁决。上帝将收回他们的统治权，而转授予更适于统治的人。①

理氏在上述一段话中作了三条脚注，以证明他的立论是有根据的。虽然以上三条皆出于《汤诰》和《伊训》，即《古文尚书》之文，但是他随后又引用了周公所作的《立政》之文，一语道破了夏、商、周三代政权的得失，关键就在于国君能否上敬上帝、下保人民。②应该说，理氏以上的论述是公允而有据的。

对于周公在《立政》中（其实也在《周书》的其他若干篇章中）所作的

---

① 〔英〕理雅各：《中国经书》第3卷《书经》，"绪论" 193 页。
② 同上书，"绪论" 194 页。

王权与上帝或天意间关系的结论应该怎么样来评论呢？理氏在此却没有作进一步的分析，而是接着论述周初的多神崇拜与祖先崇拜等问题去了。[①] 如上文所述，理氏并不相信三代政权之得失（亦即桀、纣之失败与汤、武之成功）关键在于君主是否有德（即是否能上敬上帝、下保人民），而是强调在于实际力量对比的强弱。因此，桀、纣之败是因为力量的衰弱，而与他们是否失德无关。他的这一见解与儒家的传统看法是截然不同的。所以，尽管理氏没有对周公在《立政》中所作的结论再作详细的阐发，不过我们以为还是有必要在此对这个问题作进一步的探讨。

我们知道，周公所总结出的王权与上帝或天命关系的认识，实际上也就是孔子及先秦儒家的"民本思想"的源头。按照这种思想，权力有三个层次，但又形成一个循环的回路：最高一层，一切权力源泉是天或上帝；第二层，君主受天或上帝之命，治理国家，用所受之权为人民谋福利；第三层，人民在君主的统治下，服从君主，敬事天或上帝，但是在君主暴虐的时候，人民的情绪将为天或上帝所觉察，然后天或上帝再根据人民的情绪或人心的向背，决定君主的去留与选任。这样就形成了一个可以自动调节的循环回路。传统儒家就是以这种理论来解释夏、商、周三代以及以后各王朝兴亡的历史的。可是这种理论却未能引起理氏的充分注意。为什么呢？在我们看来，至少有两点原因：第一，这种理论虽然以民为本，但是并没有实行民主制；也就是说，政权并不掌握在人民手里。因此，即使君主暴虐，人民也不能直接以选举的方法罢免他，而必须等到暴力反抗的成功，王朝发生了更替，这才能算是天命有了改变。而对于熟悉古代希腊的民主政治传统的理氏来说，此点自然不会引起他的特别兴趣。第二，如果直观地来看，这种理论具有一种迂阔而不切实际的特点。因为历史上政权的得失，通常都直接决定于力量对比的强弱，而不在于其君主是否有德或是否得人心。理氏所举秦始皇得天下的例子，便可以说明这一点。但是，在这种看来迂阔而不切实际的理论里，恰好有着一种深层的理性因素的存

---

① 〔英〕理雅各：《中国经书》第 3 卷《书经》，"绪论" 194 ～ 195 页。

在。因为它说明了人心向背对于一个政权成败的根本作用，尽管它的作用要曲折地通过天命或神意才能显现出来。在历史上，一个政权的一时成功或失败往往是由力量的对比决定的，甚至可以说是由一次战争决定的。然而，一个政权最终的成功或失败，却归根到底是由人心向背决定的。秦始皇的确曾以武力取得胜利，但是由于失去民心，秦朝不是很快就被推翻了吗？此即儒家"民本思想"之最具体的说明。由是言之，我们不能简单地以其形式迂阔就否定了它的内在理性成分。

最后要指出的是，理氏翻译《书经》的时候，正是中国面临内忧外患的灾难深重时期；那么中国人的希望何在呢？理氏对此也表示了他自己的看法。他在本书《绪论》第五章的结尾处写道：

> 只有他们正视自身的历史，正视那些按如实估计应视为谬称圣人者，并对之不再盲目地崇拜，这个国家才会有希望。①

这段话清楚地表明，理氏译注的目的不是单纯地传布中国的学术，而是要唤醒中国人摆脱落后现状的意识。的确，如果中国人不能从对古圣先王和儒家经典的迷信中觉醒起来，那么中国就不可能独立地生存发展下去。无论我们是否同意理氏的中国文化观，但都不能不承认，他指出当时中国存在的问题确是一针见血的分析。从思想史的观点说，正确地重新认识中国的历史文化传统，并不等于否定其中有价值的文化资源。关键还是在于理氏本人所说的"如实的估计"（a true estimate）。倘若因估计而发生偏错，对中国文化传统采取彻底否定的态度，把它看作是社会发展的障碍，那只能加深近代以来的中国文化危机。那么，中国同样地是没有希望的。

---

① 〔英〕理雅各：《中国经书》第3卷《书经》，"绪论" 200页。

二、对理氏《书经》和《竹书纪年》的翻译之讨论

《书经》实在是最难懂的中国古书之一，要想理解并翻译它，非参考前人的研究成果不为功；《竹书纪年》则是前人争论最多的中国古籍之一，非参考前人研究成果不能明其究竟。因此，在这一节里，我们先谈理氏所用的参考书，然后再检讨其译文的一些问题。

（一）理氏所使用的参考书

1. 翻译《书经》的参考书

两千余年以来，中国学者研究和注释《书经》的著述，在数量上可以说是汗牛充栋，不胜枚举，因此企图全部地加以参考是不可能的，其实也是不必要的。因此，我们检视前人著作所列有关《书经》研究的参考书目，不仅要看它在量上是否足够丰富，而更重要的是要看它在质上是否能够精选。理氏对前人研究《书经》的成果采取十分严谨的态度，他所列关于《书经》的参考书目大致包括以下几类：

第一，关于《书经》的基本参考书。

这一类包括了两部大书。其一是，《十三经注疏》本中的《尚书正义》，即所谓汉孔安国作传、唐孔颖达（574—648）注疏的本子。尽管这部书采用的是伪孔安国传（以下称伪孔传），但此传也是晋代流传下来的古注，其本身的学术价值是不容轻易否认的。孔颖达作疏时虽然以伪孔传之说为主要参考，可是也广收了汉儒以下的各家解说，例如马融（79—166）、郑玄（127—200）等的解说。由于这些古书本身已佚，所以孔颖达疏事实上给我们保存了很多更为古老的经书注释资料。有了这一部书，对于唐以前研究《书经》的材料就可以有一个基本的掌握和了解。所以，《尚书正义》是历代注疏家不可缺少的参考书。

其二是，《钦定书经传说汇纂》，康熙六十年（1721）下令修撰，至雍正八年（1730）成书，所以理氏简称之为《雍正书》。在所列的各种参考书中，

理氏尤对此书作了详细的介绍，并于介绍之后作了如下的评论：

> 对于学者们来说，这一部书就可以顶替很多其他的书。这是一部
> 经过辛勤钻研而完成的不朽的作品，任何赞美之辞都不能充分表达其
> 本身的价值。[①]

今天，这部《雍正书》在中国已经几乎被人们遗忘了（也许因为它是
一部由清朝皇帝钦定的书）；在西方，高本汉的《书经注释》所列参考书目
中也没有再提到此书。[②]那么理氏对于此书的评价是否过高了一些？其实这
需要看从什么角度来考察。如果只从文字训诂的角度说，这部书当然不能
说具有相当高水平的。可是，如果从学术史的角度来看，《雍正书》却是一
部极为重要的参考书。正如理氏所说的，此书提供了一份相当完备的参考
数据和索引。高本汉重在究明《书经》文意，重在文字训诂，所以不列《雍
正书》为参考书是可以理解的；而理氏不仅要弄清《书经》的文意，还要
研讨其中的思想，所以他重视此书是有充分理由的。另外，此书中蔡沈的
《书集传》实占《雍正书》"集传"中的重要部分，而蔡传乃宋代《书经》研
究的集大成之作，故为研究《书经》者所不可不读之书。这也是高氏《尚书
注释》参考书中列有蔡传的原因。而理氏既列《汇纂》，也就没有必要单独
列出蔡传了。总之，即使在今天我们研究《尚书》学的历史，也仍然需要充
分重视这部《雍正书》，因为它引用了从秦到明各个时期的重要学者 380 人
的解说，这些是我们研究经学时应该认真参考的材料。理氏在介绍《雍正
书》时说此书有"集传"、"集说"、"附录"、"案"等部分，可是他却遗漏了
"总论"这一部分。其实，在此书五十八篇之中，除了《仲虺之诰》《顾命》
《康王之诰》《费誓》等少数几篇没有"总论"以外，大多数都是有"总论"
的。通常是一篇有一"总论"，少数篇章（如《太甲》《泰誓》）一篇分上、

---

① 〔英〕理雅各：《中国经书》第 3 卷《书经》，"绪论" 202 页。

② Bernard Karlgren, *Glosses on the Book of Documents*, Goteborg: Elanders, 1970. 本文所引
据为陈舜政的中译本，台北，中华丛书编审委员会出版，1970。

中、下三部分，三部分皆有"总论"。"总论"虽在性质上与"集说"没有太大的区别，其内容多为讲述经学义理的，但它却是对某一篇的通论，有时还与其他有关篇章结合起来作比较的探讨，所以也并非完全不值一顾的。我们尚不清楚理氏为什么不提"总论"部分，或是出于无心的疏忽。

第二，关于《书经》的重要专著。

除以上两种书外，理氏所参考有关《书经》的重要专著可以分为两组。一组是宋、元两代学者的著作，包括：

（A）宋代林之奇（1121—1176）的《尚书全解》（理氏书目 No. 7），成书早于蔡沈的《书集传》，理氏以为此书优于蔡传，故在翻译时多有参考。看来这是因为此书不仅在解释上相当详细，而且其解释方式有其长处，即不单单注解字词，而是既注字词、又结合全句以至上下文来解说通句通段的意思。这样的注解方法的确便于人们理解，可是其弱点是烦琐，而且解说有时也未必准确。

（B）元代吴澄（1249—1333）的《书纂言》（理氏书目 No. 8，因为此书只注"今文"二十八篇，所以理氏称之为《今文尚书纂言》）。一般而言，确如理氏所说，此书"简明而有新意"。

（C）元代陈师凯的《书蔡传旁通》（理氏书目 No. 9）。

（D）元代王充耘的《读书管见》（理氏书目 No. 10）。

以上两种书都是对蔡传从事补正之作，为读蔡传者所宜参考。

（E）宋代王柏（1197—1274）的《书疑》（理氏书目 No. 11），此书书名就已经说明它只是作者对于《尚书》的质疑之作。《书疑》的一个最大特点是：不仅怀疑《古文尚书》，甚至还质疑了《今文尚书》。这在中国传统学者当中是很少见的。理氏之所以提到它，看来正是由于此书的这个特点。不过如果就其对于《尚书》的正面解说（文字训诂）而论，那么这本书似乎可取之胜义不多。

以上前四种书皆既收于《通志堂经解》中，又收于《四库全书》中，而最后一种书未被《四库全书》收录，就是因为它有离经的倾向。《通志堂经解》和《四库全书》所收有关《尚书》的宋、元人之作为数不少，而理氏仅取此五种，足见他在选择参考书方面是颇为精审的。

另一组是清代学者的著作，包括：

（Ａ）收在《皇清经解》中的江声的《尚书集注音疏》、王鸣盛的《尚书后案》、孙星衍的《尚书今古文注疏》、段玉裁的《古文尚书撰异》、胡渭的《禹贡锥指》（理氏书目之 No. 12—16）。这五部书都是清儒研究《尚书》的力作，理氏若不引这些著作，就不能使自己的《书经》译注达到应有的学术水平高度。尽管它们皆只论及"今文"二十八篇，见解亦与理氏相左，理氏还是参考了这五部书。这说明他能不为学派的观点所囿。

（Ｂ）阎若璩的《尚书古文疏证》（理氏书目 No. 17）和毛奇龄的《古文尚书冤词》《尚书广听录》《舜典补亡》（理氏书目 No. 18）。这是关于辩论《古文尚书》真伪的对立两派的著作。其中前三种书均收入《四库全书》中，较易得，而后一种不在《四库全书》中，价值也不太高，但理氏也找来参考，足见他对毛奇龄之书有所偏爱。

大体言之，理氏对于清代学者研究《书经》之作，可以说应该参考的著作基本上都列入了。美中不足的是，他还没有注意到也收于《皇清经解》之中的王引之（1766—1834）《经义述闻》中关于《书经》的部分（在此之后，理氏英译《诗经》和《春秋》《左传》的参考书目中，就列入王氏的《经义述闻》了）。

第三，关于文字训诂的书籍。

理氏以一西方人从事中国经书迻译，从一开始就很重视中国文字训诂方面的书籍；而在翻译《书经》时遇到的困难尤其严重并且繁多，所以他更重视搜集这一方面的书籍。在这一类书里，他参考了《尔雅注疏》（理氏书目 No. 1〔ⅱ〕），《说文解字》《释名》《经典释文》《康熙字典》《经韵集字析解》《四书群经字诂》《经籍纂诂》（理氏书目 No. 31—37）。这些书对于译注《书经》来说，无疑是有重要的参考价值的。理氏在此书最后两页中还对上述诸书里的后三种作了专门的介绍和说明。他对阮元（1764—1849）本人及其主编的《经籍纂诂》都给予了相当高的评价，这个看法自然是中肯恰当的。理氏能够注意到清儒在文字训诂方面的成就并加以运用，这是他的翻译之所以取得较高水平的原因之一。

在理氏所列参考书目的过程中，亦有遗漏之书：一则，当时《尔雅》一书已有邵晋涵（1743—1796）的《尔雅正义》、郝懿行（1755—1825）的《尔雅义疏》，此二书皆集清儒已有之研究成果，在质量上远高于邢昺之疏。二则，《说文解字》在当时已有段玉裁的《说文解字注》，它既校正了《说文》在流传中出现的错误，又引经据典对其文字作了解释，因此对学者理解《说文》有着重要的参考价值。以上这三本书都收在《皇清经解》中，对理氏来说是不难找到的，不知何故他未能列进书目。另外，王引之的《经传释词》是一部对于理解《书经》中的虚词具有重要作用的书，并已收入《皇清经解》，可是理氏在译《书经》时也没有把它列入参考书目，这不能不说是一件令人遗憾的事（不过其后理氏译注《诗经》时，则在参考书目中列了此书，说明他已逐渐认识到此书的价值）。至于理氏翻译《书经》时业已刊行、但他未及吸收的清儒研究成果，还有桂馥（1736—1805）的《说文义证》、朱骏声（1788—1858）的《说文通训定声》等。这些都是注解《说文》的重要作品，大概是因为未收于《皇清经解》之内，故造成远离汉学学术中心的理氏难以寻觅。

2. 翻译《竹书纪年》的参考书

从《中国经书》第三卷的书目中，我们看到理雅各所列直接关于《竹书纪年》的参考书有三种，即明代吴管所刻的沈约（441—513）注《竹书纪年》、清代徐文靖（1667—1756）的《竹书纪年统笺》及陈逢衡的《竹书纪年集证》（理氏书目 No. 47—49）。徐书是陈书出现以前搜集有关《竹书纪年》的资料最为丰富的著作。理氏特别指出，徐书中有关地理方面的注解是其书最有价值的部分。陈书草创于嘉庆九年（1804）九月，迄于十七年（1812）冬十月始定稿，历时凡九年，的确下了大功夫。除了任启运的《竹书纪年证传》和郝懿行的《竹书纪年校正》（成书于1804年）外，在他以前研究《竹书纪年》的主要著作，陈氏几乎都加以参考了。此书现有嘉庆十八年（1813）裛露轩刻本，及江都《陈氏丛书》本。陈逢衡以孙之𫘤、徐文靖二人考《竹书纪年》之书尚有未当之处，乃旁搜博采，详为诠释。他始以群书订《竹书纪年》之讹，继且以《竹书纪年》证群书之误。陈氏自云：

> 是书除经史外，所引诸书及名贤著述，皆标明姓氏书目，不敢剿窃其有，出自管见者，加"衡案"二字。[①]

陈书共五十卷，正文四十九卷，卷五十为《补遗》；卷首尚有《凡例》《叙略》《集说》，不入卷数。在此书卷首，陈氏对古今学者于《竹书纪年》有详述考辨并其议论精当者，汇为《集说》；陈氏本人随事驳正之重要者，列七十七条，以示其书之梗概，作为《叙略》；他又辑录《竹书纪年》（实际上是《古本竹书纪年》）为他书援引、而《竹书纪年》未见者一二〇则，汇为《补遗》，并于各条之下标明某书某卷；另外附录《琐语》数十则，《师春》一则，《徵书》一则。所以，理氏称此书考订精审详备，乃集前人研究《竹书纪年》之大成。[②] 他对于陈氏书的评价是合乎实际的。

陈书中所列举清人研究《竹书纪年》的著作计有九种：

（1）孙之騄《考定竹书纪年》（按此书十三卷，陈氏误记为《考订竹书》四卷）

（2）徐文靖《竹书纪年统笺》（十二卷）

（3）任启运《竹书纪年证传》（按陈氏只列书名，云未见）

（4）郑环《竹书考证》

（5）张宗泰（1750—1832）《校补竹书纪年》（二卷）

（6）陈诗《竹书纪年集注》（二卷）

（7）赵绍祖（1752—1853）《校补竹书纪年》（二卷）

（8）韩怡《竹书纪年辨正》（四卷）

（9）洪颐煊（1765—1833）《校正竹书纪年》（二卷）

---

① 陈逢衡：《竹书纪年集证》，见《续修四库全书》第335册，6页，上海，上海古籍出版社，1995。下引《竹书纪年集证》，版本相同，只注页数。

② 〔英〕理雅各：《书经·竹书纪年》（*The Annals of the Bamboo Books*），见《中国经书》第3卷，177页。

可见陈氏在参考书目方面之旁征博引。从对理雅各英译文的考察，我们注意到理氏对《竹书纪年》的文献考证和翻译基本上乃依据《竹书纪年集证》。尽管他一再引证陈书中的各家说法，却很难证明理氏曾直接参考过陈氏所引上述各书。不过陈氏此书在当时刊行不久，理氏能够及时吸收并充分地加以运用，从学术的观点看，是很值得称赞的。当然，理氏引用《竹书纪年集证》也偶有失误之处，比如，按照中国注疏的传统，著者作按语时，仅以己名标出，如前引文中的"衡案"，而理氏误以"衡"为姓，遂称"陈逢衡"为"衡陈逢"（Hang Chin-fung）。从这种不分姓名的做法亦可说明，由于文化传统的差距，西方早期汉学家对中国传统学术惯例的了解似犹未审。

理氏在开列有关《竹书纪年》的参考书时，最大的不足之处在于，他几乎没有列出清人斥《竹书纪年》不足信的著作。理氏只引了王鸣盛的《十七史商榷》中疑《竹书纪年》为束皙伪作的条目，但却对王说加以反驳。其实在他翻译此书之前，《四库全书总目》作者、钱大昕《十驾斋养新录》、崔述《竹书纪年辨伪》、郝懿行《竹书纪年校正》和《竹书纪年通考》皆已问世，并已就《竹书纪年》之伪举出许多例证。而对于这些辨伪之作，理氏却未提及。理氏为何会忽略了这些材料呢？看来部分原因是他对于陈氏之书过度信赖，以致忽略了清代学者在《竹书纪年》辨伪方面的成就。

（二）对于理氏英译文的讨论

1.《书经》的英译文

在评论理氏的《书经》译文之前，我们有必要说明一下他从事这一项工作的难度。《书经》之难懂是人所共知的。过去的许多学者研究和注解《书经》，一般都只是解释他所能理解的地方，而回避其不解之处，或把尚未解决的问题留下以待后人解决。对于理氏而言，既要翻译全书，就不可能绕开某一部分不译，所以他还面临着对于难解问题如何处理的问题。这样，理氏翻译中所遇到的困难较之一般经学家就更大了。

理氏之所以能够胜任这一项翻译工作绝非偶然，他的特殊教育背景（他早年曾在《圣经》注释学方面下过功夫）决定了他的翻译风格和特点——勇敢地面对理解上的困难，以极其严肃的学术态度对待翻译过程中所面临的问题。①理氏选定《书经传说汇纂》和《尚书正义》为基本参考书，在遇到疑难时广泛参考群书，以求得出一种较为通达的解释和译文。在这层意义上说，他的翻译早已脱离了所谓"格义"的色彩，而进入了系统译经的殿堂。

《书经传说汇纂》中的"集传"是以蔡沈的《书集传》为主的。蔡传的长处在前面已经说过，但它也有其弊病，即在若干尚无把握处勉强作了解说。所以《四库全书总目》批评蔡书道：

> 盖在朱子之说《尚书》，主于通所可通，而缺其所不可通，见于《语录》者不啻再三。②而（蔡）沈于殷盘周诰，一一必求其解，其不能无憾固宜。③

不过，甚至蔡沈对于某些疑难问题也是取审慎态度的。现在让我们举一些例子，来考察理氏在蔡沈所遇难解之处是如何处理的。

例一，《大诰》中"民养其劝弗救"一句，蔡传曰："民养未详"，然后引用苏轼（1037—1107）之说略讲其大意。④理氏在注中如实地说明蔡传没有解决理解"民养"的问题，孔颖达的疏亦未能合理解释，然后他就按苏氏所言大意译为英文。⑤这里显示出理氏的一种严肃而慎重的学风。这个问题确实不易解决，高本汉在引用并分析了七种前人成说之后提出了一种解释，⑥但是否能够真正地以通其意，似乎难以确定。当然作为一种新的理解，

① 关于理雅各的圣经学训练和宗教思想背景，参见 Lauren F. Pfister, "The Legacy of James Legge", *International Bulletin of Missionary Research*, 22. 2 (April 1998), pp. 77-82.
② 如"知《尚书》收拾于残缺之余，却必要句句义理相通，必至穿凿。不若且看他分明处，其他难晓者姑缺之可也。"见黎靖德编《朱子语类》第78卷，1982页。并参阅同书，1981～1984页有关诸条。
③ 永瑢等：《四库全书总目》第11卷，94页，北京，中华书局，1965。
④ 蔡沈：《书集传》，见《四库全书》第58册，780页。
⑤〔英〕理雅各：《中国经书》第3卷《书经》，372页。
⑥〔瑞典〕高本汉：《书经注释》第1621条，597～599页。

其说法还是有一定的参考价值的。

例二，《梓材》"汝若恒越曰……"一节，蔡传曰："此章文多未详。"① 理氏在注中首先申说蔡氏所讲的困难，然后说他自己是根据《日讲书经解义》的解释而作翻译的。② 这也是一种认真的治学态度。把握这个问题的精义确实甚难，高本汉参考了多家之说，似乎也未能获得圆满的解决。③

例三，《多士》"弗吊旻天大降丧于殷"句，蔡传云："弗吊，未详。"④ 理氏在注中就没有再引出蔡氏此语，而是根据《大诰》等篇已有的注释成例加以解决了。⑤ 这本来就不是什么难题，因此不知蔡沈为何在此云"未详"。其实朱子对此句已有解说。⑥ 这就说明，理氏并没有盲从蔡沈的说法，蔡氏以为"未详"而他能够解决的，他就直接加以解决，而不重复蔡沈那些实无必要的说法。

例四，《立政》"夷、微、卢、烝、三亳、阪尹"。蔡传云："阪，未详。"不过，他又试解"阪"为"险"⑦。理氏引了蔡氏表示有疑问的话，也取了他解"阪"为"险"的说法⑧。本来这样的解释是没有问题的，而理氏依然持十分慎重的态度。类似的例子还有若干处，在此就不一一列举了。

我们为什么要引证这些例子呢？这是因为这些例子可以说明理氏的治学态度是一丝不苟的，因而他的译文和注释是切实而可信的。他把当时能够解决的问题明确地译出来，同时把尚待研究的疑难如实地记录在注中，体现了他在考据上所具有的熟练技能和清晰头脑。今观其书，我们可以毫不夸张地说，理氏的译注直到今天仍然是具有参考价值的。

当然，由于理氏尚未全部通解《书经》，其译文难免也存在一些问题。

---

① 蔡沈：《书集传》，见《四库全书》第 58 册，814 页。
② 同上书，234～235 页。
③ 〔瑞典〕高本汉：《书经注释》第 1692～1695 条，696～701 页。刘家和对此节有所解释，见《〈书·梓材〉人历、人宥试释》，《古代中国与世界》，166～181 页。
④ 蔡沈：《书集传》，见《四库全书》第 58 册，844 页。
⑤ 〔英〕理雅各：《中国经书》第 3 卷《书经》，454 页。
⑥ 黎靖德编：《朱子语类》第 79 卷，2053 页。
⑦ 蔡沈：《书集传》，见《四库全书》第 58 册，900～901 页。
⑧ 〔英〕理雅各：《中国经书》第 3 卷《书经》，516 页。

为了叙述的方便，我们把这些问题分为两类来讨论：

第一类是因误解经文或旧注而产生的问题。如果连比较细小的问题都算上，那么这一类的问题还是不少的。现举一些例子说明如下：

例一，《尧典》中"黎民于变时雍"一句，他把其中"黎民"译为"the black-haired people"。① 中国传统的注疏都把"黎民"之"黎"解为"众"，所以"黎民"就是"众民"。在先秦时期，"黎"作"黑"解也并非说明头发是黑的。例如，《荀子·尧问》曰："颜（颜在这里作颜面解）色黎黑"，《韩非子·外储说左上》曰："面目黧黑"，都是说人的面色发黑，指长期在外奔走劳累的结果。理氏所以解释为黑发之民，显然与他认同的中国人西来说有关；既然中国人是西来的，这一支人与其他黄头发的各支人之区别，就在于头发是黑的。可是，这样译就把"黎民"意思解释错了。

例二，《汤誓》中"率割夏邑"一句，理氏把其中的"夏邑"译为"the cities of Hea"②。也就是说，他把"夏邑"译为复数。其实，这里的"夏邑"指的就是夏国，正如上面引过的《说文解字》一书所说，"邑，国也"。在儒家经书里，"邑"作"国"解的例子甚多。这里理氏把邑当作城市来解释，自然是理解不当。如此的误解虽是细微的疏忽，不过从整个句子的文意来说，可以说是一种错译。以上两条是误解《尚书》经文而发生的问题。

例三，《尧典》中"克明俊德"一句，伪《孔安国传》云："能明俊德之士任用之。"③ 蔡传云："俊，大也。"④ 可是理氏把此句译为"He was able to make the able and virtuous distinguished"⑤。这就是不把"俊德"理解为"大德"，而是把"俊"解释为"才能"而与"德行"分开。他的翻译误解了伪孔传和蔡传的意思。

例四，《召诰》中"越若来三月"一句，蔡传云："越若来，古语辞，言

---

① 〔英〕理雅各：《中国经书》第3卷《书经》，17页。
② 同上书，175页。
③ 《尚书正义》卷2，见《十三经注疏》，119页。
④ 蔡沈：《书集传》，见《四库全书》第58册，449页。
⑤ 〔英〕理雅各：《中国经书》第3卷《书经》，17页。

召公于丰迨逦而来也。"① 理氏见蔡沈说"越若来"乃古语辞，就以为它没有实在的意思，所以在英文中没有译出来。② 实际上蔡沈的解释恐未必然，王引之云："越若来三月，五字当作一句读。越若，语辞，来，至也（见《尔雅》），言越至于三月也。"③ 所以这五个字的意思是"到了三月份"。这是蔡传已经有问题，而理氏又误解蔡传所发生的问题。

例五，《多方》中"我惟时其战要囚之"一句，蔡沈解释为："我惟是戒惧而要囚之。"④ 意思是"我就警告（戒惧）而且审判（要囚）他们"。可是理氏把此句译为"I secured in trembling awe and confined the chief criminals"⑤。这样就发生了两个问题：一是"战"字不是警告对方使之恐惧，反而是自己恐惧，把原来的意思弄反了；二是"要囚"这个词本来有其既定的意思即"审判罪犯"，《多方》篇上文就有"要囚殄戮多罪"一句，理氏自己也是按照"审判"的意思译的，⑥ 可是在此他却把它译为"主要的罪犯"，这也是对原意发生了误解。以上后三条基本是误解注疏而产生的错误。

第二类是因接受中国传统注释中的错误而重复其误解。这一类的例子比较多。现略举数条如下：

例一，《洪范》中"子孙其逢吉"一句，伪孔传云："动不违众，故后世遇吉。"孔疏云："马（融）云：'逢，大也。'"⑦ 理氏按照伪孔传的意思译此句为"and good fortune to your descendants"⑧。两说相较，马融的解释明确了当，清代学者江声⑨、王念孙（1744—1832）、王引之父子，⑩ 都依照马融说释"逢"

---

① 蔡沈：《书集传》，见《四库全书》第 58 册，818 页。

② 〔英〕理雅各：《中国经书》第 3 卷《书经》，17 页。

③ 王引之：《经义述闻》，见《清经解》第 6 册，799 页。参阅高本汉：《书经注释》第 1715 条，723 页。

④ 蔡沈：《书集传》，见《四库全书》第 58 册，890 页。

⑤ 〔英〕理雅各：《中国经书》第 3 卷《书经》，503 页。

⑥ 同上书，498 ～ 499 页。

⑦ 《尚书正义》卷 12，见《十三经注疏》，191 页。

⑧ 〔英〕理雅各：《书经》，见《中国经书》第 3 卷，337 页。

⑨ 江声：《尚书集注音疏》，见《清经解》第 2 册，885 页。

⑩ 王引之：《经义述闻》，见《清经解》第 6 册，796 页。

为"大"，此句的意思是"子孙后代将会发展壮大，是吉祥的"。高本汉也取马、江、王之说。[①] 这些说法都是有文字训诂学上的根据的。

例二，《大诰》中"天棐忱辞"一句，伪孔传[②]、蔡沈传[③] 都把"棐"字解释为"辅"，把这句话的意思解释为"天是帮助（辅）诚实人的"。理氏也按照这些注释的意思作了英译[④]。其实这里的"棐"字就是"非"字，朱熹早已先着其说了。[⑤] 高本汉也赞成朱子之说，并作了比较详细的考证[⑥]。所以此句的意思本来是"天是靠不住的"。可是在这里理氏因从旧注而产生误译。

例三，《召诰》中"面稽天若"一句，伪孔传解为"面考天心而顺之"[⑦]，蔡沈传解为"面考天心，敬顺无违"[⑧]。他们都把"面"字解为"面对"。后来的不少学者相率因袭其误解。理氏在这里采取蔡沈之说，把此句译为"He also acquainted himself with Heaven, and was obedient"[⑨]。这样也就跟着他们错了。王引之将"面"字解释为"勉"字，于是这句话的意思就是"勉力或努力稽天若"。[⑩] 高本汉赞成王氏释"面"为"勉"之说，并试图解释"天若"一词[⑪]。不过看来他对"天若"的解释并不成功。我们认为，"若"字作"顺"解是不成问题的。那么如何解释此处的"天顺"呢？《泰誓》曰："民之所欲，天必从之。"[⑫] 所以这里的"天若"就是"天之所若"或"天所顺从的"民心。前引《大诰》"天棐忱辞"下一句便是"其考我民"。两句合起来的意思

---

① 〔瑞典〕高本汉：《书经注释》第 1554 条，515～516 页。

② 《尚书正义》卷 13，见《十三经注疏》，199 页。

③ 蔡沈：《书集传》，见《四库全书》第 58 册，779 页。

④ 〔英〕理雅各：《中国经书》第 3 卷《书经》，370～371 页。

⑤ 黎靖德编《朱子语类》第 79 卷，2054 页中有云："棐字与'匪'（在此'匪'＝'非'）字同"。其所据为《汉书》。

⑥ 〔瑞典〕高本汉：《书经注释》第 1609 条，590～593 页。

⑦ 《尚书正义》第 15 卷，见《十三经注疏》，212 页。

⑧ 蔡沈：《书集传》，见《四库全书》第 58 册，823 页。

⑨ 〔英〕理雅各：《中国经书》第 3 卷《书经》，427 页。

⑩ 王引之：《经义述闻》，见《清经解》第 6 册，799 页。

⑪ 〔瑞典〕高本汉：《书经注释》第 1738 条，735～737 页。

⑫ 《左传》襄公三十一年、昭公元年及《国语·郑语》所引，伪古文《书经》收此句在《泰誓》里。参看理雅各：《中国经书》第 3 卷《书经》，288 页。

就是"天是靠不住的（因为天命是不能直接看到的），看看民心也就能知道了"。在《尚书》和《诗经》里，说天命看不见、摸不着，关键在于要看民心之所向这一类的话多处可见。所以，我们应该说"面稽天若"的意思，就是"努力考察天所顺从的民心"。从这里我们又可以看出，伪孔传和蔡传关于考察天心的说法是正确的；他们的缺点在于没有解释"天若"为什么就是"天心"（即未给予论证），因而把"面"字解释错了。事实上，人怎能"当面"考察天心呢？理氏接受了他们对"面"字的错误解释，却未能把他们所说"稽考天心"的意思译出来。

例四，《洛诰》中"咸秩无文"一句，伪孔传解释为"秩次不在礼文者"[①]。蔡传解释为"秩，序也；无文，祀典不载也"[②]。他们都是把"文"字当"文"的本义（文字）来解释，文不通顺；理氏把"文"解释为"文饰"，把全句译为"doing everything in an orderly way，but without any display"[③]，义犹未允。其实，这句话的意思，正如王引之所说，是"咸秩无紊"。原来"文"在这里是"紊"的假借字，[④] 即是有条不紊的意思。高本汉也是赞成王氏此说的。[⑤]

例五，《多士》中"予大降尔四国民命"一句，蔡传云："我大降尔命，不忍诛戮。"[⑥] 理氏依照蔡沈的解释把此句译为"I greatly mitigated the penalty in favour of the lives of the people of your four countries"[⑦]。可是，江声曾谓："所云'大降尔四国民命'，非谓救民生命，乃是下晓告民之教命也。"[⑧] 高本汉也同意江氏之说。[⑨] 所以这一句话的意思原来比较简单，就是"要对四国之民大下命令"。理氏译《尚书》时参考江声之说处虽不在少，而这一条却跟

---

① 《尚书正义》卷 15，见《十三经注疏》，214 页。

② 蔡沈：《书集传》，见《四库全书》第 58 册，832 页。

③ 〔英〕理雅各：《中国经书》第 3 卷《书经》，438～439 页。

④ 王引之：《经义述闻》，见《清经解》第 6 册，799～800 页。

⑤ 〔瑞典〕高本汉：《书经注释》第 1755 条，763～764 页。

⑥ 蔡沈：《书集传》，见《四库全书》第 58 册，850 页。

⑦ 〔英〕理雅各：《书经》，见《中国经书》第 3 卷，461 页。

⑧ 江声：《尚书集注音疏》，见《清经解》第 2 册，908 页。

⑨ 〔瑞典〕高本汉：《书经注释》第 1477 条，413～414 页。

着蔡沈错了。

例六,《立政》中"大都小伯"一句,伪孔传注云:"大都邑之小长。"①而蔡沈云:"此都邑之官也。吕氏〔祖谦〕曰:'大都小伯者。谓大都之伯、小都之伯也。'"②理氏译文是按吕氏的解释作的,把"大邑之小长"说成"大邑之长和小邑之长"③,失之。而高本汉的翻译就符合原意,优于理氏。④

2.《竹书纪年》的英译文

《竹书纪年》的文体近乎《春秋》,词句简洁,相对于《书经》来说,文意比较容易把握。理雅各的《竹书纪年》译文因此也相对地准确可靠。不过,前人为《竹书纪年》所作的解说,远比《书经》的注疏为少。这样,在遇到难题的地方,理氏有时也颇感棘手。理氏在翻译时主要参考的是陈逢衡《竹书纪年集证》。他得益于陈氏之书甚多,有不少可取之处,但因陈氏之误而致误之处亦在所难免。当然,也有陈氏不误,而理氏误解陈氏之书的地方。在陈氏未加注解的地方(这些地方对于中国传统学者是一般常识而无须注解),理氏也难免出现一些讹误。下面所选择的是理氏误译或未译准确之处比较典型的例子,并对误译的原因加以说明。

例一,《竹书纪年》黄帝二十年,"景云见"。理氏英译"景云"为"brilliant clouds"⑤。而帝舜有虞氏十四年,"卿云见"。理氏则译"卿云"为"auspicious clouds";对于此条之注中解"卿云"的"庆云",则又译为"felicitous clouds"。⑥如果直接地字对字地看,或许可以说理氏没有误译。但是,在中文里,"景云"、"卿云"和"庆云"实际上是意思相通。陈氏《竹书纪年集证》引徐氏《竹书纪年统笺》(据《晋书·天文志》)说,三者即是一事。⑦按卿庆二字古同音相通,景字与前二字韵同声近亦可通。这种云,从

① 《尚书正义》卷17,见《十三经注疏》,231页。
② 蔡沈:《书集传》,见《四库全书》第58册,899页。
③ 〔英〕理雅各:《中国经书》第3卷《书经》,515页。
④ 参阅高本汉:《书经注释》第1948条,966页。
⑤ 〔英〕理雅各:《中国经书》第3卷《书经》,"绪论"108页。
⑥ 同上书,"绪论"115页。
⑦ 陈逢衡:《竹书纪年集证》,见《续修四库全书》第335册,85页。

形象看是"brilliant"，而从意义上来说则是"felicitous"，理氏未能细察陈氏书的注文，因而照字面分别翻译，就使英文读者不能明其究竟，不无可惜。

例二，《竹书纪年》帝颛顼高阳氏二十一年，"作承云之乐"。理氏英译"承云之乐"为"the answer to the clouds"，并在注里说明，陈逢衡以为此事在黄帝二十年。① 但"承"字并无"answer"的意思，而是"奉迎"的意思。由于天见景云，所以作乐表示奉迎，以谢上帝。

例三，《竹书纪年》帝尧陶唐氏十二年，"初治兵"。理氏英译为"He formed the first standing army"②。又商帝辛三十一年，"西伯治兵于毕"。理氏将"治兵"英译为"to form a regular army"③。按，"治兵"就是习战，并没有任何建立常备军的意思，这一点在陈书所引徐氏《统笺》之说里解释得很清楚。④ 可惜理氏当时未能审阅此注。不过，他后来在英译《左传》隐公五年的"三年而治兵"时，把"治兵"译为"(grand) military review"⑤。这样就译得比较贴切准确了。

例四，《竹书纪年》夏帝杼正文后之注云："杼或作帝宁，一曰伯杼。杼能帅禹者也，故夏后氏报焉。"理氏将其中后一句译为"(There was a younger brother) a worthy descendant of Yu, who was therefore rewarded by the emperor"⑥。以上加有括号的英译文，在中文原文里是没有的。理氏对此句加上括号，是有意让读者知道那是据上下文的意思加译的。不过，从原文的上下文义看，我们实在体会不出所添之句的意思。按理氏此句是根据陈氏书所引徐氏《竹书纪年统笺》之说译出来的。可是陈氏又引了郑环否定徐氏之说的看法。可见清儒对此句的理解尚多分歧，未有定论。⑦ 理氏在未说明各家分歧所在的情况下，仅据一说增译一句，又不作注说明。这样的翻译就不免

---

① 〔英〕理雅各：《中国经书》第3卷《书经》，"绪论"110～111页。
② 同上书，"绪论"112页。
③ 同上书，"绪论"140页。
④ 陈逢衡：《竹书纪年集证》，见《续修四库全书》第335册，58页。
⑤ 〔英〕理雅各：《中国经书》第5卷《春秋》(*The Chun Chiu*)，17～19页。
⑥ 〔英〕理雅各：《中国经书》第3卷《书经》，"绪论"121页。
⑦ 陈逢衡：《竹书纪年集证》，见《续修四库全书》第335册，144页。

有违于译文须信的要求了。

例五，《竹书纪年》夏帝芒元年，"以玄圭宾于河"。理氏英译为 "He went with the dark-coloured mace to receive the baron of Ho"。他在注 X. 1 中说明自己在此是根据陈逢衡的理解翻译的，他又以为可能是以玄圭祭祀黄河的意思。① 理氏在周夷王二年"宾于河，用介圭"条的英译文则是 "performed a service of homage to the Ho"②。按，理氏自己对于"宾于河"的理解本来是正确的，可是他在前一条中却误从了陈氏的错误理解，令人为之惋惜。

例六，《竹书纪年》周孝王七年冬，"大雨雹，江汉冰"。理氏英译为 "there were great rain and lightenings about the Keang and the Han"③。按这里的"大雨雹"即是下大雹，雨字是作为动词用的。理氏译文自然是错了。不过，理氏并非不知道雨字的这一用法。例如，周夷王七年"冬，雨雹"④，周平王四十一年"春，大雨雪"⑤，又如，《春秋》昭公三年"冬，大雨雹"⑥，昭公四年春，"大雨雹"⑦。理氏都是把雨字作为动词译的，也都译得相当确切。那么，理氏为什么在孝王七年这一条里译错了呢？我们只要一看《竹书纪年集证》此条的"衡案"就可以知道，原来理氏是把陈氏的话误解了。因为徐氏《统笺》将此条作"大雨电，江汉水"，陈氏纠正了徐氏的错误，把正文改为"大雨雹，江汉冰"⑧。理氏所列正文从陈氏之书，而英译文却从徐氏之误解，显然是一时之疏忽所致。

例七，《竹书纪年》周厉王元年"作夷宫，命卿士荣夷公落"。理氏英译为 "He built the palace of E, and gave a charge to the prime minister Loh, the duke E of Yung"⑨。他把"落"理解为荣夷公的名字，把"命"字理解为任命，这

---

① 〔英〕理雅各：《中国经书》第 3 卷《书经》，"绪论" 122 页。
② 同上书，"绪论" 153 页。
③ 同上书，"绪论" 152 页。
④ 同上书，"绪论" 153 页。
⑤ 同上书，"绪论" 159 ～ 160 页。
⑥ 〔英〕理雅各：《中国经书》第 5 卷《春秋》，585 ～ 588 页。
⑦ 同上书，591 ～ 595 页。
⑧ 陈逢衡：《竹书纪年集证》，见《续修四库全书》第 335 册，396 页。
⑨ 〔英〕理雅各：《中国经书》第 3 卷《书经》，"绪论" 153 页。

样的理解和翻译显然是错误的。正确的意思应该是，厉王命令荣夷公为他
新建的夷宫举行落成典礼。陈氏书中所引徐文靖及郑环说皆以为"落"就
是落成之典，并引《尔雅》"落，始也"为据。陈氏不以徐、郑二氏之说为
然，并引《墨子》"荣夷名终"之说为据，说"落与终字形相似，故终讹为
落耳"[①]。其实，陈氏此说难以成立。古文字之学对于陈氏非其所长，落字
与终字在古文字里并非形近，而是差别极大。而且，在中国古籍里，落字
作落成解的例子甚多。如《左传》昭公七年："楚子成章华之台，愿与诸
侯落之。"这里的落字就是举行落成典礼的意思，理氏在此处的英译文是：
"When the viscount of Tsoo had completed the tower of Chang-hwa, he wished to
have the princes of the States present at the inauguration feast."[②] 这样的英译文无疑
是恰切的。可是他在译《竹书纪年》此条时却随着陈逢衡的误解而译错了。

例八，《竹书纪年》周隐王二年，"齐地景长，长丈余，高一尺"。理氏
的英译文是："In the country of Tse, (the ground where they measured) the length of
the sun's shadow lengthened more than ten cubits, and was elevated a cubit." 不过，
他也作了一条注，说明对上述的译文没有把握。[③] 理氏这样的理解和翻译，
是从陈氏书所引徐文靖说引申而来的。[④] 但实际上，这样的理解和译法是颇
让人费解的。请看《竹书纪年》周显王五年，"地忽长十丈有余，高尺半"。
理氏对此句的译文就既准确又有把握。[⑤] 按周隐王二年那条里的"景长"实
际是"暴长"之误。《太平御览》卷八八〇引《纪年》曰："周隐王二年，齐
地暴长，长丈余，高一尺。"可以为证。陈、徐二氏校辑未精，徐氏就字论
文，因而产生误解。理氏也就随之误译。

我们之所以摘选以上这些例子，并非想强调理氏英译的失误，而只是
借此以说明，任何译文都不可能完满无缺，总是有不断改进之处的。比如，

---

① 陈逢衡:《竹书纪年集证》，见《续修四库全书》第335册，399页。
② 〔英〕理雅各:《中国经书》第5卷《春秋》，612～616页。
③ 〔英〕理雅各:《中国经书》第3卷《书经》，"绪论"175～176页。
④ 陈逢衡:《竹书纪年集证》，见《续修四库全书》第335册，613页。
⑤ 同上。

理氏没有参考王引之的代表作，因此在文字训诂方面显现了弱点；而高本汉则是西方汉学界在古汉语研究上的大权威，当然在这方面大大超过理氏。为学之道，譬如积薪，后来居上，乃理所当然。所以，我们今天阅读理氏的《书经》《竹书纪年》译注，不仅要广泛参考理氏所未见到的中国清代及现代学者研治这两部古书的著作，而且也很有必要参考后来西方学者在这方面的研究成果，如高本汉之作。①

结语

以上我们讨论了理氏译注《书经》及《竹书纪年》的成就，也分析了他从事译注工作的一些失误。人类不可能全知全能，所以历来的学者都不能确保自己的学术成果完全免于无误。从现代学术的眼光看，理氏之书固然存在着一些误解和误译，较之高本汉，虽欠精密而实开其先河，所以我们不能因其小处的疏失而轻议其书的学术价值。事实上，他所译《书经》《竹书纪年》迄今仍是唯一的英文全译本，一直是西方汉学家从事研究时不可缺少的参考著作，他所提出的若干重要问题和独到见解，仍然值得我们继续思考。而且，他的失误之处对于我们也是一份珍贵的学术遗产，因为这些都可以让后人从其中获得经验和启发。由此可见理氏译注本在学术上的持续之久和影响之深了。我们可以断言，即使今后有新的译本出现，理氏所译注的《书经》及《竹书纪年》并不会因此而减色。这是因为理氏的译著对中国古典文献的翻译有筚路蓝缕之功，自有其不可磨灭的重要学术价值。所以，不论从哪一方面说，他的译注绝不会存在所谓"过时"的问题，而会将继续为新一代的汉学家提供学习的范例。理雅各虽是一位基督教牧师，但在内心深处却颇为中国文化所融化，因此他的译注还体现了他对中国文化背景的透彻了解。让我们引用理雅各从事翻译《中国经书》的得力助手

---

① 当然从今天看来，高本汉的《书经注释》也并非十全十美，关于其中的问题，可参看陈远止：《〈书经〉高本汉注释辨正》，台北，文史哲出版社，1996。

王韬（1828—1897）在1873年评论理氏的一段话，作为这篇文字的结语：

> 先生独以西国儒宗，抗心媚古，俯首以就铅椠之役，其志欲以群经悉有译述，以广其嘉惠后学之心，可不谓难欤。①

这段评论绝非王氏个人的溢美之词，而是对理氏在中国学术史上的成就和贡献的真切总结。从这一点说，理雅各之被公认为19世纪深刻了解中国儒家传统学术的伟大西方汉学家，是绝对当之无愧的。

（作者附识：本文的撰写曾得到香港浸会大学研究委员会的赞助，并承该校曾宪博副校长、黎翠珍院长的支持和费乐仁（Lauren F. Pfister）教授、陈巧玲女士以及新加坡国立大学辜美高教授的帮助，特附记于此，以表谢意。）

引用书目

一、传统文献

《十三经注疏》，北京，中华书局，1980。
《竹书纪年》，收入王谟辑：《增订汉魏丛书》，上海，大通书局石印本，1911。
《荀子》，收入《诸子集成》第2册，北京，中华书局，1986。
《韩非子》，收入《诸子集成》第5册，北京，中华书局，1986。
丁晏：《尚书余论》，收入王先谦编：《皇清经解续编》第3册，上海，上海书店影印本，1988。
方诗铭、王修龄：《古本竹书纪年辑证》，上海，上海古籍出版社，1981。
毛奇龄：《古文尚书冤词》，收入《西河合集》，1770。
王引之：《经传释词》，收入阮元编：《皇清经解》第7册，上海，上海书店影印本，1988。

---

① 转引自 Lindsay Ride：《传记》（*Biographical Note*），见《中国经书》第1卷，17页。

王引之:《经义述闻》,收入阮元编:《皇清经解》第 7 册,上海,上海书店影印本,1988。

王充耘:《读书管见》,收入纳兰性德辑编:《通志堂经解》第 7 册,扬州,江苏广陵古籍刻印社影印本,1996。

王先谦:《释名疏证补》,上海,上海古籍出版社,1984。

王念孙:《广雅疏证》,收入阮元编:《皇清经解》第 4 册,上海,上海书店影印本,1988。

王柏:《书疑》,收入纳兰性德辑编:《通志堂经解》第 7 册,扬州,江苏广陵古籍刻印社影印本,1996。

王国维:《今本竹书纪年疏证》,收入杨家骆编:《竹书纪年八种》,台北,世界书局,1963。

王国维:《古本竹书纪年辑校》,收入杨家骆编:《竹书纪年八种》,台北,世界书局,1963。

王顼龄等:《钦定书经传说汇纂》,收入《景印文渊阁四库全书》第 65 册,台北,"台湾商务印书馆",1986。

王鸣盛:《十七史商榷》,收入《丛书集成初编》,上海,商务印书馆,1935。

王鸣盛:《尚书后案》,收入阮元编:《皇清经解》第 3 册,上海,上海书店影印本,1988。

司马迁:《史记》,北京,中华书局,1959。

永瑢等:《四库全书总目》,北京,中华书局影印本,1965。

皮锡瑞:《今文尚书考证》,收入《师伏堂丛书》,1897。

朱右曾:《汲冢纪年存真》,归砚斋刻本,收入顾廷龙主编:《续修四库全书》第 336 册,上海,上海古籍出版社,1995。

朱骏声:《说文通训定声》,北京,中华书局影印本,1984。

朱彝尊:《经义考》,收入《四库备要》第 12 册,北京,中华书局影印本,1998。

吴澄:《书纂言》,收入纳兰性德辑编:《通志堂经解》第 6 册,扬州,江苏广陵古籍刻印社影印本,1996。

江声:《尚书集注音疏》,收入阮元编:《皇清经解》第 2 册,上海,上海书店影印本,1988。

阮元等:《经籍籑诂》,北京,中华书局影印本,1982。

林之奇:《尚书全解》,收入纳兰性德辑编:《通志堂经解》第 5 册,扬州,江苏广陵古籍刻印社影印本,1996。

林春溥:《竹书纪年补正》,收入杨家骆编:《竹书纪年八种》,台北,世界书局,1963。

范祥雍:《古本竹书纪年校订补》,上海,上海人民出版社,1957。

邵晋涵:《尔雅正义》,收入阮元编:《皇清经解》第 3 册,上海,上海书店影印本,1988。

俞樾:《群经平议》,收入王先谦编:《皇清经解续编》第5册,上海,上海书店影印本,
　　1988。

俞樾:《古书疑义举例》,北京,中华书局,1954。

姚振宗:《师石山房丛书》,上海,开明书店,1936。

姚际恒:《古今伪书考》,上海,古书流通处,1921。

姚际恒:《古文尚书通论》(辑本),收入林庆彰编:《姚际恒著作集》第2册,台北,
　　"中央研究院中国文哲研究所",1994。

段玉裁:《古文尚书撰异》,收入阮元编:《皇清经解》第4册,上海,上海书店影印本,
　　1988。

胡渭:《禹贡锥指》,收入阮元编:《皇清经解》第1册,上海,上海书店影印本,1988。

胡广等:《书经大全》,收入《景印文渊阁四库全书》第63册,台北,商务印书馆,
　　1986。

孙之骢:《考定竹书》,收入《四库全书存目丛书》,济南,齐鲁书社,1996。

孙星衍:《尚书今古文注疏》,收入阮元编:《皇清经解》第4册,上海,上海书店影
　　印本,1988。

徐文靖:《竹书纪年统笺》,台北,艺文印书馆影印本,1966。

桂馥:《说文解字义证》,台北,广文书局影印本,1972。

洪颐煊:《校正竹书纪年》,《平津馆丛书》本,1806。

纳兰性德:《通志堂经解》,扬州,江苏广陵古籍刻印社影印本,1996。

库勒纳等:《日讲书经解义》,收入《景印文渊阁四库全书》第65册,台北,商务印
　　书馆,1986。

郝懿行:《尔雅义疏》,收入阮元编:《皇清经解》第7册,上海,上海书店影印本,
　　1988。

郝懿行:《竹书纪年校正》,收入《郝氏遗书》,1879。

郝懿行:《竹书纪年通考》,收入《郝氏遗书》,1879。

陈逢衡:《竹书纪年集证》,裹露轩刻本,1813。

陈师凯:《书蔡传旁通》,收入纳兰性德辑编:《通志堂经解》第6册,扬州,江苏广陵
　　古籍刻印社影印本,1996。

陈乔枞:《今文尚书经说考》,收入王先谦编:《皇清经解续编》第4册,上海,上海书
　　店影印本,1988。

陈乔枞:《尚书欧阳夏侯遗说考》,收入王先谦编:《皇清经解续编》第4册,上海,上
　　海书店影印本,1988。

陈诗:《竹书纪年集注》,蕲州陈氏家塾刻本,1813。

陈寿祺:《尚书大传辑校》,收入王先谦编:《皇清经解续编》第2册,上海,上海书店
　　影印本,1988。

马国翰:《汲冢书钞》,收入氏辑:《玉函山房辑佚书》,扬州,江苏广陵古籍刻印社影

印本，1990。

崔述:《古文尚书辨伪》，收入顾颉刚校订:《崔东壁遗书》，上海，上海古籍出版社，1983。

崔述:《竹书纪年辨伪》，收入顾颉刚校订:《崔东壁遗书》，上海，上海古籍出版社，1983。

康有为:《孔子改制考》，北京，中华书局，1958。

章太炎:《古文尚书拾遗定本》，香港，广华书局，1968。

许慎撰、段玉裁注:《说文解字注》，上海，上海古籍出版社影印本，1981。

陆德明:《经典释文》，上海，上海古籍出版社影印本，1985。

惠栋:《古文尚书考》，收入阮元编:《皇清经解》第2册，上海，上海书店影印本，1988。

程廷祚:《晚书订疑》，收入王先谦编:《皇清经解续编》第2册，上海，上海书店影印本，1988。

董丰垣:《竹书纪年辨正》，收入刘承干辑:《吴兴丛书》，1922。

张九镡，《竹书纪年考证》，收入《笙雅堂全集》，1811。

张宗泰:《校补竹书纪年》，收入刘世珩辑:《聚学轩丛书》，第3集，1893。

杨家骆:《竹书纪年八种》，台北，世界书局，1963。

雷学淇:《竹书纪年义证》，台北，艺文印书馆，1976。

雷学淇:《考订竹书纪年》，涧身草堂补刊本，1883。

赵绍祖:《校补竹书纪年》，收入《古墨斋集》，1796。

蔡沈:《书经集传》，收入《景印文渊阁四库全书》第58册，台北，商务印书馆，1986。

黎靖德:《朱子语类》，北京，中华书局，1986。

钱大昕:《十驾斋养新录》，上海，上海书店，1983。

阎若璩:《尚书古文疏证》，收入王先谦编:《皇清经解续编》第1册，上海，上海书店影印本，1988。

魏源:《书古微》，收入王先谦编:《皇清经解续编》第5册，上海，上海书店影印本，1988。

韩怡:《竹书纪年辨正》，刘文楷刻本。

罗泌:《路史》，收入《景印文渊阁四库全书》第383册，台北，商务印书馆，1986。

二、近人论著

于省吾
　　1934《双剑誃尚书新证》，北平，大业印刷局。
方诗铭
　　1987《关于王国维的〈竹书纪年〉两书》，收入吴泽主编:《王国维学术研究论集》

第 2 册，上海，华东师范大学出版社。

1990《〈竹书纪年〉古本散佚及今本源流考》，收入尹达主编：《纪念顾颉刚先生学术论文集》下册，成都，巴蜀书社。

王云五

1972《续修四库全书提要》第 4 册，台北，商务印书馆。

王国维

1959《观堂集林》，北京，中华书局。

艾兰、李学勤、齐文心

1985《英国所藏甲骨文》，北京，中华书局。

古国顺

1981《清代尚书学》，台北，文史哲出版社。

平势隆郎

1992《〈今本竹书纪年〉的性格》，《九州岛大学东洋史论丛》20。

朱廷献

1970《尚书异文集证》，台北，台湾中华书局。

朱希祖

1960《汲冢书考》，北京，中华书局。

余英时

1995《香港与中国学术研究——从理雅各和王韬的汉学合作谈起》，收入余氏著：《历史人物与文化危机》，台北，东大图书公司。

余嘉锡

1960《四库提要辨正》，北京，中华书局。

1985《古书通例》，上海，上海古籍出版社。

何志华

1998《竹书纪年逐字索引》，香港，商务印书馆。

吕思勉

1947《先秦史》，上海，开明书店。

1948《两晋南北朝史》，上海，开明书店。

吴浩坤

1992《〈竹书纪年〉的发现年代及其学术价值》，收入吴浩坤、陈克伦主编：《文博研究论集》，上海，上海古籍出版社。

吴玙

1965《竹书纪年系年证伪》，《台湾省立师范大学国文研究所集刊》9。

1974《六十年来竹书纪年之考订》，收入程发轫主编：《六十年来之国学》，台北，正中书局。

夏含夷

1988《也谈武王的卒年——兼论〈今本竹书纪年〉的真伪》,《文史》29。

1994《〈竹书纪年〉与周武王克商的年代》,《文史》38。

李学勤

1987《〈古本竹书纪年〉与夏代史》,收入田昌五主编:《华夏文明》,北京,北京大学出版社。

邵东方

1998《从思想倾向和著述体例谈〈今本竹书纪年〉的真伪问题》,《中国哲学史》3。

1998《〈今本竹书纪年〉诸问题考论——与陈力先生商榷》,收入邵氏著:《崔述与中国学术史研究》,北京,人民出版社。

2000《〈今本竹书纪年〉周武王、成王纪谱排列问题再分析》,《中国史研究》1。

屈万里

1969《尚书今注今译》,台北,商务印书馆。

1984《尚书释义》,台北,中国文化大学出版社。

曾运乾

1964《尚书正读》,北京,中华书局。

范祥雍

1985《关于〈古本竹书纪年〉的亡佚年代》,《文史》25。

胡玉缙

1967《四库提要补正》,台北,中国辞典馆复馆筹备处。

原富男

1933《竹书纪年たついて》,《汉文学会会报》。

洪国梁

1990《竹书纪年对两晋南北朝学者的影响》,《韩国中国学报》30。

1991《朱右曾〈汲冢纪年存真〉与王国维〈古本竹书纪年〉之比较》,收入《第二届清代学术研讨会论文集》,高雄,"国立中山大学中国文学系"。

神田喜一郎

1934《汲冢书出土始末考》,《支那学说林》。

陈力

1985《今本〈竹书纪年〉研究》,《四川大学学报丛刊》28。

1997《今古本〈竹书纪年〉之三代积年及相关问题》,《四川大学学报》4。

陈梦家

1955《六国纪年》,上海,学习出版社。

1985《尚书通论》,北京,中华书局。

陈舜政

1970《高本汉〈书经〉注释》,台北,中华丛书编审委员会。

马雍

　　1982《尚书史话》，北京，中华书局。

马培棠

　　1935《〈禹贡〉与〈纪年〉》，《禹贡》2.8。

黄云眉

　　1980《古今伪书考补正》，济南，齐鲁书社。

张心澄

　　1970《伪书通考》，台北，商务印书馆。

张西堂

　　1958《尚书引论》，西安，陕西人民出版社。

张培瑜

　　1987《中国先秦史历表》，济南，齐鲁书社。

　　1999《〈大衍历议〉与今本〈竹书纪年〉》，《历史研究》3。

杨筠如

　　1959《尚书核诂》，西安，陕西人民出版社。

杨朝明

　　1997《〈今本竹书纪年〉并非伪书说》，《齐鲁学刊》6。

　　1999《沈约与〈今本竹书纪年〉》，《史学史研究》4。

杨树达

　　1954《积微居小学述林》，北京，中国科学院。

蒙文通

　　1995《论别本〈竹书纪年〉》，收入氏著：《经史抉原》，成都，巴蜀书社。

戴君仁

　　1963《阎毛古文尚书公案》，台北，中华文化丛书委员会。

赵荣琅

　　1954《竹书纪年之今古本问题及其评价》，《大陆杂志》8.10。

刘家和

　　1995《古代中国与世界》，武汉：武汉出版社。

　　1997《关于殷周关系研究的回顾和思考》，收入臧振华编：《中国考古学与历史学
　　　　之整合研究》，台北，"中央研究院历史语言研究所"。

刘起釪

　　1987《尚书源流及传本考》，沈阳，辽宁大学出版社。

　　1989《尚书学史》，北京，中华书局。

刘殿爵、陈方正

　　1994《尚书大传逐字索引》，香港，商务印书馆。

蒋善国

　　　1988《尚书综述》，上海，上海古籍出版社。

鲁实先

　　　1947《今本竹书纪年辨伪》，《复旦学报》3。

黎光明

　　　1928《汲冢竹书考》，《中山大学语史所周刊》31，32，33。

桥本成文

　　　1934《清代尚书学》，东京，共立社。

卫挺生

　　　1964《论汲冢与其竹书》（上、中、下），《思想与时代》121～123。

钱穆

　　　1956《先秦诸子系年》，香港，香港大学出版社。

　　　1963《古本竹书纪年辑校补正》，收入杨家骆编：《竹书纪年八种》，台北，世界
　　　　　书局。

阎迎真

　　　1971《理雅各氏英译论语之研究》，台北，商务印书馆。

顾颉刚

　　　1926《论〈今文尚书〉著作时代书》，收入氏编：《古史辨》第1册，北平：朴社。

　　　1936《尚书通检》，北平，哈佛燕京学社。

　　　1962《尚书大诰今译》，《历史研究》4。

　　　1980《〈尚书·西伯戡黎〉校释译论》，《中国历史文献研究集刊》（第一集），长
　　　　　沙，岳麓书社。

　　　1992《顾颉刚读书笔记》，台北，联经出版事业公司。

Chai, Ch'u, and Chai Winberg

　　　1965 *The Sacred Books of Confucius and Other Confucian Classics*. New York: University
　　　　Books.

Chalmers, Rev. John

　　　1960 "Astronomy of the Ancient Chinese", in James Legge, *The Chinese Classics*. Vol. 3:
　　　　The Shoo King. Hong Kong: Hong Kong University Press, 1960.

Chen, Li

　　　1993 "Fresh Evidence for the Authenticity of *Jinben Zhushu Jinian*", *Social Sciences in
　　　　China* 3.

Creel, Herrlee G.

　　　1970 *The Origin of Statecraft in China*. Vol. 1: *The Western Zhou Empire*. Chicago: The
　　　　University of Chicago Press.

Debnicki, Aleksy

1956 *The Chu-Shu-Chi-Nien as a Source to the Social History of Ancient China*. Warszawa: Panswowe Wydawnictwo Naukowe.

Girardot, Norman J.

2000 *James Legge and the Victorian Translation of China*. Berkeley: University of California Press.

Harrison, Brian

1979 *Waiting for China: The Anglo-Chinese College at Malacca, 1818-1843 and Early Nineteenth Century Missions*. Hong Kong: Hong Kong University Press.

Karlgren, Bernard

1950 "The Book of Documents", *Bulletin of the Museum of Far Eastern Antiquities* 22.

1970 *Glosses on the Book of Documents*. Göteborg: Elanders.

Keightley, David N.

1978 "The *Bamboo Annals* and Shang-Chou Chronology", *Harvard Journal of Asiatic Studies* 38. 2.

Lau, Tze-yui

1994 "James Legge (1815-1897) and Chinese Culture: A Missiological Study in Scholarship, Translation and Evangelization", Ph. D. dissertation, University of Edinburgh.

Legge, Helen

1905 *James Legge: Missionary and Scholar*. London: Religious Tract Society.

Legge, James

1960 *Chinese Classics*. 5 vols. Hong Kong: Hong Kong University Press, 1960.

Loewe, Michael

1993 *Early Chinese Texts: A Bibliographical Guide*. Berkeley: The Society for the Study of Early China and the Institute of East Asian Studies, University of California, Berkeley.

Niemeyer, Carl

1966 *Thomas Carlyle on Heroes, Hero-Worship and the Heroic in History*. Lincoln: University of Nebraska Press.

Nivison, David S.

1993 "Chu shu chi nien", in Michael Loewe, ed. *Early Chinese Texts: A Bibliographical Guide*. Berkeley: The Society for the Study of Early China and the Institute of East Asian Studies, University of California, Berkeley.

1999 "The Key to the Chronology of the Three Dynasties: The 'Modern Text' *Bamboo Annals*.", *Sino-Platonic Papers* 93.

Nivison, David, and Kevin D. Pang

1990 "Astronomical Evidence for the *Bamboo Annals'* Chronicle of Early Xia", *Early China* 15.

Nylan, Michael

　　1992 *The Shifting Center: The Original "Great Plan" and Later Readings*. Nettal: Steyler Verlag.

Pankenier, David

　　1983-1985 "Mozi and the Dates of Xia, Shang and Zhou: A Research Note", *Early China* 9-10.

　　1992 "The *Bamboo Annals* Revisited: Problems of Method in Using the Chronicle as a Source for the Chronology of Early Zhou", *Bulletin of the School of Oriental and African Studies* 55.2.

　　1992 "Reflections of the Lunar Aspect on Western Chou Chronology", *Toung Pao* XXVIII.

Pfister, Lauren

　　1988 "The 'Failures' of James Legge's Fruitful Life for China", *Ching Feng* 31.4.

　　1990 "Serving or Suffocating the Sage? Reviewing the Efforts of Three 19th Century Translators of the Four Books, with Special Emphasis on James Legge", *The Hong Kong Linguist* 7.

　　1990 "Clues to the Life and Academic Achievements of One of the Most Famous 19th Century European Sinologists-James Legge (A. D. 1815-1897)", *Journal of the Hong Kong Branch of the Royal Asiatic Society* 30.

　　1990-1991 "Some New Dimensions in the Study of the Works of James Legge (1815-1897)", *Sino-Western Cultural Relations Journal* 12-13.

　　1992-1993 "United We Stand: James Legge and Chinese Christians in Union Church, Hong Kong and Beyond", *Bulletin of the Scottish Institute of Missionary Studies* 8-9.

　　1994 "James Legge", in Chan Sin-wai and David Pollard, eds., *An Encyclopedia of Translation: Chinese-English, English-Chinese Translation*, Hong Kong: Chinese University Press.

　　1997 "Some New Perspectives on James Legge's Multiform English Translations of the *Chinese Classics and Sacred Books of China*", Paper presented in the "Symposium of the 70th Anniversary of the Department of Chinese of the University of Hong Kong".

　　1997 "James Legge's Metrical Book of Poetry", *Bulletin of the School of Oriental and African Studies* 60.1.

　　1998 "The Legacy of James Legge," *International Bulletin of Missionary Research* 22. 2.

　　1999 "Discovering Monotheistic Metaphysics: The Exegetical Reflections of James Legge (1815-1897) and Lo Chung-fan (d c. 1850)", in Kai-wing Chow, On-cho Ng, and John B. Henderson, eds., *Imagining Boundaries : Changing Confucian Doctrines, Texts and Hermeneutics*. Albany: SUNY Press.

　　1999 "Wang Tao, James Legge, and Their Response to the Modern Ruist Melancholy",

History and Culture 2.

Ouyang, Eugene Chan

　　1993 *The Transparent Eye*. Honolulu: University of Hawaiian Press.

Ride, Lindsey

　　1960 "Biographical Notes", *The Chinese Classics* Vol. 1. Hong Kong: Hong Kong University Press.

Rosenberg, Philip

　　1986 "A Whole World of Heroes", in Harold Bloom, ed. *Thomas Carlyle*, New York: Chelsea House Publishers.

Shaughnessy, Edward L.

　　1985-1987 "The 'Current' *Bamboo Annals* and the Date of the Zhou Conquest of Shang", *Early China* 11-12.

　　1986 "The Authenticity of the *Bamboo Annals*," *Harvard Journal of Asiatic Studies* 46. 1.

　　1993 "*Shang shu (Shu ching)*", in Michael Loewe, ed. *Early Chinese Texts: A Bibliographical Guide*. Berkeley: The Society for the Study of Early China and the Institute of East Asian Studies, University of California, Berkeley.

Smith, Carl

　　1985 *Chinese Christians, Elites, Middlemen, and the Church in Hong Kong*. Hong Kong: Oxford University Press.

Ting, Joseph C.

　　1951 "British Contribution to Chinese Studies", School of the Oriental and African Studies, London University, Ph. D. dissertation.

Treadgold, Donald W.

　　1973 *The West in Russia and China: Religious and Secular Thought in Modern Times* Vol. 2. Cambridge: Cambridge University Press.

Wong Man Kong

　　1996 *James Legge: A Pioneer at the Crossroads of East and West*. Hong Kong: Hong Kong Educational Publishing Company.

中文摘要

　　19世纪著名西方汉学家、苏格兰传教士理雅各（James Legge, 1815—1897）在1861年至1872年间陆续发表了极有分量的英文译注《中国经书》（*The Chinese Classics*）。理氏来华，本为传播基督教，却被中国传统学术，尤其是儒家经典所吸引，致力于翻译中国经书。《中国经书》第3卷为《书经》（*The Shoo King*）（其中包括《竹书纪年》），出版于1865年。理雅各译注《书经》，乃是他克服了重重困难和融合了许多前人的研究成果之后所作出的一项重要学术成就，确为中国古典文献的翻译注释开辟了不少新的途径。本文旨在通过讨论理雅各英译《书经》和《竹书纪年》，以彰显他对于中国学术史的贡献。事实上，理氏译注《中国经书》不仅为近代西方汉学开山之作之列，向为国际汉学界所注重；而且对于中国的读者而言，他所从事的工作也大有助于我们体会一位西方牧师对中国文化的理解。理氏译注《书经》《竹书纪年》的正面成果至今仍不失为学术参考的权威见解，而他的失误之处对于我们也是一份珍贵的学术遗产，因为这些可以使后人从其中获得经验和启发。从现代学术的眼光看，尽管理氏英译中存在着一些误解和误译，然而他所译《书经》《竹书纪年》迄今仍是唯一的英文全译本，一直是西方汉学家从事研究的不可缺少的参考著作。而且，他所提出的若干深入之见，作为思想史之宝贵资料，仍然值得我们继续思考。

Abstract

A CRITICAL ASSESSMENT OF JAMES LEGGE'S TRANSLATIONS

OF THE *BOOK OF HISTORICAL DOCUMENTS (SHU-CHING)*

AND THE *BAMBOO ANNALS (CHU-SHU CHI-NIEN)*

LIU Jiahe and SHAO Dongfang

KEY WORDS: James Legge   *The Book of Historical Documents (Shu-ching)*
The Bamboo Annals (Chu-shu chi-nien)   Bernard Karlgren

During a period of fifteen years of vigorous translation effort James Legge
(1815-1897), a 19th century Scottish missionary, completed the first full edition of
the *Chinese Classics*. This included the *Analects*, the *Great Learning*, the *Doctrine of
the Mean*, the *Mencius*, constituting the *Four Books*, as well as the *Book of Historical
Documents*, the *Book of Poetry*, and the *Spring and Autumn Annals* accompanied by
the *Zuo Commentary*. The English translation and annotation of the *Book of Historical
Documents*, as James Legge called his publication of the rendering of the *Shoo King*
(*Shu-ching*) in 1865, was the third volume in the five-volume-in-eight-tome set of
the *Chinese Classics* (1861-1872, Hong Kong). It was the first of two translations of
this Confucian scripture by Legge, the second appearing as part of the third volume
in the *Sacred Books of the East* published under the editorship of F. Max Muller in
Oxford in 1879. Nevertheless, it is this first translation that has remained a standard
work in Sinological circles for over 130 years, due in a large degree to Legge's

extensive "prolegomena" and multifaceted commentarial footnotes to this ancient and complicated text. It arguably stands as one of the most important Sinological achievements of the 19th century, bridging the gap between the two intellectual worlds of Ch'ing scholarship and English Sinology of that time. In this article we intend to create a new, more comprehensive and more nuanced assessment of Legge's monumental translation corpus by examining his translations and assessments *of the Book of Historical Documents* and the *Bamboo Annals* that accompanied it.

I. Introductory Problems

One of the most startling problems in Legge's prolegomena is the prominence he gave to the value of the *Bamboo Annals* as a tool to evaluate the textual reliability and chronological accuracy of the *Book of Historical Documents*. In the prolegomena, Legge added among other special items an annotated translation of the *Annals of the Bamboo Books* (or what is now referred to more simply as the *Bamboo Annals* [*Chu-shu chi-nien*]), an issue of some special and renewed interest to some Sinologists even today. This interest comes because of recently renewed debates over the authenticity of the *Bamboo Annals*. The Chinese traditional category of authenticity actually involves two underlying claims: (a) this text was written at a single time, essentially in a single impulse, and (b) it was written by or derives wholly from the person whose name is now associated with it. In spite of the numerous Ch'ing scholars who had debated the reliability of the *Bamboo Annals* and judged it to be a forgery, Legge preferred the contrary assessment of a contemporary Ch'ing scholar, Ch'en Fung-heng (1778-1885). In fact, this choice of Legge's had very much to do with the more significant problem of the status of the *Shu-ching* text itself. For his part Legge was initially convinced that the "ancient" textual tradition of that major Ruist ("Confucian") scripture was reliable, and so he translated all 58 chapters of the text. Among the commentarial notes prepared by Legge located among the notes in his translation and not in the prolegomena are also extensive Chinese passages criticizing the historical authenticity of the scripture itself, manifesting Legge's growing doubts regarding the original unity and textual credibility of this "classic" (as he preferred to call it). In fact, the *Shu-ching* text is complicated by questions related to "ancient" and "modern" textual traditions, involving extensive problems related to layers of editorial traditions and its corruption by forgeries. All of these questions Legge addressed after reading broadly in the commentarial traditions available to him in the 1860s in colonial Hong Kong. He himself took up a distinctively conservative position about these matters which most scholars in China and abroad would now rigorously question. This stands in contrast to Bernard Karlgren's (1889-1978) *Glosses on the Book of Documents*, where the latter refused to translate or comment on the 25 chapters of the ancient textual tradition because he, like so many other 20th century scholars, considered them to be forgeries. Another question worth noting is Legge's use of the title *Shu-ching*, a title generally used in 20th century contexts to assert the authority of the canonical text. As a matter of fact, Legge was not motivated by this kind of cultural agenda, and was merely following some Ming and Ch'ing dynasty precedents which referred to the text either by this title or by the more commonly employed title, *Shang-shu*.

II. Legge's Justifications for Employing the *Bamboo Annals* along with the *Shu-ching*

In this article we discuss, after an introduction of several general problems, the significance of Legge's use of the "Bamboo Annals" in interpreting the "Book of Historical Documents", and the justifications he presented for relying on the "ancient" text traditions of this major Ruist scripture. Among the technical issues involved in Legge's extensive debate over the textual credibility of the *Shu-ching* was his critical employment of the *Bamboo Annals* to challenge certain conservative interpretive traditions among Chinese scholars. There are, for example, questions about the historical accuracy of solar eclipses mentioned within both the *Shu-ching* and the *Bamboo Annals*, issues taken up in more technical ways in an essay Legge included within his prolegomena which was written by his younger missionary colleague, John

Chalmers.

Another major concern motivating Legge was his own skepticism about the eulogizing traditions related to the feats of the Ruist sage kings in ancient times. These included traditions recorded about the highly honored Yao, the magnificent reign of Shun, and the miraculous work of Yu in controlling the floodwaters throughout the land. Using a method of "reconstructive history" learned in Scotland, Legge sought to recover what were the underlying historical facts beneath these exaggerated traditions. In this process Legge employed the chronology of the *Bamboo Annals* as a critical foil to illustrate how alternative and critical historical traditions within China had already tried to distiguish fact from fiction. While Legge consequently accepted the "ancient" textual tradition of the *Shu-ching* as the original text precisely because this tradition upheld earlier and less critical accounts about the ancient kings, he also investigated the historical claims that the "ancient" texts were forgeries and believed them to be inconsistent. In this way Legge balanced two important commitments on the basis of his reading of the Chinese academic traditions on these issues. First, he did not believe there was enough evidence to prove that the received "ancient" texts were forgeries, a position most 20th century scholars would refute. Secondly, he nevertheless maintained a skeptical evaluation of the historical value of the records themselves, applying a critical analysis of myths and traditions that was far ahead of Chinese historical scholarship at that time. While these criticisms were also motivated by historical concerns related to his Christian assumptions about the nature of ancient history, especially as they related to the "Noahic" flood, Legge's critical edge anticipates by fifty years similarly critical scholarship published by Chinese scholars of the School of Ancient History Criticism prominent in the 1920s.

III. Problems Related to the Historical Content of the *Shu-ching*

This moves us into a discussion of Legge's interpretation of the historical data found within the scriptural text. Taking the hermeneutic problem here very seriously, this involves a brief introduction into Legge's Scottish academic background, his

Christian missionary interests, and his shifting position over time regarding the worth and reliability of the *Shu-ching* text. Legge promoted a historical reading of the scriptural text based on three convictions. First, the records related to Yao, Shun and Yu were exaggerated traditions with questionable historical value; secondly, starting with the rule of T'ang historically reliable material is presented; and finally, the material written about the Chou dynasty was recorded by contemporary historiographers. He debunked the myths surrounding the sage-kings in the *Shu-ching*. While errors in these positions are pointed out, Legge's recognition of the historical epochs belonging to what is associated with the "modern" textual traditions is a genuine academic achievement.

Errors and achievements are spelled out in great detail with regard to how Legge identified certain historical issues within the text. These include: (1) How he explored the issue of the origin of the Chinese people and related it to the original use of the term "Middle Kingdom" (*Chung-kuo*); (2) How he discussed the political systems of the early Chinese nation by focusing in particular on the exaggerated and embellished accounts in the *Shu-ching* how the common people were given the authority to overthrow a tyrant king and an ideal king arose to establish a new dynasty under the mandate of heaven; and (3) How he analysed at length the problems associated with the relationship between the Lord on High (*shang-ti*) and the authority of kings, and underscored the traditional view that the rulers of the Three Dynasties won the Empire through benevolence and lost it through cruelty. As it seemed to Legge, the change of a dynasty would ultimately be settled not by the degree of a ruler's morality, but rather by military force.

Legge's claims here deserve further scrutiny. We should continue to ask why because the Chou people chose to understand this point as a matter dependant on the relationship between humans and the divine, or between humans and cosmic nature. The answer appears to have to do with their will to replace the authority of "*Shang-ti*" with the Duke Chou's more humble and yet heroic stature. Rather than saying that the

Chou forces were victorious because they possessed the mandate of heaven, it would be better to say that the Shang dynasty had lost the trust of the people and they, the Chou, had gained the hearts of the people. Quite autonomously, then, they came to the view that the mind of the people was the basis for determining the will of heaven, and that this mind was more reliable than the heavenly mandate. There is consequently clear evidence here of a human spiritual awakening in questions regarding the relations between humans and heaven in ancient China. It is important to note that when the Chou people took to doubting heaven, they did not go the way of the Greeks, that is, through forming democratic constitutions. Instead, they assumed the path of demophilic praxis-unravelling the will of heaven with the mind of people.

In a series of lucid and engaging analyses, Legge makes it crystal clear that his maior goal in research was to cause Chinese people to look more critically at their own history and the records about their sages, assessing them according to valid historical standards, and so to cease from promoting an uncritical admiration of them. If they continued supporting a simply traditional attitude, then Legge claimed as matter of political realism there would be no hope for Ch'ing dynasty China in the face of its on-going confrontations with imperialistically-mind European powers.

IV. Discussions about Legge's Translations of the *Shu-ching* and the *Bamboo Annals*

In the following section, we enter fully into critical analyses of his translations of both the texts of the *Shu-ching* and the *Bamboo Annals*. As has been pointed out earlier, Legge was trained in Scottish traditions that took very seriously the critical evaluations of textual transmissions and previous historical statements. Even before he had entered university studies the young Legge had been deeply impressed by critical historical studies on the origins of Scotland by the highly regarded Scottish classical scholar, George Buchanan (1506-1582). Questions about the historical reliability of texts as well as learning to read them critically were included in his university studies in philosophy at King's College in Aberdeen. This approach was learned and promoted particularly through the works of Dugald Stewart (1753-1828), and then extended later as these principles were employed in biblical studies during Legge's theological training at the Congregational Seminary in Highbury, England. Any "righteous decisions" he sought within the Chinese canonical work would be judged in part by standards of the NeoAristotelian form of Scottish realism he studied as well as the Nonconformist theological values he imbibed from his theological work. We look in detail at the source materials Legge employed for his renderings of the *Shu-ching* and the *Bamboo Annals* and discuss numerous problems that arise within these English translations. To illustrate the significance of these problems we compare his renderings to those worked out nearly a century later by Bernard Karlgren (1889-1978) in his *Glosses on the Book of Documents.*

We initiate the critical discussion in this major section, which constitutes the last half of our essay, with a careful analysis of the materials Legge employed in pursuing his research before translating both texts. At the end of Legge's prolegomena he provided an annotated bibliography of all the sources he employed, making it possible for informed scholars to carry out a careful analysis of his translations and commentarial interpretations. While Legge was relatively aware of the complicated textual history of the scriptural text itself, some questions are raised about why he did not follow other critical evaluations of these same texts which he had access to. Regarding the commentarial texts he employed for both works, details are provided regarding the texts Legge emphasized from earlier dynasties as well as those of the Ch'ing period. We make note of the critical work of the Sung scholar, Wang Bo (1197-1274), whose well-presented doubts about the historical authenticity of the scriptural text struck Legge so strongly that he began in the latter half of his translation to add them in Chinese to the end of each section. Legge by this means continued to translate the full ancient text of the *Shu-ching*, but also documented indigenous scholarship presenting relatively convincing evidence that the text in various places was corrupted. One major drawback in Legge's commentarial and translation work on this text is his failure to utilize Wang Yin-chih's (1766-1834) very important commentaries. This is regrettable, especially since Legge did recognize its worth later on and employed it for his translation of the *Book of Poetry* (*Shih -ching*) . Further comments are also made regarding Legge's use of philosophical source materials as well as some of the rare texts which he had access to.

In translating and annotating the *Bamboo Annals*, Legge relied generally on the interpretations of Ch'en Fung-heng, but he was in no way a slavish imitator or even a general follower of Ch'er's commentaries. For example, he sometimes offered mediating positions in relating Chen's interpretation with different stances of other scholars. In addition, a thorough presentation of a majority of the source materials available to Legge in Ch'en Fung-heng's work is provided, manifesting the wealth of contemporary sources Legge employed in assessing the text of the *Bamboo Annals*, even though sometimes reliance on Ch'en's work might account for some of the glaring omissions of critics' work from his bibliography.

Problems in Legge's translations of both texts are documented in detail, referring to the kinds of problems he encountered and then illustrating them with specific and typical examples. Sometimes comparisons with Karlgren's text are given, whenever it is interesting and possible, in order to show the inherent difficulties of translating these ancient texts into English. Particular problem areas relate to the following kinds of translation challenges and errors: (1) Places where the original text is difficult to understand in and of itself; (2) Places where Legge misunderstood the scriptural text or ancient commentaries; (3) Places where Legge accepted the errors of Chinese commentators and repeated those errors in his annotations. Similarly, details related to places where Legge erred or did not precisely translate passages in the *Bamboo Annals* are presented in eight typical examples. These errors and misunderstandings are themselves understandable, but do not decisively detract from the overall milestone achieved by Legge in rendering both the *Shu-ching* and the *Bamboo Annals* into English. Pointing out these several instances of misunderstanding and shortcomings is in no way intended to lead to the conclusion that the quality of work produced by Legge and Karlgren is not high. These flaws by no means belittled the value of their works; our criticisms absolutely do not carry these implications. Our concern here is to show that in regard to the study of ancient literature such as the *Shu-ching* and *Bamboo Annals*, no one person has done in a perfect job in either translation or interpretation, and so there are still opportunities for further research. In fact, their works rightly have survived through the years owing to their rigorous scholarship and unusual comprehensiveness, and their interpretations have occasioned thought and discussion among scholars. Consequently, both translations remain "classics" of Sinology in their own right.

Legge's cultural achievement in both the translation and interpretive analyses of the *Shu-ching*, *Bamboo Annals* and their associated commentarial traditions stands not only as a monument in his own scholarly contributions to Sinology, but also as a milestone in Western academic studies of Chinese culture in general. The influence of his work on the subsequent study of the history of ancient China and the ancient world was without a doubt profound and enduring. Most scholars can of course entertain their own views and analyses of the Chinese Ruist classics, but none can deny that the problems raised by Legge have an enlightening effect. We conclude with further reflections on the value of Legge's translations and annotations of both works, affirming their worth as the contribution of a truly great Western Sinologist of the 19th century, even in spite of errors and misunderstandings in translation and interpretation.

We feel obliged to offer here a final assessment of his monumental work in translating not only the *Book of Historical Documents* and *Bamboo Annals*, but also the whole of the *Chinese Classics*. As a translator of the ancient Confucian scriptures Legge sought to be careful and precise, and succeeded in doing so far beyond those foreigners who had tried to do something like this before him. As a missionary-scholar he engaged himself for decades with what were considered to be the noblest teachings of Chinese civilization; while always self-conscious about addressing any relevant issues touching his broad ranging Christian concerns, through the years he also gained a greater appreciation for Chinese intellectual achievements and a more precise account of the problems inherent in their "classical" teachings. Finally, as a cultivated gentleman he became an informed Chinese observer and so increased in the strength of his religious and intellectual convictions by means of his persistent and numerous comparisons in cross-cultural religious and philosophical spheres. It was particularly in these last two areas of critical appraisal that Legge believed the best hopes for China rested, both for the Chinese people in the Ch'ing empire and for those in the future, as China fully entered into the "modern world".

原载台湾《"中央研究院" 历史语言研究所集刊》

第 71 本，第 3 分，2000 年

理雅各译注《书经》《竹书纪年》的文献考证

引言

　　19 世纪著名西方汉学家、苏格兰传教士理雅各（James Legge，1815—1897）氏从 1861 年到 1872 年，陆续发表了极有分量的译注《中国经书》（The Chinese Classics）。《中国经书》的第 3 卷为《书经》（The Shoo King）（其中包括《竹书纪年》），出版于 1865 年。《书经》或称《尚书》，它和《诗经》一样，是中国传统中最古老的文献，所以也最为难读。而作为中国儒家最重要的经典之一，《书经》对于中国传统文化有着很深的思想影响。因此，它是一部既难读又重要的书。如果人们想研究或者翻译《书经》，那么就会遇到一些比研究其他经书更多的困难。这是因为，《书经》不仅有今古文之分的问题，还有其他经书所没有的有关篇数多少和文本真伪的问题。

　　作为 20 世纪末的学者，无论是中国人还是西方人，只要看了理氏这一部译作的目录，大概都会发生这样一些疑问：理氏翻译《书经》，为什么把《竹书纪年》也附带译在一起呢？[①] 如果说理氏翻译《春秋》时附入《左传》是有中国经学传统的依据的，那么翻译《书经》而附入《竹书纪年》就没有先例了。何况《竹书纪年》本身还存在着其真伪之辨的问题。再则，理氏所译的是《书经》五十八篇，而不是二十八（或二十九）篇（即《今文尚书》）。[②] 宋代以降就有学者怀疑二十八篇以外各篇为伪书（所谓伪《古文尚书》），到了清代前期，这一问题已经基本定案，这是多数中国学者都接受

---

① 见本书 108 页注①。
② 见本书 108 页注②。

的认识。在西方，自从瑞典学者高本汉（Bernard Karlgren，1889—1978）的《尚书注释》（*Glosses on the Book of Documents*，1948—1949 年出版）和《尚书》英译本（1950 年刊行）只包含二十八篇以后，大概也不会有多少人认为翻译五十八篇是必要的了。那么在一个多世纪前，理氏为什么这样做呢？据我们所知，理氏并不是由于对中国经学研究无知才如此做的。他在此书的《绪论》（Prolegomena）对此已经作了相当明确的说明。限于篇幅，我们在此不再赘述。有兴趣的读者，不妨自行参阅这篇《绪论》。鉴于一百多年来对理氏译注过程中涉及《尚书》《竹书纪年》的文献考证，尚未见有专文讨论其得失，我们在这篇文章里主要讨论这一问题。由于我们在《尚书》（"古文"）和《竹书纪年》（"今本"）真伪的问题上与理氏有不同的看法，我们将依据一百多年来对这一问题的学术进展情况以及我们自己研究的成果，加以说明和解释。

一、关于《古文尚书》真伪及有关文献的问题

（一）

首先，我们想对理氏为什么采用《书经》这一名称作一点说明。在先秦时期，孔子和其他诸子引用《尚书》文字时都只称之为《书》，或者指出是何代之书，或者说明所引篇名，而无《尚书》或《书经》之称。到了汉代，开始出现《尚书》的名称，例如司马迁（前 145—前 86）在《史记》里就用了《尚书》的名称，并解释说，"尚"是"古"的意思，所以《尚书》的意思就是上古之书。《尚书》各篇都是先秦时期的文献，汉代人称之为《尚书》是很自然的事情。在此情形下，《书》和《尚书》两个名称并用的情况，沿袭了相当长的一个时期，唐代初年官修《五经正义》，其中注释《书经》的那一部仍然称为《尚书正义》。到了宋代，学者们不仅在著述时称《书》

或《尚书》，即便在口头对话中也是如此，《朱子语类》里的记录就是明证。[①]
现在流行的蔡沈（1167—1230）注《书经集传》，原本的名称是《书集传》，
蔡氏为此书作的自序中就是这样说的。这部书名中的"经"字不知是什么
人后来加上去的。也就是关于《书经》的名称究竟始于何时，现在一时难
以作出确切研究和论断，因为确证需要大量地并仔细地引用材料。现谨根
据朱彝尊《经义考》及《四库提要》所引材料说明如下：

（1）《经义考》作《书传大全》，所引吴任臣曰，亦称《书传》。又《四库
全书总目》亦作《书传大全》，按其内容，除《尚书》正文外，主要用蔡沈
传，并以陈栎《尚书集传纂疏》及陈师凯《书蔡传旁通》作为蔡传之补充，
故不仅有经，而且有传，称为《书传大全》正好说明其兼有"书"与"传"。
所以取《书传大全》之名称是不会成问题的。

（2）元儒吴澄作《书纂言》，《四库全书总目》第96页如此，《通志堂经
解》也如此。《经义考》第467页却作"书经纂言"，而其所引顾应祥所作之
序又称之为《书纂言》，可见原书名是《书纂言》，朱彝尊不经意间把它称为
"书经纂言"了。

（3）元儒董鼎作《尚书辑录纂注》，称《尚书》为《书经》，《经义考》
（第469页），《四库全书总目》（第97页）皆如此。而董鼎之子真卿作跋却说
"先世以来多习《书经》"，可见当时行文已有用"书经"者（第469页）。

（4）吴澄为董鼎之《尚书辑录纂注》所作之序中也称《尚书》为《书
经》（见《经义考》第470页）。可见吴澄本人虽然在正式书名中仍然用
《书》或《尚书》的名称，而行文中也是兼用"书经"的。

从以上的例子看，元代学者行文中已有"书经"之称，唯正式书名尚
未见用"书经"之称的。虽然明初官修的《书传大全》并没有直接称《书
经》，不过，当时的不少学者研究《尚书》的著作已经采用"书经"这个名
称了。所以我们可以说所见书名称"书经"者以明代学者之书为最早。

到了清代，虽然"书"和"尚书"这两名称继续使用，但是官修的《钦

---

① 参看黎靖德编《朱子语类》卷78至79，1977～2064页。

定日讲书经解义》和《钦定书经传说汇纂》都正式以《书经》作为《尚书》的称谓了。既然《尚书》早就被看作经，称《书经》当然也是正常的事。理氏旅居清代晚期的香港，当时中国学者都习惯上称《书经》，他自然也就照这样题名了。我们作这一点说明，一是想让读者了解一下《书经》名称演变的大致过程，二是想说明理氏只不过采用了此书当时通用的名称，而并非特别尊称它为"经"。

（二）

现在我们看到这一部由理氏译注的《书经》，当然首先就会想到这部古书的原本是怎样来的，其真伪的情况如何。理氏对于这一点也非常清楚，所以他在本书的《绪论》中首先就论述了这个问题。他不仅探讨了《书经》的材料来源问题，而且谈到了它的流传的历史，以及历代学者对此书真伪的讨论的历史。在叙述了这一段历史之后，理雅各说：

> 我将陈述自己相信《古文尚书》和孔安国传之真实性的理由，并对另一种主张的主要论证作一些讨论，以此作为关于《书经》这一章的总结。[①]

理氏在此表明，他相信《古文尚书》和"孔安国传"。他的这一看法正与清代学者毛奇龄（1623—1713）的见解相同，或者说，这是他直接受了毛奇龄影响的结果。关于这一点，理氏在书中其他地方也有所说明。理氏将对于这一问题的论述分为七点。以下先逐点加以简要的介绍和疏解，然后再谈一下我们对于这一问题的看法。

第一点，理氏把所谓"孔安国传"和《古文尚书》分开处理。[②] 他以为"孔安国传"的真伪问题并不重要，即使其传为伪，也不失为一部古注，仍

---

① 〔英〕理雅各：《中国经书》第3卷《书经》，"绪论"37页。

② 东晋初年梅赜献《孔传古文尚书》于朝廷，包括《古文尚书》及孔安国所作的传，其书分46卷，58篇。

然是有价值的。而且，如说"孔传"是伪书，也还有作伪者难以确定的问题。至于《古文尚书》，他则认为是真书。他这样把经、传分开处理，恰恰是毛奇龄论证《古文尚书》为真书的一个基本论点，关于这一点，以下还会专门讨论。理氏以为，如果说此书为后人伪作，那么有两点令人颇为难解。一则，如果说此书为某人广引诸书而后编造成的，那么此人则必须既有大学问而又甘心欺世。二则，他抄引其他古书（如《孟子》）还必须故意作一些窜改，以避免他人的怀疑。理氏认为，这些情形实际上是不可能出现的，孟子引书之所以并不完全同于现传之书，那是因为他只是引其要义，而不是逐字逐句照抄。按理氏所说的这两点，虽然并非绝对不可能之事，但是可能并不等于现实，因此也不能构成《古文尚书》为真的直接论据，我们姑且不论。

第二点，理氏批评了朱熹（1130—1200）的《古文尚书》晚出说。这一点可以说是问题的关键所在。因为，如果在梅赜以前此书确实不曾为人所见，那么它的来历就太可疑了。怎么解释这个问题呢？理氏根据毛奇龄说作了两点回答。其一，理氏在其《绪论》第一章里已经叙述了《古文尚书》传授的历史。[①]理氏以为，《古文尚书》的历史既无可怀疑，而说它晚出也就没有根据了。下面我们将要说明理氏所根据的毛氏说是有问题的。其二，马融（79—166）、郑玄（127—200）注《尚书》、赵岐（约108—201）注《孟子》、韦昭（204—273）注《国语》引用到《古文尚书》某些章句时都说明此书是"逸书"。理氏又根据毛氏的意见，说"逸书"只不过是不受官方承认而未立于学官的书，并非已经失去的书。[②]毛氏此说的问题，我们也将在下文中加以辨析。

第三点，理氏批评了明代学者归有光（1506—1571）根据《汉书·艺文

---

① 毛氏之说见其所著《古文尚书冤词》第2卷，5～12页。本文引毛氏此书，皆据清萧山陆凝瑞堂藏刊本。

② 〔英〕理雅各：《中国经书》第3卷《书经》，"绪论"40页。毛氏说见《古文尚书冤词》第3卷，3～4页。

志》而推定《古文尚书》为伪的说法。① 按归有光所引并非《汉书·艺文志》的原文，而是他个人的一种理解，当然不能作为证伪《古文尚书》的根据。毛奇龄和理氏均指出归有光引《汉书》之误，是合乎事实的。不过，这一条对于判断《古文尚书》的真伪并不具有关键性的意义。

第四点，理氏批评宋代学者吴棫（1100—1154）和朱熹的《古文尚书》易读故为伪之说。② 事实上，中国学者对于《古文尚书》的怀疑，最初是从注意到《古文尚书》明显地容易读开始的。几乎每一个读《尚书》的人都会对于其中的某些篇章之难懂感到头痛，而这些大多是《今文尚书》，可是一读到《古文尚书》却有松一口气之感。正是这种鲜明的反差使学者产生了最初的疑问。不过，毛奇龄和理氏的反驳也很有意思，因为不仅"古文"易读，而且"今文"中也有浅显平易的篇章。当然也要指出，这一点并非毛奇龄的创见，明代学者陈第（1541—1617）在此前已经有过说明。③ 毛奇龄也声明，他的看法曾受到了陈第之说的启发。毛氏和理氏主要不是根据时间的早晚来说明不同篇章之难度，而是以不同篇章内容的不同性质来说明其难度的不同。应该说明的是，他们这种以篇章内容性质来区分文字难易的说法并不准确。例如，理氏认为同为"诰"体之文最难，可是，《古文尚书》中的《仲虺之诰》《商诰》并不难懂，而今文的《大诰》《酒诰》《召诰》《洛诰》等却十分艰难，可见文字难易并非以文体而定。不过，他们看出了另外一个问题，即《今文尚书》中也有不同的成分。对于毛奇龄来说，他不存在怀疑《今文尚书》的问题；而理雅各则想到了《今文尚书》中也有当时所作之原文与后来据传说而编定的这两类作品，这在其《绪论》第二章中是有说明的。由于理氏不受中国经学传统的限制，所以能够在这一点上比毛奇龄又有了新的进展，而且这一进展是很有意义的。

---

① 〔英〕理雅各：《中国经书》第 3 卷《书经》，"绪论" 40 ～ 41 页。又见《古文尚书冤词》第 4 卷，3 ～ 4 页，"书篇题之冤"条。

② 同上书，"绪论" 41 ～ 42 页。《古文尚书冤词》第 3 卷，9 ～ 12 页。

③ 转引自《钦定书经传说汇纂·纲领一》，见影印《文渊阁四库全书》第 65 册，434 页。

第五点，理氏批评朱熹的"孔安国书序"（即所谓"大序"）和每篇前的"小序"不像前汉时期的文章风格的说法。① 关于"小序"，理氏引用毛奇龄之说，即司马迁已经在《史记》中多次引用"小序"，怎能说它是后汉时的作品呢？所以他们认为只凭文章风格确定书之真伪，是完全靠不住的。这一驳论很有力，"小序"在汉武帝（前156—前87）以前即已存在，这是无可怀疑的。不过，"小序"是否后汉时的作品，这与《古文尚书》真伪问题的关系不大。关于"大序"，毛奇龄虽说为真，但以为与《古文尚书》真伪问题没有关系，而未加多说；理氏则以为，刘歆（前53—23）曾经重复过"大序"的文字，故"大序"为真。然而，对于这个问题，我们还必须看到另外一种可能，即伪造"大序"的人抄袭了刘歆的话，并以此欺世。理氏既然没有用有力的证据排除这后一种可能，他所说的就仍然是一种可能，如上所言，可能并不等于事实，所以他的这一论证不能单独成立。

第六点，"孔安国书序"中说，因为巫蛊之祸的干扰，他（孔安国）未能把所作的《尚书》传献给汉武帝。有人说，这就证明此序是伪作。因为巫蛊之祸起于汉武帝征和元年（前92），而司马迁说孔安国"早卒"，又曾说他的《史记》写至太初（前104—前101）而止。这样，孔安国就并未活到巫蛊之祸的时候，当然就说明这篇序不是孔安国自己所作。毛奇龄引述了这个说法后，就对之加以批评。毛氏的理由是，司马迁虽然曾说他的书只写到太初而止，但是《史记》本身里就记载了巫蛊之祸的发生。所以，不能断定孔安国就死于巫蛊之祸以前。② 理氏也采纳了毛氏的说法。③ 按毛氏、理氏说《史记》的内容实际已经写到征和年间，这是没有问题的。不过，他们并不能因此就得出孔安国就一定能够赶上巫蛊之祸的时候的结论。因为我们还不能不考虑到司马迁本人曾经说孔安国"早卒"这一事实，即使《史记》写到了太初年间，而且他说孔安国"早卒"也是在这个时期说的，那么

---

① 〔英〕理雅各：《中国经书》第3卷《书经》，"绪论"42～43页。《古文尚书冤词》第3卷，14～15页。

② 毛奇龄：《古文尚书冤词》第4卷，4～9页。

③ 〔英〕理雅各：《中国经书》第3卷《书经》，"绪论"43～45页。

孔安国仍然是在这以前"早卒"了；所以，孔安国并没有活到巫蛊之祸的时候。

第七点，许慎（58—147）在其《说文解字序》中清楚地说明，他所称引"《书孔氏》《诗毛氏》《礼周官》《春秋左氏》《论语》《孝经》皆古文也"。毛奇龄引了一位批评者的话：

> 据此则其所引《书》惟孔氏古文可知已。乃考之《说文》，则仅有二十八篇中字，增多之篇无一字相及。惟"若药不暝眩"一句属《说命》文，然《孟子》亦有之。得非慎所引者《孟子》耶？是今之古文在当时无其书也。

由此，毛奇龄相当武断地认为，许慎所说的"书孔氏古文"并非真是孔氏的古文（在他看来，伪"孔氏古文"才是真书），而是杜林（？—47）所传"漆书"之《古文尚书》。[①] 理氏也沿着毛氏提出的问题对此加以讨论，他认为毛氏所提出的说法是解决问题的一种办法，但是还另存在着一种可能，那就是在许慎的时候还有一种版本的《尚书》，其篇目是沿袭伏生的，而其文字与训读则依孔安国所传的古文。理氏自己也承认在这个问题上他仍然有未能解悟的"困惑"（perplexity）。[②] 这恰是涉及所谓"孔氏古文尚书"真伪问题的关键所在，理氏虽然仍然从毛氏之说，但是他并不像毛氏那样武断，而是提出了疑问。尽管在前面论述《尚书》的历史的时候，他所作的推测是错误的，不过在这里他所说的另一种可能中却包含了真理的成分。

毛奇龄《古文尚书冤词》中还有"书词之冤"等方面的内容，大多为强辩之词，可不置论。理氏从毛氏所争辩的问题中选用其中的七条，虽然并非每条都很重要，但是还是把主要需要讨论的问题谈到了。所以，不管他的见解是否正确，作为一位苏格兰的汉学家，理雅各能为西方人了解"孔

---

① 毛奇龄：《古文尚书冤词》第7卷，7～10页。
② 〔英〕理雅各：《中国经书》第3卷《书经》，"绪论" 45页。

氏古文尚书"真伪的论辨历史提供了这样丰富而深入的讨论数据，实在是
难能可贵的。

（三）

尽管理雅各主张《古文尚书》不伪，但是根据前辈学者和我们自己的
研究成果，我们仍然主张"孔氏古文尚书"是伪书。关于《古文尚书》真伪
的讨论涉及了许多方面的问题，这里不可能、也无必要面面俱到，以下只
就三个主要方面谈谈我们对于"孔氏古文尚书"的真伪问题的见解：

第一，毛奇龄和理雅各否认"孔氏古文尚书"为伪书，其重要的理由
是：此书从来就不曾失传，因而也就没有作伪的可能和必要。怎么来证明
此书没有失传呢？毛奇龄的主要论据是《隋书·经籍志》所载：

> 晋世秘府所存，有《古文尚书》经文，今无有传者。及永嘉之乱，
> 欧阳、大、小夏侯《尚书》并亡……至东晋，豫章内史梅赜始得安国之
> 传，奏之。①

毛氏因此以为，在晋代遗失了的只是"孔传"，而《古文尚书》经文从未发
生遗失的问题。其实关于这个问题，《四库全书总目》（以下简称《四库提
要》）的作者已经作了相当明确的解答，他们认为，《隋书·经籍志》的记载
虽确有不清楚的地方（这一点恰好被毛奇龄利用了），但仍然是透露了有价
值的信息的。《四库提要》作者云：

> 然《隋志》作于《尚书正义》之后，其时古文方盛行，而云无有
> 传者，知东晋古文非指今本；且先云古文不传，而后云始得安国之传，
> 知今本古文与安国传俱出，非即东晋之古文。②

---

① 魏徵等：《隋书》第 4 册，915 页，北京，中华书局，1973。
② 永瑢等：《四库全书总目》第 12 卷，102 页。

这一段话抓住了《隋志》中的一个关键文句："今无有传者。"晋代还有的《古文尚书》今（指唐初）已失传，可是当时所盛行的《尚书正义》中又有着《古文尚书》。这样，一方面说《古文尚书》失传了，而另一方面，《古文尚书》又现实地存在着，这样就形成了矛盾。如何才能解决这个矛盾呢？唯一的可能是，《尚书正义》里的《古文尚书》并不是晋代流行于世的《古文尚书》。这实际上已经从逻辑上说明了《尚书正义》中的所谓"孔氏古文尚书"并非晋代还存在的真书。

应该说明，同样在唐初，还存在着"孔氏古文尚书"在更早的时候就已失传的一种说法。陆德明（550—630）在其所作《经典释文序》中说：

> 古文尚书者，孔惠之所藏也。鲁恭王坏孔子旧宅，于壁中得之，并《礼》《论语》《孝经》，皆科斗文字。博士孔安国以校伏生所诵，为隶古写之，增多伏生二十五篇，凡五十九篇，为四十六卷。安国又受诏为《古文尚书传》，值武帝末巫蛊事起，经籍道息，不获奏上，藏之私家。以授都尉朝。司马迁亦从安国问，故迁书多古文说。刘向以中古文校欧阳、大小夏侯三家经文，脱误甚众。都尉朝授胶东庸生，庸生授清河胡常，常授虢徐敖，敖授琅邪王璜，及平陵涂恽，恽授河南桑钦。王莽时诸学皆立，恽、璜等贵显。范晔《后汉书》云："中兴，扶风杜林传《古文尚书》，贾逵为之作训，马融作传，郑玄注解。由是《古文尚书》遂显于世。"按今马、郑所注，并伏生所诵，非古文也。孔氏之本绝，是以马、郑、杜预（222—284）之徒皆谓之逸书。①

唐代史学家刘知幾（661—721）接受陆氏之说，甚至进一步明确地指出："至于后汉，孔氏之本遂绝。"②按照陆德明和刘知幾的说法，"孔氏古文尚书"只传到西汉末年王莽（前45—23）之时为止，到东汉时已经绝迹了。

① 陆德明：《经典释文》上册，29～31页，上海，上海古籍出版社。
② 刘知幾：《史通·古今正史》，见浦起龙：《史通通释》第12卷，331页，上海，上海古籍出版社，1978。

《钦定书经传说汇纂》(即理氏所说的《雍正书》"*Yung Ching's Shoo*")之"纲领一"引用了陆氏这一段话,理氏对此却很不以为然。[1]陆德明的一个核心论点是:"孔氏之本绝,是以马、郑、杜预之徒皆谓之逸书。"在陆氏的用语里,"逸"与"绝"是有内在联系的一对概念:因为"绝"了,才被称为"逸书";既然称为"逸书",自然就是"绝"了。正是在这个关键的地方,毛奇龄和理氏提出了与陆氏不同的看法。毛奇龄首先提出"亡书"与"逸书"之别。他从《书序》所列的一百篇书目中减去《尚书正义》中的五十八篇,以为所余的四十二篇书就是所谓"亡书";在"亡书"以外的十余篇才是所谓"逸书"。这十余篇就是《史记》所说孔安国"逸书得十余篇"之书。[2]他又说,在汉代,"今文立学,称《尚书》;古文不立学,即称逸书"[3]。理氏在本书中就是采用了毛氏的说法。[4]

毛奇龄这样区分"逸书"与"亡书"的目的,是要证明晚出的二十五篇在东汉时既没有亡,也没有绝,只是未能立于学官而被置于一边而已。对于毛氏这一说法,《四库提要》的作者曾有很充分的驳议:

> 〔杜〕预注《左传》,皆云文见《尚书》某篇,而逸书则皆无篇名。使预果见古文,何不云逸书某某篇耶?且赵岐注《孟子》,郭璞注《尔雅》,亦多称《尚书》逸篇,其中见于古文者不得以不立学官假借矣。至《孟子》"欲常常而见之,故源源而来,不及贡,以政接于有庳。"岐注曰:"此常常以下皆《尚书》逸篇之词。"《尔雅》"钊,明也。"璞注曰:"逸书:钊我周王。"核之古文,绝无此语,亦将以为不立学官故谓之逸耶?又岐注"九男二女",称"选书有《舜典》之书,亡失其文"。《孟子》诸所言舜事,皆《尧典》及逸书所载,使逸书果指古文,则古文有

① 〔英〕理雅各:《中国经书》第3卷《书经》,"绪论"25页。
② 毛奇龄:《古文尚书冤词》第2卷,2~5页。
③ 同上书,3~4页。
④ 〔英〕理雅各:《中国经书》第3卷《书经》,"绪论"40页。

　　《舜典》，何以岐称"亡失其文"耶？此尤弇文愈工而罅漏弥甚者矣。①

　　也许有人会说，区分"亡书"与"逸书"的学者，并不止毛奇龄、理雅各二人。毛氏自称其说取自徐仲山，而且在他以后也颇有人持此说。例如，段玉裁（1735—1815）也曾对"亡书"与"逸书"作了区分。②可是，段玉裁区分"逸书"与"亡书"的依据来自《尚书正义》所引郑玄之说。他说："郑以有目无书谓之亡，有书而不立学官谓之逸。"按郑玄以《汨作》《九共》（九篇）《典宝》《肆命》《原命》等十三篇为"逸书"，而毛氏所依据的孔疏却以为已亡；郑玄以为《仲虺之诰》《太甲》（三篇）《说命》（三篇）《微子之命》《周官》《君陈》《蔡仲之命》等已亡，而这些现存于二十五篇之中。段玉裁正是以此证明二十五篇《古文尚书》为伪书，其结论却是与毛氏相反的。至于郑玄的"逸书"与"亡书"之分是否可以绝对地作为标准，其中也还是有问题的。比如，郑氏以为《汤征》属于亡书，可是与他同时代的学者赵岐在注《孟子》"葛伯仇饷"引《书》时即云是"逸书"。段玉裁曰："赵氏不云'亡书'而云'逸书'者，赵不见中古文，于'亡'与'逸'，不能如郑之区分也。"③按段氏此说相当武断，我们读《后汉书》中郑、赵二人之传，根本不见有郑氏曾见中古文书而赵氏未曾见的记载；郑氏一生不仕，而赵氏虽仕途坎坷，却还在朝中做过官，应该说赵氏比郑氏有更多的机会见到中古文。所以事情并非如段氏所说的那样，即究竟何人见过或没有见过中古文的问题，而是郑、赵二人对"逸书"有不同理解的问题。（在郑、赵以后一代的学者，韦昭（204—273）注《国语》，凡于引《书》，称"《书》曰"，或称"《夏书》曰、《周书》曰"；而不见于当时之书者，皆曰"逸书"。杜预注《左传》，对其中引《书》，称"书曰"，或称夏、商、周书；而不见于当时之书者，也例曰"逸书"。二人之例与赵岐同。他们都没有把已逸先秦之《书》称为"亡书"）其实赵岐等不分"亡"与"逸"是有其道理的。据《说

①　永瑢等：《四库全书总目》，102页。
②　段玉裁：《古文尚书撰异·书序第三十二》，见《清经解》第4册，116～125页。
③　同上书，117页。

文解字》："逸，失也。"（按此字原来从兔子善于逃跑得出它的意思：逃跑了，当然也就失去了）二字本来具有相同的意思。按中国古书常例，"逸"、"佚"、"失"三字常相通用，因为它们都是同源字。而"亡"字，据《说文解字》："亡，逃也。"（既然逃了，当然也就失去了）由此可见，"逸"与"亡"、"失"，从字义上来说是相通的。因为它们相通，所以赵岐才能把"逸书"与"亡失其文"等同起来。毛氏与理氏对"逸书"、"亡书"加以区分，其方法来源出自郑玄，本来未必就是各家都遵守的公认标准；而他要说明的结论又与郑玄相反，这就更加缺乏说服力了。

第二，毛奇龄和理雅各都叙述了"孔氏古文尚书"传授的历史，尤其注重东汉时期传授的历史，因为对他们而言，只要证明了传授的历史不曾间断，"孔氏古文尚书"为伪的问题就失去了内在的根据。理氏就明确地表示过，他对于"孔氏古文尚书"传授历史的叙述已经给此书晚出并为伪作之说作出了充分的回答。[①]

必须注意的是，研究《尚书》是否曾经失传的问题，绝不是仅靠叙述一下传授系统的名单就能解决的，因为这里面还有所传到底是什么《尚书》、其中到底有多少篇以及到底包括哪些篇的问题。所以我们不能不就"孔氏古文尚书"所传的篇数和篇名这两个方面来作一些考察。

首先，关于"孔氏古文尚书"的篇数问题。《史记·儒林列传》记：

> 孔氏有古文《尚书》，而安国以今文读之，因以起其家。逸书得十余篇，盖《尚书》滋多于是矣。[②]

《汉书·儒林传》重复了司马迁上述之语。[③]而《汉书·艺文志》云："《尚书》古文经四十六卷（自注云：'为五十七篇'）。经二十九卷，传四十一篇。"又云："孔安国者，孔子后也。悉得其书（按指孔壁古文《尚书》），以考二十九

---

① 〔英〕理雅各：《中国经书》第 3 卷《书经》，"绪论" 39 页。
② 〔日〕泷川资言：《史记会注考证》，1952 页，上海，上海古籍出版社，1986。
③ 王先谦：《汉书补注》，1520 页，北京，中华书局，1983。

篇，得多十六篇。安国献之，遭巫蛊事，未列于学官。"① 而东晋梅赜所献
"孔安国《尚书序》"则以为：

> 〔古文《尚书》〕增多伏生二十五篇。伏生又以《舜典》合于《尧
> 典》，《益稷》合于《皋陶谟》，《盘庚》三篇合为一，《康王之诰》合于
> 《顾命》。复出此篇，并序，凡五十九篇，为四十六卷。②

这就是说，伏生书原为二十八篇，经分出《舜典》《益稷》《盘庚》（中、下
篇）及《康王之诰》五篇后，共得三十三篇。以此数加上二十五篇，即得
五十八篇；再加《书序》共得五十九篇。按此序所说的篇卷数目与今存
《十三经注疏》本是一致的。可是班固（32—92）所撰《汉书》说的是古文
本比伏生本多出十六篇，为五十七篇；而所谓"孔安国古文《尚书》"却比
伏生本多出了二十五篇，为五十八篇。这样就发生了两说直接不合的问题。
为了进一步讨论的方便，下面就不能不较为具体地讨论有关《书经》篇目
问题。

　　其次，关于"孔氏古文尚书"的篇目问题。如果只从篇卷数目来看，那
么相信"孔氏古文尚书"的人还可以作出某种程度的解释。例如，唐初颜
师古（581—645）在注《汉书》时就认为，《尚书》原有五十八篇，"郑玄叙
赞云，后又亡其一篇，故五十七"③。照此说来，"孔氏古文尚书"倒是原本，
而班固所见的反而不是原本了。在唐初，朝廷已经认定"孔氏古文尚书"，
所以颜氏所表示的是当时流行的说法。不过，如果在不信"孔氏古文尚
书"的学者看来，此书之所以编为五十八篇，在一定程度上正是为了强凑
五十八篇这个原来的数目。如要说明这个问题，就必须从具体的篇目来讨

---

　　①　王先谦：《汉书补注》，867、868 页。东汉初另一学者桓谭（前23—50）云："古文
《尚书》旧有四十五卷，为十八篇。"见《太平御览》第 608 卷，此处转引自严可均（1762—
1843）校辑《全后汉文》第 14 卷，《全上古三代秦汉三国六朝文》，545 页，北京，中华书
局，1985。按严氏以为，"十八篇"当为"五十八篇"之讹误。

　　②　《尚书正义》，见《十三经注疏》，115 页。

　　③　《汉书》，1706 页。

论了。

按班固说"孔氏古文尚书"比今文本多十六篇，而"孔氏古文尚书"实际上多出了二十五篇，二者不合。郑玄注《尚书》只注今文所有的二十九篇，但是他在序中说明古文十六篇的篇目，这就是：

（1）舜典；（2）汩作；（3）九共（凡九篇）；（4）大禹谟；（5）益稷；（6）五子之歌；（7）胤征；（8）汤诰；（9）咸有一德；（10）典宝；（11）伊训；（12）肆命；（13）原命；（14）武成；（15）旅獒；（16）冏命。[①]

如果把《九共》算作九篇，那么就是二十四篇，仍然与"孔氏古文尚书"篇数不合。孔颖达（574—648）以为郑玄《书序》所列上述各篇出于西汉张霸之伪书，而毛奇龄则以为是出于杜林之"漆书"。[②]理氏也据毛氏说以为这些出于杜林"漆书"。[③]按孔颖达把郑玄所说的真古文书当成了伪书，而把所谓"孔氏古文尚书"当成了真书，这就已经把事情的是非弄颠倒了，不过他所犯的错误仅此而已（关于孔颖达的错误，阎若璩（1636—1704）《尚书古文疏证》，王鸣盛（1722—1797）《尚书后案》及《四库全书总目》皆有驳论，此处不赘）。而毛奇龄和理氏则除了这个错误以外，还又把杜林"漆书"的问题弄错了。按《后汉书·杜林传》记："林前于西州得漆书古文尚书一卷。"[④]毛、理二氏都知道杜林只得"漆书"一卷，那么一卷"漆书"怎能够包含他们二位所说的五十八篇书呢？这显然是不可能的。在这里值得指出的是，尽管毛奇龄把他对"漆书"的见解说得扬扬得意，可是理氏在接受他的说法之时，却仍然表示了自己对于"漆书"问题的怀疑。如果说贾逵（174—228）、马融、郑玄所注为"漆书"，那么为什么他们所注又皆在今文二十九篇范围之内？如果说他们所注为"漆书"，那么郑玄为什么要自说贾、马和他所传的是孔安国之书？这些对于理氏来说都是未解之

---

① 据孔颖达《尚书正义·虞书疏》所引，见《十三经注疏》，118 页。
② 毛奇龄：《古文尚书冤词》第 3 卷，6～7 页。
③ 〔英〕理雅各：《中国经书》第 3 卷《书经》，"绪论" 29 页。
④ 王先谦：《后汉书集解》，337 页。

谜，也是他自己始终是念念不忘的。①恰好在理氏的这一怀疑之点以及上述其第七点中的怀疑之处，这当中存在着解决问题的最好途径。这样我们就要谈到问题的第三个方面，即东汉所传"孔氏古文尚书"到底是什么样的书的问题。

第三，如何看待东汉所传古文《尚书》的问题。如果按照孔颖达在《尚书正义》"虞书"疏中的说法，人们只能得出东汉时"孔氏古文尚书"已绝的结论。这是因为东汉传古文《尚书》的学者如贾逵、马融、郑玄等都未曾见过"孔氏古文尚书"，当然，这是指孔颖达所为之作疏的所谓"孔氏古文尚书"，也就是我们所称为的"伪古文尚书"。可是，这些东汉学者却是自认为是传古文《尚书》的，怎么办呢？孔颖达以为郑玄《书序》所说的古文篇目是张霸的伪书，毛奇龄、理氏以为是杜林所得的"漆书"。可是，郑玄本人已经有过交代："我先师棘子下生安国亦好此学。"②不仅如此，许慎在所作《说文解字序》中也明确地说明自己所引《尚书》是"孔氏古文"（出处见前）。据许慎之子冲上《说文解字》疏及《后汉书·儒林传下》中的许慎传，许慎曾受业于贾逵并深为马融所推重，在当时号称"五经无双许叔重（慎字叔重）"，其所著《说文解字》广引诸经及经说，为经学史上一部十分重要而丰富的宝藏。毛奇龄一概否认许慎、郑玄的自我说明，竟武断地说这两位东汉大学者都弄错了。他总以为把许慎和郑玄所说的古文推到杜林"漆书"上去就可以了事。但是如上已经指出的，杜林的一卷"漆书"无论如何也包含不了五十八篇《尚书》。这是从消极的方面来对他的说法的否定。另一方面，如果仔细研究《说文解字》，那么就可以发现：许慎所说的古文是真的孔氏古文，而孔颖达、毛奇龄等所信的"孔氏古文尚书"却是假的。程廷祚（1691—1767）作《晚书订疑》，与惠栋（1697—1758）同时发展阎若璩之说，来驳毛奇龄的《古文尚书冤词》。程氏书中有《许氏〈说文〉之证》一篇，文虽不长，但是对《说文解字》一书中所引《尚书》之文却作了比较

---

① 〔英〕理雅各：《中国经书》第3卷《书经》，"绪论"30页。
② 亦见孔颖达《虞书疏》所引。

仔细的研究。他说：

> 按《说文》所引于"虞书"，则《尧典》《舜典》《皋陶谟》《益稷》；
> "夏书"则《禹贡》《甘誓》；"商书"则《盘庚》《西伯戡黎》《微子》；
> "周书"则《牧誓》《洪范》《金縢》《康诰》《酒诰》《梓材》《召诰》《洛
> 诰》《君奭》、《多方》《立政》《顾命》《吕刑》《文侯之命》《费誓》《秦
> 誓》。凡此皆伏生之文，而二十五篇则无片语只字及之。又有孔、伏本
> 所皆无而载之者，反若出于十六篇。然则十六篇若存，犹可信为壁中
> 之书，而其他则妄也。此又不可磨灭之案据也。[①]

随后，程氏就列举《说文解字》书中引用《尚书》的八十二条文句为
例，说明它们都在伏生所传二十九篇之中，而文字与伏生本不同。可见所
谓"孔氏古文"与伏生本之差别主要不在篇章，而在文字之不同。以后段
玉裁作《古文尚书撰异》，也是从这个方面下功夫的。

这里必须指出的是，程氏的工作尽管很有启发性，但是仍然不很细致。
据我们就《说文解字》一书所作的统计：全书引《书》凡173条（其中有两
条引了《尚书》而未加说明）。其中说明引自《逸周书》者九条，[②] 则所余164
条当为《尚书》内容。在164条中，有可疑者一条（"冗"）字："《周书》曰：
'宫中之冗食。'"（按《周书》无此语，段玉裁以为《周书》或为《周礼》之
误。所以应该除去），余163条。其中引自与今文篇目相同之二十八篇者
155条，[③] 占总数的95%强；引自《泰誓》（按此三条之内容皆近今文经说，

---

① 程廷祚：《晚书订疑》第1卷，见《清经解续编》第1册，840页，上海，上海书店
出版社，1988。

② 其中见于今本《逸周书》而文字略有异同者六条，已逸者二条，虽说明为《逸周
书》而实为《尚书》逸篇之文者一条，这最后一条也是须作专门讨论的一条。另有说明引
《周书》而实为《逸周书》者一条，故总数仍为九条。

③ 其中引自《书》文者145条（包括字句略有异者103条，字句无异者42条），引自
《书》篇题者1条，引自《书》序或说者7条，引《书》之文而未说明引《书》者2条。

而与晚出古文无关）者三条，占总数的 1.8% 弱；[①] 二者合计 158 条，占总数 97% 弱。引自逸《书》者五条（对此五条以下将作具体分析），占总数的 2.4% 强。所以，从数量上也可以说明，传孔氏古文《尚书》的许慎在《说文解字》中所引之《书》中约 97% 是与晚出《古文尚书》无关的。当然，我们也不能忽略《说文解字》中仍然不在今文二十九篇范围之内的五条。按这五条是：

（A）《说文》"榐"字："《书》曰：'竹箭如榐。'"此条既不见于今文，又不见于晚出"古文"，所以只能存疑，而不能作任何判断。

（B）"懻"字："《商书》曰：'以相陵蔑。'"此条也不见于今、古文，不能据以作任何判断。

（C）"嚣"字，"《周书》曰：伯嚣。"按嚣即冏之假借字。段玉裁以为或出于逸《书》，或出于《冏命》之序。此条不能成为晚出《古文尚书》之证。

（D）"眣"字："读若《周书》'药不眣（即瞑字）眩。'"这就是毛奇龄所说见于晚出《古文尚书》的唯一的一条。可是，此条在《古文尚书》里见于《商书·说命上》，[②] 与许慎说出自《周书》不同。按此语见于《孟子·滕文公上》引"《书》曰"。赵岐注："《书》逸篇也。"也许许慎所引已经是逸书，或即引自《孟子》，因为《孟子》引此句之前引了公明仪说周文王和周公的事，从而把此句理解为《周书》。至于《说命上》称出自《商书》，那显然源于《国语·楚语上》。[③] 这样，就不能排除《说命》此句引《楚语》的可能性。

（E）"篚"字："《逸周书》曰：'实玄黄于匪。'"按此语不见于今本《逸周书》，而见于《孟子·滕文公下》："有攸不惟臣，东征绥厥士女，匪厥玄黄，绍我周王见休，惟臣附于大邑周。其君子实玄黄于匪以迎其君子，其小人箪食壶浆以迎其小人。救民于水火之中，取其残而已矣。"赵岐注云："从有攸以下，道周武王伐纣时也，皆《尚书》逸篇之文。"按《孟子》此

---

① 其中引自逸文者一条，引自序者一条，引自《尚书大传》者一条。
② 〔英〕理雅各：《中国经书》第 3 卷《书经》，252 页。
③ 理氏是知道此句与《楚语》的关系的，见《中国经书》第 3 卷《书经》，251 页。

章几次引《书》，除一次引《泰誓》注篇名外，其余皆未注篇名。原书不记篇名，许慎引之称"逸周书"，看来应该读为"逸《周书》"而不是"《逸周书》"。赵岐不见孟子注明篇名，所以注云"《尚书》逸篇"。可见许、赵二人皆未曾见到这一句书的原文。可是在所谓孔氏《古文尚书》的《武成》篇里却有"篚厥玄黄"之句，[1]尽管二者上下文和意思不全相同，所以孔氏《古文尚书》引自《孟子》的可能性是实际上存在的。

从以上所引《说文解字》的材料来看，我们只能说他所引的绝大多数是二十八（九）篇与今文篇目相同的《尚书》，极少量引用其他"逸书"，而许慎却是真正研究和引用"孔氏古文尚书"的人。由此可见，孔氏古文《尚书》到东汉时所传仍然是二十八（九）篇，其所不同于伏生所传二十八（九）篇者在于文字之异。许氏见过一些在二十八（九）篇之外的古文《尚书》，但是已经不多，所以他也无法多引了。

至于许慎为什么没有看到更多的在今文篇目以外的古文《尚书》？我们没有具体材料可作回答。看来真"孔氏古文《尚书》"之在今文篇目以外者在当时已经逐渐失传了。那么，怎样解释东汉时还有许多学者在传古文《尚书》这件事呢？看来回答只是：这些学者所传的仍然是二十九篇，篇目与伏生的相同，但文字与伏生所传今文本不同，所以他们是有权利自称所传的是古文《尚书》的。

关于《十三经注疏》本中的《古文尚书》的真伪问题，在理氏的英译本出现以后仍然有所争论，维护所谓孔氏《古文尚书》为真（从而也就是维护毛奇龄和理雅各的见解）亦大有人在。不过从学术研究的观点看，这些人的看法不但证据薄弱，曲解也十分严重。著名学者张荫麟（1905—1942）曾撰《伪古文尚书案之反控与再鞫》，[2]对于这一段争论的历史有明晰的论述，并对于所谓"孔氏古文尚书"作了相当严密的历史考证和逻辑上的证

---

① 理氏是知道此句与《楚语》的关系的，见《中国经书》第3卷《书经》，314页。

② 张荫麟：《伪古文尚书案之反控与再鞫》，载《燕京学报》，1929（5），第755～810页。

伪。应该说，经过张荫麟的这一番工作，《古文尚书》为伪的问题便更加清
楚了。读者如有兴趣的话，可以参看这篇文章。我们以上涉及的只是理氏
所提出讨论的，而且我们认为是重要的问题，希望这样的说明会有助于人
们阅读和理解理氏对《书经》的文献考证。

二、关于《竹书纪年》流传与真伪的问题

（一）

在中国学术史上，关于《竹书纪年》原本（西晋学者根据墓本整理的
本子，即《古本》）是否亡佚和明清通行本（即《今本》）真伪的问题，其复
杂性可以说是罕见的。限于篇幅，这里无法全面展开讨论这一问题，仅就
理雅各对此书的分析和论证，提出我们的看法。

理氏在英译《竹书纪年》（实际上是《今本》）之前，先简略地说明了三
个问题：

第一，法国学者德梅拉（De Mailla）误以为，《竹书》（*The Bamboo
Books*）是泛指在纸张发明前所有写于竹简之书，理氏则驳正其说，指出
《竹书》乃汲冢出土文书之专称，而《竹书纪年》只是其中的一种；并指出
德梅拉所指应该称为"竹书"（The Bamboo Books），即简册之文。[1] 从学术史
的角度看，这一驳正是正确而且有益的。因为在中国文献史上，只有汲冢
出现的竹简之书称为《竹书》，其他出土简册皆未采用"书"说法。当然应
该注意的是，中国学者引《竹书纪年》时，亦往往称之为《竹书》，如刘知
幾《史通》和梁玉绳《史记志疑》皆是如此。

第二，理氏引用《晋书·帝纪》扼要说明了《竹书》出土于咸宁五年
（279），又引用杜预《春秋经传集解后序》（又称《左传后序》，作于太康三
年，即282年）亲见《竹书》之语，证实此书整理工作在短短两年内已经完

---

[1] 〔英〕理雅各:《中国经书》第3卷《书经》，"绪论"105页。

成了。① 他说：

> 特别是博学多识、不存偏见的见证人杜预提供的证据（于公元281或282年），似乎使这个问题不再有任何疑问，即数年前，从墓冢内发现大量的古代著作，其中最有价值的部分就是现在被称为《竹书纪年》的那部书。②

理氏的这番话并不是无的放矢的，而是针对当时某些怀疑是否有汲冢古书出土一事的西方人提出来的。从他的说法可以看出，理氏所采取的是不轻易怀疑古代文献的态度。

第三，理氏说明《竹书纪年》出土后一直在流传，并见于隋唐两代之目录。又云：南朝梁代的学者沈约（441—513）曾为《竹书纪年》作过注，宋代的朱熹曾数次不无称赞地提及此书，元代（按理氏所言有误，应是明代）学者胡应麟（1551—1602）及杨慎（字升庵，1488—1502）对此书皆有研究，而且当时清代也有五六种版本和注释的《竹书纪年》出版。理氏据此论曰：

> 尽管学者们对此书有普遍的不满之词，此书总还不至于被摒弃于批判的法庭之外。③

这就是说，理氏尽管知道当时已有不少学者对《今本竹书纪年》的真实性有所怀疑，他却不认为它是伪书。这样的看法至今仍对西方不少学者发生着影响。不过理氏也并非以为此书没有任何问题。关于这一点，在下面将有具体的探讨。

---

① 〔英〕理雅各：《中国经书》第3卷《书经》，"绪论" 105～106 页。
② 同上书，"绪论" 107 页。
③ 〔英〕理雅各：《中国经书》第3卷《书经》，"绪论" 107 页。

（二）

理氏作了以上简要的说明以后，发表了《竹书纪年》的译文和注释，在译文之后，他再次对此书本身作了一番探讨。因为在他看来，先展示了此书的原文，然后就有可能就书的具体内容来探讨其本身的问题了。理氏大体论述了两个方面的问题：一是，关于此书的文献考证方面的问题；二是，关于此书相对于其他中国典籍（尤其是《书经》）的价值问题。这里主要讨论前一方面的问题，其内容大体分为以下几点：

第一，从总体上肯定《竹书纪年》为真书而非伪书。他所批驳的对象是王鸣盛。王氏论《竹书纪年》之伪见于以下这段文字：

> 其书……必是束晳伪撰……其穿凿附会，不但不足信，亦不足辩也。大约妄人何代蔑有，全赖有识之士屏黜之。有疑则阙，方为善读书。[1]

理氏认为王氏此说不可信。他说：

> 我绝不同意王氏的结论。因为有关竹书发现经过的记载足以证明，在西晋初年束晳或其他任何人未曾伪造这些古书。[2]

他之所以反对《竹书纪年》为晋人伪撰的说法，是因为他相信有关汲冢竹书发现过程的文献记载都信而有据，特别是有杜预这样的"完全有资格而又无偏私的见证人"（a witness entirely competent and disinterested）可资为证。[3]

按理氏对于王鸣盛的驳论是确有根据的，因为王氏持论多涉武断，并

---

[1]　王鸣盛：《十七史商榷》第3卷，见《丛书集成新编》第104册，830页，台北，新文丰出版公司，1985。

[2]　〔英〕理雅各：《中国经书》第3卷《书经》，"绪论"177页。

[3]　〔英〕理雅各：《中国经书》第3卷《书经》，"绪论"107页。

无任何文献证据。杜预《春秋经传集解后序》和《晋书》的记载完全可以作为否定王鸣盛说的有力证据。① 其实理氏以为《竹书纪年》之发现为真，这一点在清代多数学者看来也是没有问题的。除王鸣盛外，其余怀疑《竹书纪年》的学者大都认为此书并非晋人集录，而且原本在流传中佚失的。不过理氏却误信今本为晋时真本，此点容在下面再作讨论。

第二，理氏承认《竹书纪年》有问题，而将问题发生的原因归于晋人对于出土竹简的整理工作做得仓促（只有两年的时间），以致把许多记载都弄混了。至于王氏所云《竹书纪年》"穿凿附会"的记载，理雅各相信这是由于不少其他汲冢竹书之文误入《竹书纪年》中所致。为此，他特别提请读者注意清代学者陈逢衡（1778—1855）在《竹书纪年集证》中对于这一问题的看法。② 在此书中，陈氏一如传统儒家学者对这些内容表示怀疑，认为后人缺乏分析，而往往以《琐语》误称《竹书纪年》之文。最明显的例子，就是把通常所传的尧舜禅让说成舜篡尧位。③ 对于这一说法，我们有不同的意见，稍后再论。

然而在理氏看来，《竹书纪年》的根本问题是，其年表已经发生讹误，而其讹误表现在以下两方面：

> 首先，从尧即位年以下，各帝王元年皆有干支纪年。对此，理氏说：我坚持认为，这些都是在竹简发现以后加上去的，确实并非立即就加上去的，而是有一个逐渐的过程直到宋代才完成。④

理氏的理由有四点：一是，东汉以前，干支仅用于记日，而不用于纪年。⑤ 司马迁等作年表，皆不以甲子岁历，因而不能轻信此书之干支纪年。二是，

---

① 参阅杜预《春秋经传集解后序》，见《十三经注疏》，2187页。房玄龄等：《晋书》，北京，中华书局，1974。
② 〔英〕理雅各：《中国经书》第3卷《书经》，"绪论"177页。
③ 同上书，"绪论"116页。
④ 同上书，"绪论"180页。
⑤ 同上书，"绪论"82～83页。

从夏世子少康之生以至其出逃与归于夏邑，注中出现四次干支纪年，[①]可知这种干支纪年是在《竹书纪年》流行后，逐渐作为附注增上去的。三是，早期各书引用《竹书纪年》，皆无甲子纪年〔这一点，理氏据陈氏《竹书纪年集证》引洪颐煊（1765—1833）说〕。四是，《竹书纪年》所记夏积年为471年，而如按干支纪年之法，夏始年为壬子，经七（理氏书原误印作六）个甲子周期又十一年（60×7+11=431）为四百三十一年。[②]两个年数不相符合。《竹书纪年》所记商积年为496年，而如按干支纪年之法，商始年为癸亥，经八个甲子周期又二十八年（60×8+28=508）为五百零八年。二者又相左。如果原本当初就有干支纪年，这样的错误就不会发生。按理氏的这一分析是从文献本身内部发现问题，用内证（internal evidence）作为证伪的工具，这是相当精到的，足补清代考订《竹书纪年》学者之不及。

　　第三，理氏以为，《竹书纪年》中若干王的在位年数也被改动过了。他考虑到了这样两点因素：一是，此书注者把商代各王在位年数相加起来，就得出商代的总积年。如此简单的问题，谅必他们不会弄错。二是，夏代情况不同，在相与少康之间有一段夏朝中断时期，故夏代积年很难加得准确。《晋书·束晳传》记："《纪年》……则云夏年多殷。"[③]而我们今天所见《竹书纪年》却是殷年多于夏。这个问题本来很难解决。可是理氏却由此作出结论：既然干支纪年是后来加上去的，而且若干王的积年又有改变，那么整部《竹书纪年》的年表就因之失去价值了。[④]按以目前的研究业绩来说，这样的推断似欠精确。因为不少现代学者从事三代的年代学研究，都很重视《竹书纪年》所提供的年表，尽管此书是后人重编的。

　　前面已经指出，理氏虽不否认《竹书纪年》存在着问题，不过他把其中问题出现的原因归结为出土时的整理工作做得过于仓促。我们当然不能否认当时的确有整理仓促的问题，但是此书今本中的问题恐怕并非仅此一

---

① 〔英〕理雅各：《中国经书》第3卷《书经》，"绪论" 120 页。
② 朱右曾：《汲冢纪年存真·序》辨《竹书纪年》之伪第五条有此说。
③ 房玄龄等：《晋书》第51卷《束晳传》，见《晋书》，1433 页。
④ 〔英〕理雅各：《中国经书》第3卷《书经》，"绪论" 180～182 页。

点，就可以得到全部澄清的。理氏虽没有承认此书流传过程中的作伪问题，可是他既然说干支纪年是后来加上去的，若干王的在位年数也有了改变，而且还是一个逐渐添加的过程，那么这些变化就不能视为开始整理时仓促中的错误，而应该说是在此书流传中发生的加工或改造（中国学者在对此书作辨伪时所列的理由，其实包含了理氏所说的这些事实）。所以，我们也不妨说，理氏虽然以此书总体为真，而实际上他也已经在进行某种程度的辨伪工作了。

第四，应该说明，理氏对于《竹书纪年》不同部分的编写时代还作了推测。他说：

> 自公元前769年周平王即位起，《纪年》的风格有了改变。从那时往前推移到黄帝时期，历来的纪年都是王朝的纪年。不同朝代的王是《纪年》中的主要角色，对于各诸侯国的事件之详述则以从属于王朝之历史为条件。不过，从平王统治时期开始，晋侯便成了纪年的主角。这种情况一直持续到公元前439年韩、赵、魏三家分晋，从此三晋之一的魏国的君主在《纪年》中地位突显。因此，从公元前769年开始，编年史的作者们编纂了许多有关晋国的纪年。后来，魏国一位史官把这些纪年整理成更为概略的形式，但仍沿用原来的书名。至于更为重要、也更引起人们兴趣的早期纪年，很可能是在开始撰写第二部分时，晋国一位史官编纂的、并且藏在档案馆中，以作为第二部分详录的一个适当导言。①

在这里，理氏主张《竹书纪年》所记史事的重点之所以发生转移，是因为此书并非成于一手，而是分两次编成的。理氏的这些分析和推测，虽无具体的材料作依据，也不明《竹书纪年》为后人重编，但是从文献学来看，这一看法的深刻之处在于他已经隐约地察觉到此书有不同的部分，即

---

① 〔英〕理雅各：《中国经书》第3卷《书经》，"绪论" 178页。

后人编辑的二手材料与同时代人所记的原始材料两部分。这种分别文献价值的思想在当时是颇有新意的，而且理氏对《竹书纪年》成书的推测后来被西方研治《竹书纪年》的一些学者所接受。[①]

（三）

在我们看来，理氏对于《竹书纪年》文献研究中一个重大弱点，就是他没有充分注意到当时中国学者已经对此书作过的具体辨伪工作。他以为《竹书纪年》的流传历史和真实性是不存在问题的。[②]但是仔细考察一下，便会发现理氏的看法未免牵合旧说，失于考证。前人于此已有多篇专文论及，这里仅从史学研究的外考证（external criticism）和内考证（internal criticism）这两个角度略作进一步分析。

从外考证的角度分析，先让我们讨论《竹书纪年》在流传中是否发生过失佚的问题。因为只有真本发生失佚的情形，才出现作伪的问题。理雅各一如论《书经》的流传史一样，以为《竹书纪年》之流传亦未曾中断，因此也就不存在作伪的问题。但事实上，在《竹书纪年》流传史上存在着为理氏未曾见及的重大断裂现象，谨申述于下：

第一，《竹书纪年》在流传中前后的卷数变化很大。关于《竹书纪年》篇目卷数，在自西晋至北宋初的史籍中记载虽略有差别，但不外乎十二、

[①]〔美〕倪德卫（David Nivison）:《竹书纪年》(*Chu shu chi nien*), 鲁惟一（Michael Loewe）编《古代中国典籍导读》(*Early Chinese Texts: A Bibliographical Guide*), 40 页, 加州大学伯克莱分校东亚研究所, 1993。

[②]〔英〕理雅各:《中国经书》第 3 卷《书经》, "绪论" 107 页。

十三或十四卷之别。① 近代学者对《纪年》篇目的考证中，有人猜测十四卷可能是分订上之差异，② 还有的人怀疑十三卷或为十二卷之误。③ 不过这些细微的差异并不影响它们同指汲冢原本的性质。可是值得注意的是，到了南宋，记载《竹书纪年》卷数的情况却发生了极大的变化。淳熙四年（1177），陈骙作《中兴书目》，著录《纪年》三卷。④ 元代脱脱（1314—1355）《宋史·艺文志》载"《竹书》三卷，荀勖、和峤编"。这都说明《竹书纪年》的卷数几减三倍于前，《纪年》卷数的变化非同寻常，因为这远远超出了一般同书异卷的程度，不能不引起人们的怀疑。而这三卷本《纪年》虽书名和卷数似与《今本纪年》相近，却非同书，因为前者乃三卷残本，后者则是首尾完备。可是理雅各在讨论《竹书纪年》流传过程时，却竟然忽视了此书在宋元书目中卷数骤然减少这一重要事实，因此他无法认识到今之所传《竹书纪年》"乃宋以后人据古之残本为底，益以诸书所列古本，间摭他书之说，重为编次而成者，而非复古本之旧观矣"⑤。

《竹书纪年》原本在流传中已经失佚，这是近代以来绝大部分中国学者所承认的。然而失佚的时间则各家说不相同：崔述（1740—1816）《竹书纪

---

① 现择关于《竹书纪年》卷数的主要记载抄录如下：

一、杜预《春秋经传集解后序》云《纪年》十三篇。

二、王隐《晋书·束晳传》记《纪年》十二卷。（杜预《春秋经传集解后序·正义》引）

三、房玄龄（579—648）等《晋书·束晳传》记《纪年》十三篇。

四、魏徵（580—643）等《隋书·经籍志》记《纪年》十二卷。并有注云：《汲冢书》，并《竹书同异》一卷。

五、刘昫（887—946）等《旧唐书·经籍志》记《纪年》十四卷。注《汲冢书》。

六、宋祁（998—1061）、欧阳修（1007—1072）等《新唐书·艺文志》记《纪年》十四卷。注：《汲冢书》。

② 黎光明：《汲冢竹书考（下）》，载《中山大学语史所周刊》，1928（32），第17页。

③ 见朱希祖《汲冢书考》，21页，北京，中华书局，1960。

④ 《中兴书目》亡佚已久，章如愚的《群书索考》、王应麟（1223—1296）的《玉海》都曾引《中兴馆阁书目》佚文。《群书索考前编》第16卷引《纪年》曰："此本止有第四、第六及杂事三卷，下皆标云：'荀氏叙录。'一纪年，一纪令应，二杂事，悉皆残缺。《崇文总目》不著录。"《玉海》第四七卷所引基本相同。

⑤ 赵荣琅：《竹书纪年之今古本问题及其评价》，载《大陆杂志》，297页，1954（8：10）。

年辨伪》说:"《竹书纪年》……自宋、元以来学士皆不之见,疑其经唐末五代之乱而失之。"[①] 朱右曾《汲冢纪年存真序》云:《古文纪年》"亡于北宋。"[②] 王国维(1877—1927)《古本竹书纪年辑校自序》谓:"汲冢《竹书纪年》,佚于两宋之际。"[③] 在当代学者中,范祥雍提出《竹书纪年》可能亡于元末的看法。[④] 方诗铭(1919—　　)则认为,"古本《竹书纪年》的散佚当在安史之乱迄唐末五代这段期间。"[⑤] 这些看法虽略有差别,但就指出《纪年》原本已佚、存者乃后人重编本这一点而言,则是完全一致的。所以说《竹书纪年》的西晋整理本最迟在南宋之前已经失佚,应该是没有问题的。关于这一方面的资料十分丰富,此处不能详引。

但是理雅各却以朱熹曾数次不无称赞地提及《竹书纪年》这一点,说明《竹书纪年》在南宋时尚未失佚。[⑥] 为使问题更为清楚之起见,我们有必要讨论朱熹是否确见《竹书纪年》的问题,因为目前仍有学者持与理氏相同的看法。理氏这一说法所依据者乃陈逢衡《竹书纪年集证》。陈书说及此事有两条例证。第一条例证是《竹书纪年集证·凡例》中两处所记,其一曰:"〔朱熹〕又谓此间有《竹书纪年》,须借读半年方得之语。"[⑦] 其二曰:"朱子云:闻此间有《竹书纪年》,须借读,半年方得。"[⑧] 那么,我们先考察一下陈氏所引的第一条例证是否站得住脚? 按陈氏实际上并未见朱熹原书,经我们查对,他是从徐文靖《竹书纪年统笺》中转引的。徐氏云:《朱子文集》曰:闻此间有《竹书纪年》,须借读,半年方得。"[⑨] 徐氏明言朱熹"闻"

---

①　崔述:《竹书纪年辨伪》,见《崔东壁遗书》,460页,上海,上海古籍出版社,1983。

②　朱右曾:《汲冢纪年存真序》,见范祥雍:《古本竹书纪年辑校订补》,81页,上海,上海人民出版社,1957。

③　王国维:《古本竹书纪年辑校》,1页,沈阳,辽宁教育出版社,1997。

④　范祥雍:《关于〈古本竹书纪年〉的亡佚年代》,载《文史》,55页,1985(25)。

⑤　方诗铭:《〈竹书纪年〉古本散佚及今本源流考》,见尹达等编《纪念顾颉刚学术论文集》下册,921页。

⑥　〔英〕理雅各:《中国经书》第3卷《书经》,"绪论"107页。

⑦　陈逢衡:《竹书纪年集证》,6页。

⑧　同上书,26页。

⑨　徐文靖:《竹书纪年统笺》,44页,台北,台北艺文印书馆,1966。

此间有《竹书纪年》，陈氏在"集说"照录，但在"凡例"则省去"闻"字，从而使传闻变为事实。可惜理雅各也只据陈书的"凡例"，而未注意其"集说"中有"闻"字。

我们从《朱熹集》中看到朱熹答林择之书，内云："此间无《竹书》，烦为见拙斋扣之。或有此书，借录一两年，示及，幸甚幸甚。"[①]这段话说明：当时朱熹所在之地没有《竹书》，所以他托林择之向拙斋打听《竹书》。由于无把握，朱熹才"或有此书"，即也许有之。徐文靖所引在朱熹文集中未得查见，这就可能是徐氏的误记。以此信观徐氏之说，则引文中《竹书纪年》可能本是《竹书》。至于朱子本人最终是否借到此书，因无实证，今已不知其详了。除非今后发现徐氏引文的出处，否则说朱熹亲见《竹书纪年》并不足以为据。

陈逢衡的第二条例证，是其书"凡例"所记朱熹考惠成之年条。他说：

> 《纪年》自晋荀勖、束晳，梁沈约校注后，历陈、隋、唐、宋以来，惟朱子考惠成之年，谓见于《竹书》甚明。[②]

陈书对上引朱子之语未注出处，现经查寻，此句出于《朱子语类》卷五十一"齐人伐燕胜之章"。其文曰：

> 《史记》，魏惠王三十六年，惠王死，襄王立。襄王死，哀王立。今《汲冢竹书》不如此，以为魏惠王先未称王时，为侯三十六年，乃称王。遂为后元年，又十六年而惠王卒。即无哀王。惠王三十六年了，便是襄王。《史记》误以后元年为哀王立，故又多了一哀王。汲冢是魏安釐王冢，《竹书》记其本国事，必不会错。温公取《竹书》，不信《史记》

---

① 朱熹：《答林择之》，见《朱熹集》第4册，第43卷，714页，成都，四川教育出版社，1996。

② 陈逢衡：《竹书纪年集证》，见《续修四库全书》第335册，5～6页。

此一段，却是。①

按朱子这一段所谓考惠成二年的文字，其根据为《资治通鉴》卷三"周纪三"所记"魏惠王薨，子襄王立"下之"考异"。首先，"考异"引《史记》中的《魏世家》及《六国年表》所列魏王世系，即惠王三十六年卒，子襄王立。襄王十六年卒，子哀王立。其次列杜预《春秋经传后序》之文，内容包括：一，杜氏所见《古本竹书纪年》的梗概及其所记"魏惠王三十六年卒，从一年始，至十六年卒"；二，杜氏怀疑《史记》误分惠王后元之年为后王之年代。再次，引裴骃《史记集解》之说，内容与杜氏《后序》大体相同，其中并引和峤云："《纪年》起自黄帝，终于魏之今王；今王者，魏惠成王子。"最后，司马光总结道："彼既为魏史，所书魏事必得其真，今从之。"②

　　上引朱熹的文字可以细分为六部分：第一部分为"考异"首段之节引；第二部分为"考异"所引杜预《春秋经传后序》及《史记》裴骃集解内容之节引；第三部分却又误取了裴骃批评《史记》的话"惠王三十六年卒，襄王立十六年卒"，以为惠王三十六年后便是襄王；第四部分，误以为汲冢为魏安釐王冢，全未理会裴骃《集解》以"今王"为襄王之说；第五部分又取司马光"考异"肯定《纪年》可信之语；第六部分赞成"考异"在这一问题上取《竹书》而不取《史记》。从以上六点看，第一、二、五、六部分表明，朱子讨论惠王改元问题，在资料或论断上全部是依据《资治通鉴·考异》所引杜预《后序》和裴骃《集解》；而在第三、四部分，他却又是违背杜、裴之说的，结果形成了自相矛盾。这也正是其弟子沈僩认为朱熹的说法有误的原因。如果朱子曾亲见《竹书纪年》原书，目睹魏惠王、襄王年表，就不可能产生这样的错误。更何况若真有其事的话，沈僩又何必说应从《后序》而不说应从《竹书纪年》呢。③陈逢衡没有认真细考"朱子考惠成年"的依

① 黎靖德编：《朱子语类》第4册，1228～1229页。
② 司马光：《资治通鉴》卷3，82页，北京，中华书局，1956。
③ 沈氏云："此条有误，当从《春秋解后序》。"见黎靖德编《朱子语类》第4册，1229页。

据和得失，便以为朱子真见过《竹书纪年》。理雅各过于信从陈逢衡，故引以为据，误信朱熹曾目睹《竹书纪年》之说。

（四）

识别《竹书纪年》的真伪，不仅要从其流传中的存佚情况来观察，还要从其所记内容的思想性质来求得了解。这是属于内考证的问题。理雅各已经指出，《竹书纪年》的年代系统已在流传中逐渐地为后人窜改了。我们在上文指出，这不啻是做了一部分的辨伪工作。现在我们要进一步从内考证的角度，讨论有关《竹书纪年》思想系统变化的问题。

以思想倾向而论，《竹书纪年》中有后世儒家思想的明显印记。我们取《竹书纪年》与《古本竹书纪年》加以比照，注意到两本最大的不同之处在于，《竹书纪年》按照儒家正统观念删改了《古本竹书纪年》中"违经背圣"的内容，即那些与儒家经传所载相违背的传说，如舜囚尧，益干启位、启杀之，太甲杀伊尹等。且不论这些传说的真实性如何，值得人们深思的是，这些在《竹书纪年》中或不见于记载，或为加工改动。如《史记·五帝本纪·正义》引："《竹书》云：昔尧德衰，为舜所囚也。"又引："《竹书》云：舜囚尧，复偃塞丹朱，使不与父相见也。"《古本》这样的说法反映了战国时人的一种看法，即舜继尧位并非禅让，而是以强力夺取的。[①]《竹书纪年》对此讳莫如深，却谓："帝子丹朱避舜于房陵，舜让，不克。朱遂封于房，为虞宾。三年，舜即天子之位。"这样的改窜反映的则是儒家所艳称的传贤禅让制，显然与上述《古本》"尧舜嬗代篡弑说"在思想观念上不能相容。再如，晋代和唐代的历史文献都曾引《古本竹书纪年》："益干启位，启杀之。"可是后世多宗儒家经传（如《尚书》《孟子》），以此条记载为妄。在这一点上，《竹书纪年》并无二致，拘执于儒家之伦常观念，避讳直言"后启杀益"，而改云"费侯伯益出就国"。《竹书纪年》虽记伊尹放太甲自立，却

---

① 《韩非子·说疑》亦有类似的记载："舜逼尧，禹逼舜，汤放桀，武王伐纣，此四王者，人臣之弑其君者。"

托名沈约注云："伊尹自立，盖误以摄政为真尔。"又记太甲杀伊尹，但假以沈约按曰："此文于前后不类，盖后世所益。"上述内容无意中显露出此书所受后世儒家君臣观念的影响，不敢破除经传所载古圣先王事迹，故而有意改变《纪年》的内容。又如《古本竹书纪年》记："共伯和干王位。"而《竹书纪年》则作"共伯和摄行天子事"。这一改动明显是与后世儒家鼓吹终守臣节的观念相吻合的，正好体现了《竹书纪年》为儒家正统思想所熏习的事实。遗憾的是，大概由于对儒学思想传统的了解不够深刻，理雅各未能觉察到《竹书纪年》这一重要的思想倾向。

尤其值得注意的是，《竹书纪年》提到周公旦时，多称为"周文公"。如记周武王"十四年，王有疾，周文公祷于坛墠《金縢》"。又周成王"元年丁酉春正月，王即位，命冢宰周文公总百官"。王国维、郭沫若二氏认为，周初文、武、成诸王之称皆生时尊称、死后沿以为谥，死后之谥则出现较晚（春秋战国时期）。[1]此说在中国学术界相当流行。杨希枚则以为，周初即有谥，不过此谥特自生时之字转化而来的。[2]按杨氏之说不全同于王、郭之说，但实质上有相通之处，即周初之谥在其人生时业已有之，死后继续沿用而已。果如此，则周公生时但只有周公旦之名，而不知其字为何，更未见其他先秦两汉文献（包括《古本竹书纪年》）和铜器铭文称周公为"文"者。[3]故我们对《竹书纪年》"周文公"之称深具怀疑。虽然目前学术界对西周初年有无实行谥法尚无定论，不过有一点可以肯定：谥法的形成有一个历史的过程。从文献记载看，周初诸元勋如周公、太公生时和死后的称谓并无区别。显而易见，《竹书纪年》重编者是从儒家的正统思想出发，以为

---

①　王国维：《遹敦跋考》，见《观堂集林》第18卷，895～896页。北京，中华书局，1959；郭沫若：《谥法之起源》，见《金文丛考》，100～112页，北京，人民出版社，1954。

②　杨希枚：《论周初诸王之生称谥》，见《先秦文化史论集》，274～282页，北京，中国社会科学出版社，1995。

③　《国语·周语下》云："周文公之《颂》。"韦昭注："文公，周公旦之谥也。"郭沫若以韦注为臆说："疑文公即文王未受命以前之称号。"见《谥法之起源》，《金文丛考》，111页。而有人据《毛诗正义·时迈》疏："《国语》称：周公之颂曰：载戢干戈。"认为《国语》原无"周文公"一词。见汪受宽《谥法研究》，9～10页，上海，上海古籍出版社，1995。

称周公旦为"周公"不符合正名之说，遂改为"周文公"。为何《竹书纪年》一再出现"周文公"的说法，这是考辨此书真伪的一个值得注意的现象。①

以上的讨论对我们理解《竹书纪年》一书的性质，具有无比的重要性。因为所有的证据都指向一个共同的结论，即《竹书纪年》的流传历史和文献内容并非如理雅各所说的那样毫无问题。所以我们认为，与其误认今本《竹书纪年》为汲冢之原本，倒不如假定此书为后世儒家学者重编。

（五）

在此应当指出的是，与理雅各翻译《竹书纪年》大约同时，朱右曾从散见于古籍所引辑《古本竹书纪年》原文，成《汲冢纪年存真》，复还原本的部分旧观。然而理雅各限于环境条件而未及见此书，因此不知道清代学者研究《竹书纪年》的这一根本性变化，即撇开对《今本》的注释，转向《古本》的辑佚和考订。后来王国维又以朱书为基础，续加补辑校正，著《古本竹书纪年辑校》，共得古本佚文 428 条。《古本竹书纪年》的辑本，除上述两书外，现有今人范祥雍《古本竹书纪年辑校补订》和方诗铭、王修龄《古本竹书纪年辑证》，在内容方面又有新的订补。

《古本竹书纪年辑校》刊布后，王国维又撰《今本竹书纪年疏证》。此书继承了清代考据学家对《竹书纪年》辨伪的成绩，比他们更向前跨进了一步。王氏逐条证明《竹书纪年》伪托之迹，《竹书纪年》为伪书殆已成定论。

然而近十多年来，在学术界《竹书纪年》真伪之聚讼又起，海内外一些学者复辨《竹书纪年》并非伪作。例如，四川大学陈力就主张：

> 今本《纪年》虽有错讹，然其主要内容与汲简无异，其于考校古

---

① 除韦昭注外，晋人傅玄《傅子·附录》有云："周文王子公旦，有圣德，谥曰文。"据此，有人认为"周文公"这一谥号很可能是三国、晋人附会之说，见汪受宽《谥法研究》，10 页，上海，上海古籍出版社，1995。

史、阐发幽微可资者甚多，良可宝贵。①

　　美国芝加哥大学夏含夷（Edward L. Shaughnessy）亦认为："此书基本上还是与战国中叶时墓本出土时的真本相去不远，更绝非宋代以后之伪作。"②总的说来，从事翻案的各家在具体结论上还有很多分歧，但几乎一致认定，今本《竹书纪年》虽经后人窜改和增饰，却与汲冢出土的《竹书纪年》原本是一脉相承的。

　　值得注意的是，尽管《竹书纪年》为真书这一点上，这些学者的看法与理雅各似乎相同，但上面已经指出，理雅各是对清人的《竹书纪年》辨伪成就缺乏足够的了解而笃信此书不伪；而陈力、夏含夷等却是在王国维定案后再作翻案文章。概略言之，翻案者从两个方面企图断定《竹书纪年》的可靠性：一是在天文、年代学方面，主要代表者是美国斯坦福大学的倪德卫（David S. Nivison）及其同仁弟子；③一是在文献考证方面，主要代表者是陈力和夏含夷。④他们的研究，大抵是求深反惑，因已超出本文论述的范围，这里就不加以讨论了。不过在我们看来，判断他们的论证是否能够完全成立，目前尚不能遽下结论，恐怕还有待于大量的坚实证据方能定论。⑤

---

　　①　陈力:《〈今本竹书纪年〉研究》，载《四川大学学报丛刊》，1985（28），第13页。此文英译文见：Chen Li, "Fresh Evidence for the Authenticity of 'Jinben Zhushu Jinian'," *Social Sciences in China*, 14. 3（1993），pp. 97-114.

　　②　夏含夷:《〈竹书纪年〉与周武王克商的年代》，载《文史》，1994（38）。

　　③　参见 David Nivison and K. D. Pang, "Astronomical Evidence for the *Bamboo Annals*,' Chronicle of Early Xia," *Early China*, 15（1990）: pp. 87-95。又见 David Nivison: "The Key to the Chronology of the Three Dynasties: The 'Modern Text' *Bamboo Annals*," *Sino-Platonic Papers*, 93（1999）: pp. 1-68.

　　④　参看陈力:《〈今本竹书纪年〉研究》，载《四川大学学报丛刊》，1985（28），第 4～15 页。夏氏的著作有 "On the Authenticity of the *Bamboo Annals*," *Harvard Journal of Asiatic Studies*, 46. 1（Nov. 1986），pp. 149-180.

　　⑤　关于这一问题的讨论，可参看邵东方的《〈今本竹书纪年〉诸问题考论》，见《崔述与中国学术史研究》，293～385 页，北京，人民出版社，1998。

结语

在结束这篇文字时，我们必须指出，理雅各以一手之力完成的《书经》译注乃是他经过长时期的努力和克服了重重困难之后作出的一项重要学术成果，在西方汉学研究方面具有划时代的重要意义，这是国际学术界所公认的。他对《书经》《竹书纪年》的文献考证尽管有若干局限，他的失误之处对于我们来说仍不失为一份珍贵的学术遗产，因为这些东西可以让后人从其中获得经验和启发。在近代西方汉学研究的历史上，尽管人们可以向他的学术表示不同的意见，但绝没有人能够完全不理会他所译《中国经书》，可见其影响之深是显而易见的。从现代学术的眼光看，他所译《书经》《竹书纪年》迄今仍是唯一的英文全译本，一直是西方汉学家从事研究的不可缺少的参考著作，他所提出的若干深入之见，值得我们继续思考。事实上，理氏不仅以英译《中国经书》蜚声于西方汉学界，而且他所从事的工作也恰好体现了西方学术研究在19世纪的一个主流，即重视文献的整理和翻译。所以理氏的译著对中国古典文献的翻译有筚路蓝缕之功，在这一方面，他的成就可以说是非常辉煌的，一直受到西方学术界的重视。所以理氏所译注的《书经》《竹书纪年》是有其不可磨灭的重要学术价值的。

原载《庆祝王元化教授八十岁论文集》编委会编：
《庆祝王元化教授八十岁论文集》，
华东师范大学出版社，2001 年

理雅各英译《春秋》《左传》析论

一、理雅各氏译《春秋》经兼收《左传》

19世纪苏格兰传教士、著名汉学家理雅各（James Legge，1815—1897）氏潜心数十年，翻译了《中国经书》（*The Chinese Classics*），其中包括《论语》《大学》《中庸》《孟子》四书，和《尚书》《诗经》《春秋》以及《左传》。理氏的目标是要翻译和注释中国的"四书五经"，但由于《礼记》篇幅甚大，《易经》又完全别具一格（*sui generis*），翻译两书皆需时日，所以他先行出版了"四书"和三经（《尚书》《诗经》和《春秋》）。应该说理氏视《礼记》为《五经》之一，是遵循了唐初所修的《五经正义》的传统。[①]《中国经书》的第五卷是《春秋》和《左传》两部书的英译。在唐修《五经正义》中，《春秋》是其中一经，而《左传》虽不算作经，但作为解释《春秋》的"传"也列入其中。理氏也没有把《左传》当作"经"，同样地是把它作为解经之传加进来的。他的这种做法可以说是承袭了自唐开始的中国经学的一种传统。

应当说明的是，理氏并非盲目地遵循中国经学的固有传统。他翻译《春秋》时附以《左传》却不附以《公羊传》或《穀梁传》，其理由在于，如果只译《春秋》之经文，那么读者对于春秋时期的历史就只能得到一个相当贫乏而不甚清晰的印象；惟有附以《左传》，才能解决这个问题，而其他

---

① 在汉代，作为五经之一的"礼"并不是指《礼记》，而是指《仪礼》。明成祖永乐年间命胡广等修《五经大全》，也以《礼记》为礼经，于是唐定五经的这个传统沿袭下来。清代以《周礼》《仪礼》与《礼记》三者并列为礼经，《礼记》仍然为经，所以理氏遵循这个传统是自然的。

二传是解决不了这一问题的。关于这一点，他在此书的前言中业已说明。[1]
有趣的是，理氏的这一考虑，又有与中国前人的见解相近的地方。清代乾
隆朝（1736—1795）官修《四库全书总目提要》（1789年成书刻板）中经部、
《春秋》类"春秋左传正义"条里就曾有云："左氏之义明，而后二百四十二
年内善恶之迹一一有征。"[2] 同类"春秋释例"言之犹明晰，其条曰："《春秋》
以《左传》为根本。"[3] 其实持此见解的不只是官修《四库全书总目》，在此以
前，惠士奇（1671—1741）在《春秋说》中就说：

> 或以为左氏纪事诞妄不足信，始自赵匡，南北宋诸儒从而和之；
> 于是学者胸驰臆断，异说并兴，《左传》虽存而实废矣。吾恐《左传》
> 废而《春秋》亦随之而亡也。[4]

理氏没有引用中国学者这一类的话，并非因为他对此一无所知，而是在于
他本人对于《春秋》的评估与《四库全书总目》的作者截然不同。不过，在
若无《左传》就难以明白《春秋》所载之事这一点上，理氏还是与惠士奇和
《四库全书总目》的看法基本一致的。

二、理氏依照中国传统以《春秋》为经，但又对之深致怀疑与不满

在中国学术史上，断言《春秋》为孔子所作，并由此视《春秋》为经典
的传统是从孟子开始的。在英译本的《绪论》（Prolegomena）里，理氏首先
引了《孟子》中的三段话："世衰道微，邪说暴行有作，臣弑其君者有之，子
弑其父者有之。孔子惧而作《春秋》"，"昔者，禹抑洪水，而天下平；周公

---

[1] *The Chinese Classics*, Hong Kong University Press, 1960, Vol. 1, "Preface", p. v.
[2] 永瑢等撰：《四库全书总目》，影印本，210页。
[3] 同上书，212页。
[4] 阮元编：《皇清经解》第2册，176页。

兼夷狄，驱猛兽，而百姓宁；孔子成《春秋》，而乱臣贼子惧"，"其事则齐桓、晋文，其文则史，其义则丘窃取之矣"。① 然后他列举事例，说明现存之《春秋》是不合乎这些评述的。析而论之，理氏的致疑表现在以下两个方面：

（一）怀疑《春秋》真为孔子所作

当理雅各在1861年翻译《论语》时，他基本上还是确信"五经"中唯《春秋》为孔子本人之作。② 然而嗣后经过近十年的研究，到了《春秋》《左传》译成之时，他却已不再相信《春秋》真的是孔子所作的了。根据其《绪论》，我们可以将理氏的观点概括为两点：

第一，在理氏看来，主张《春秋》为孔子之作的权威根据乃是孟子之语，而孟子仅是说：孔子作《春秋》的材料来源取自鲁之《春秋》晋之《乘》楚之《梼杌》等等，只有"义"（the righteous decisions）的内容才是孔子所赋予的。可是，他本人却无法从《春秋》里看出什么"义"来。既然没有"义"，那么《春秋》这部书里还能有什么为孔子所作呢？在此，我们完全可以理解，理氏作为一个西方学者，限于文化背景的差异，很难从《春秋》里看出什么"义"来，这是可以想见的。不过需要说明的是，在这一点上，他的理解也曾受到了中国学者某种程度的影响。理氏特别转引了其学术好友王韬（1828—1897）一篇专论中所引宋末马端临（1254—1323）和明代郝敬（1558—1639）之语并加以发挥，以说明现存《春秋》只是原本《春秋》的残篇。③ 应该说，这是对于《春秋》权威性的一种婉转否定。理氏又引用了18世纪的清代史学家兼诗人赵翼（1727—1814）在《陔余丛考》中的一段话，来印证《春秋》中书或不书"王正月"，都不含有什么"褒贬"的深文大义。由于赵翼在文中尚未排除有孔子在《春秋》个别地方作了加工的可能，理氏还表示了对于赵氏以及中国其他学者不能完全摆脱其所受

---

① *The Chinese Classics*, Vol. 5, "Prolegomena", p. 2.

② Op. cit. p. 1.

③ Op. cit. p. 4.

传统教育之束缚的惋惜。[①]

第二，理氏又从孔子本人不曾说及修《春秋》之事，进而对孟子的说法表示怀疑。他自己没有直接提出这个问题，而是以十分欣赏的口吻援引了18世纪一位不甚尊经的清代诗人袁枚（1716—1797）致友人叶书山的一封信，因为他惊喜地发现他们在这一问题上见解一致。所以不妨说，袁氏的话实际上代表了理氏本人要说的话。

袁氏在信中指出，"《春秋》一书，断非孔子所作"。其所列五点理由是：一、孔子自称"述而不作"，如何会代替史官去作《春秋》？二、孟子引孔子"知我罪我"的话可疑，因为那种话显然以王自居；那是孔子不能做的，也是鲁国的君臣所不能允许的。三、说孔子作《春秋》"游、夏不能赞一辞"，可是传统上都说孔子写《春秋》至哀公十四年春而止，而《春秋》实际写到哀公十六年孔子去世。那么这三年的历史自然是由他人撰写的，为何说别人不能赞一辞呢？所以《春秋》本来就是鲁史官之作，与孔子的生死无关。四、《论语》是最权威的书，而《论语》只说孔子教人《诗》《书》，他自己学《易》，完全没有说到修《春秋》的事。《春秋》是传统上原本就存在的书。五、《春秋》里面还有一些讲得不明不白、是非不清的话，圣人何以会写出这样的话呢？以上五点表明，袁氏用《论语》和其他证据相当有力地否定了孟子之语的权威，理氏对于袁氏的这些意见十分赞同。可是袁氏也未排除孔子在个别地方对《春秋》有所改动，这又使得理氏对像袁枚这样的中国学者不能完全扫除儒家传统的俗见表示遗憾。[②]

---

① *The Chinese Classics*, Vol. 5, "Prolegomena", pp. 5-6. 附带说明，理氏所引赵氏文最后部分并不完全且有译误。赵氏的原意是，写《春秋》底本的史官用周正者，孔子就加一个"王正月"；原来未用周正者，孔子也就随之不书"王正月"。见赵翼撰，乐保群、吕宗力校点《陔余丛考》"春不书王"条，30～31页，石家庄，河北人民出版社，1990。

② *The Chinese Classics*, Vol. 5, "Prolegomena", pp.81-84. 至于《公羊传》中所说孔子修《春秋》的例子，理氏认为是孤证，不可信。同前引书 p. 16。

（二）否定《春秋》的价值

理氏否定《春秋》价值的主要论述见于其绪论第五节。[①] 概括地说来，他的否定包括了以下两个方面：

第一，他从知识系统的角度批评了《春秋》之失真，或者说他从史学研究的角度批评了《春秋》之不合事实。按照他的归纳，《春秋》之不合事实有三类情形：

第一类，《春秋》置事实于不顾。在这一类情形中，理氏举了两种例子。一种是，《春秋》以为国君的即位是大事，一般总是要写明的，可是也有少数不写的例子。如鲁僖公元年（前659）不书即位，《左传》说明了不书即位的原因，而《春秋》却没有说明事实。另一种是，《春秋》以为葬国君是大事，一般总是要写明的；可是也有少数不写的例子。如对于楚国与吴国的国君，《春秋》皆不书葬。因为书葬某国君的时候，按规矩是要写其正式头衔的，而楚、吴之君皆已自称为王，《春秋》不允许周王以外的任何君主称王，所以也就不书楚、吴国君之葬。《春秋》不顾历史事实，亦不加以说明。

第二类，《春秋》隐讳事实真相。在这一类情形中，理氏列举了三种事例。一种是，《春秋》中多有"公薨"、"子卒"之类的记载，可是"公薨"这同一说法竟无分别地应用于不同诸侯的不同性质之死亡上，"子卒"这同一说法竟然不加区分地应用于不同贵族的不同性质之死亡上——既不论那是善终、还是暴死，也不论其死亡的具体原因。这样一来，《春秋》就把事情的真相掩盖起来了。再一种是，对于不同人在不同情况下的出走，也常常用同一个词来表示。例如，《春秋》庄公元年（前693）记"夫人孙于齐"，又《春秋》昭公二十五年（前517）记"公孙于齐"。在前一个事例中，已故鲁君桓公的妻子文姜因为参与了谋杀其夫的阴谋活动，所以不得不逃往娘家齐国，而在后一个事例中，鲁昭公是由于在与季氏贵族的斗争中失败了，才不得不逃往齐国。同是"孙于齐"一语，却表达了完全不同的事情，这样的用语当然将事情的真相掩盖了。另一种是，关于周王外出的事。例如，

[①]　*The Chinese Classics*, Vol. 5, "Prolegomena", pp. 38-53.

《春秋》僖公二十四年（前636）记"天王出居于郑"，二十八年（前631）又记"天王狩于河阳"，两次都讲的是周襄王外出，第一次他是因为避其弟王子带之乱，而第二次则系受晋文公之召，到河阳去会见诸侯。两次外出的原因和性质有显著的不同，可是从《春秋》经文的记载则无法看出其中不同的事实真相。

第三类，《春秋》表述有误。理氏共计举了六个事例。一是宣公二年（前608）记"晋赵盾弑其君夷皋"；其实杀晋君的人是赵穿，其时赵盾逃亡在外，只是他回来后没有惩办赵穿而已。二是昭公十九年（前523）记"许世子止弑其君买"；其实许君买患疟疾，在服了其子止的药以后去世。三是昭公元年（前541）记"楚子麇卒"：其实楚君麇在患病中，在公子围探望时被勒死的。四是昭公十三年（前529）记"楚公子比自晋归于楚；弑其君虔于干溪"；其实楚灵王虔是在众叛亲离的情况下，在干溪自缢而死的。五是哀公六年（前489）记"齐陈乞弑其君荼"；其实陈乞只是策划了以公子阳生取代幼君荼的行动，却不主张杀荼，杀荼是阳生为了免于后患而下手的。六是宣公十年记"陈夏征舒弑其君平国"；其实是陈君平国与二大夫到夏家，污辱了夏征舒，才被夏征舒射死的。理氏认为，对于以上六个弑君事例，《春秋》都没有作出正确或者清楚的表述。

第二，理氏又从价值系统的角度批评了《春秋》之失善，或者说从伦理学的角度批评了《春秋》之不合道德。具体说来，这又分别表现在以下两个方面：

第一方面，如果说中国儒家正统的说法以为《春秋》褒善贬恶、是非分明，那么理氏的看法则正好与之相反。他批评《春秋》道：

> 书中各段都不过寥寥数语。每一个段落都旨在说明一个事实。然而，至于作者是想向读者展示令他们赞叹称道的美德，还是揭露足以引起他们憎恶愤慨的丑行，那么从字里行间则丝毫看不出作者的任何意图。这些不能称作记述的语句中不带任何感情。作者不论对卑鄙的谋杀活动，还是对辉煌的英雄业绩，都如同记述日蚀那样平铺直

叙——某年某月发生了某事，如此而已。①

在理氏看来，所谓《春秋》书法似乎是不解之谜。其实又何止是理氏一人？宋儒朱熹（1130—1200）则是更早就对此有所疑惑。理氏在译注中曾引朱子这一类的话，②不过其所引还不是朱子最具代表性的话（原因在于理氏是从《钦定春秋传说汇纂》的"纲领"中转引朱子之语的，而"纲领"本身所引之语大多不全）。例如，有人问朱子："诸家解《春秋》如何？"朱子答道：

> 某尽信不及。如胡文定《春秋》，某也信不及，知得圣人意里是如此说否……况自家之心，又未如得圣人，如何知得圣人肚里事。③

朱子采取的是一种近乎怀疑主义的态度，尽管他口里还说着"圣人"。至于具体的例子，前面一段中所举的例子都是非常典型的，这里就不再复述了。对理氏而言，《春秋》不分是非，在感情上对善恶如同对待日蚀一样，可谓麻木不仁。

第二方面，理氏以为《春秋》的作者有意偏袒有权势的统治者。理氏批评《春秋》的作者说：

> 他对强者，而不是弱者，抱有更大的同情。他可以对当权者的劣迹和压迫视若无睹，而对备受其苦的人的憎愤与复仇却不能放松警惕。他无法想象还有什么比犯上作乱更值得谴责的事了。④因此，他在记述统治者的事情时经常带有偏袒，而对被统治者的行为的记载则往往有

---

① *The Chinese Classics*, Vol. 5, "Prolegomena", p. 3.

② Op. cit. p. 15.

③ 黎靖德编，王星贤校点：《朱子语类》第6册，2155页。

④ 理氏在此加有一注："See the *Analects*, Ⅶ, P. xxxv." 按《论语》此章原文是："子曰：奢，则不孙；俭，则固。与其不孙也，宁固。"这并不能说明理氏的论点。可能此处有错。另外，理氏一方面怀疑《春秋》为孔子所作，另一方面又将批评《春秋》与批评孔子联系起来，把孔子当作此书的作者。这也显出他有犹豫不定的地方。

失公允。^①

理氏在这里并没有列举多少例子。不过，从他对于《春秋》宣公十年（前599）所记"陈夏征舒弑其君平国"这一条的分析与评论来看，^②他颇同情于那个身受欺凌而被迫起来反抗的"可怜的青年人"（理氏原话）夏征舒。他觉得，如此表述这样的事件是有欠公平的，从道德上说是令人难以接受的。

经过以上两个方面的批评后，理氏便以为《春秋》的价值可以被彻底地否定，从而人们对于《春秋》的迷信也就可以随之消除。事情是否真是这样的简单呢？这一层请待下面详细讨论。

三、理氏否定《春秋》，同时却肯定《左传》

（一）理氏肯定《左传》的理由

理氏为什么会肯定《左传》呢？据他自己声称：

> 我之所以认为《左传》基本可信，是因为它的记述方式与《公羊传》和《穀梁传》不同。后者的记述中有传说的印记，并且这些记述的来源显然不是有文字的记载，而是根据人们口耳相传的故事。另外，相对来说，这些记述所包括的内容范围较为狭窄。他们一定是在人们对过去某个事件的记忆已基本消失时才把它记录下来的。如果他们当时能够得到左氏的资料，可以肯定，他们是一定会加以利用的。读过这三本著作之后，人们无疑会认为，左氏著作中的记述最为可靠。^③

理氏认为《左传》有成文的记载为根据，而《公羊》与《穀梁》二传则

---

① *The Chinese Classics*, Vol. 5, "Prolegomena", pp. 50-51.

② Op. cit. p. 49.

③ Op. cit. p. 33.

出自口耳相传。无独有偶，唐代学者啖助（724—770）曾说过这样的话：

> 余观《左氏传》，自周、晋、齐、宋、楚、郑等国之事最详。晋则每一出师具将佐，宋则每因兴废备举六卿，故知史策之文，每国各异。左氏得此数国之史以授门人，义则口传……故此余传，其功最高；博采诸家，叙事尤备。能令百代之下颇见本末；因以求意，经文可知。[①]

并且，在理氏曾经参考的《四库全书总目》卷二十六"春秋左传正义"条中也有类似的说法："今以《左传》经文与二传校勘，皆左氏义长。知手录之本确于口授之本也。"[②]这两段文字颇可与理氏的说法相参证，足见理氏的看法与中国传统的观点大体上是一致的。

理氏相信《左传》的另外一个原因是，此书作者的年代比较接近于孔子。《左传》的作者是否就是司马迁（前145—前86）在《史记·十二诸侯年表序》中所说的鲁君子左丘明？左丘明又是否如杜预在《春秋左氏经传集解序》中所说那样是孔子的弟子？这些问题自唐、宋以降就多有争论，至今尚无定论。理氏没有参与这些问题的讨论，只是根据《左传》书中内在的年代材料来推测《左传》作者的年代。《左传》说到"悼之四年"，而鲁悼公卒于公元前430年；又说到"赵襄子"，而此人死于公元前424年。这些都是《左传》记载中最晚的年代。所以《左传》之作必不能早于公元前424年，也不至于晚于此年太多。理氏由此推论，《左传》作者当为公元前五世纪之人，换言之，按理氏之意，左氏乃春秋战国之际的人。他虽在年代上接近于孔子，但又不大可能直接受教于孔子之门，因为孔子卒于公元前479年。[③]

尽管理氏认为《左传》一书是可靠的，但是他并不排除其中有后来挈

---

① 陆淳：《春秋啖赵集传纂例》第1卷，3页，"三传得失议第二"，上海，商务印书馆，《丛书集成》本，1936。

② 《四库全书总目》，210页。

③ *The Chinese Classics*, Vol. 5, "Prolegomena", p. 24, p. 33.

入的成分。他不仅知道中国学者早有类似的看法，而且在他看来，《左传》中的"君子曰"和一些预言大概是汉代人加进去的。[1]他的这一主张和《四库全书总目》"春秋左传正义"条颇有相通之处。但此条仍然把《左传》作者定为左丘明，这是理氏与之不同之处。不过，《四库全书总目》此条说不能因为《左传》掺进某些后来加入的成分，就否认全书皆非左丘明所作。理氏则认为，绝不能因为《左传》某些后来掺入的成分，就把全书都说成是后出之书。这又是他与《四库全书总目》用意相近的地方。

（二）理氏主张《左传》具有双重作用

在译注过程中，理氏的一个重要看法是，《左传》一书兼具解经和证史的两重作用。[2]首先，我们必须指出，理氏提到的《左传》解经和中国传统的《左传》解经说是有同有异的。他所说的《左传》解经，总起来说包含了两个方面：一是《左传》叙述了《春秋》经中所讲的事情，使人们能够了解《春秋》的简短经文所记是怎么一回事情；二是《左传》中也有一些解释经文字句的话。仅就这两点而言，理氏的解经说似乎与中国传统说法相去不远。不过，理氏还认为，《左传》在解经方面，有时做得成功，有时又不甚成功。理氏进而说，《左传》作者之解经尚无类似《公羊传》或《穀梁传》那样的"褒贬"思想，并由此猜测《左传》作于孟子的褒贬说出现以前。他这种关于《左传》解经与褒贬无关的看法，就明显地与中国经学传统的说法判然不同了。但是，理氏所说《左传》解经有时不成功的说法在中国学术史也早有学者提出过。唐代赵匡曾有言："左氏解经，浅于公穀，诬谬实繁。"[3]宋代朱熹亦云："左氏之病，是以成败论是非，而不本于义理之正。尝谓左氏是个猾头熟事，趋炎附势之人。"[4]不过深一层看，理氏的《左传》解

---

[1] Op. cit. pp. 34-35.

[2] *The Chinese Classics*, Vol. 5, "Prolegomena", pp. 28-31.

[3] 陆淳:《春秋啖赵集传纂例》第1卷，8页，"赵氏损益义第五"。见《丛书集成》（初编），8页。

[4] 《朱子语类》，2149页。

经说与中国传统《左传》解经说的关键性区别在于，理氏把《左传》解经不成功的地方（即因叙事真实而无法完成解经的任务）不当作什么了不起的大问题，甚至还认为是《左传》的某种优点；而中国传统则将《左传》解经不成功之处视作离经叛道的言论。以上所引赵匡及朱熹之说就代表了这种看法，当然持有这种看法的学者远不止他们二人而已。

如何知道理氏不以《左传》解经之不成功为意呢？这只须看他对于《左传》叙史的评价就可以了。他颂扬左氏叙史之笔凝练、生动、逼真，并借用法国汉学家斯坦尼斯拉斯·朱利安（Stanislas Julien）的话称左氏为"伟大的作家"（un grand ecrivain），以为称左氏为"中国的夫瓦沙"（the Froissart of China）实不为过。[1] 按，夫瓦沙（1333—1405）为 14 世纪法国著名的编年史作家，其著作以记事真实与文章优美闻名于世。如果说其他西方汉学家这样称道《左传》作者是受了这部书的感染所致，那么对理氏而言还另有一层原因，那就是恰好《左传》这一部书提供了他批评《春秋》的许多例子。在上一节里，我们列举了理氏批评《春秋》的许多例子，说明他的材料依据基本上出自于《左传》，此处不再赘述。

那么，如何解释《左传》与《春秋》之间这种不协调的现象呢？理氏本人对此也表示惊异：

> 令人十分惊异的是，左氏似乎没有意识到，他和孔子所记述的事件有很多不同之处。比如，他曾说，经文掩盖了事件的本质；不过，他对于经文中不可信赖之处似乎总是不甚敏感的。[2]

然而使理氏深以为异的东西，恰恰是中国经学传统中视为理所当然之事。在《公羊传》与《穀梁传》里就有好几十处论及隐讳之事，并且明文指出了关于隐讳的规则。《左传》在这方面的确不如其他二传，其中谈及隐讳之

---

[1]　*The Chinese Classics*, Vol. 5, "Prolegomena", p. 29.

[2]　Op. cit. p. 29.

处，除了理氏所指出的那一条外，不足十处，而且一般都只是指出这里经文有所隐讳，而未说理由。仅有僖公元年一条说："公出复入，不书，讳之也，讳国恶，礼也。"[①] 这一条说隐讳是根据当时的礼（制度）作出的。其实这也还是客观介绍性的，理氏并没有明确提出自己的解释。而《左传》的这一特点正好符合理氏揭发《春秋》书法隐讳的需要。至于左氏对于《春秋》隐讳问题不甚敏感，则是因为他生活于春秋时期，对于那个时代的习俗惯例熟视无睹，故无须特别加以说明。理氏对于《春秋》书法的隐讳颇为反感和怀疑，这一看法虽然无法在中国经学传统中找到同情者，可是在中国的史学传统里却能找到其先行者。唐代史学家刘知幾（661—721）在其《史通·惑经》中就曾明确地指出，他对于《春秋》的隐讳有十二点怀疑，并提出了五条证据说明人们对于《春秋》的赞扬是言过其实的。在《惑经》篇之后，接着就是《申左》篇；在此篇中刘氏指出《左传》有三点长处，而《公羊》《穀梁》二传有五个短处。刘氏和理氏一样，也是用《左传》作依据来批评《春秋》的。理氏的参考书目中虽然没有列出刘知幾《史通》的这两篇文字，然而就这一点言，他们论述《春秋》《左传》的思路似无二致。

四、论理氏关于《春秋》和《左传》的见解

（一）关于《春秋》和《左传》的成书时代与作者的问题

如上所述，理氏对于孔子作《春秋》之说颇有怀疑，但他并未断然否定它为孔子所作，而且行文中仍以孔子为《春秋》之作者。我们已经指出，理氏在这个问题上显示出了一种认识上的矛盾。现在距离理氏此书之出版已经一百二十余年，学者们对于孔子与《春秋》的关系问题的看法，似乎仍然处于分歧之中。

---

① Op. cit. p. 133.

大体与理氏之书同时，日本学者安井衡（1799—1876）出版了《左传辑释》（1871），他认为《春秋》为孔子所作是毋须置疑的。其后日本学者竹添光鸿（1842—1917）作《左氏会笺》（1893），仍然持孔子作之说。而在中国，当"公羊"家的经今文学在清末兴起之时，康有为（1858—1927）等主张变法的人把《左传》说成是伪书（这一点随后将要谈到），却坚信《春秋》为孔子所作之圣经，其目的是借孔子的声望来协助自己从事政治宣传。当然，并非政治活动家的今文经学家皮锡瑞（1850—1908）也认为"六经"皆孔子所作。同时，中国的古文经学家章太炎（1869—1936）、刘师培（1884—1919）也都持孔子作《春秋》说。清末中国的有变革思想的学者对于《春秋》经传所持见解和态度，竟然与理氏正好相反。而且，19世纪末，日本学者的见解也与理氏相反。

到了20世纪20年代初，当古史辨运动兴起之时，顾颉刚（1893—1980）氏在致钱玄同（1887—1939）氏的《论孔子删述六经说及战国著作伪书考》说："看刘知幾的《惑经》，《春秋》倘使真是孔子作的，岂非太不能使乱臣贼子惧了吗。"[1] 钱氏于《答顾颉刚先生书》中也说，"六经之中最不成东西的是《春秋》"[2]。以后钱氏又有致顾氏《论春秋性质书》，云：以为如把《春秋》看作孔子发表微言大义的书，那么此书就不成为历史；如以为此书是历史记载，按照孔子的才能还不至于写出这样不成东西的书来。钱氏表示他自己主张后一说。顾氏于《答书》中同意钱氏的看法，并简要地列出六点看法来支持钱说。[3] 从那以后，六大册《古史辨》中就不再出现专门辩论孔子与《春秋》的文章，大概疑古学者们以为这个问题已经弄清楚了，无须再加分辨了。实际上，确实有很多中国学者不再相信孔子作《春秋》说。这一点并不奇怪，因为在中国经学史上，早就有怀疑孔子作《春秋》的传统。但是，同样又有许多学者在不同程度上承认孔子曾修《春秋》之说。这种现象也不足为奇，这是因为在中国主张孔子修《春秋》说的传统更为

---

① 顾颉刚：《古史辨》第1册，影印本，42页，上海，上海古籍出版社，1982。
② 同上书，78页。
③ 同上书，275～278页。

深厚。

20 世纪 80 年代初，杨伯峻（1909—1992）氏出版《春秋左传注》，他在此书前言的"《春秋》和孔丘"一节中再次断言"孔丘实未尝修《春秋》，更不曾作《春秋》"①。此后，台湾学者张以仁（1929—　）氏撰《孔子与春秋的关系》，②详述其孔子作《春秋》说，并专门提出六点论难以驳杨氏之说，因为在他看来，杨氏之说是这一说中最有代表性的。稍后大陆学者李学勤（1933—　）氏作《孔子与春秋》，③也对杨氏说提出辩难，而主张孔子作《春秋》之说。现在看来，对于传统的孔子修《春秋》说作何解释是要继续研究的，但是完全否定孔子修《春秋》说则似乎根据仍然不足。实际情况既然如此，我们对理氏在孔子是否作《春秋》问题上表露出的犹豫态度，也就容易理解了。

那么，我们又应该怎样来看待理氏对于《左传》的估价呢？这里需要考察一下理氏身后关于这一问题讨论的发展状况。

在理氏译书以后，关于《左传》有过两度比较激烈的争论：第一次出现在 19 世纪末至 20 世纪初，那时公羊派的今文经学在中国兴起，《左传》曾被认为伪书。且不说见解屡变的廖平（1852—1932），康有为于 1891 年出版《新学伪经考》，发挥了刘逢禄（1776—1829）《左氏春秋考证》的见解，专门论证《左传》乃刘歆（前 53—23）之伪作。与康氏的见解针锋相对的是经古文学派的章炳麟（1869—1936）、刘师培。章氏于其所作《春秋左传读叙录》中，④多方论证《左传》于先秦时期已经成书，并反驳刘歆伪作说之不合理；刘氏于《左传》亦多有论证，而其所作之《周秦诸子述左传考》

---

① 杨伯峻：《春秋左传注》，17 页，北京，中华书局，1981。
② 载氏著《春秋史论集》，台北，联经出版事业公司，1990。
③ 见《金景芳九五诞辰纪念文集》，长春，吉林文史出版社，1996。
④ 载《章氏丛书》第 1 册，刻印本，杭州，浙江图书馆，1919。据钱玄同氏自云，他于 1908 年从章氏受声韵训诂之学时，已经见到了此篇书稿。见顾颉刚编著：《古史辨》第 5 册，4 页。

《左氏学行于西汉考》，①以及《司马迁左传义序例》《汉代古文学辨诬》，②更以相当充分之例证辩明刘歆伪作说为无稽之谈。

第二次则发生在 20 世纪 20 至 30 年代，那时疑古之风方炽，《左传》自然也属于被疑之列。当然，由于《左传》中确实存在比较复杂的情况（如后来搀入成分之存在），所以此后在学术界一直有所争论，以至于今。不过，争论的双方大体上仍然是沿着以上两种主张发展的。20 世纪 20 年代末及 30 年代初的重要讨论文章，大都收进《古史辨》第五册中。其中发展刘逢禄、康有为说的代表作是顾颉刚氏的《五德终始说下的政治和历史》。③此文详论五行说之晚出，由此证明《左传》中此类文字皆非原作所固有，而是后人加进去的。而发展章太炎说的则是钱穆（1895—1990）氏的《刘向歆父子年谱》，④此文之"自序"部分提出二十八个问题，从逻辑上证明刘歆不可能伪造群经，正文则自刘向之出生（前 79）至刘歆、王莽（前 45—23）之去世（公元 23）逐年排列史事，从事实上说明其间并无刘歆伪造群经之余地。顾颉刚、钱穆这两位学术好友虽然没有直接交锋，却明白地表示了各自的对立看法。随后杨向奎（1910—2000）氏发表《论左传之性质及其与国语之关系》。⑤他沿着刘师培的路子，从先秦、西汉的文献（尤其是《史记》）中列举出许多直接或间接引用《左传》中书法、凡例、解经语、"凡例"及"君子曰"等证据，说明这些都是《左传》所原有，非出后人之窜加。

反观中国以外，情形亦复如此，日本之安井衡于 1871 年出版《左传辑释》、竹添光鸿于 1893 年出版《左氏会笺》，皆沿袭《四库全书总目提要》的说法，即以为《左传》乃左丘明所作，不过其中有少数后来搀入的部分。

---

① 皆见于《左庵集》第 2 卷。据钱玄同氏考，《左庵集》之文作于 1909 年。后收于《刘申叔先生遗书》，宁武，南氏铅印本，1936。

② 分别见于《左庵外集》第 3、4 卷。

③ 原发表于 1930 年 6 月之《清华学报》。

④ 原发表于 1930 年 6 月之《燕京学报》。

⑤ 原载前北平研究院《史学集刊》，1936（2），后又收入《绎史斋学术文集》，174～214 页，上海，上海人民出版社，1983。

这种说法与理氏基本上是相同的。到 20 世纪二三十年代，与国内的疑古辨伪的讨论相呼应，在国外也有过对于《左传》作于何时的讨论。据洪业（1893—1980）在其所作《春秋经传引得序》中介绍，主张《左传》是刘歆等伪作的有德国之佛朗克（O. Franke, *Studien zur Geschichte des konfuzianischen Dogmas und der chinesischen Staatsreligion*, 1920）、日本之津田左右吉（1873—1961,《左传的思想史研究》, 1935）等，主张《左传》成书于战国时代的有瑞典之高本汉（Bernhard Karlgren, 1889—1978, *On the Nature and Authenticity of the Tso Chuan*, 1926）、日本之狩野直喜（1868—1947,《左氏辨》, 1928）与新城新藏（1873—1938,《东洋天文学史研究》, 1928）、法国之马伯乐（Henri Maspero, 1883—1945, *La composition et la date du tso tchouan*, 1931—1932）等。[①]他们的看法在不同程度上受到中国学者对立观点的影响，要为不可掩之事实。

20 世纪二三十年代的讨论因第二次世界大战告一段落。经过十多年的沉寂之后，五六十年代以来，对《左传》又继续有所讨论。不过就对于《左传》作者的分歧而言，仍旧坚持刘歆伪造《左传》说的人已经很少。据目前所知，持此说的主要代表作莫过于徐仁甫（1898—1981）的《左传疏证》，[②]及其所撰有关论文。与此相反，反对刘歆伪造说者却占了上风。不过，在这些学者中仍然存在着不同的看法。例如，杨伯峻氏在其《春秋左传注》的"前言"和赵光贤（1910—2003）氏在其《左传编撰考（上、下）》，[③]都以为《左传》成书于战国时期，并非左丘明其人之所作，在成书年代的推算上差别也不甚悬殊（杨氏主张成书于公元前 403—386 年，赵氏以为《左传》纪事部分成书于公元前 430 年后不久，而其经改编并加进解经语当在公元前 375—352 年）。但是杨氏认为《左传》原来就是解经之作，而赵氏则以为解经部分是后来加进来的。此外，还有学者更进一步主张《左传》为春秋末

---

① 参见《洪业论学集》，261～268 页，北京，中华书局。1981。
② 徐仁甫：《左传疏证》，成都，四川人民出版社，1981。
③ 原载《中国历史文献研究集刊》，1980 年第 1 集和 1981 年第 2 集，后又收入其《古史考辨》，北京，北京师范大学出版社，1987。

叶左丘明之作的。持此说者，在大陆有胡念贻氏，[①]在台湾有张以仁氏等。[②]

　　总之，关于《左传》成书年代与作者问题，经过约一个世纪的激烈辩论，虽至今尚未得出具体的定论，可是西汉末刘歆伪造说已经愈来愈缺乏说服力，《左传》为先秦古典之作已不再成为问题。从这一点来看，理氏对于《左传》成书年代之讨论，虽然其中一些内容已难以成立（如说"君子曰"为汉代人所加），可是从总体来说，还不能说是已经完全过时了。

（二）关于《春秋》及《左传》的意义评价问题

　　上文谈到，理氏从历史学和伦理学两个方面否定了《春秋》的价值，认为它既不真又不善。至于《左传》，理氏却充分肯定了它的史学价值和文学价值。理氏用《左传》提供的历史材料来批评《春秋》，这也是他之所以肯定《左传》的一个原因。同时，理氏对于《左传》说到《春秋》隐讳事实而无所感的情况颇感惊讶，实际上也是对于《左传》有一定程度的不满。理氏对于《春秋》的不满，往往因意识到《春秋》的问题，而又不能彻底否定此书而变得更加深化了。

　　理氏相当清楚地知道，他所用来说明《春秋》不具价值的例子，其中许多条都是早就被先前的中国学者引用过的。理氏曾经引用过的赵翼的《陔余丛考》里有"《春秋》书法可疑"一条，[③]其中很多例子都成为理氏的材料来源。惟其如此，理氏才更感到中国学者和中国之不可理解。为什么对于《春秋》这样一部古书，中国人会如此地迷信它？为什么已经发现了其中问题的学者也不敢断然否定《春秋》与孔子的关系，并从而彻底抛弃它？理氏在不同的段落里不止一次地发出这样的疑问。他在此书的《绪论》

---

　　① 见《左传的真伪和写作时代考辨》一文，不过胡氏以为《左传》中是有某些后来掺入的成分的。文载《文史》第11辑，北京，中华书局，1981。

　　② 张氏：《从司马迁的意见看左丘明与国语的关系》一文载于其所著《春秋史论集》。又张高评氏于其所著《左氏导读》中之第3、4两章亦持此种见解，并有详细论证。台北，文史哲出版社，1987。

　　③ 《陔余丛考》，30页。

中专门写了"《春秋》对于中国（历代）政府和人民的影响"一节。[①] 他以为，《春秋》不仅影响到中国历代的史书，并且陶铸了中国王朝的权力与人民的性格，故其作用是非常恶劣的。中国国运之所以走到了当时（鸦片战争以后）那种地步，就与《春秋》的隐讳或不肯正视事实的传统有关。他所指的是，中国皇帝以天子自居，对内不尊重人民的权益，对外又以唯我独尊的态度对待别国。但问题尚不止此，他希望读者注意：

> 当孔子的著作对他们来说已非常不足以再作为行为的指南时，他们便将陷入危急的境地。如果我的研究有助于他们确信这一点，并能够促使他们离开孔子而另寻一位导师，那么我就实现了我终生的一个重大目标。[②]

理氏的话说得非常明白：他从事中国经书研究的最终目标，就是要使得中国人了解，孔子的经书已经不再能够作为人们的思想指南，需要另外寻求一位导师（即耶稣）。

如果说理氏翻译和研究《春秋》的内在动机是希望让人们摆脱《春秋》的影响，而去接受基督教，这一点对于许多中国人来说，恐怕不易有一个比较全面的认识。如果怀着简单的排外心理，那么就会以为这不过是西方传教士所作的文化侵略，企图通过学术的方式，让中国人放弃自己固有的文化，归宗于西方基督教文化。当然，作为一个传教士，理氏自然希望有更多的人接受基督教，此既在情理之中，亦无可指责。一个人究竟最终选择何种信仰，不仅是其个人的支配，更受到其文化背景的支配。而要判断一个人是否为文化侵略者，则需要看他是从根本上鄙视别国的文化、全部否定其文化价值，还是有分析地既尊重别国的文化成果，并又指出其中的问题。如果我们是以这样的态度来观察问题，就不难发现理氏经常处于一

---

① *TheChinese Classics*, Vol. 5, "Prolegomena", pp. 51-53.

② Op. cit., p. 53.

种精神矛盾的状态中：他对于中国文化的某些方面是如此一往情深（他花费那么大的力气去翻译难度很高的中国经书，其实更多地是为了便于西方人了解中国文化），如他对《左传》的赞赏；而对于另一些方面则又是深恶痛绝，如对《春秋》的贬抑。甚至对于孔子本人，理氏也存在着矛盾的态度：一方面，他觉得孔子是一位伟大的中国古代学者，所以不大相信孔子真的会写《春秋》这样的书；另一方面，他又仍然把《春秋》列在孔子名下，表示了他的某种反感。他在《中国经书》第一卷的《绪论》里有专章讨论孔子，既肯定孔子在保存中国古代文化方面的作用，又否定孔子思想上的保守倾向；甚至在说到孔子误以当时的中国为"天下"的时候，也没有把后世中国君主的傲慢归咎于孔子，而只是说孔子在这方面没有留下教诲作为预防。① 根据以上这些情况，我们是不能把理氏视为西方的文化侵略者，而应当说他是中国文化之友，尽管他的见解未必完全正确，也未必与我们的观点完全相同。

　　其实，只要检讨一下理氏以后的中国学术史，我们便可以说，这位西方学者在某种程度上为中国学术发展的未来，显示出了一种人们始料不及的先兆。从思想史的观点看，这是具有重要意义的。在理氏此书出版以后，在中国学术界首先出现了以康有为为代表的经今文《公羊》学派，他们对于《春秋》《左传》的态度与理氏正好相反。可是，康氏所倡导的维新运动失败了。到了20世纪五四运动开始的时候，传统儒家意识形态已对知识界失去了号召力，"打倒孔家店"的口号高入云霄，在史学界随即也兴起了疑古的思潮。《春秋》被看作"最不成东西"的东西，《左传》也被视为刘歆之伪作。一切儒家经典都被视为过时的历史垃圾，激烈抨击的程度不知要比理氏高多少倍。尽管疑古学者与理氏在正面的方向指引上有所不同，但是二者同视中国文化不能再照老路走下去了，在这一点上双方则完全是一致的。也正是在这一点上，我们不妨把理氏对于《春秋》的见解看作是一种有意义的远见，他竟然先于当时中国学者而有见于此。当然，那也并非理

---

　　① *The Chinese Classics*, Vol.5, "Prolegomena", pp. 107-108.

氏个人的见识高于当时中国学者的问题，差别在于他和中国学者身历的是不同的文化背景和历史环境。

那么是否可以说，理氏和疑古学者对于《春秋》《左传》的价值的认识就完全正确呢？是否《春秋》《左传》中就毫无积极的思想文化资源可以供我们开发呢？我们不认为可以这样说。日本学者安井衡在这方面提供了一个很好的例证。1870 年，他在其《左传辑释·序》中曾表示了一种与理氏相反的见解。他认为孔子作《春秋》是有褒贬之"义"的。所以他说：

> 苟失其道，虽天子之尊，亦必贬之。非孔子贬之，道贬之也。道者，天也。圣人奉天，垂教万世，固不敢以尊卑殊其义。知我罪我，意盖在斯矣。①

安井氏举的两个例子，皆据《左传》。第一个例子是，《春秋》隐公元年（前 722）记："秋，七月，天王使宰咺来归惠公仲子之赗。"②《左传》认为，这里称周王使者的名字，表示对天子的批评。③既然周天子有错误都可以批评，那么孔子作《春秋》自然无可非议。第二个例子是，《春秋》宣公四年（前 605）记："公子归生弑其君夷。"④《左传》的解释是："凡弑君，称君，君无道也；称臣，臣之罪也。"⑤这里，理氏对"无道"一词没有翻译准确，他译为"没有原则"，又加了问号，以示尚未确定其意。其实，"无道"者即指暴君。在中国历史上，无道之君的典型就是夏桀、殷纣之类。对于这样的君主，人民是可以反对，甚至可以诛杀的。所以《左传》在此处所说的正是儒家《诗》《书》之"义"。《左传》作者以这样的儒家之"义"来解释《春秋》，就发挥出了一种民贵君轻的民本思想。在中国古代思想史上，这样的看法自

---

① 〔日〕安井衡：《左传辑释》，影印本，台北，广文书局，1987。

② 见理氏书之中文第 1 页，英文 pp. 3-4。

③ 见理氏书之中文第 2 页，英文 pp. 6-7。按理氏对此事有怀疑，认为周王不至于糊涂到这种程度。

④ 见理氏书之中文第 294 页，英文 p. 296。

⑤ 同上书，295 页，英文 p. 296。

然应该说是一种具有突破性的创见或精华了。

　　但是值得注意的是,《左传》的这一思想在中国的学术史上却长期是受到贬抑的。唐代的啖助、赵匡和宋代的朱熹等都批评《左传》的这种解释是在鼓励人民反对君主（他们忘了儒家经典中原有之"义"——天意反对虐待人民的暴君,因而人民有权反对暴君）,故为离经叛道之说。他们的正统思想倾向固不必说,而理氏的态度却值得我们注意。理氏虽然翻译了这一段话,却对其含意似乎无动于衷。尽管他没有表示谴责,但也不觉得此处有什么特别意义。反而却是与理氏大体同时的日本学者安井衡注意到了这一点,并对之加以表彰。为什么会出现这样两种不同的态度呢? 这是值得思考的一个现象。我们认为,《左传》之所以受到日本学者的重视,大概有两点原因：一是日本学者原来是把中国儒家经典当作自己的文化渊源的一个部分来看待的,从而持有某种敬意（至少在安井所在时代还是如此）,故钻研得比较深,了解得比较细;二是安井氏之书正作于明治维新前夕,当时人们对民主的要求又促使他从传统中去发现相应的积极因素。在这一特殊思想背景下,安井衡便能发现中国传统学者和理氏都未曾看出的东西。即以中国的情形而言,在清朝末年和民国初年,刘师培、梁启超（1873—1929）等人开始重视《左传》中的民本思想,也是时代变化的影响之故。至于《春秋》中原来是否就有如此明确的民本思想,我们尚无更多的根据加以说明,不过《左传》作者根据自己的理解对《春秋》作了如此的解释,若按哲学解释学（philosophical hermeneutics）的原则来说,乃是完全正常的现象,因为"所有理解性的阅读始终是一种再创作、表演和解释"[1]。理氏表彰了《左传》的许多优点,却偏偏没有看出此书这一不凡之处。其所以如此者,看来只有用中西文化背景上的差距来解释了。

---

① Hans-Gerog Gadamer, *Truth and Method*, trans. Joel Weinsheimer and Donald G. Marshall, New York: The Continuum Publishing Company, 1993, p. 160.

五、理氏对于《春秋》《左传》的译文

理氏既然要翻译《春秋》和《左传》，那就不能不先理解它们；因为只有理解深透，才有可能用英文确切表达。而理氏译文在理解上的得失，则与其所参考之书有着密切的关系。故不论其所参考之书，则难明其译文得失之源。而且本文所举理氏译文失误之例不可能完全，通过分析其所参考之书及其于不同之书参考之不同程度，便可从总体上说明理氏于《春秋》《左传》把握之程度。所以，我们首先来讨论一下理氏所参考的书目，然后再讨论其译文之得失。

（一）关于理氏所参考的文献

理氏所参考的书籍以汉文为主，凡五十七种，其中三种又包括书多部：《十三经注疏》包括书三部，从《通志堂经解》中引书十三部，从《皇清经解》中引书二十一部。共计列汉文参考书九十一部，这些还不包括他所用的辞书和一般工具书。[1]在 19 世纪六七十年代，一位苏格兰学者研究《春秋》《左传》竟能参考如此大量的汉文书籍，表现出他对中国经学的研究熟悉程度。这一点实在令我们后辈学人由衷钦佩。

我们注意到，理氏在开列参考书目时，是经过慎重考虑并有选择的。例如，《通志堂经解》中共有解《春秋》之书三十五部，他选列了十三部。看来他有个人的选取标准，即空谈褒贬义理之类的书皆不列入。他所列举者基本是有助于了解春秋史事和广泛搜集各家对于原文解释之书。理氏不仅列举了《皇清经解》中全部解释《左传》的书，而且还列举了一部分解说《公羊传》和《穀梁传》的著作。他对清代学者的著作未加选择，其实这种做法就是一种选择，即他认识到清代学者在解经方面的特殊成就而尽量收录。除了全部收入《皇清经解》中解释《春秋》《左传》的书以外，理氏

---

① *The Chinese Classics*, Vol. 5, "Prolegomena", pp. 136-147.

又收进了如顾栋高（1679—1759）的《春秋大事表》等书。尤其值得一提的是，理氏还及时地注意到与其同时代学者俞樾（1821—1906）问世不久而学术价值甚高的《春秋左传平议》一书。他还参考了其好友王韬关于《春秋》《左传》的著作手稿，其中一些至今还未见到印本（王氏关于天文历法的著作现已出版）。这些都充分说明，理氏是决心把自己的研究和翻译建立在最新学术成果的基础上的。这样的做法，对于一位西方学者来说，是谈何容易啊！

我们当然不能否认，理氏所列的参考书即使以当时人的眼光看也还是不十分完备的。理氏从事《春秋》《左传》的研究和翻译之际，清代经学家已经出版了不少很有价值的著作，如后来为王先谦（1842—1918）收进《皇清经解续编》中有关《左传》研究的著作就达十六部之多[①]；除了其中两部（顾栋高和俞樾之书）以外，理氏都未提及。这当然是一件令人遗憾的事，不过，我们怎能过分要求一位寄旅香港的外国学者，把如此众多、散于中国各处的书籍搜罗殆尽呢？倘若《皇清经解续编》提早二十年编成，我们相信理氏肯定都会采用其中之书的。

同时，这里需要说明的是，理氏并非充分地利用所有被列出的参考书籍。例如，理氏在参考书目里列了《春秋公羊传注疏》和《春秋穀梁传注疏》，并在这本译注《绪论》的"附录一"里，通过举例对《公羊》《穀梁》二传加以解说。他在《左传》译文的注中，还曾多次表明，在某些地方三传的文字及说法的不同。可是，大概由于对此二传的研究不足，他仍不免把《公羊传》（唐初徐彦作疏）和《穀梁传》（唐初杨士勋作疏）的注疏都误说为孔颖达（574—648）所作。又如，《春秋》襄公二十一年说到九月和十月都有日蚀。理氏在译文的注中说明，第一次日蚀记载是正确的，而第二次日蚀记载是错误的；他在此又引了杨士勋认为不可能连月发生日蚀的类似说法。[②]杨氏此语其实就在《春秋穀梁传注疏》（此书就在理氏所列书目之

---

① 王先谦编：《皇清经解续编》，影印本，上海，上海书店出版社，1988。

② *The Chinese Classics*, Vol. 5, p. 491.

中），可是理氏不提引自此书，而是对杨氏本人作了一个注，说他是《榖梁传》的注释家，而未直接说明杨士勋与《春秋榖梁传注疏》的关系。这是为什么呢？细加分析，便可发现他所引杨氏之说，乃是从《钦定春秋传说汇纂》转引的。理氏为什么会没有注意到《春秋榖梁传注疏》的作者并不是孔颖达呢？看来是因为《公羊传》和《榖梁传》并非他的研究重点所在，理氏只是在与《左传》作比较之处，才去注意此二传。不过我们知道，这样的做法很容易就会把《钦定春秋传说汇纂》当作便于使用之书，因为其中三传（其实还有胡传）就并列在一起，对照起来阅读非常方便。理氏参考《汇纂》并非不可，而问题在于《汇纂》对三传皆有所删节，所以通过《汇纂》来对三传作比较，从学术研究的角度来说是不适当的。

在清代学者关于《春秋》《左传》的著作里，理氏参考最多的是两种书：一种是康熙皇帝玄烨（1654—1722）下令编写的《钦定春秋传说汇纂》。在理氏的翻译中，我们可以看到他不时地参考《钦定春秋传说汇纂》的例子（pp. 5、36、56、59、61、90、112、116、121、160、161……）。理氏为什么会重视《汇纂》呢？我们觉得这有两点原因：一是，康熙皇帝在1721年为此书所作的《序》中明确指出，他不赞成从《春秋》中写什么或不写什么之中寻求什么深文大义，而只是注重历史事实的鉴戒作用。这在一定程度上与理氏的见解有相近的地方。二是，理氏所要参考的书太多，《汇纂》所引清以前各个朝代学者解经之说十分丰富，参考《汇纂》有一定的方便之处，因为这颇有助于他在所列参考书目范围以外涉猎更多学者的说法。这里略举一些例子。例如，此书第5页提到了宋代学者胡安国（1074—1138），而胡氏之书既不在理氏所列参考书目中，又不在《通志堂经解》中；而这是理氏从《汇纂》所引的《胡安国传》得知的。又如，此书第61页引了宋代学者王葆的话，按王氏的著作不在《通志堂经解》中，也不在理氏所列书目之内；这里的引文见于《汇纂》，理氏乃是从《汇纂》引来的。又如，此书第90页引了宋代学者苏辙（1039—1112）的见解，尽管苏氏之书收在《通志堂经解》中，但并不在理氏所列参考书目之内；他在此是从《汇纂》引来的。又如，此书第112页引了明代学者卓尔康（1570—1644）的见解，而卓氏著作也不在理氏所列书目之内；这也是从《汇纂》引来的。又如，此书第160页引了宋代学者赵鹏飞的见解，赵氏书虽在《通志堂经解》中，但却不见于理氏所列书目；这仍然是他从《汇纂》引来的。又如，此书第161页引了明代学者王锡爵（1534—1610）的话，而王氏的著作并不在理氏所列书目之内；这自然又是从《汇纂》引来的。类似的例子还有若干，恕不备引。《汇纂》的确是一部方便而有用的参考书，故理氏相当依赖它。使用此书固然可以得到方便，但也会受到一定的限制。原因在于康熙皇帝在此书《序》中还别有用心地声称，《汇纂》对于"传"和"说"，凡被视为违背经义或曰触犯禁忌的，都必须一律删掉，可见此书的选择性是相当强的。所以理氏使用此书，一方面增广了其参考的范围，另一方面也限制了其选择的机会。

　　另一种就是毛奇龄（1623—1713）的三部书（见于理氏所列书目）。理氏为什么会重视毛奇龄的书呢？看来这也有两点原因：一是毛氏重《左传》而严厉批评《胡安国传》，这一点有与理氏相近似的地方。二是毛氏的《春秋》经传研究也有其所长。理氏不仅在此书翻译中重视毛氏之说，而且在对《书经》的翻译和研究的过程中也重视他的经解。

　　概括地说，《汇纂》的优点是内容广博，而毛氏之书的长处是富有独特的见解，这两种书的一个共同特点，就是其解说的主观任意性甚强。使我们感到欣慰的是，理氏并没有对这两种书采取盲从的态度。例如，《左传》襄公十四年（前559）记，卫国君主被放逐出国，晋君问师旷说，卫人逐出国君，是否做得太过分了？师旷说了一大段话，意思是，这不是卫人行为过分，而是卫君做得太过分了。天是非常爱人民的，所以给人民立一个国君是为了保护人民。如果国君尽职，爱护人民，那么人民就应当对待国君如父母；如果国君失职，虐待人民，人民就有权利放逐他，因为天是不会允许国君一人骑在人民头上肆无忌惮的。理氏在翻译了这一段话以后，特别加了这样一句说明："《汇纂》编者竟然谴责这位乐师的激愤情绪，读者诸君谅必不会惊奇。"① 由此可见，理氏对于《汇纂》的政治立场还是有相当

---

① *The Chinese Classics*, Vol. 5, p. 467.

清醒的认识。又如，毛奇龄对于《春秋》和《左传》的关系有一个基本的看法，那就是古代记事有两类：用概括性的一句话来表达的记在"简"上，用叙述性的文字来表达的记在"策"上；孔子修《春秋》是修了简上的书，左丘明修《左传》是修了策上的书。因此二者之间虽有差异，但又有着内在的一致性。① 足见理氏对于毛氏的主张也是有所分析的。

当然我们还不能不指出的是，理氏对于清代学者解释《春秋》《左传》的著作的参考尚不能说是相当充分的。这不仅反映在他所列的书目不够全备，缺少当时已行世的若干重要著作（其中许多书是到他晚年时，才被王先谦收进《皇清经解续编》中）上，而且对于已经列入其书目并见于《皇清经解》的书，他也在有一些地方参考得不够周到细致。这种情况在一定程度上影响到了其译文的准确性。关于这些，我们将在以下讨论理氏的译文的过程中涉及，这里就不多说了。

（二）关于理氏的译文

理氏对于《春秋》《左传》既译为英文，又有所解释。对于《春秋》，理氏的办法是，把每年的经文分条译在一处，不夹入解释。对于《左传》，理氏采用的是另一种办法，即不是以每一条译文紧紧地对应着原文，而是以《春秋》的条目为顺序，涉及哪一条《春秋》经文就附上有关的《左传》译文，有传无经者则在有关地方附上此段译文。由于理氏是把《左传》当作解经的文字来处理的，所以《左传》的译文常常是和有关的解释夹在一起的。理氏的解释和《左传》译文夹在一起，是因为他的解释是直接与译文相应配合的。也就是说，理氏作出种种说明，主旨仅在帮助那些只通英文而不了解中国文化的外国人，能够读懂他的译文。严格地说，理氏的解释一般都不是文献考证式的，故并不具备独立的学术价值（当然不排除在少数地方有其独到之见）。正因为这一点，这里我们只讨论理氏的译文，而

---

① 毛奇龄：《春秋毛氏传序》，见《皇清经解》第 1 册，565 ~ 566 页。按毛氏此说相当武断，前人颇有批评，而理氏对于毛氏此说亦有所存疑，参见 *The Chinese Classics*, Vol. 5, p. 466。

不单独涉及他的注解。

　　《春秋》《左传》的篇幅长、难度高，而历来学者们之间对两书的争论胜义纷披。所以，翻译这样的古书无疑是一件艰巨的工作。从总体上评价，理氏的译文应该说是相当成功的。他不仅基本上表达了原文的含义，而且表达得清晰可读，让人能够通过译文而知原书本义。作为生活于理氏一个世纪之后的学者，我们这样来评价理氏译文的成就，自信并无过分夸张和溢美之处。如果读者们能细心地对照原文来读理氏的译文，大概也会得出相似的结论。因此，这一部译著至今仍然有着它的重要学术价值。

　　但是，正如世界上的绝大多数译著不可能十全十美一样，理氏所译此书也是有其不足之处的。何况理氏的译文业已经历了一个多世纪的时间，后人对《春秋》《左传》的翻译研究又有所进步完善。在这里，我们就用瑞典学者高本汉的《左传注释》（*Glosses on Tso-chuan*），[①] 来和理氏的译文作一些比较，以便读者从中看出一个世纪以来的外国学者在《左传》研究上的进展。现在试举一些例子如下：

　　首先，让我们来看一下高氏比理氏有所进步的地方。高氏在其书中举了若干例子，来说明理氏译文的失误。这里只略举几条来说明高氏比理氏高明之处究竟何在。例如，《左传》襄公二十五年（前548）"将庸何归"一句，理氏把"庸何"一词中的"庸"字解释为"用"的意思，译文作"of what use"，[②] 这是以杜预注为根据的。高氏根据王引之的说法，把"庸何"中的"庸"字理解为副词，"庸何"的意思就是"何"。[③] 这样的理解当然比理氏（和杜预）更加准确了。又如，《左传》襄公二十六年（前547）记楚王"昧于一来"，杜预把"昧"字注为"贪冒"。理氏不采杜预之说，把"昧"解释为"盲目地"。[④] 高氏参考了王念孙（1744—1832）的研究成果，从"昧"

---

① Bernhard Karlgren, "Glosses on *Tso-chuan*," *Bulletin of the Museum of Far Eastern Antiquities*, Stockholm, 1968.

② *The Chinese Classics*, Vol. 5, p. 510, 514.

③ 见高氏书第 623 条。

④ *The Chinese Classics*, Vol. 5, p. 522, 527.

字的字音考出"昧"与"没"同音，其义当为"贪"。① 这样，他就证明了杜预的注是正确的，而理氏用"昧"的通常之意来解释，则被证明是错误的。类似以上两例的例子在译文中还有一些，在此不一一列举。我们举出以上两个例子旨在说明，高氏所参考的清代学者经学著作远为广泛，而且其思考较为细致。这绝不是偶然的，作为出色的近代语言学家，高氏在古汉语的文法学和字源学上的修养是高于理氏的。另外，高氏还指出了理氏书有漏译的地方。例如，《左传》昭公三年（前539）中就漏了"道堇相望，而女富尤溢"一句未译。② 所以，阅读理氏之书若能同时参考高氏之作，那将会是极有助益的。

我们虽如此说，并不意味着凡是高氏之说都是正确的。事实上我们还应注意到以下几点：第一，高氏之书名为《左传注释》，实际上只注了其中八百条，并非对《左传》全篇每句作注；因此，高氏之书不能覆盖理氏译文之全部。例如，《左传》文公十四年（前613）之"夫己氏"这一个称呼，理氏译为"so and so, No. 6"。③ 按此说亦非理氏首创，前人已有此义，清代经学家孔广森（1752—1786）、焦循（1763—1820）等均有此说。但是，清儒顾炎武（1613—1682）、沈钦韩也早已说明"夫己氏"的意思就是"那个人"④。理氏的译文不太恰当，可是高氏也未能指出来。这样的例子不仅此一处有之，在此就不再列举了。

第二，也有高氏批评理氏，而两人的理解皆不可取者。例如，《左传》襄公二十三年（前550）记范鞅之语云："乐，免之，死将讼汝于天。"理氏把"免之"译为"get out of my way"（让开）⑤，高氏书第601条则把"免之"理解为"逃了"。按他们两人的解释皆误。《公羊传》鲁宣公十五年（前594）楚司马子反对宋华元说："诺，勉之"⑥。这句话证明《左传》"乐，勉之"与

① 见高氏书第 640 条和 613 条。
② 见高氏书第 675 条及 *The Chinese Classics*, Vol. 5, p. 589.
③ *The Chinese Classics*, Vol. 5, p. 268.
④ 刘文淇：《春秋左氏传旧注疏证》，566～567 页，北京，科学出版社，1959。
⑤ *The Chinese Classics*, Vol. 5, p. 498, 501.
⑥ 见《十三经注疏》，2286 页。

《公羊传》中的"勉之"是相当的句式，"免"即"勉"。日本学者竹添光鸿说："或谓免是勉之坏字"[①]。按竹添氏这一推测是有道理的。元代学者熊忠在《古今韵会举要·铣韵》中曰："勉，通作免。"[②] 所以，"免"本来就与"勉"相通，不必说因字坏而来。这里的"免（勉）之"的意思是"好好地干吧"，即范鞅告诉他的敌人栾乐："你好好地来和我拼搏吧！"这是决斗前用反面语言来表示自己决心的一种说法，所以下文才接着说："就是死了，我也要到天上去同你斗争到底！"在传统中国学者看来，"免之"在这里不难理解，所以一般中国学者对此都不加注（当然也有中国学者把握不准的时候）。理氏和高氏作为西方人，尚不能理解到这样细微的地方，自是意料中事，当然不能苛求。

第三，还有少数高氏之说不如理氏解说的地方。例如，《左传》昭公十八年（前524）的"将有大祥"一句。杜预把"祥"解释为"变异之气"。理氏把它译为"凶兆"（portent）。应该说他们的理解都是正确的。高氏书第730条坚持要把"祥"字解释为好的预兆，从而把事情说成先有灾、而后有好的后果。高氏这样的说法，显然迂阔难通。同时这也表明，高氏只知道"祥"字有吉祥这样正面意义的意思，却不知道"祥"这个字在中国古文献里，也可以表示反面内容的意思。当然，后一种情况远比前一种情况少见。

最后，我们必须声明，我们虽然指摘了理氏和高氏在翻译上的一些失误，但这绝不是求全责备，更不意味着说他们两位前贤的学术水平不高。"他山之石，可以攻玉"，须知他们对中国经典的译注，在西方皆属近代汉学开山之作，向为国际汉学界所注重。这里我们只不过是说明，从学术史的观点来看，对于像《左传》这样的古典著作之研究，是不可能到了某个人或某个阶段，就达到尽善尽美的程度了，而是总有继续深入研究之余地的。

通过以上的析论，我们可以看到，理氏英译《春秋》《左传》能达到如

① 《左氏会笺》，襄公二十三年，影印本，8页，台北，新文丰出版公司，1978。

② 见黄公绍原编，熊忠举要：《古今韵会举要》，见《景印文渊阁四库全书》，238页，台北，商务印书馆，1986年影印本，615页。

此高的学术境界，绝不是一蹴即至，而是建立在长期艰苦而严肃的研究基础之上，并与他所接受的中西深厚的学术凭借有着密切的关系。近百年来，西方研究中国经典的新著层出不穷，但理氏的《春秋》《左传》译著仍为西人研治汉学之必备，其意义与作用至今不衰。因此，评析这样一部翻译研究中国经书的扛鼎之作，不仅可以呈现理雅各在汉学研究上的成绩，而且有助于我们认识理氏学术思想的发展历程。

（作者附识：本文的撰写得到香港浸会大学研究委员会的赞助，并承蒙该校曾宪博副校长、黎翠珍院长的支持和陈巧玲女士的帮助，谨此深致谢意。）

原载林庆彰主编:《经学研究论丛》第八辑，

台湾学生书局，2000 年

理雅各与安井衡对于《春秋》《左传》的见解的异同

在 19 世纪中后期，由工业革命而迅速强盛起来的西方正向东方扩张，中国遭到了这种新趋势的严重压力和冲击。太平天国（1851—1864）运动准备彻底抛弃儒家传统以改变中国的严重局面，但失败了；而主张维新的人则一改清代康、雍、乾以来脱离现实的古文经学传统，力图以儒家的"春秋公羊学"（今文经学）为理论根据来实现其拯救中国的目的，同样也失败了。在这样的情况下，人们到底应该怎么样来看待儒学呢？这一篇文章且不谈中国的情况，而探讨一下当时两位外国学者对于《春秋》和《左传》的见解，即英国理雅各（James Legge，1815—1897）在其所译《中国经书》之第五卷《春秋》《左传》中以及日本安井衡（1799—1876）在其所作《左传辑释》中表达出来的见解。这也许可以从另外的视角看出儒学内容中的某种有意义的文化资源。

一、理雅各对于《春秋》《左传》的见解

首先，让我们来考察一下理雅各氏对于《春秋》《左传》的见解。

理氏译注《春秋》，以作为其所译《中国经书》（*The Chinese Classics*，包括"四书"和《书经》《诗经》和《春秋》，他原拟加上《易经》和《礼记》，但是在其四册五卷本中没有来得及作成）的一部分。《左传》并不在"四书五经"之列，不过理氏还是收《左传》全部原文，并且把它全部译成了英文。他译《春秋》附以《左传》而不附以《公羊传》或《穀梁传》，是因为如果只译《春秋》之经文，那么读者对于春秋时期的历史就只能得到一个很

贫乏而不清的印象；只有附以《左传》，才能解决这个问题，其他二传是同样解决不了问题的。这一点，他在此书的前言中已有说明。①

理氏虽然对孔子是否作了《春秋》的问题深有怀疑，②但是他在评论此书时还是以孔子为其作者的。至于《左传》，理氏虽然并不信就是相传为孔子弟子的左丘明所作，但是他认为《左传》作者当为公元前5世纪人，与孔子的时间相近。尽管其书中掺入了某些后人加进去的成分。③

理氏对于《春秋》和《左传》的态度是肯定《左传》而否定《春秋》。现在分别叙述于下：

理氏否定《春秋》的价值，主要论述见于其《绪论》第五节。④具体说来，这种否定实际包括了以下两个方面：

第一，他从知识系统的角度批评了《春秋》之失真，或者说他从历史学的角度批评了《春秋》之不合事实。按照他的归纳，《春秋》之不合事实有三类情况：

第一类，《春秋》置事实于不顾。

在这一类中，他举了两种例子。一种是，《春秋》以为国君的即位是大事，一般总是要写明的；可是也有少数不写的例子。如鲁僖公元年不书即位，《左传》说明了不书即位的原因，而《春秋》没有说明事实。另一种是，《春秋》以为葬国君是大事，一般总是要写明的；可是也有少数不写的例子。如对于楚国与吴国的国君，《春秋》皆不书葬。因为书葬某国君的时候按规矩是要写其正式的头衔的，而楚、吴之君皆已自称为王，《春秋》不允许周王以外的任何君主称王，所以也就不书楚、吴国君之葬。《春秋》不顾这种事实，也不加以说明。

第二类，《春秋》隐讳事实真相。

在这一类中，理氏列举了三种事例。一种是，《春秋》中多有"公薨"、

① *The Chinese Classics*, Vol. 1, "Preface", p. v.
② Op. cit. Vol. 5, "Prolegomena", pp.1-6, pp. 13-16, p. 39, pp. 81-84.
③ Op. cit. p. 24, p. 33, pp. 34-35.
④ Op. cit. pp. 38-53.

"子卒"之类的记载，可是"公薨"这个同一的说法竟然无分别地应用于不同诸侯的不同性质的死亡上，"子卒"这个同一的说法竟然也无分别地应用于不同贵族的不同性质的死亡上，不论那是善终还是暴死，也不论其死亡的具体原因。这样就把事情的真相掩盖起来了。再一种是，对于不同人在不同情况下的出走，也常常用同一个词来表示。例如，《春秋》庄公元年记"夫人孙于齐"，又《春秋》昭公二十五年记"公孙于齐"。在前一个事例中，已故鲁君桓公的妻子文姜因为参与了谋杀其夫的阴谋，所以不得不逃往其娘家齐国，而在后一个事例，鲁昭公是因为在同贵族季氏斗争中失败了，所以不得不逃往齐国。同是"孙于齐"一语，竟然表示了完全不同的事情，这样当然就把事情的真相掩盖了。另一种是，关于周王外出的事。例如，《春秋》僖公二十四年记"天王出居于郑"，二十八年又记"天王狩于河阳"，两次都说周襄王的外出，第一次他是因为避其弟王子带之乱，而第二次则系受晋文公之召到河阳去会见诸侯。两次外出的原因和性质不同，可是从经文的记载无法看出其不同的事实真相。

第三类，《春秋》表述有误。

理氏共计举了六个事例。一是宣公二年记"晋赵盾弑其君夷皋"，其实杀晋君的是赵穿，其时赵盾逃亡在外，只是他回来后没有惩办赵穿。二是昭公十九年记"许世子止弑其君买"，其实许君买患疟疾，在服了其子止的药以后死了。三是昭公元年记"楚子麇卒"，其实楚君麇有病，是被公子围在探望时勒死的。四是昭公十三年记"楚公子比自晋归于楚，弑其君虔于乾溪"，其实楚灵王虔是在众叛亲离的情况下在乾溪自缢而死。五是哀公六年记"齐陈乞弑其君荼"，其实陈乞只是策划了以公子阳生取代幼君荼的行动，并不主张杀荼，杀荼是阳生为了免于后患而干的。六是宣公十年记"陈夏征舒弑其君平国"，其实是陈君平国与二大夫到夏家，污辱了夏征舒，才被夏征舒射死的。对于以上六件弑君事例，《春秋》都没有表述正确或者表述清楚。

第二，理氏又从价值系统的角度批评了《春秋》之失善，或者说从伦理学的角度批评了《春秋》之不合道德。具体说来，这又分别表现在以下两个方面：

第一方面，如果按照中国正统的说法，以为《春秋》褒善贬恶、是非分明，那么理氏的看法则正好相反。他批评《春秋》说："书中各段都不过寥寥数语。每一段落都要说明一个事实，可是，这种事实是展示了美德而值得我们赞美，还是一种暴行而应引起我们的憎恨，那么我们就很难从字里行间看出作者的任何意图来了。这些不能称为叙述的语句不带任何感情。不论是对卑鄙的谋杀活动还是对辉煌的英雄业绩，都如同记录日蚀一样平铺直叙。某年某月发生了某事，如此而已。"① 所谓《春秋》书法，在理氏看来，完全是不可解之谜，《春秋》不分是非，在感情上对善恶如同对待日蚀一样，可谓麻木不仁。

第二方面，理氏以为《春秋》的作者偏袒有权势的统治者。理氏批评《春秋》作者说："他对强者，而不是弱者，抱有更大的同情。他可以对当权者的劣迹和压迫视若无睹，而对备受其苦的人的憎愤与复仇却不能放松警惕。他无法想象还有什么比犯上作乱更值得谴责的事了。因此，他在记述统治者的事情时经常带有偏袒，而对被统治者的行为的记载则往往有失公允"② 。理氏在这里没有列举多少例子，不过，从他对于宣公十年《春秋》所记"陈夏征舒弑其君平国"这一条的分析与评论来看，③ 他对于那个身受欺凌而被迫起来反抗的"可怜的青年人"（理氏原话）夏征舒是充满了同情心的。他觉得，如此表述这样的事件，那是不公平的，在道德上是令人难以忍受的。

理氏重视《左传》，不仅因为它成书早，而且因为它的材料来源不像《公羊传》《榖梁传》那样得自十口相传，而是有文献资料为根据的。④

理氏以为，《左传》有双重作用，即《左传》同时具有解经和证史的两

---

① *The Chinese Classics*, Vol. 5, "Prolegomena", p. 3.
② Op. cit. pp. 50-51.
③ Op. cit. p. 49.
④ Op. cit. pp. 33.

重作用。① 他说《左传》解经，总的来说包含两个方面：一是《左传》叙述了《春秋》经中所讲的事情，使人对于简短的经文能够知道那是怎么一回事情；二是《左传》中也有一些解释经文字句的话。他认为，《左传》解经，有时做得成功，有时又做得不成功。他又认为，《左传》作者之解经尚未有如同《公羊传》或《穀梁传》那样的"褒贬"思想，并由此猜想《左传》作于孟子的褒贬说出现以前。如果用我们的话加以概括，那么理氏所说的《左传》解经，就包括叙事解经和论事解经（而不是论一两个字眼的褒贬）两个方面。《左传》论事，未必都与经合，所以又有了解经成功与否的问题。唐代赵匡就曾经说："左氏解经，浅于公穀，诬谬实繁。"② 宋人朱熹也曾说过："左氏之病，是以成败论是非，而不本于义理之正。尝谓左氏是个猾头熟事，趋炎附势之人。"③ 所以，理氏的《左传》解经说与中国传统《左传》解经说的关键性的不同之处在于，理氏不把《左传》解经不成功的地方当作什么了不起的问题，甚至还以为是某种优点；而中国传统则以为《左传》解经不成功处是离经叛道。以上所引赵匡及朱熹之说就是这种看法的代表，当然有此看法的远不止他们二人而已。

怎么样知道理氏并不以《左传》解经之不成功为意呢？这只要看他对于《左传》叙史的评价就可以了。他以为左氏叙史之笔凝练、生动、逼真，并借用法国汉学家的话称左氏为"伟大的作家"（un grand ecrivain），以为称左氏为"中国的夫瓦沙"（the Froissart of China）实不为过。按夫瓦沙为 14 世纪法国的著名的编年史作家，其著作以记事真实与文章优美闻名于世。如果说其他西方汉学家这样称道《左传》作者是受了这部书的感染所致，那么理氏在此以外还会有一种理由，那就是正是《左传》这一部书提供了他批评《春秋》的材料根据。在上一段里，我们列举了理氏批评《春秋》的许多例子，他的材料根据基本上就出于《左传》，这里不再重复。

---

① *The Chinese Classics*, Vol. 5, "Prolegomena", pp. 28-31.

② 陆淳:《春秋啖赵集传纂例》第 1 卷，"赵氏损益义第五"。见《丛书集成》（初编），8 页。

③ 黎靖德:《朱子语类》, 2149 页。

那么，怎么样解释《左传》与《春秋》之间的这种不协调呢？理氏本人对此也表示惊异。"令人十分惊异的是，左氏似乎没有意识到，他和孔子所记述的事件有很多不同之处。比如，他曾说，经文掩盖了事件的本质；不过，他对于经文中不可信赖之处似乎总是不甚敏感的。"[①]按理氏所惊讶的，正是中国经学传统中视为当然的，《公羊传》与《穀梁传》里都有好几十处谈隐讳的事，而且明文说了关于隐讳的规则。《左传》在这方面的确不如其他二传，其中谈到隐讳的除理氏所指出的那一条外不足十处，而且一般都只是指出这里经文有所隐讳，而未说理由；只有僖公元年一条说："公出复入，不书，讳之也，讳国恶，礼也。"这一条说了隐讳是根据当时的礼（制度）作出的。这也还是客观介绍性的，而没有明确提出自己的解释。《左传》的这一特点正好符合理氏揭发《春秋》书法隐讳的需要。至于左氏对于《春秋》隐讳之不敏感，那是因为他生于那个时代从而对于那个时代的习惯已经看惯了。理氏对于《春秋》书法的隐讳的反感和怀疑，虽然不能在中国经学传统中找到同情者，但是在中国的史学传统里却能找到自己的先行者；唐代史学家刘知幾在其《史通·惑经》中就曾明确地说他对于《春秋》的隐讳有十二点怀疑，并且提出了五条证据说明人们对于《春秋》的赞扬是超出实际的。在《惑经》篇之后，接着就是一篇《申左》，在此文中刘氏指出《左传》有三点长处，而《公羊》《穀梁》二传有五个短处。刘氏和理氏一样，他也是用《左传》作依据来批评《春秋》的。理氏的参考书目中虽然没有列出刘知幾的《史通》里的这两篇文章，然而他们论述问题的思路却基本是一致的。

二、安井衡对于《春秋》《左传》的见解

现在我们再来谈安井衡对于《春秋》《左传》的见解。

安井衡关于《春秋》《左传》的见解大体分为两类：一类是关于文献考

---

① *The Chinese Classics*, Vol. 5, "Prolegomena", p. 29.

证方面的，另一类是关于这两部书的思想内容的。现分别陈述于下。

（一）关于《春秋》和《左传》的文献可靠性（authenticity）问题，安井氏的见解主要表现在《左传辑释·总论》①中，这篇“总论”包括三个部分的内容：

一是《四库全书提要》中关于《春秋左传正义》（晋杜预注，唐孔颖达疏）的提要。这篇提要主要讲了三点意思：其一，坚持《左传》为孔子弟子左丘明所作说，驳后人托名左氏说，但承认其中有些事情（如晋智伯之亡）是后人所续。其二，以为《左传》优于《公羊传》和《穀梁传》，“今以《左传》经文与二传校勘，皆左氏义长，知手录之本确于口授之本也”。其三，认为《左传》虽亦有所不足，但是“传与注疏均谓有大功于《春秋》可也”。

二是清代学者汪中的《左氏春秋释疑》。汪氏此文主要解答人们对于《左传》的两种疑问。其一，《左传》中颇记天道、鬼神、灾祥、卜筮、梦之事，而孔子不语怪、力、乱、神，故人们怀疑《左传》解经之说，汪氏举例说明《左传》在讲以下五种故事的时候都“未尝废人事也”。至于《左传》为什么要讲天道鬼神之事，汪氏的回答是，上古史官本来就是兼管这些事的，所以记载这些乃“史之职也”。其二，《左传》中常记一些并非太坏的人失败了，而且说明他们失败的原因；对于一些很邪恶而又成功的人，又没有说明他们得到什么恶报。人们怀疑《左传》这样做法，以为起不到劝善警恶的作用。汪氏列举四例，说明《左传》把恶人的恶事直书下来，这就是让人们引以为戒。“祸之有无，史之所不得为者也；书法无隐，史之所得为者也。君子亦为其所得为者而已矣。此史之职也。”恶人是否得到祸报，这不是史家所能决定的；史家只能把恶人之恶毫不隐讳地写出来，使人知其为恶而有所警戒。这就是史家的职责。

三是安井衡自己的按语。他基本同意以上两种说法，以为“二家之言，见卓而论公，可以为读左氏者之标准矣。”但是，他也有不同意二家的地方。《四库提要》以为，凡是《左传》中讲占筮应验的文字都是后人附加上

---

① 本文所引安井衡语，均据台北广文书局 1987 年影印日本刻原本。

去的。安井氏以为不然。他以为，古人遇事皆占，而《左传》所以只记其中一些者，就是因为史官只记其中业已应验者；所以，不能因此而怀疑《左传》之内容。汪中以为，上古史官兼管占卜之事，故记载此类事情。安井衡以为，史官并非因为兼管占卜才记此类事情，而是因为古圣先王神道设教，多有占卜之事，史官职在记王之言行，当然也不能不记这一类的事了。他以为汪中所解之疑，其本身并无可疑。《左传》讲天道，本来就未曾废人事；直书恶人之事就是揭露其恶，本不必要说此人得了何种恶报（他是否得恶报非史家所能决定）。只不过因为世人对《左传》有误解，汪氏才为之解疑而已。至于《左传》续经至孔子卒，那是"以终仲尼所以修《春秋》以垂教于后世之意"；作传至晋智氏亡，那是为了与襄公二十九年所记吴季札之言"晋国其萃于三族乎"相呼应。所以这也不是随便写的。安井衡以为，因《左传》记至智氏之亡而否定其为左丘明所作，这是没有道理的。

总之，安井衡对于《春秋》与《左传》的文献上的可靠性给予了充分的肯定，甚至有甚于中国的许多学者。

（二）安井衡对于《春秋》《左传》的思想内容的见解，其大纲见于他的自序中，其具体实例则散见于书内各处。

安井氏之《左传辑释·序》云："《春秋》之义，高矣大矣，固非浅儒末学所能窥也；然征之孟子，左丘明之传盖得其宗矣。孟子之言曰：'其事则齐桓、晋文，其文则史，其义则丘窃取之矣。'又曰：'《春秋》，天子之事也。是故孔子曰：知我者其唯《春秋》乎，罪我者其唯《春秋》乎。'当孔子之时，天下大乱，而明王不兴，不能降其泽于当世。哀公十四年既泣于获麟矣，乃因鲁史以述志，明其道于万世……苟失其道，虽天子之尊，亦必贬之。非孔子贬之，道贬之也。道者，天也。圣人奉天，垂教万世，固不敢为尊卑殊其义。知我、罪我，意盖在斯矣。"[①]这可以说是安井衡对于《春秋》《左传》思想内容估价的总纲。

现在再举一些具体例证略加说明。（i）隐公元年《春秋》："秋，七月，

---

① 自序，1～2页。

天王使宰咺来归惠公仲子之赠。"《左传》对此经文的解释是："缓，且子氏未薨，故名。"周王派宰咺给鲁国的惠公及其妻仲子送吊丧之礼。可是惠公死于前一年，礼品送晚了；仲子则尚未死，礼品又来早了。因此，周王违背了礼，《春秋》给以批评，故称周王使者之名。清儒毛奇龄说，这不是批评周天子，而是因为使者的官位不高，所以称名。安井衡反驳毛氏《春秋》不批评天子之说，云："不知孔子之修《春秋》，举先王之大经大法以正天下，苟有失礼者，贬以示法，使后世知所从；虽天子之尊，无所假借……故曰：我志在《春秋》，又曰：知我者其唯《春秋》乎，罪我者其唯《春秋》乎。左丘明作传，亲经指授，故亦引礼释之，至当不易。"①（ii）宣公四年《春秋》："夏，六月乙酉，郑公子归生弑其君夷。"《左传》解释说："凡弑君，称君，君无道也；称臣，臣之罪也。"清代学者万斯大、毛奇龄、焦循等曾批评此条《左传》，以为这不仅不能使乱臣贼子惧，反而成了他们的先导了。安井衡反驳说："孔子之志，非欲治天下国家，以安兆民乎？天下国家之乱，必生于君失其道。天生民而立之君，是天为民立君，非使君肆于兆民之上也。故孔子之修《春秋》，先正人君之道，苟失其道，虽天王亦贬之；不独讨乱臣贼子也……丘明亲受旨于孔子，故举弑君之例曰：称君君无道也，称臣臣之罪也。言称国、称人以弑，君失其道，以自取之……孔子代天示治国之道于万世，何舍无道之君而专罪其臣哉。苟明此义，可无疑于左氏之为丘明矣。"②（iii）《左传》上述弑君之例，只有例而无解释。安井衡解释说："然独发例而不释其义者，其义则在于邾文公及晏婴、师旷等之言。盖亦谓载之空言，不如见之行事之深切著明也。"按邾文公之言见《左传》文公十三年，晏婴之言见《左传》襄公二十五年，师旷之言见《左传》襄公十四年。文长，恕不备引。其实安井衡在此也只是略举数例，在《左传》中，这一类的例子是相当多的。

总之，安井衡对于《春秋》和《左传》总的来说是取相信的态度的。他

① 《左传辑释》第1卷，1～2页。
② 《左传辑释》第10卷，18～19页。

相信《春秋》为孔子所作，并认为它是一部圣人垂教后世的重要经典。他也相信《左传》为孔子弟子左丘明所作。他不认为《左传》与《春秋》之间有什么不可调和的矛盾，而是以为《左传》起了很好的解经作用。他对于《春秋》《左传》的思想内容的肯定，主要就在于其中所体现的民贵君轻的民本思想上。

三、理雅各与安井衡对于《春秋》《左传》的见解的异同

从以上的介绍来看，理雅各和安井衡对于《春秋》《左传》的见解显然是有许多不同的。现在就让我们来对他们的见解之异同作一些以分析为基础的综述。

（一）首先，让我们来看理雅各与安井衡两人对于《春秋》和《左传》的见解之异。他们二人的见解之异，最直观的表现应该说是对于《春秋》的基本估价完全不同。理雅各既从知识系统的角度否定《春秋》之为真，又从价值系统的角度否定其为善；一言以蔽之，以为《春秋》一无可取，而且对于后世的中国有着很不好的影响。他认为，当时（19世纪中后期）中国的悲惨命运在很大程度上与《春秋》的影响有关，所以不否定《春秋》并使中国人摆脱孔子的影响就不能使中国得救。理雅各作为一位基督教的传教士，其研究《春秋》的目的，就是既使西方人对中国有所了解，又使中国人能因此而摆脱孔子的影响并转而皈依"另一位导师"即耶稣。[1] 安井衡则截然相反，他以为，孔子所作的《春秋》是很好的，问题不在《春秋》，而在于没有了解《春秋》的真义并予以充分的发挥。所以，他以为自己的使命就是要阐发《春秋》之真义。此其一。

理雅各以为，《左传》具有一个很重要的作用，就是可以凭借其所记载的事实来证明《春秋》之不真与不善。而安井衡则以为，《左传》之所以重要，就在于它对《春秋》作了最好的解释。理雅各既承认《左传》有解经之

---

① *The Chinese Classics*, Vol. 5, "Prolegomena", pp. 51-53.

作用，又认为它与经有所不同，于是自然地就提出了一个问题，即《左传》作者为何对于《春秋》中的"隐讳"之类的问题不敏感？甚至于怀疑孔子这样的学者是否会作如此不成样子的《春秋》。对于安井衡来说，这些问题当然都是不存在的。此其二。

安井衡的一项卓越的贡献就是，他把《左传》和中国儒家经书中固有的民本思想作了富有生气的阐述和发挥，并使之具有相当的时代气息。而理雅各对于这一点却几乎没有太多的感受，因此也没有更多的发挥。例如，宣公四年《左传》所发"弑君称君君无道"之例，理雅各只是简单地译为英文，并无任何议论；而且，他把"无道"译为 without principle（？），谦逊而又诚实地表示这样译法并无把握。[①]而安井衡在这一问题上的把握显然要比理雅各深切得多。此其三。

安井衡与理雅各都是深于中国学术的出色的学者，而对《左传》中的民本思想的了悟有如此巨大的差别，这显然是与他们各自的历史背景的不同有关系的。理雅各生于业已实现了政治民主化的西方，而且自古就有过希腊城邦民主制的传统。按照这种制度，政府应该民有（of the people）、民治（by the people）、民享（for the people），即使在保留了君主的英国，基本原则仍然如此。看惯了这种制度的理雅各，对于中国的民本思想的确是不容易有太高的敏感程度的。因为，按照民本思想，在以上所述的原则中，民享是被充分重视的，民有在某种意义上也是被承认的，唯独民治是不能允许的。[②]而安井衡则生活于日本明治维新时期，他要从与中国相近似的政治传统中获得变革，就一定要从传统中最接近于民主制的地方入手；因此，他自然地十分看重《左传》中的民本思想。此其四。

安井衡与理雅各的个人所受教育的背景也很不同。安井衡学经学出身，是一位很有素养的经学家，所以对于中国经学传中的家法、义例、大义、微言都很熟悉；他不仅不觉得这些是异己的，而且觉得自己对此能够游刃

① *The Chinese Classics*, Vol. 5, p. 296.
② 梁启超:《先秦政治思想史》，4 页，上海，中华书局，1936。

有余。所以，安井氏研究《春秋》《左传》所用的是经学研究的方法。理雅各则学基督教神学出身，同时对西方历史文化有很深的素养，他能把中国经书研究到如此程度，已经是凤毛麟角，出类拔萃。但是对于中国经学中那一套家法义例，他显然感到烦琐，甚至觉得那是无意义的咬文嚼字，在精神上是难以接受的。这固然有其好的方面，但是也因此而对"无道"这样的用语的分量把握不好，不知道"无道"就是逆天之道行事，所以无道之君是可以也应该推翻的。他既不能用中国经学的方法来研究《春秋》《左传》，那么所能做的就是用史学的方法来研究它们。如果你一旦要用史学的方法来研究《春秋》和《左传》，那么你所能达到的结论就很难与理雅各有多少不同了。就这种意义来说，中国唐代的刘知幾可以说是理雅各的学术前趋。安井氏与理氏的不同，在此也可以说是经学途径与史学途径的不同。此其五。

（二）在了解理雅各与安井衡对《春秋》、《左传》的见解不同之后，我们还要来看他们之间的相同或相似之点。

第一，安井衡与理雅各都对中国儒学有既广且深的修养。在《左传辑释》出版以前，安井氏已经出版了《周官补疏》《毛诗补疏》《书说摘要》《论语集说》《管子纂诂》，此书出版时已有说而未成书者尚有对《仪礼》《国语》《孟子》《荀子》等书之研究。理氏在《春秋》《左传》译本出版以前，已出版《大学》《中庸》《论语》《孟子》等四书及《书经》《诗经》之译注，在此书出版后又先后出版了《孝经》《易经》《礼记》《道德经》《庄子》等书的译注。[①] 所以他们对于《春秋》《左传》的研究都可以说是通群经以治一经之作。

第二，他们不但博知中国古典，而且深知中国历代对于古典之研究成果，并且所取的是批判的继承的学术态度。安井衡之作名为"辑释"，就是表明要汲取前人一切积极成果；同时，他对于经学大师（如朱熹、毛奇龄、焦循等）的见解也能发表自己不同的见解。理雅各怀疑孔子作《春秋》并

---

　　① 皆收在 Max Müller 所主编的 <u>The Sacred Books of the East</u> 丛书中。

怀疑《春秋》之价值，这也并非他个人的一时想法，而是受到了许多中国学者（朱熹、赵翼以至袁枚等）的影响的。[①]他没有谈到刘知幾，而实际上至少也间接地受过刘氏的影响。所以，即使是理雅各这样一位西方学者，他也没有采取完全抛弃中国学术传统而论中国学术的极端的态度。

第三，他们为什么不采取完全抛弃中国学术传统的态度？这与他们看到了中国学术传统中仍然具有其精华的方面有密切关系。安井衡对于儒家经典持有敬意，很重视发扬其中的精华，这一点十分明显，不须细说。即以理雅各而言，他曾经对自己的教会同人表示自己的意见说，儒学与佛教及婆罗门教不同，它与基督教不是对抗的，尽管西方教士力图承认其中的优点，力求运用它而非滥用它，可是有时又不免要对孔子的崇高地位有所贬抑。不过，他认为，任何教士都不应该以为自己对孔子之书知道得太多了；越是不侵犯孔子的尊严，越是能使基督教在中国广泛传播。[②]当然，理雅各的目的最终是在传教，但是他知道，要把西方思想传到中国，就不能不找到一个两方面相通之点；简单地抛弃中国传统文化反而达不到传播西方文化的目的。从理雅各研究《春秋》是为了否定其影响的角度来看，他似乎动机不纯；但是，比起几十年后的"打倒孔家店"和把"线装书丢到茅厕里去"的口号来说，他似乎又是相当温和而理性的了。无论如何，安井衡与理雅各的从儒学传统中寻求其与现代精神的接合点的思路，对于我们是有其重要的启发意义的。

原载《中西古典文明研究》编写组编：《中西古典文明研究——庆祝林志纯教授90华诞论文集》，吉林人民出版社，1999年

[①] 参阅 *The Chinese Classics*, Vol. 5, "Prolegomena", pp. 15-16, 81-84。

[②] 参阅 *The Chinese Classics*, Vol. 1, "Biographical Note", p. 10。

《春秋三传》与其底本《钦定春秋传说汇纂》

一、问题的提出

近年常可看到一种三册装的《四书五经》。其中第一册包括朱熹注的《四书》、朱熹的《周易本义》、蔡沈的《书经集传》（按蔡氏原题《书集传》，经字乃后人所加）；第二册包括朱熹的《诗经集传》（按此书原题为《诗集传》，经字亦后人所加）、陈澔的《礼记集说》；第三册则为《春秋三传》。这一部书原为上海的世界书局于1936年初版印行，书末版权页题出版者为"国学整理社"，原版书脊并题"宋元人注"。按朱熹和蔡沈是宋代人，陈澔是元代人，所以就前两册来说，题"宋元人注"是没有问题的。唯独第三册《春秋三传》很特别，严格地说它并没有系统的注，可是在正文之后又不时引一些学者对于经义的议论，还有若干口气很大的"案"语。这种"案"的作者不仅居高临下地仲裁经义纷争中的是非，而且对于已经列入《十三经》的《左传》《公羊传》《穀梁传》也敢于随意删削。我早年读此书时很怀疑它的编者为谁，"国学整理社"能有这么大的口气吗？我想，现在看此书的人，只要细心一点，也会怀疑其编者究竟为谁的。

后来我读《钦定春秋传说汇纂》，才发现《春秋三传》就从此书脱胎而来。现在就让我来说说这部《钦定春秋传说汇纂》，并谈谈《春秋三传》与《汇纂》的异同。

二、关于《钦定春秋传说汇纂》

清代前期康熙、雍正、乾隆三朝对于五经都作了"钦定"、"御纂"的注释本，这当然是为了通过解经以实现其思想的统治。当时"钦定"、"御纂"解经之书，各经中少者有一种，多者有二种、三种以至四种；其中以"传说汇纂"形式出现的就有《书经》《诗经》和《春秋》三种。

《春秋传说汇纂》在三种《汇纂》中篇幅最大（三十八卷），修撰历时也最长。此书于康熙三十八年（1699）奉命修撰，直到康熙六十年（1721）六月御制序成，这才能算是这部钦定之书的正式完成，先后经历了22年。奉命为总裁的是文渊阁大学士兼礼部尚书王掞，南书房校对有张廷玉、蒋廷锡等十人，在馆分修、校对者有三十三人（其中包括李绂、惠士奇这样著名的学者），负责校刊者一人，总共四十四人。

《春秋传说汇纂》首列康熙六十年御制序，次为"职名"（即参加工作者的名单），又次为"引用姓名"〔除《左传》《公羊传》《穀梁传》及《胡安国传》以外，凡引用其说者：汉代有董仲舒、刘向等十人，晋代有杜预一人，隋代有范宁、刘炫二人，唐代有陆德明、孔颖达等十三人，宋代有叶清臣、胡瑗等五十六人（胡安国不在其内），元代有金履祥等十二人，明代有赵汸、汪克宽等三十二人，又世次未详者四人，自汉至明共一百三十人〕，在此以下，即为目录。

目录分为两个部分：卷首上为"纲领"，录自班固、杜预以下历代学者对于《春秋》的论说；卷首下包括：一、王朝世表；二、列国年表；三、王朝列国世次；四、王朝列国兴废说；五、列国爵姓；六、列国地图（采苏轼"指掌春秋列国图"）；七、王朝地名；八、列国地名（以上二种地名皆只有古地名，而无沿革之说明）。其下即为春秋鲁十二公的卷次，再以下为正文。正文首列《春秋》经文。经文以下依次列《左传》《公羊传》《穀梁传》《胡安国传》。

此书名为"传"、"说"汇纂，四"传"就是"传"的汇纂，称"集传"。"传"以下综引自汉至明各家之说，被引者如上所述凡一百三十人。这就是"说"的汇纂，称"集说"。在此书中，《春秋》为经文，自然属于第一等，用大字顶格书写；"四传""集说"及"按"皆低一格，用小字双行书写。

对于这一部《钦定春秋传说汇纂》，我们应该怎样来评价呢？应该说，这是一部重要的书，如果认真评价，那要写专门的大文章。在这一篇小文里，我只能作一些最简单的说明和评论。

首先，谈它的优长的方面。第一，此书引据浩博。在此书前不久，纳兰容若（成德）在其师徐乾学的指导下编成的《通志堂经解》中，所收宋、元学者研究《春秋》之书不过三十五种（当然这些基本都是全收，而非如《汇纂》集说之摘编），而此书集说征引一百三十家，几为前者之四倍。如非康熙本人下令，调用那么多的学者并以皇家图书馆作支持，要作成此书是很困难的。应该说，这是清以前的中国研究《春秋》学成果的很好的索引，是认真研究春秋学史的人所不能不看的。第二，此书在"四传"中比较重视《左传》，重视历史，而对于宋、元、明时期因讲"微言大义"而作的穿凿附会多有批评。康熙本人在御制序中即明确说明此种意向。他要批评的主要是明代立于学官的宋人胡安国所作的《春秋传》即《胡安国传》，这不仅因为《胡传》中有许多穿凿附会的东西，而且因为其中讲华夷之防的内容不能为清廷所容忍。康熙勉强允许《胡传》仍附在三传之后作为传，这是表面上照顾明以来的传统，而实际上对《胡传》不仅删除甚多，而且批评也烈。康熙明言，他赞成朱熹的主张，"《春秋》明道正谊，据事直书，使人观之以为鉴戒"。应该说，这比那些用穿凿附会的方法治《春秋》更为有益。第三，此书卷首中的各部分，作为工具还是很有用的。其"纲领"分上下二篇：其一论《春秋》经传源流，其二论《春秋》大旨与经传义例。这些都有助于我们对《春秋》学史的了解，有助于我们提高自己的学术眼界。"纲领"以下各篇都是表谱图录，虽简而明，很有助于读时参考。这就是《汇纂》优长方面的大概情况。

如果要说《汇纂》的缺点，那么最主要的就是一条：清廷由于政治利益方面的考虑，而不惜扭曲《春秋》经传的要旨。《春秋》一书，一尊王，二攘夷，这两个特点是大家都能承认的。可是，《汇纂》的宗旨，第一是，只许强调尊王。这里必须指出的是，儒家自孔、孟以下，一方面强调尊王，另一方面也强调保民、重民，对于不能保民、重民的君主也是持批评的态度的。例如，《春秋》宣公四年记："夏六月乙卯，郑公子归生弑其君夷。"

《左传》解释说："凡弑君，称君，君无道也；称臣，臣之罪也。"这就是说，《春秋》写了被杀国君的名字，就说明他无道，应该杀。对于这一段，《汇纂》的"案"说："左氏谓弑君称君，君无道也。非也。君虽不君，臣安可以不臣乎……故删而不录。"于是大笔一挥，有关的这一段《左传》之文就从《汇纂》中被删除了。与此类似的例子还有若干，可见《汇纂》的尊王已经与先秦儒家的传统很不相同了。第二是，《汇纂》不许谈攘夷，不许谈夷夏之防。例如，《公羊传》隐公七年"不与夷狄之执中国也"，庄公十年"不与夷狄之获中国也"，昭公二十三年"不与夷狄之主中国也"，凡此之类约数十条，在《汇纂》中一概都被删除。不过，第二类的删除与第一类的删除也小有不同。对于前一类，是先给以"义正辞严"的批评，然后删除之；而对于后一类，则一般地是不声不响地一删了之。看来康熙既不想让人们从读《春秋》经传而萌发民族意识，也不愿太露骨地刺激民族情绪，所以就采用了这样的办法。就以上两点来看，我们说《汇纂》扭曲了《春秋》经传的思想面貌，这大概也不为过。

三、关于《春秋三传》与《钦定春秋传说汇纂》的异同

说了《汇纂》的大概情况以后，现在又该来说世界书局所出"国学整理社"编的《春秋三传》了。首先谈这本书的开篇和卷首。这部书的开端，删去了康熙的御制序，而代之以《春秋三传序》；这就是杜预的《左传序》、何休的《公羊传序》和范宁的《穀梁传序》。以下即为卷首。其"纲领"转录自《汇纂》而有所删节。其余"王朝世表"、"年表"、"王朝列国世系"、"王朝列国兴废说"、"列国爵姓"，皆录自《汇纂》。《汇纂》原有地图一幅，大概因其精确性不高，删了；又地名二篇，大概因其不能说明今在何地，也删了。这些删除是可以理解的。《春秋三传》在卷首中除了对《汇纂》有所删除外，也有所增加。这包括两部分：一是"提要"，除了一些重复的世系表以外，这实际是一篇大事索引，颇便查检；二是加了"春秋名号归一图"，这对于《左传》中一人多称给读者所带来的困难是大有缓解作用的。

《春秋三传》在卷首中对于《汇纂》的删节未必完全合理，而其所增添倒确实是有用的。因此，"国学整理社"的工作还是有益的。

其次谈此书的正文。《春秋三传》在正文中把《胡传》正式删除了，只保留不多的部分降入"说"的行列。因为到了民国时期，与清初的情况已有很大的不同，没有多少人再看重《胡传》了。所以删是应该的。这是它与《汇纂》不同点之一。《春秋三传》把《左传》《公羊传》《穀梁传》都引全了；凡是《汇纂》删除的地方，它都增补上了。把三传并列在一起，实在大有利于读者之比较、对照，是做了一件好事。这是它与《汇纂》不同点之二。《春秋三传》删去了《汇纂》中"集说"的大部分，而保留其少部分。其所保留者主要仍为讨论经学义理的内容。如想把它当注看，它没有什么用；如果要想从它探讨经学义理，它又不如《汇纂》之周详。这是它与《汇纂》不同点之三。《春秋三传》基本上保留了《汇纂》的"案"而有所删节。可笑的是，《春秋三传》中的《春秋》经文用大字顶格，三传用小字降一格，所留的"说"也用小字降格，而对于"案"却用小字而顶格，好像比清统治者还更重视那些"案"，简直忘记了清朝皇帝已经被推翻了似的。又有可笑者，"案"与传文不一。如上所引宣公四年《左传》之例，"案"云"故删而不录"，在《汇纂》中那一段有关的《左传》也真地被删了，故能一致；而在《春秋三传》之中，"案"仍不动，而《左传》的那一段话已经补上了。这样传文与"案"就驴头不对马嘴，令人莫名其妙了。这是它与《汇纂》不同点之四。

再其次，正文以后，《春秋三传》在书末附加唐代陆德明的《三传释文音义》。此为《汇纂》所无，但是可以弥补此书无注的某种不足。另外，《春秋三传》的书脊上题"宋元人注"，这更是文不对题。首先，这部书基本无注，不能称注；再则，它从《汇纂》集说删余的文字，也是自汉晋以至于明代学者的话都有，无论如何也不能称宋元人注。如果要把陆氏《释文音义》当作注，那就应该说唐人注了。由此可见，当时编《春秋三传》的工作是做得多么匆忙而粗心。

最后再说一点，当时世界书局以"国学整理社"的名义编印此书，而不如实地说出自己的工作所依据的底本。这实际上是故弄玄虚，其结果必然弄得很多读者不明不白，效果很不好。他们为什么这样做呢？我们不知道。可能的原因是，当时已经民国二十五年了，还搬弄康熙皇帝钦定的书，恐怕要影响市场的销路。可是，出版古籍也是一项严肃的学术工作。当时的世界书局在这一点上是显然有缺点的。

（在此篇小文草成之后，听说中国书店于 1994 年又对《春秋三传》作了整理加工出版。因为我尚未见此书，所以不敢妄加评论。作者附记。）

原载中国历史文献研究会编：《历史文献研究》（北京新八辑），
北京师范大学出版社，1997 年

孟子和儒家经传

司马迁于《史记·孟子荀卿列传》中说，孟轲受业于孔子之孙子思之门人，曾经游事齐宣王、梁惠王等，而不能行其道。那时候秦用商鞅，魏、楚先后用吴起，齐用孙子、田忌等，务在富国强兵，攻城略地。"而孟轲乃述唐虞三代之德，是以所如者不合，退而与万章之徒序《诗》《书》，述仲尼之意，作《孟子》七篇。"司马迁的这一段话十分简明而准确地说明了孟子的一个学术特点，那就是对儒家的经典性的文献《诗》《书》《春秋》等加以解释和弘扬；尽管孟子本人并未正式地称《诗》《书》为"经"，而实际上他的许多工作都是在为经典作传了。

一、孟子称引《诗》《书》、述孔子之意的时代特点

孟子要述唐虞三代之德，将何以为据？所以他必须称引《诗》《书》；然而称引《诗》《书》的又不止儒家（墨家也引），所以他必须述孔子之意。当然，孟子不能简单地把孔子的话加以重复，要在他自己的时代述孔子之意，就必须有其自己时代的特点。

不能否认的事实是，孟子的时代与孔子的时代已有很大不同。孔子所生活的春秋时代是大国争霸时期，在儒家看来，霸者远不如王者；因为，"以德行仁者王，""以力假仁者霸"①。孟子说："尧、舜性之（按指仁）也，汤、武身之也，五霸假之也。久假而不归，恶知其非有也"②。所以，尽管五

---

① 见焦循：《孟子正义·公孙丑上》，见《诸子集成》第1册，130页。
② 见《尽心上》，544页。

霸不如汤、武，更不如尧、舜，不过他们还要"假仁"，还不敢公开地放弃"仁"，而且久借（假）不还（归）还有可能弄假成真。而到了孟子的时候，各国君主连"以力假仁"都不要了，而商鞅、吴起等人的变法，无非为了富国强兵，争城夺地。针对这种情况，孟子曰："求也为季氏宰，无能改于其德，而赋粟倍他日。孔子曰：'求非我徒也，小子鸣鼓而攻之可也。'由此观之，君不行仁政而富之，皆弃于孔子者也。况于为之强战：争地以战，杀人盈野；争城以战，杀人盈城。此所谓率土地而食人肉，罪不容于死。故善战者服上刑，连诸侯者次之，辟草莱任土地者次之。"①他又说："有人曰：'我善为陈，我善为战。'大罪也。"②孟子在这里明显地是不指名地批评与他同时的早期法家商鞅、吴起等人。人们都知道孟子大力批评杨、墨，而看不见《孟子》书中批评到法家。这是因为，一则，当时法家著述不多而主要从事于政治实践，孟子也就没有把他们当作学术对象来批评；二则，孟子认为他们的问题已经不是学术批评的问题，而已经是罪不容诛应该服上刑的问题了。在孟子看来，冉有（求）为季氏赋敛财富，孔子都要弟子鸣鼓而攻之，按照这个原则，早期法家那样的人物当然是要服上刑了。

在学术领域里，孟子的重点则放在批评杨、墨上。在他看来，为了批评杨、墨，就不能不援引《诗》《书》，述孔子之意；而为了维护儒家传统，又不能不批评杨、墨。这本来是一而二、二而一的事情。所以，当有人说他好辩的时候，他说了这样一大段话：

> 予岂好辩哉？予不得已也。天下之生久矣，一治一乱。当尧之时，水逆行泛滥于中国，蛇龙居之，民无所定，下者为巢，上者为营窟。《书》曰："洚水警予"（按此为逸《书》）。洚水者，洪水也。使禹治之。禹掘地而注之海，驱蛇龙而放之菹。水由地中行，江、淮、河、汉是也。险阻既远，鸟兽之害人者消，然后人得平土而居之。尧、舜既

---

① 见《离娄上》，302～303 页。
② 见《尽心下》，566 页。

没，圣人之道衰。暴君代作，坏宫室以为污池，民无所安息；弃田以为园囿，使民不得衣食。邪说暴行又作。园囿污池，沛泽多而禽兽至。及纣之身，天下又大乱。周公相武王，诛纣伐奄，三年，讨其君，驱飞廉于海隅而戮之，灭国五十，驱虎豹犀象而远之，天下大悦。《书》曰："丕显哉文王谟，丕承哉武王烈，佑启我后人，咸以正无缺"（按此为逸《书》）。世衰道微，邪说暴行有作，臣弑其君者有之，子弑其父者有之。孔子惧，作《春秋》。《春秋》，天子之事也。是故孔子曰："知我者其惟《春秋》乎，罪我者其惟《春秋》乎。"圣王不作，诸侯放恣，处士横议。杨朱、墨翟之言盈天下，天下之言不归杨则归墨。杨氏为我，是无君也；墨氏兼爱，是无父也。无父无君，是禽兽也。公明仪曰："庖有肥肉，厩有肥马，民有饥色，野有饿莩，此率兽而食人也。"杨、墨之道不息，孔子之道不著，是邪说诬民，充塞仁义也。仁义充塞，则率兽食人，人将相食。吾为此惧，闲先圣之道，距杨、墨，放淫辞，邪说不得作。作于其心，害于其事；作于其事，害于其政。圣人复起，不易吾言矣。昔者禹抑洪水，而天下平；周公兼夷狄、驱猛兽，而百姓宁；孔子成《春秋》，而乱臣贼子惧。《诗》云："戎狄是膺，荆舒是惩，则莫敢我承"（载《诗·鲁颂·閟宫》）。无父无君，是周公所膺也。我亦欲正人心，息邪说，距诐行，放淫辞，以承三圣者，岂好辩哉？予不得已也。能言距杨、墨者，圣人之徒也。[1]

孟子这一段话的直接目的是批评杨、墨并且说明批评杨、墨的理由。孟子批评杨氏主为我而无君，可是我们今天看不到杨氏著作的原文。据前辈学者研究，孟子所批评的杨朱之说实为早期道家的思想。[2]这不是没有道理的。道家崇尚自然，主张养生全真，不以物伤性，心在江湖之上，孟子说

---

① 见《滕文公下》，263～272页。
② 见冯友兰：《中国哲学史》。166～179页，中华书局据商务印书馆原版重印本，又郭沫若：《稷下黄老学派的批判》，见《十批判书》，156～158页，北京，人民出版社，1954。

他"无君"，并非无根据地乱扣帽子。儒家主张仁爱，是推己及人的爱，"老吾老以及人之老，幼吾幼以及人之幼"[1]。而墨子主张兼爱，是无差等之爱，爱他人之父如己之父。这怎能叫做"无父"呢？孟子是有他自己的说法的。他以为，"仁者以其所爱及其所不爱，不仁者以其所不爱及其所爱"[2]。所以，仁者必以爱自己之父为出发点，然后推己及人以达到爱路人之父；而不仁者正相反，他不爱路人之父，进而又以对路人之父的态度来对待自己之父，视己父如路人。按照这个思路，墨子既然主张爱无差别，爱路人之父与爱己之父没有差别，那岂不就是以对待路人之父的态度来对待自己的父亲了吗？因此，他批评墨子"无父"。孟子用了"无父无君是禽兽也"这样重的考语加在杨、墨二家身上，简直是与之势不两立了。这是因为他看到了当时儒家所受到二家的严重威胁，非如此就无以维持儒家的生存。

二、孟子对构成儒家经典系统的贡献

为了确立儒家学说的坚不可拔的地位，孟子虽然还没有明确提出"经"的概念，却在实际行动中构成了儒家经典的系统。这个系统的开端仍然是《诗》《书》，不过，孟子明确地断言《春秋》为孔子所作，而且把它置于经典之列，其具体的措辞是"《春秋》天子之事也"。孟子为什么这样说呢？因为，在古人看来，《书》为二帝（尧、舜）三王（夏禹、商汤、周武、周公）之书，当然是天子之作（少数篇章如《费誓》《秦誓》可以不计），《诗》中虽然有些并非出于天子之手，但总是由天子派官采风以后编集起来的，所以也可以说是天子所审定的。惟其由天子所作、所定，它们才具有大经大法的地位和作用。《诗》《书》以外，礼、乐不是也要由天子出吗？所以，说"《春秋》天子之事也"，就是把它视为与《诗》《书》同样的大经大法。大经大法是衡量一切大是大非的准绳。《书》是天子的文告训辞，当然有这

---

[1]　见《梁惠王上》，51 页。

[2]　见《尽心下》，561 页。

样的作用;《诗》是天子所作或所采集的有教育意义的诗歌，当然也可以有
这样的作用。孔子无天子之位，因而不能有《诗》《书》之作；既然不能有
所"作"，那就只能述，也就是述往事思来者。所以，他便以《春秋》这样
的史书为依托来褒贬人事之是非。孟子说："王者之迹息而《诗》亡，《诗》
亡而后《春秋》作。晋之《乘》、楚之《梼杌》、鲁之《春秋》，一也。其事则
齐桓、晋文，其文则史。孔子曰：其义则丘窃取之矣。"① 孟子所说的孔子作
《春秋》，并非凭空而"作"，只是凭史文而赋之以义。这样的做法，在表面
上只是述史，而在实质上却是由赋予义而收立法之效。这在孔子实在是一
种不得已而为之的办法，所以他才说知我罪我其惟《春秋》那样的话。由
于孟子的这一段话，汉代的今文经学家有了孔子作《春秋》为"素王"的
说法。董仲舒在上汉武帝的第二次对策里称《春秋》为"素王之文"②。以后
的今、古文经学家们为了"素王"、"素臣"（以《左传》作者为素臣）的问
题打了很多笔墨官司，对于这些我们可以不管。因为他们都是从所谓君臣
大义的角度谈的，与我们今天已经没有多少关系，而且我们也不再有什么
今、古文的门户之见。值得指出的是，孟子置《春秋》于《诗》《书》等经典
之列的做法，尽管他尚未用"经"之名，而实际已经成为儒家经学的最初
的萌芽。为什么这样说呢？因为，儒家经典不仅是单本的古代文献，而且
是有其思想系统的文献体系。而这个体系又恰好是与儒家的道统相表里的。
在以上所引的那一段文字中，孟子提到了自己的目的是"承三圣"，即禹、
周公和孔子。这就是孟子首次明确提出的儒家道统（孟子本人并未用"道
统"这个名称），当然，这只是一种简要的说法；如果参照《万章上》中论
尧、舜、禹禅让之文与《梁惠王下》中论汤、武革命之文，那么这个道统的
名单就是尧、舜、禹、汤、文、武、周公、孔子。在孟子所列的这个道统表
里，孔子是继承了前代圣人传统的最后一人，因此，"孔子之谓集大成"③。

---

① 见《离娄下》，338 页。
② 见《汉书·董仲舒传》。
③ 见《万章下》，397 页。

"自有生民以来，未有孔子也"①。所以，依孟子之见，尧、舜以下诸圣虽在先，而儒家道统必待孔子集大成而后成立；《诗》《书》等典籍虽在先，又必经孔子之整理和解说（即所谓"述"）而后方成为儒家之经典。这一点的确定，正是儒家经学源头的确定。②

三、孟子对以"传"传"经"传统的贡献

在儒家经典逐步确定的过程中，解经之"传"也同步地逐渐出现。司马迁在《史记·孔子世家》中曾说"书传自孔氏"，我以为那未必是孔子为《尚书》写了"传"，而是对《尚书》作了讲述。这种讲述包含两重意思：一是知识方面的解释，包括文字训诂、名物考证之类；二是意义方面的解释，包括是非、善恶的价值判断之类。而这两种解释之间自然是有着密切的关系的，前者的确定往往会限定后者的取向，后者的需求又往往会影响前者的选定。孔子作为儒家学派的创始人，他对古典文献之"述"当然要包含这样两个方面。正如《释名·释典艺》所说，"传，传也，以传示后人也"。一个学派要能继续发展下去，就不能没有这样的"传"。大概自孔子以下，儒家的"传"就一直继续下来了。孟子在与论敌辩论中不仅引经，而且引传。《孟子》书中明引"传"者凡三次。这是我们所见儒家典籍引"传"的滥觞，以下试以两个例子稍稍作一些具体的分析。

《梁惠王下》记："齐宣王问曰：'文王之囿七十里，有诸？'孟子对曰：'于传有之。'曰：'若是其大乎？'曰：'民犹以为小也。'曰：'寡人之囿方四十里，民犹以为大，何也？'曰：'文王之囿方七十里，刍荛者往焉，雉兔者往焉，与民同之；民以为小，不亦宜乎？臣始至于境，问国之大禁，然后敢入。臣闻郊关之内有囿方四十里，杀其麋鹿者如杀人之罪。则是方四十

---

① 见《公孙丑上》，在此章中，孟子还引了孔子弟子宰我、子贡、有若盛赞孔子的话，甚至以为孔子"贤于尧、舜远矣"。

② 以后唐代的韩愈、宋代的朱熹在排列儒家道统时都把孟子紧列于孔子之下，那不是没有原因的。

里为阱于国中；民以为大，不亦宜乎？’"孟子所引之"传"，今已不可见。不过，我们能够知道，他所引的是《诗·大雅·灵台》之传。按此诗云："经始灵台，经之营之。庶民攻之，不日成之。经始勿亟，庶民子来。王在灵囿……"其本文并未说及文王如何与民同享灵囿、灵台、灵沼之乐，但是从"经始勿亟，庶民子来"[1]，并且"不日成之"来看，在经营灵囿的问题上文王与庶民之间并未发生紧张关系，反而庶民是有积极性的。这如何解释呢？答案只能是，那是与民同乐的结果。在《梁惠王上》中，孟子曾经对梁惠王引用此诗，并解释说："古之人与民偕乐，故能乐也。"孟子此处所引之"传"正好起了对《诗经》原文的事理作解释的作用。

《梁惠王下》记："齐宣王问曰：'汤放桀，武王伐纣，有诸？'孟子对曰：'于传有之。'曰：'臣弑其君可乎？'曰：'贼仁者谓之贼，贼义者谓之残，残贼之人谓之一夫。闻诛一夫纣矣，未闻弑君也。'"孟子在此所引之"传"，今亦不可见；不过，可以推断是《尚书》中《汤誓》与《泰誓》之传。尤其在《荀子·议兵》篇中引《泰誓》有"独夫纣"之语（伪古文《泰誓》中却只说"商王受"而竟无"独夫纣"之语），更可以证明孟子所说"闻诛一夫纣"出于《泰誓》之传。儒家是讲君臣大义的，却又讲汤、武革命，这中间有没有矛盾呢？齐宣王问的就是这个矛盾如何解决的问题。对于这个问题，只要你一承认桀、纣与汤、武之间存在的是君臣关系，那么你就必须说汤、武是犯上作乱，不是圣人。这样儒家的经文就成了问题，就不可避免地要被否定。"传"在这样的情况下就非常重要。因为《泰誓》经文中有武王称商王为"独夫"或"一夫"的辞语，"传"就对此辞作解释说："贼仁者谓之贼，贼义者谓之残，残贼之人谓之一夫。"商纣既然已经是一夫，当然就不再是王，也就不再与武王有君臣关系，于是也就不存在什么"臣弑其君"的问题了。孟子根据这样的"传"就说："闻诛一夫纣矣，未闻弑君也。"因

---

① 按，"子来"一语，郑玄以为"众民各以子成父事而来攻之"。赵岐以为"众民自来趣之，若子来为父使也。"俞樾《群经平议·毛诗四》以"子"为"滋"，滋，益也。所以解释为"文王宽假之，而庶民益来也"。见《清经解续编》第5册，第1086页。当以俞说为长。

为杀的是残贼之人，所以武王是在吊民伐罪，这还不是圣人之举吗？这里的传对经文作文字上的训诂，从直接的意义上来说，这是知识性的解释；可是，由于有了这一知识性的解释，便可以解决武王是弑君之臣还是革命圣君的大问题，所以实际上也就间接地提供了价值性的解释。

以上是孟子引传的两个实例。还有一些地方，看来是在解经，因而应该视之为传。可是孟子自己没有说明，我们无法判断他是在引传还是在自己作传。这样的例子，我们也不妨作一些分析。

《孟子·万章上》中凡九章，所记都是孟子对于弟子万章（凡八问）、咸丘蒙（只一问）问题的回答。从此章文字来看，弟子的问题并非信口提出，而是读书遇到了疑难之处，就疑难提出问题。所以，他们在提问中有时直接引用《诗》《书》，有时虽未说明而实际仍然是引用《书》的。[①] 在这样的情况下，孟子的回答就必然是引传或者是引传而加以发挥。今试举第五、第六两章为例加以说明。

　　万章问曰："尧以天下与舜，有诸？"孟子曰："否，天子不能以天下与人。""然则舜有天下也，孰与之？"曰："天与之。""天与之者，谆谆然命之乎？"曰："否，天不言，以行与事示之而已矣。"曰："以行与事示之者，如之何？"曰："天子能荐人于天，不能使天与之天下。……昔者尧荐舜于天，而天受之；暴之于民，而民受之。故曰，天不言，以行与事示之而已矣。"曰："敢问荐之于天而天受之，暴之于民而民受之，如何？"曰："使之主祭而百神享之，是天受之；使之主事而事治，百姓安之，是民受之也。天与之，人与之。故曰：天子不能以天下与人。舜相尧二十有八载，非人之所能为也，天也。尧崩，三年之丧毕，舜避尧之子于南河之南；天下诸侯朝觐者，不之尧之子而之舜，讼狱

───────────────

　　① 如第二章中万章述舜之父母及弟象如何企图谋害舜之事，并且引用了象所说"谟盖都君咸我绩"等语，此等语言显然不是孟子时的语言，而必有《书》为据。孟子并未对其所引书提出指责，可见是当时所共见之书。当然，对于我们后世人来说那已经是逸书了。

者，不之尧之子而之舜，讴歌者，不讴歌尧之子而讴歌舜。故曰：天
也。夫然后之中国，践天子位焉。而居尧之宫，逼尧之子，是篡也，非
天与也。《泰誓》曰：天视自我民视，天听自我民听。此之谓也。"万章
问曰："人有言，至于禹而德衰，不传于贤而传于子。有诸？"孟子曰：
"否，不然也。天与贤则与贤，天与子则与子。昔者，舜荐禹于天，十
有七年，舜崩。三年之丧毕，禹避舜之子于阳城。天下之民从之，若尧
崩之后不从尧之子而从舜也。禹荐益于天，七年，禹崩。三年之丧毕，
益避禹之子于箕山之阴。朝觐、讼狱者，不之益而之启，曰：吾君之
子也。讴歌者，不讴歌益而讴歌启，曰：吾君之子也。丹朱之不肖，舜
之子亦不肖。舜之相尧、禹之相舜也，历年多，施泽于民久。启贤，能
敬承继禹之道；益之相禹也历年少，施泽于民未久。舜、禹、益相去
久远，其子之贤、不肖，皆天也，非人之所能为也。莫之为而为者，天
也；莫之致而至者，命也"。①

　　按孟子与万章上述对话所讨论的是尧、舜、禹之间禅让问题，问者与
答者都不是在凭空说话，而是引经据典的。关于尧让天下与舜，这一件事
在今存《尚书·尧典》（包含十三经本中之《舜典》）中仍然可以看到；至
于舜禅让与禹，则于今存《尚书》无记载，② 崔述因此遂断言史无舜禅禹之
事，③ 其所取实为默证法，也并不可靠。孟子既见尧禅舜之书，完全有可能
也见到了舜禅禹的文献根据。而且，这种根据也是万章所知道的，不然，
他就会说至于舜而德衰，而不会提到"至于禹而德衰"的问题了。所以，我
们可以认为尧、舜、禹禅让问题是当时儒家经典中的一个重要问题。孟子
对于这个问题的回答既然是解释经典的，那么它本身就应当被视为"传"。
这种"传"，到底是其来有自，还是孟子本人所作，我们并无直接的证据加
以说明。但是有一点可以肯定，即这种"传"包括了历史的说明和意义的

---

① 《万章上》，379～383 页。
② 十三经本中之《大禹谟》记有此事，但此篇为伪古文，不可据。
③ 《崔东壁遗书》，99～100 页。

解释两个方面。作为历史的说明，例如舜相尧、禹相舜若干年以及其效果如何之类的事，且不论其是否符合客观的历史真实，它们必须是在当时人们中已经流传的知识，孟子用之来说明问题方才有说服力。当然，这并不排除引述历史的人对于某些方面作了放大或缩小。作为意义的解释，例如如何解释天和命的问题，且不论其是否真有道理，它们又必须是在当时人们的理解域以内，孟子用以抒发己见才能说服他人。当然，这也并不排除发表己见的人有所推陈出新，甚至必然有所推陈出新。这就是说，当儒家在借助"经"的传统的时候，也就是在以"传"的形式延续"经"的传统，而这样的延续传统的过程，也就是经学延续的过程；而所谓经学，无非就是对于经的传统的既继承又变革，如此而已。

四、孟子的述经与论史

由此可以看出，孟子向他人传经的过程，实际上也就是讲述原有的经传并在其发挥中对原来的传加以发展的过程。而在这个过程中，孟子的述经与论史具有密不可分的关系。这可以从两个方面加以说明。其一，孟子讲述经义，坚持并发展了儒家用历史进行论证的传统。例如，当万章问"尧以天下与舜有诸"的时候，实际上有一句没有说出的潜台词，那就是"天下是属于天子的私产"。不然，天子自己怎能随便把它给别人呢？孟子回答这个问题，第一句就说"天子不能以天下与人"，这正是针对那一句没有说出的潜台词而发的，而且这句话本身也有一句潜台词，那就是"天下不是天子的私产"。由此得出进一步的结论：得天下为天子者必须受天之命。这就涉及儒家经学中的一个重大的义理问题，即天命与王权的关系问题。怎样论证这种关系呢（这也就是万章的问题所在）？孟子引述了历史，用历史上的人心向背作为解释天命的指标。甚至我们不妨说，《孟子》书中的比较充分展开的民本思想，都是这样依据历史来加以论证的。其二，与重视历史论证相关的是，孟子既重视历史的引证，他就不能不重视文献的考证问题。怎么样进行文献的考证呢？孟子所用的方法基本有两种。第一种是，以权威性的文献作为标准来作验证。例如，《万章上》中记咸丘蒙问，有人说舜为天子以后，让了位的尧和舜的父亲都北面朝舜，不知此说是否为真？孟子曰："否，此非君子之言，齐东野人之语也。尧老而舜摄也。《尧典》曰：'二十有八载，放勋乃徂落，百姓如丧考妣。三年，四海遏密八音。'孔子曰：'天无二日，民无二王。'舜既为天子矣，又帅天下诸侯以为尧三年丧，是二天子矣。"这是他根据《尚书·尧典》说舜为尧服三年之丧的权威记载与孔子的言论为标准，证明尧在世时舜不曾为王，当然也就不存在什么尧朝舜的问题了。这实际上就是司马迁所说的"考信于六艺"的先声。第二种是，对文献的本文进行分析，考察其原来的真实意义以及其可信程度的问题。例如，咸丘蒙知道尧不曾朝舜之后，又问舜的父亲为什么不朝舜呢？因为《诗》（《小雅·北山》）有明文："普天之下，莫非王土；率土之滨，莫非王臣。"舜既为王，他的父亲自然也应当是他的臣。孟子回答说："是《诗》也，非是之谓也，劳于王事而不得养父母也。曰此莫非王事，我独贤劳也。故说《诗》者不以文害辞，不以辞害志。以意逆志，是为得之。如以辞而已矣，《云汉》之诗曰：'周余黎民，靡有孑遗。'信斯言也，是周无遗民也。"孟子的这一段话是讲得很好的。咸丘蒙在引以上四句《诗》时实际上是用了断章取义的办法。中国古文献中记载古人赋《诗》断章的情况很多，借题发挥一下自己的感情或感想是可以的，亦即用于文学的场合是可以的；而要用到证史的场合，那可就要慎重而又慎重了。比如以上所引的四句诗，不知被古今多少人用来说明当时人人皆是王臣（甚至包括王之父母）、全国土地皆归王有（有人就以此作为土地国有制的证据）。究其实，此四句诗下还有两句："大夫不均，我从事独贤。"大家都是王臣，为什么独要我干得特别多呢？前四句话语有夸张，是用来烘托自己的委曲情绪的。孟子对原诗实义把握得很准确而明晰，指出文学语言与历史语言之别；他举了一个"周余黎民，靡有孑遗"的例子，说明那不过是文学夸张之语。因为周人继续存在是现存事实，怎能把此诗完全信以为真呢？又如《尽心下》记孟子曰："尽信《书》，则不如无《书》。吾于《武成》，取二三策而已矣。仁人无敌于天下，以至仁伐至不仁，而何其血之流杵也？"为了形容武王伐纣之声势，竟然用了血流漂杵这样的夸张说法。且不论孟子所说的什么以至仁伐至不仁，古今战场上杀人再多，恐怕也不会真的血流漂杵或血流成河的，可是这些话至今仍然被用着，人们都知道那只是一种比喻性的文笔，谁也不会当真的。

　　根据上述情况，我们可以说，孟子不仅于儒家经传之学有开拓之功，而且也为以后中国的经学与史学密切结合的传统作了很重要的开拓工作。

原载《何兹全先生八十五华诞纪念文集》编委会编：

《何兹全先生八十五华诞纪念文集》，

中国社会科学出版社，1997 年

从清儒的臧否中看《左传》杜注

《左传》按中国传统的说法，是一部儒家的经书；按现在的说法，也不失为中国史学史和文学史以至世界史学史和文学史中的一部古典名著（classics）。《左传》一书包含多方面的内容，可以从多方面进行研究，也具有多方面的学术价值。不过，《左传》也像许多世界古典名著一样，其自身中就包含了很多难解的问题。因此学者要研究《左传》，就不能不参考并借助前人的注释。

现存最古的《左传》注释是晋代杜预（222—284）所作的《春秋经传集解》（后人简称之为"杜解"或"杜注"）。在杜预以前，东汉经学家贾逵、服虔等曾经注释《左传》。在南北朝时期，南北经学也有分化。对于《左传》，北方用服虔注，南方用杜预注。[1]唐初孔颖达等作《五经正义》，于《春秋左传》则取杜注为标准。从此以后，汉儒贾、服等人的《左传》注逐渐散佚，唯有残篇散见于古书的注疏中，而杜预注遂成为《左传》的唯一存在的古注。

既然学者研究《左传》不能不借助于古注，而杜注又是现存的唯一完整的古注，自然它就成了解释《左传》的一个权威。正如历史上的一切权威都免不了遇到挑战一样，杜注也曾先后遭到过不少学者的这样或那样的批评。不过，直到明代为止，学者们的批评对杜注并未起到多大的震撼作用。到了清代，学者们对于《左传》杜注的批评，就其作品数量之多、涉及方面之广与考语分量之重而言，都超过了前代，几乎到了要推翻它的程度。那么清儒们是怎样批评杜注的？他们的批评的价值如何？从而我们又将如

---

① 李延寿：《北史·儒林传上》，2706 页，北京，中华书局，1974。

何看待杜注？这些就是本文所要说明的问题。

一、清儒对于杜注的批评

从顾炎武作《左传杜解补正》到俞樾作《春秋左传平议》，清儒研究《左传》并评及杜注之作不下数十种。各家对杜注批评的着重点和态度并不完全一致。以下先就这种批评所涉及的诸方面分别作一概括的论述，并从中指出这种批评发展的大势。

清儒批评杜注之书，始自顾炎武（1613—1682）《左传杜解补正》。其用意在于补杜注所未备（例加"补云"，亦有不加者），并改正杜解之失误（例加"改云"，或言"解非"，亦有只批评而不加以上用语者）。按二者比例说，所"补"居大多数，而"正"则为数甚少。顾氏这种对杜注既"补"又"正"的方法，以后一直为清儒所沿用。按顾氏补正所涉及内容来说，已经包括有历法、地理、礼制、解经义例、文字训诂诸方面。不过顾氏此书仅三卷，在明代邵宝、陆粲、傅逊等人的研究基础上发展而成，在清代还是开创期的作者，未及作专门的分类研讨。王夫之（1619—1692）作《春秋稗疏》（二卷），内容也涉及多方面，但从数量上来说，则绝大多数条目皆为历史地理方面的驳议。高士奇（1645—1704）作《春秋地名考略》（十四卷），于地名先列杜注，但对杜注不确处也有考订。[①] 陈厚耀（1648—1723）作《春秋长历》（十卷），为补杜预《春秋长历》而作，对杜氏《长历》颇有修改。陈氏又作《春秋氏族谱》（一卷）。按杜预所作《春秋释例》中原有《世族谱》一篇，久佚；陈氏作此书也是为了补杜书之亡失。大体在顺治、康熙时期，对《左传》杜注补正的专门之作已开始出现。顾栋高（1679—1759）于雍正、乾隆间以十五年时间（1734—1748）作成《春秋大事表》（五十卷），对《左传》杜注有比较全面的补正。此书卷四十八为《春秋杜注正讹表》，

---

① 据四库馆臣考，此书实士奇请徐胜代作。见《四库全书总目》经部春秋类四，上册，238页，北京，中华书局，1965。

其中包括："杜氏论礼之误"、"杜氏地理之误"、"杜氏时日之误"、"杜氏称名之误"（关于《春秋》褒贬问题）、"杜氏解经传之误"（包括义理方面的解释和文字训诂等具体问题的解释）等方面，并各举了若干条例证。顾氏所列举的诸方面，基本上涵盖以后清儒批评杜注的诸方面。

为了论述的方便，以下把清儒对于杜注的批评分为两大类：考据类和义理类。

首先谈考据一类。这一类包括历法、地理、文字训诂等具体问题。现分别举例如下：

第一，关于历法问题。例如《左传》僖公四年记："十二月戊申，（晋世子申生）缢于新城。"《春秋》僖公五年记："春，晋侯杀其世子申生。"杜注："书春，从告也。"顾栋高说：

> 按《经》书春不书月数，盖春二月也。晋用夏正，晋之十二月为周之春二月。晋以十二月告，鲁史自用周正改书春耳。杜谓以晋人赴告之日书之，非也。[1]

又如，《左传》僖公九年记："十一月，里克杀公子卓于朝。"《春秋》僖公七年正月始记："晋里克弑其君卓。"杜注："弑卓在前年，而以今春书者，从赴也。"顾栋高说：

> 按晋之十一月，为周之春正月。是夏正周正恒差两月之明验。《传》从晋史，而《经》自用鲁之简牍尔。《正义》从杜，谓晋赴以今年弑者，非也。[2]

按在《春秋》《左传》之中，经从鲁国传统，例用周正；传于晋国则往往从

---

[1] 顾栋高：《春秋大事表》，见《清经解续编》第1册，721页。
[2] 同上。

晋国传统用夏正，二者前后相差两个月。经传记载这一类的事例很多，[①]经过清人考证，现在问题已经大体清楚。这是清儒对杜注中历法问题的一大改正。当然，清儒所批评的杜注历法问题尚多，尤其在朔闰问题上。不过，春秋时期的历学尚未成熟，历法错误较多；而且当时历法并未流传下来。所以杜预为迁就经传所记日辰干支而排的长历，虽然不合于正确的历法，也许还有接近当时错误历法的方面。罗士琳（约1784—1853）作《春秋朔闰异同》，但记各家之说的异同，而不下自己的断语，就是因为考虑到了种种难以确定的因素。其说详见于此书自序后之附记中。在此处我们不能也不必详辨清儒批评与杜注之间的是非，对诸多朔闰问题不再予以申论。

第二，关于地理的问题。例如，《左传》桓公十六年记："（卫宣）公使诸齐，使盗待诸莘将杀之（急子）。"杜注："莘，卫地也。阳平县西北有莘亭。"又《左传》成公二年记："（晋师）从齐师于莘。"杜注："莘，齐地。"顾栋高说：

> 杜两注齐、卫，亦属骑墙之见。《左传》明言莘是卫地，特人习读之而不察耳。《传》云，晋师救鲁、卫，'季文子帅师会之，及卫地。韩献子将斩人，献子驰将救之'云云，下遂云：'师从齐师于莘。六月壬申，师至于靡笄之下。'观其特志月日，则知从于莘自是前月事，尚在卫地……是时莘地必有齐之偏师，侵略卫疆而未返者。晋师适遇，遂与交战。缘是偏师零骑，望风披靡，故不言胜负。直至六月壬申，长驱至靡笄之下，齐侯始请战期。其前言齐师，后言齐侯，历历分明可证。[②]

又如，《左传》襄公三年记："春，楚子重伐吴……克鸠兹，至于衡山。"杜注："鸠兹吴邑，在丹阳芜湖县东。""衡山在吴兴乌程县南。"顾栋高说：

---

① 参见日本竹添光鸿：《左氏会笺》僖公十五年，新文丰出版公司，1978年汉文大系本［10］，《会笺》第五，第78页所引清儒钱锜之文。

② 顾栋高：《春秋大事表》，见《清经解续编》第1册，516页。

按杜注衡山甚谬。鸠兹城在今江南太平府芜湖县东三十里，乌程为今浙江湖州府附廓。时吴都尚在无锡。从无锡至湖州尚三四百里，楚兵不应反过吴都也。当涂县东北六十里有横山。横与衡古通用。俱在太平府，此说得之。①

从前一例看，同是在卫至齐通道上的莘地，杜预一说属卫、一说属齐，造成混乱。顾栋高通过细析《左传》原文的方法指出，莘在传文中就明说是卫地。结论比较有说服力。从后一例看，楚子重伐吴，攻克今芜湖附近的鸠兹以后，继而进至衡山。如按杜注，衡山在今浙江吴兴附近，而吴都时在无锡，那么这条路线在地理上就是荒谬而不可理解的。顾氏通过地理方位和路程远近的分析，证明杜注是错误的。他推测衡山即是当涂东北的横山也是有一定道理的。广征文献资料，验以地理实情，这是清儒历史地理考证的基本方法。他们用这种方法发现了杜注地名的许多问题。不过，要确证一个历史地名的切实地点，往往并非易事。即以上述第二个例证来说，衡山何在？以后沈钦韩（1775—1831）在其《左传地名补注》中说明在不同文献中有横山之名者即有数处，他自己也只能推测为其中一处。②当然沈氏的推测比较符合地理情况，有所进展。③

第三，关于文字训诂问题。在这一方面，清儒纠正杜注失误甚多。现略举数例，以为说明。例如，《左传》僖公六年记许僖公见楚成王时，"面缚衔璧"，以示屈服。杜注云："缚手于后，唯见其面也，以璧为质，手缚故衔之。"惠栋（1697—1758）在其《春秋左传补注》中说：

子惠子（按此为栋引用其曾祖父惠有声之说）曰：《汉书·项羽传》"马童面之。"张晏曰："背之也。"师古曰："面之谓背之，不面向也。"

① 顾栋高：《春秋大事表》，见《清经解续编》第1册，721页。
② 沈钦韩：《左传地名补注》，见《清经解续编》第3册，89页。
③ 刘文淇：《春秋左氏传旧注疏证》，990页。

面缚之，亦谓反借而缚之。杜元凯以为但见其面，非也。[1]

洪亮吉（1746—1809）亦于其《春秋左传诂》中说：

> 《广雅》："偭，偝也。"《汉书·贾谊传》："偭蟂獭以隐处兮"，王逸
> 应劭注并云："偭，偝也。"《项籍传》："马童面之"，张晏曰："背之也。"
> 师古亦云："面谓背之，不面向也。"偭、面古字同。按杜注云"但见其
> 面"，可为臆说。[2]

　　惠氏和洪氏指出的杜注错误，是无可怀疑的。他们对"面缚"的解释
也是有道理的。当然清人对"面缚"还另有一解，见于黄生所著《义府》；
他以为，面缚不是两手反缚在背后，而是两手正缚在身前。[3]在清人两说
中，以惠洪之说为长。[4]
　　又例如，《左传》僖公九年记晋献公向其大夫荀息托孤时说："以是藐诸
孤辱在大夫。"杜注云："言其幼贱，与诸子悬藐也。"顾炎武于《左传杜解
补正》中说："藐，小也。"这就解决了被杜预解错了的"藐"字的问题。可
是惠栋在《春秋左传补注》说顾说"未当"，因为"按吕谌字林曰：'藐，小
儿笑也'（《文选》注）"[5]。王引之（1766—1834）在其《经义述闻·春秋左传
上》"藐诸孤"条中说：

> 杜以藐为悬藐，诸为诸子。"以是悬诸子孤"，斯为不词矣。《文
> 选·寡妇赋》"孤女藐焉始孩"，李善注："《广雅》曰：藐，小也。《字
> 林》曰：孩，小儿笑也。"是小儿笑乃释孩字（出《说文》），非释藐字。

---

① 惠栋：《春秋左传补注》，见《清经解》第 2 册，716 页。
② 洪亮吉：《春秋左传诂》，见《清经解续编》第 1 册，1251 页。
③ 黄承吉：《字诂·义府合按》，170 ~ 171 页，北京，中华书局，1984。
④ 刘文淇《春秋左氏传旧注疏证》，280 页，而竹添光鸿的《左氏会笺》却未指名地
引用黄生说。
⑤ 惠栋：《春秋左传补注》，见《清经解》第 2 册，716 页。

俗书《文选》注脱孩字，惠逐以为小儿笑，其失甚矣。顾训藐为小是也，但未解诸字。今按诸即者字也。者与诸古字通。《郊特牲》四："不知神之所在，于彼乎？于此乎？或诸远人乎？"或诸即或者。(《士虞礼》注作"或者远人乎？")《大戴礼·卫将军文子》篇："夫子之施教也，先以诗，世道者孝悌，说之以义而观诸体。"者亦诸也。《尔雅·释鱼》："龟，俯者灵，仰者谢，前弇诸果，后弇诸猎。"诸亦者也。藐者孤，犹言赢者阳耳。又《诗》言"彼茁者葭"，"彼姝者子"、"彼苍者天"、"有颀者弁"，"有菀者柳"，"有杕者狐"，"有卷者阿"，文义并与此相似。①

经顾、王二人的解释，本甚难解而又被杜注解错的"藐者孤"就变得很容易懂了。意思就是小的孤儿。又如，《左传》文公十四年记齐公子元对齐懿公不服气，"终不曰公，曰夫己氏"。杜注："犹言某甲。"杜预此注本已含糊不清，孔颖达疏又为之解释说："斥懿公之名也。"于是"夫己氏"就变成公子元口中的齐懿公的名字了。顾炎武在《左传杜解补正》中说："夫己氏，犹言彼己之子。"②沈钦韩在其《左传补注》中也说：

　　夫己氏，己读如"彼其之子"之其，《扬之水》笺：其或作记，或作己。读声相似。夫己氏，犹云夫夫。③

顾炎武已经提出了正确的解释，沈钦韩又进一步作了论证。"夫己氏"的意思就是"夫夫"(那个人)，问题已经有了完满的解答。尽管洪亮吉、孔广森(1752—1786)、焦循(1763—1820)等人仍然从己字在天干中的位序去推测懿公的排行次序或其母为第几夫人，但是问题实际已经解决了。④又如，《左传》襄公三十一年"寇盗充斥"一句，杜注云："充，满；斥，见。言其

① 王引之：《经义述闻：春秋左传上》，见《清经解》第6册，908页。
② 顾炎武：《左传杜解补正》，见《清经解》第1册，11页。
③ 沈钦韩：《左传地名补注》，见《清经解续编》第3册，39页。
④ 刘文淇：《春秋左氏传旧注疏证》，566～567页。

多。"俞樾（1821—1906）说：

> 充斥连文，其义一也。《淮南子·说山》篇"近之则钟音充"，高诱注曰："充，大也"。《吕氏春秋·必己》篇"祸充天地"，高注亦曰："充犹大。"是充之义为大也。《文选·魏都赋》"坟衍斥斥"，李善注引《苍颉》曰："斥，大也。"《史记·司马相如传》"除边关益斥"，《索隐》引张揖曰："斥，广也。"广与大同是斥字之义，亦为大也。凡有大义者，皆有众多之义。如殷训大亦训盛，丰训大亦训满，皆其例也……皆大、多义通之证。充斥并训大，故亦并训多。寇盗充斥，言寇盗之多也。杜训斥为见，义反不伦矣。①

杜注把"充斥"训为"多"，本无错误。只是释"斥"为"见"，这一点不妥也被俞樾发现并纠正了。不仅于此，他还从杜预未作解释的文句中发现杜氏理解《左传》的错误。例如《左传》僖公二十四年有"况贪天之功以为己力乎"一句。这句话今天看来似乎也不难解，杜预当时也未作注。可是俞氏在同上书中指出：

> 杜氏不解贪字，盖即以本字读之。然非也。贪当读为探。《释名·释言语》曰："贪，探也"，探取入它分也。《后汉书·郭躬传》："舍状以贪情。"李贤注曰："贪与探同。"是贪探声近而义通。《尔雅·释诂》："探，取也。"探天之功者，取天之功也。《国语·周语》曰："而却至佻天以为己力"，不亦难乎？韦注曰："佻，偷也。"偷亦取也。《淮南子·说林》篇："偷肥其体。"高注曰："偷，取也。"此传探天之功以为己力与外传（指《国语》）佻天以为己力，文异而义同。②

---

① 俞樾:《群经平议：春秋左传二》，见《清经解续编》第5册，1171页。
② 同上。

俞氏从杜预不注中发现他是把贪字当作其本义"贪欲"来解了，从而加以纠正，说明"贪天之功以为己力"就是"取天之功"或"偷天之功"以为己力。这样的解说无疑是透彻多了。

清儒对于杜注在解释文句方面的补正，成绩既大又多。以上略举数例，只想说明，清人由于精于声韵之学并达于假借之旨，在明训诂和通文法（清人说"审词气"）方面是远远超过杜注的。当然，清人从早期的顾炎武到中期的王引之、沈钦韩，到晚期的俞樾，训诂是在日趋缜密，而从另一方面也不免有日趋烦琐甚至穿凿的倾向。这也是我们不能不留意的。

其次谈清儒从义理上批评杜注的一类。这一类包括关于礼制的解释与关于《左传》的"书法"的解释等问题。现在分别论述如下：

第一，关于礼制解释的问题。例如，《左传》隐公元年记"弔生不及哀"。杜注云："诸侯已上，既葬则缞麻，无哭位，谅暗终丧也。"顾炎武在其《左传杜解补正》中说：

> 杜氏主短丧之说，每于解中见之。谓既葬除丧，谅暗三年，非也。改云：不当既封反哭之时。[1]

沈彤（1688—1752）于其《春秋左传小疏》中以为"顾说未尽"。他所论为礼制考证问题，未对杜注作义理上之评议。此处不赘。惠栋于其《春秋左传补注》中说：

> 朴庵子惠子（即惠栋曾祖父惠有声）曰：荀卿云："货财曰赙，舆马曰赗，衣（按此下原书漏引23字）死也。送死不及柩尸，弔生不及悲哀，非礼也。赠弔及事，礼之大也。"（按惠氏所引见《荀子·大略》）荀卿所称乃时王之礼，故左氏依以为说。杜元凯遂借以文其短丧之说，

---

[1]　顾炎武:《左传杜解补正》，见《清经解》第1册，6页。

诞之甚，妄之甚。①

顾栋高于其《春秋大事表·春秋左传杜注正讹表叙》中说：

> 元凯历事至久，读书至深，亲见当时行三年丧者，多饮酒食肉，宴乐嫁娶，不循轨则。况以天子之丧，勒令天下士庶皆从重服，势必小人皆违法犯禁，君子皆循名失实，以为制不称情。读《春秋》而见当日诸侯之例，皆既葬成君，列于会盟。不知此自当时之失礼，非先王本制也。欲执此为定制，令上下可通行，为短丧者立赤帜。论者谓其得罪名教，岂过论哉？呜呼！元凯释《春秋》而至倡为短丧，欧阳永叔援《仪礼》而倡为两本二父。经术之误，害于政事，于古同病，不可不戒也。②

沈钦韩于其《左传补注》"吊生不及哀"条中，首先引证《仪礼》分析人在亲死以后"卒（止）哭"与"说（脱）服（孝服）"的历程，然后下评语说：

> 三年之丧，天下之达礼。杜预谓，天子、诸侯，既葬无服。非圣无法，古今之罪人也。③

　　杜预主张短丧，与后世儒家强调的三年之丧的礼制不合，因而引起顾、惠、顾、韩等人的批评。不过，在批评者中，具体情况尚有不同。顾炎武只是简单地表示了一下不赞成杜注。惠氏祖孙与顾栋高则以为杜预所据为"时王之礼"而非先王之制，虽在义理上错了，但仍不失有历史的一定根据。韩氏则据《仪礼》以驳杜氏，不仅彻底否定杜说，而且批评用语也加重了。到底《春秋》经传的根据可靠还是《仪礼》的根据可靠呢？治史者大概

---

① 惠栋：《春秋左传补注》，见《清经解》第2册，712页。
② 顾栋高：《春秋大事表》，见《清经解续编》第1册，720页。
③ 沈钦韩：《左传地名补注》，见《清经解续编》第3册，230页。

都倾向于前者。这个问题此处不须细谈。这里只想说明，清儒对于杜注在义理上的不容忍程度有加深的趋向。

第二，关于《左传》中一些"书法"解释的问题。例如，《左传》宣公四年："凡弑君，称君，君无道也；称臣，臣之罪也。"此处杜注甚为简略，但说明详见其所著《春秋释例》中。按此章孔颖达疏引《释例》云：

> 天生民而树之君，使司牧之。群物所以系命，故戴之如天，亲之如父母，仰之如日月，事之如神明。其或受雪霜之严，雷电之威，则奉身归命，有死无贰。故《传》曰："君，天也，天可逃乎"？此人臣所执之常也。然本无父子自然之恩，末无家人习玩之爱，高下之隔悬殊，壅塞之否万端。是以居上者降心以察下，表诚以感之，然后能相亲也。若亢高自肆，群下绝望，情义圯隔，是谓路人，非君臣也。人心苟离，则位号虽有，无以自固。故传例曰：凡弑君，称君，君无道；称臣，臣之罪。称君者，唯称君名，而称国、称人以弑，言众之所共绝也。称臣者，谓书弑者之名，以垂来世，终为不义，而不可赦也。[1]

杜预对于上述传例的解释，引起了清儒的不安和愤怒。万斯大（1624—1683）在其《学春秋随笔》隐公四年"卫州吁弑其君完"条中说：

> 《春秋》弑君，有称名、称人、称国之异。左氏定例，以为称君君无道，称臣臣之罪。甚矣其说之颇也。孟子曰："世衰道微，邪说暴行有作。"所谓暴行，即弑父、弑君是也。所谓邪说，即乱臣贼子与其俦类，将不利于君，必饰君之恶，张己之功，造作语言，诬惑众庶是也。有邪说以济其暴，遂若其君真可弑，而己无可告罪然者。相习既久，政柄下移，群臣知有私门，而不知公室。且邻封执法，相倚为奸，凡有逆节，多蔽过于君，鲜有罪及其臣者。如鲁、卫出君（鲁昭、卫献）、

---

① 《十三经注疏》下册，1869页。

师旷、史墨之言可证也。左氏之例亦犹是耳。噫！于弑君而谓君无道，是《春秋》非讨乱贼，而反为之先导矣。邪说之惑人，一至是乎。[①]

焦循在其《春秋左传补疏》中接受了万氏的见解，推论《左传》必非孔子之徒左丘明所作，并说：

> 如所谓称君君无道，显然谬乎孔子作《春秋》使乱臣贼子惧之义。而杜预援此而演其说，以为非君臣，为路人，其妄悖甚矣。夫刘歆之于莽，犹杜预之于昭也。歆称左氏好恶与圣人同而表之，预遂以左氏为素臣而尊之。预之背恕而谄昭，与歆之背向而谄莽，情事实同；其援左氏以为乱臣贼子地，其情事亦同。儒者共耻言歆矣，而甘于服预。岂莽为汉诛，从莽者遂为国贼，司马终为魏禅，从司马者遂为佐命乎。[②]

万氏还只是论《左传》传例之是非，焦氏则从杜预对传例的解释进而评杜氏人品善恶。焦氏以为，杜预和刘歆是一类人：歆父刘向作为汉朝宗室，忠于汉朝，曾极力劝汉朝提防王氏篡权；而刘歆却倒向了篡汉的王莽一边，是为不忠不孝。预父杜恕与司马懿不和，被幽禁而死；而杜预却娶了司马懿的女儿，倒向了图谋篡夺曹魏的司马氏家族一边，也是对魏不忠对父不孝。焦循有此先入之见在心，于是对杜注往往都从杜氏是否有何政治目的着眼。例如《春秋》桓公二年记："宋督弑其君与夷及其大夫孔父。"杜预之注及其《释例》说：

> ［注云］称督以弑，罪在督也。孔父称名者，内不能治其闺门，外取怨于民，身死而祸及其君。［释例云］《经》书宋督弑其君与夷及其大

---

①　万斯大：《学春秋随笔》注二十七，见《清经解》第 1 册，328 页。

②　焦循：《春秋左传补疏》注二十八，见《清经解》第 6 册，671 ～ 672 页。

夫孔父。仲尼、丘明唯以先后见义，无善孔父之文……《经》书臣蒙君弑者有三，直是弑死相及。即实为文。仲尼以督有无君之心，改书一事而已，无他例也。①

按此孔父即孔子之祖先孔父嘉。据《左传》桓公元年记，华督在路上见到孔父嘉的妻子，目不转睛地看，并说"美而艳"。《左传》桓公二年记华督攻杀孔父，而取其妻。并说宋殇公（与夷）在位十一年打了十一场战争，"民不堪命"，而孔父嘉就是负责军事的司马。看来华督杀孔父嘉与宋殇公是利用了人民不满的历史背景的。杜预对经传的解释，所根据的也就是这些事实。可是早在隋代，刘炫在这一点上就批评了杜注（具体内容已不可知）。因为事涉孔圣人的祖先，清儒中很多人都批评杜预此说。例如，王夫之在其《春秋稗疏》中说杜预既知孔父嘉为孔子六世祖，则知孔父名嘉，而又说孔父为名，"何其自相刺谬"②。惠栋在其《春秋左传补注》中首先考辨孔父是字而非名，然后说："杜氏辄为异说，不可从也。"③齐召南（1703—1768）在其《春秋左传注疏考证》之卷四与卷六中两次提及此事说："此事关系伦常，应为驳正。""杜氏之说贬孔父，贬仇牧，悖理伤教。"④邵瑛（1739—？）在其《刘炫规杜持平》中首先申说孔父为字而非名，经文原无贬意，杜注错误，"刘炫规之当矣"⑤。沈钦韩在其《左传地名补注》中也批评说："杜预因公、穀两家皆美孔父，故欲立异，而称名罪之。"⑥这些人还就此事而论其是非，而焦循则以春秋时事与魏晋时事相比附，力图说明杜预是为了掩盖忠于魏而反晋的忠臣才掩盖孔父之忠的。⑦这就近于影射史学了。可是，直到光绪末年皮锡瑞出版的《经学通论》中还坚持焦氏的说法，由

---

① 《十三经注疏》下册，1740 页。
② 王夫之：《春秋稗疏》，见《清经解续编》第 1 册，47 页。
③ 惠栋：《春秋左传补注》，见《清经解》第 2 册，713 页。
④ 齐召南：《春秋左传注疏考证》注三十一，见《清经解》第 2 册，542，543 页。
⑤ 邵瑛：《刘炫规杜持平》卷 1，6 页，清嘉庆间刻本。
⑥ 沈钦韩：《左传地名补注》，见《清经解续编》第 3 册，24 页。
⑦ 焦循：《春秋左传补疏》注二十八，见《清经解》第 6 册，665～666 页。

此可见焦氏的说法影响之深。

清儒对杜注的批评有越来越重的趋向。早期学者还对杜注存有一定敬意。如乾隆时期所修《四库全书总目提要·经部·春秋类一》的"春秋左传正义"条中说"传与注（按即杜注）疏，均谓有大功于《春秋》可也"。其"春秋释例"条中也说"《春秋》以《左传》为根本，《左传》以杜解为门径"。尽管此书对杜注也有批评。大约就从此时起，否定杜注的倾向日益突出。李贻德（1783—1832）作《左传贾服疏辑述》，尽弃杜注，而辑贾逵、服虔之注并加以申论。其意在取代杜注。刘文淇开始作《春秋左氏传旧注疏证》，其中之注亦取贾服，而疏证中则博引各家之说然后下以己意。刘文淇远未卒业，其子毓崧（1818—1867），其孙寿曾（1838—1882）、贵曾（1845—1899）等继续进行，其定稿本也只到襄公五年为止，以下仍未完成。此书本意也是要取代杜注。①那么杜注是否真地可以被抛弃或取代呢？请待进一步的讨论。

二、杜注优点非清儒批评可掩

在这一节中，讨论仍将按考证的与义理的两个方面来进行。

首先谈考据一类。

第一，关于历法问题。清人批评杜注在历法时日方面失误者固多，但亦有杜注甚精而使清人心服者。例如，《春秋》襄公九年记："十二月己亥，同盟于戏。"同年《左传》则记："十一月己亥，同盟于戏。"杜注经云："以长历推之，十二月无己亥，经误。"同年《左传》又记："十二月癸亥，门其三门。闰月戊寅，济于阴阪。"杜注对此段文字有所献疑，并试作订正。其《春秋长历》说明更为明晰，现引于下：

> 参校上下，此年不得有闰月。戊寅乃是十二月二十日也。思惟古

---

① 《春秋左氏传旧注疏证》附录，刘文淇致沈钦韩书。

传文必言"癸亥门其三门，门五日"。戊寅相去十六日。癸亥门其三门，门各五日，为十五日，明日戊寅，济于阴阪。叙事及历皆合。然"五"字上与"门"合为"闰"，后学者乃然转"日"为"月"也。①

杜预对襄公九年经传中的时日问题作了两点工作：一是说明传记"十一月己亥"是对的，而经记"十有二月己亥"是记错了；二是推证此年无闰月，癸亥为十二月五日，此日晋军开始攻郑都三个城门，每门各攻五天，共十五天，到第十六天即戊寅日（按当为十二月二十日），晋军从阴阪渡河、侵扰郑国其他地方。传文中的"闰月"二字应是"门五日"三字之误。（"五"字写进"门"中，误为"闰"字，后面的"日"字也随"闰"字而误改为"月"字。）王夫之在其《春秋稗疏》中说：

> 以五月有辛酉推之，则八月癸未当在下旬。据杜解，十二月癸亥门郑三门为月五日，则辛酉当为五月晦日。八月朔日庚申，癸未为二十三日。十一月庚寅朔，己亥为十日。而下推明年五月当为丁亥朔，甲午灭偪阳，乃其八日也。此即合经文前后推之，昭然可见十二月不得有己亥。《传》言十一月，自是传写〔经〕者误"一"作"二"。而《传》言"闰月戊寅"，十二月己未朔，则戊寅不得在闰月，明年五月亦不得有甲午。此杜之注释经传，善救其失者也。特以闰月为门五日，则不如疑而缺之。②

王氏结合襄公九、十两年经传中所记的时日干支作一总的推算，竟然与杜注得出一致结论（按仅个别地方略有出入）。所以他以为杜注在此善于挽救经传中的失误；而只是对改"闰月"为"门五日"以为不如缺疑为好。而王韬（1828—1897）在其《春秋朔闰日至考》中襄公九年长历中，不仅各

<hr/>

① 《春秋释例》第14卷，14，7页，清嘉庆七年（1802）武英殿聚珍版。
② 王夫之：《春秋稗疏》，见《清经解续编》第1册，53页。

月朔干支与杜氏长历相同，而且说：

> "十二月己亥同盟于戏"，十一〔按此"一"字当为"二"之误〕月
> 无己亥，误。己亥，十一月十日，当从传……"闰月戊寅济于阴阪"，
> 十二月二十日。是年无闰月，当从杜说，"闰月"为"门五日"之误。①

按王夫之、王韬之说都有道理。张培瑜氏在其《史日朔闰表·春秋朔闰表》中亦推出鲁襄公九年（前564）无闰，而十年有闰。② 从这个例子亦可以见杜注在时日推算方面确有精到之处，是很值得参考的。

第二，关于地理问题。例如，《左传》宣公元年记："楚芳贾救郑，遇于北林。"杜注云："荥阳中牟县西南有林亭，在郑北也。"郦道元于其《水经注·渠水》中说：

> 《春秋》宣公元年，诸侯会于棐林以伐郑。楚救郑，遇于伯〔北〕
> 林。服虔曰：北林，郑南地也。京相璠曰：今荥阳苑（当作菀）陵县
> 有故林乡，在新郑北，故曰伯林也。余按林乡故城，在新郑北东如北
> 七十许里，菀故城，东南五十许里，不得在新郑北也。考京、服之说，
> 并为疏矣。杜预云：荥阳中牟县西南有林亭，在郑北，今是亭南去新
> 郑故城四十许里，盖以南有林乡亭，故杜预据是为北林，最为密矣。③

郦道元反对服虔、京相璠之说，而赞赏杜预之说是有根据的。清儒尽管往往有重服、京而轻杜预的倾向，但在这样的地方也大都弃服、京而从杜注。如江永（1681—1762）之《春秋地理考实》、洪亮吉（1746—1809）之《春秋左传诂》、梁履绳（1748—1793）之《左通补释》、沈钦韩之《左传地名补注》、马宗梿之《春秋左传补注》、刘文淇之《春秋左氏传旧注疏证》等都

---

① 王韬：《春秋朔闰日至考》卷下，9页，光绪己丑（1889）王氏自校版刊。
② 张培瑜：《中国先秦史历表》，151页，济南，齐鲁书社，1987。
③ 王国维：《水经注校》，717～718页，上海，上海人民出版社，1984。

是如此。又如《左传》昭公十九年记费无极之言曰："若大城城父而置大子焉，以通北方。"杜注云："城父今襄城城父县。"惠栋于其《春秋左传补注》中说：

> 高诱曰：城父，楚北境之邑。今属沛国。北方，宋、郑、鲁卫也。①

沈钦韩于其《左传地名补注》中也说：

> 杜预云：今襄城城父县。城父当作父城，在汝州郏县西四十里。汉颍川郡，晋分颍川置襄城郡。按传之城父，前志属沛，续志属汝南。杜预误。②

可是顾栋高在其《春秋大事表》七的楚都邑表中即已指出，楚国实际有两个城父。一个是《左传》昭公九年"楚公子弃疾迁许于夷，实城父"的城父（在今安徽涡阳西北）。

> 又有北城父。昭十九年费无极言于楚子："大城城父而置大子焉，以通北方。"故大子建居于城父。杜注：今襄城城父县。此又一城父也。③

按顾氏所说北城父在今河南襄城以西。他已经看出高诱的错误。洪亮吉的《春秋左传诂》对杜预在地理方面的注多致不满，但在此城父问题上也赞成杜注。他说：

---

① 惠栋：《春秋左传补注》，见《清经解》第 2 册，736 页。
② 沈钦韩：《左传地名补注》，见《清经解续编》第 3 册，96 页。
③ 顾栋高：《春秋大事表》，见《清经解续编》第 1 册，509 页。

服虔云：城父楚北境也。按此颍川郡之城父，正楚北郡，非沛郡之城父也。下言"将以方城之外叛"可证。城父相近有汾丘。襄十八年传"楚伐郑治兵于汾"，《战国策》"楚北有汾陉之塞"是矣。高诱曰："楚北境之邑，今属沛国……"今考云：沛国城父误。惠氏引此，有意与杜异，亦误。裴骃集解亦云：颍川城父县。亦一证。[①]

王引之于其《经义述闻·春秋左传下》中也对惠栋引高诱说作了批评：

引之谨案，二十年传费无极曰：建与伍奢将以方城之外叛。以今舆地考之，方城山在叶县南四十里，父城故城在宝丰县西北。自宝丰县东南至叶县六十八里，又四十里而至方城山。则父城故城当在方城西北百余里，正所谓方城之外也。故无极谓其将以方城之外叛。若沛国之城父，其故城在今亳州东南，去叶县南之方城远矣，势不能以方城之外叛。无极安得而诬之乎？自高诱以沛国之城父为大子建所居，而阚骃《十三州志》（见《史记正义》）、《史记·楚世家》正义并同其误。惠氏不能厘正，而反用其说以规杜。非也。[②]

杜预注在地理方面的长处当然远不止以上二例。不过，仅举二例也足以说明，服虔、高诱、京相璠等权威是不可迷信盲从的，杜注在地理方面的成绩是不可轻易否定的。

　　第三，关于文字训诂问题。洪亮吉在其《春秋左传诂自序》中批评杜注"望文生义、不臻古训"、"师心自用"，而杜注中之可取者又被指称为承袭旧注。[③]如照洪氏说法，那么杜注在文字训诂方面就只能是这样的：其正确之处都是承袭前人的，其错误处都是他自己杜撰的。洪氏此说反映了清儒在训诂上鄙视杜注的一种极端心态。可是洪氏的这种看法实际是错误的。

---

① 洪亮吉：《春秋左传诂》，见《清经解续编》第1册，1339页。

② 王引之：《经义述闻：春秋左传下》，见《清经解》第6册，927～928页。

③ 洪亮吉：《春秋左传诂》，见《清经解续编》第1册，1～2页。

以下从三个方面举例加以说明。

其一，汉儒贾、服说与杜注不同处，确有杜是而贾、服非者。例如，《左传》庄公四年记："纪侯不能下齐，以与纪季。"杜注云："不能降屈事齐，尽以国与季，明季不叛。"焦循在其《春秋左传补疏》中指出贾逵有异说，但他以为杜是而贾非。他说：

> 《后汉书·贾逵传》"左氏义深君父，公羊多任权变"。注云：《左传》"纪季以酅入于齐"。"纪侯大去其国"。贾逵以为，"纪季不能兄弟同心以存国，乃背兄归仇，书以讥之"。此言"纪侯以与纪季"，则非兄弟不同心，而季固未尝背兄。杜依传文，用违贾说，固贾氏所不及也。①

焦循深不满于杜预之为人，但在此处也肯定杜氏忠于《左传》原文的解释，而不赞成贾逵之说。又如，《左传》闵公二年记，晋献公派太子申生去伐皋落氏之狄，并使太子穿"偏衣"（按指一种左右不同色之衣），于是申生的部下纷纷推测晋献公的动机于申生有利还是有害。"先丹木曰：是服也，狂夫阻之。"杜注云"阻，疑也。言虽狂夫，犹知有疑也"。李贻德在其《左传贾服注辑述》中引服虔说并驳杜注：

> 服曰："阻，止也。方相之士，蒙玄衣朱裳，主索室中殴疫，号之为狂夫。止此服，言君与太子以狂夫所止之服衣之。"按《国语·晋语》"且是衣也，狂夫阻之衣也"。是明言狂夫所服者。如杜以狂夫犹知有疑为解，则《国语》所言为不辞矣。韦昭注云：狂夫，方相氏之士也。阻，古诅字。将服是衣，必先诅之。《周礼·方相氏》："黄金四目，玄衣朱裳，执戈扬盾，以殴疫也。韦以阻为诅，服以阻为止以释阻。字虽不同，而以狂夫为方相，则韦服同也。当是相传之古义如是"。②

① 焦循：《春秋左传补疏》注二十八，见《清经解》第6册，667页。
② 李贻德：《左传贾服注辑述》，见《清经解续编》第3册，51页。

洪亮吉在其《春秋左传诂》中也引服虔说，并断言"杜注殊非"，而未说理由。可是服虔、韦昭之说是有问题的。隋代刘炫对杜注虽有不少批评，但在这个问题上也是赞成杜注而否定服、韦的。他说：

> 阻，疑，以意训耳。今言犹言阻疑。是阻得为疑也。服虔云：……（因文与上引同，从略）由无正训，各以意解。刘（据刘文淇《左传旧疏考证》，以"刘"字当为"炫"字，为刘炫自称。唐人误改炫为刘）乃以为方相氏狂夫所服，玄衣朱裳，左右同色，不得为偏衣也。当服此衣非是意所止也。诅乃服之，文无所出。故杜为此解。[①]

焦循以为服虔训阻为止与杜预训阻为疑并无矛盾，因为"阻之于疑，犹止之于碍，说文：'碍，止也，疑声。'"[②]但此说极牵强，因为焦氏并未结合服虔说的上下文来理解服氏训阻为止的实际涵义。邵瑛、刘文淇在深入研究孔颖达疏所引刘炫之文以后断言，刘炫所批评的是服虔和韦昭，而不是杜预，是服、韦之说错了。[③]

其二，清儒对杜注的批评固然很多，但是其前辈对杜注的批评又遭后辈的反驳，从而杜注又得到肯定者，亦颇有之。例如《左传》僖公二十二年"大司马固谏曰"句，杜注云："大司马固，庄公之孙公孙固也。"顾炎武在其《左传杜解补正》中说：

> 大司马即司马子鱼也。固谏，坚辞以谏也。隐三年言召大司马孔父而属殇公焉，桓二年言孔父嘉为司马，知大司马即司马也……定十年公若藐固谏，知固谏之为坚辞以谏也。杜以固为名，谓庄公之孙公

---

① 转自孔颖达疏，见《十三经注疏》下册，1789 页；刘文淇：《左传旧疏考证》文，见《清经解续编》第 3 册，893 页。
② 焦循：《春秋左传补疏》注二十八，见《清经解》第 6 册，668 页。
③ 邵瑛：《刘炫规杜持平》卷 1，16～17 页；刘文淇：《春秋左氏传旧注疏证》，239～240 页。

孙固者，非。朱鹤龄曰：按《史记·宋世家》则前后俱子鱼之言。[①]

顾氏以《左传》行文司马与大司马区分不严及《史记》所言为据否定杜注，但是惠栋在其《春秋左传补注》中驳顾氏说：

> 《晋语》云"公子过宋与司马公孙固相善"，韦昭曰："固，宋庄公之孙，大司马固也。"公子过宋适当襄公之时，韦、杜皆据《世本》而言，称大司马，所以别下司马也。顾氏不见《世本》而曲为之说，失之。《史记》疏略，不足取证。[②]

惠栋引《晋语四》与《世本》之文，确证顾氏驳杜之非。沈钦韩亦有与惠相同之说。[③]顾炎武是经学大师，他对杜注的批驳也还有人驳正，而且远不止此一例。惠栋说自其曾祖父起已四世研究《左传》，无疑也是大师。他能驳顾炎武之驳杜注，同样也有人驳他对杜注的驳难。例如，《左传》成公二年齐顷公于鞌之战中大败而还，途中"辟女子"。杜注云："使辟君也。齐侯单还，故妇人不辟之也。"惠栋于其《春秋左传补注》中说：

> 辟当读趋。与五年伯宗辟重同。《周礼·大司寇》云："使其属趋。"康成曰："故书趋作避。杜子春云趋当为辟。玄谓趋止行也。"古趋字作辟，注训为避非也。[④]

洪亮吉在其《春秋左传诂》中对辟字提出了与惠栋不同的读法，以为"辟读作跸，《孟子》'行辟人'，赵岐注：辟除人使卑辟尊也。"然后又引惠说。[⑤]

---

① 顾炎武：《左传杜解补正》，见《清经解》第 1 册，8 页。
② 惠栋：《春秋左侍补注》，见《清经解》第 2 册，717 页。
③ 沈钦韩：《左传地名补注》，见《清经解续编》第 3 册，32 页。
④ 惠栋：《春秋左传补注》，见《清经解》第 2 册，723 页。
⑤ 洪亮吉：《春秋左传诂》，见《清经解续编》第 1 册，1282 页。

沈钦韩于其《左传补注》中驳惠氏云：

> 按文不必读为趄。《乡士》云："为之前驱，而辟朝士。"云以鞭呼趄且辟，是解为辟止行人也。[1]

洪、韩二人都不同意惠栋读辟为趄，虽未明言为杜注辩护，而实际都是重申了杜氏释"辟"为"使"的意思。其实，"辟"（避）在古汉语中既可作不及物动词用，意为回避，又可作及物动词用，意为使避。杜注据上下文意选择后者，既自然又确切，惠氏的解释反而显得穿凿而迂曲了。洪亮吉也是研究《左传》的一位大家。他可以对惠栋的说法表示异议，但他的注释也不免有可批评之处。例如，《左传》隐公三年"苹蘩蕴藻之菜"，杜注云："蕴藻，聚藻也。"洪氏诂云：

> 《诗·毛传》："苹，大萍也；蘩，皤蒿也；藻，聚藻也。"按杜注：蕴藻，聚藻也，是训蕴为聚，非《毛传》意。今考《颜氏家训·书证篇》引郭注三苍云：蕴，藻之类也。则蕴亦水草，不可空训为聚。且寻上下文义，涧溪沼沚，筐筥锜釜，皆四者并举。况蕴字从草，何得空训作聚？杜氏之说疏矣。[2]

刘文淇于《春秋左氏传旧注疏证》中又批评洪氏说：

> 《毛传》以蕴藻以为聚藻，即用《传》蕴藻意。《蜀郡赋》"杂以蕴藻"，刘渊林注亦训蕴为丛。古人行文，不必拘拘对偶。况下文潢污、行潦之水，亦非四者并举，与此蕴藻句正隔句对也。洪说未可从。[3]

---

① 沈钦韩：《左传地名补注》，见《清经解续编》第3册，44页。
② 洪亮吉：《春秋左传诂》，见《清经解续编》第1册，61页。
③ 刘文淇：《春秋左氏传旧注疏证》，20页。

刘文淇无疑是清嘉道间毕生治《左传》的专家，其书又曾经其子及孙的增订。他们驳洪，也就是在为杜注作证。我举这些例子，显然还很不全。不过由此我们可以得到一个认识：我们不能一看到清人批评杜注就以为杜注就真错了，最好再看看清儒之后辈对前辈的批评。从他们的这些批评和辩难中，我们就更可以看到杜注远远不是可以投入字纸篓的过时之物了。

其三，从清儒对杜注所作的补充中，有时也可见杜注的高明之处。例如，《左传》宣公十五年记，晋君于对外战争胜利后奖赏有功之臣，羊舌职称赞说："《周书》所谓'庸庸祗祗'者，谓此物也夫！"杜注说明《周书》指《康诰》，庸意为用、祗意为敬之后说：'言文王能用可用敬可敬也。'杜预在此处没有说明他所作的注释的理由或根据。刘文淇就补充说：

> 《尔雅·释训》：庸庸，劳也。《尔雅·释诂》：祗，敬也。《广雅·释训》：祗祗、畏畏、敬也。杜注训庸为用，用亦劳意。[①]

按羊舌职所引《尚书·康诰》言文王"不敢侮鳏寡，庸庸、祗祗、威威、显民"。孙星衍《尚书今古文注疏》在解释此段时，首先也引了《尔雅》《广雅》的训释（与刘文淇同），然后却引用了杜预的"用可用、敬可敬"的解释，并说："按杜义本古书说，则威威当为畏可畏也。"[②]孙氏认真体会这段《尚书》原文，悟出了其中的语法结构："侮鳏寡"，侮为动词，鳏寡为宾词；"庸庸"，前一庸为动词，后一庸为宾词；以下"祗祗、威（同畏）威、显民"，都是前一字为动词，后一字为宾词。这完全是受杜预注启发所得的正确结论。而刘文淇引《尔雅》及《广雅》的《释训》中对重文叠字的训释来解说"庸庸祗祗"，实际是没有弄清这些重叠字的语法关系，用清人的说法就是未能审明词气。因为《释训》言形貌，所解多为由重叠字组成的形容词或副词。如把此处的"庸庸、祗祗"理解为两个形容词或副词，全段文意

---

① 刘文淇：《春秋左氏传旧注疏证》，745 页。
② 孙星衍：《尚书今古文注疏》，见《清经解》第 5 册，53 页。

便晦然莫解。将刘、杜二人在此问题上的理解一对比，那就只能说在这点上刘还不如杜了。

以上举例说明几代清儒在批评杜注文字训诂时所出的问题，完全无意否定这些大师、专家们的卓越学术成就。我只想说明两点意思：一是，清儒破除对杜注的迷信是好的，但是他们有走向另一极端的倾向，我们不能不加注意；二是，清儒破除对杜注的迷信，进行深入研究与论辩，然后取得重大成绩，我们自然也不能迷信清儒，而也要取切实研究的态度，以求比清人更进一步。

其次说清儒从义理上批评杜注的问题。清儒对杜预的批评是不忠不孝，其表现于《左传》注中者则主要为不忠。清儒批评杜注义理的核心之点即为其对宣公四年《左传》"凡弑君称君君无道也"的解释。上文已经引述了清儒对杜注此条的批评，现在只须分析一下清儒的批评是否有合理性。

《春秋》经传中所记弑君称君者共有七例，现扼要分析杜注于下：（1）文公十六年《春秋》记："宋人弑其君杵臼。"杜注云："称君君无道也。例在宣四年也。"同年《左传》有解经之文："书曰：宋人弑其君杵臼。君无道也。"杜注云："始例发于臣之罪，今称国人，故重明君罪也。"杜预在此说得清楚，他所以说宋君有罪，其根据有二：一是宣公四年传规定的总凡例，二是本年传中又明言宋君有罪。（2）文公十八年《春秋》记"齐人弑其君商人。"杜注云："不称盗，罪商人。"按齐懿公商人本为弑君自立之人，为政不得民心，其事见于《左传》，杜注说他无道是有根据的。（3）文公十八年《春秋》记："莒弑其君庶其。"杜注云："称君，君无道也。"同年《左传》说莒纪公（庶其）立了太子仆后又生了季佗，后因爱季佗而废太子仆。"且多行无礼于国，仆因国人以杀纪公。"纪公的无道在于他得罪了国人。（4）成公十八年《春秋》记："晋弑其君州蒲"。杜注云："不书臣，君无道。"按当时晋国诸大夫已握重权，晋厉公（州蒲）于前一年杀了据大权的郤氏三大夫，暂时未能触动与三郤有矛盾的栾书等，结果此年即为栾书等派人杀死。据《左传》，晋厉公只是要集大权于国君一人之手，因而大杀大夫。杜预从例谓之有罪。（5）襄公三十一年《春秋》记："莒人弑其君密州。"

杜注云："不称弑者主名，君无道也。"同年《左传》记，莒犁比公（密州）也有既立世子后又废之的事。"犁比公虐，国人患之。"被废之子乃"因国人以攻莒子，弑之"。莒君密州之罪也是虐待了国人。（6）昭公二十七《春秋》记："吴弑其君僚。"杜注云："僚亟战民罢，又伐楚丧。故光乘间而动，称国以弑罪在僚。"按吴公子光杀王僚以自立，本是吴王族内部争权问题，杜预乃以"僚亟战民罢"作为僚有罪的根据。（7）定公十三年《春秋》记："薛弑其君比。"杜注云："无传，称君君无道也。"由于缺乏《左传》的记载，杜预无法知道这一弑君事件的具体情况，乃据例说为君无道。综合以上全部事例，可知杜注是严格根据《左传》所确定的凡例与所记的史事来立论的。杜预为《左传》作注，而忠于《左传》原书的解释，这本来是无可非议的。所以清儒对杜注义理的批评已不止于杜注本身。上文所引万斯大、焦循等人对宣公四年传例的批评，实际都是在批评《左传》。

甚至清儒的这种批评所涉及的还不止《左传》。文公十八年《春秋》"莒弑其君庶其"，《公羊传》云："称国以弑何？称国以弑者，众弑君之辞。"成公十八年《春秋》"晋弑其君州蒲"，《穀梁传》云："称国以弑其君，君恶甚矣。"在此处，三传的见解是一致的，因为三传都程度不同地继承了先秦时期民本思想的传统。这种传统甚至在汉代经学家中也未完全遗忘。宣公四年"弑君称君君有罪"传例下孔颖达疏云：

> 刘、贾、许、颖以为，君恶及国朝，则称国以弑；君恶及国人，则称人以弑。[1]

这也证明杜预在这一点上与汉儒是一致的。李贻德《春秋左传贾服注辑述》专以辑汉儒贾、服注为职志，可是对这一条刘、贾、许、颖的解释竟然不引。也并非李贻德一人如此。明初修《永乐大典》，杜预《春秋释例》的尚存内容绝大多数被收录进去了，可是就不收其中"弑君例"这部分，而这

---

[1] 《十三经注疏》下册，1869页。

部分主要就在孔颖达为《春秋》经传所作的疏中，所以不是找不到的问题。先秦至汉，国君权力虽在逐步加强，但尚未登峰造极，所以民本思想传统还有脉络可寻。到了明清时期，专制皇权已绝对化，皇帝虐待国人成了家常便饭，国人如因此而有反抗，则已在十恶不赦之条。清儒受这种思想的影响既深，反而误以为早期儒家的民本思想为离经叛道。他们从义理上批评杜注，实际远不如杜预能理解先秦儒家民本思想，悲夫！

　　清儒从义理上批评杜注，既与时代背景不同有关，清儒从考证上批评杜注，其原因也只能从历史上作解释。魏晋时期的学者不满于汉儒章句之学，厌烦琐漫衍而喜简易清新；王弼之注《易》与杜预之注《春秋左传》，都体现了当时经学的新风气。清人惩于明儒之空疏，日益走上尊崇汉学的道路。这在学术趋向上正与杜预相反，自然不满于杜注不广征博引的做法。但是，杜注对汉人之注既有所舍又有所取，并在取舍中把注释《左传》的水平提高到了一个新阶段。其实清儒对于杜注也既有所舍又有所取，同样在取舍中把注释《左传》的水平提高了一大步。从这一意义上来说，清儒不仅是杜注的批评者，而且是杜注的继承者与发扬者。

原载《北京师范大学学报（社会科学版）》2001 年第 5 期

关于殷周关系研究的回顾和思考

如何确切地认识并说明殷商末叶殷周之间的关系，这在中国古代经学史和史学史上曾经是一个长期争论不决的难题。直到20世纪，随着以出土资料与历史文献相结合的研究方法的出现，这个难题才逐渐在解决中。现在回顾这一问题研究的曲折历程，希望能从中获得一些关于中国考古学与历史学整合的体会。

关于殷末的殷周关系，《史记》的《殷本纪》和《周本纪》有着比较系统的叙述。也就在《史记》中，殷周关系的性质到底是什么样的？司马迁未说清楚，甚至还留下了矛盾。

据《殷本纪》，纣"以西伯昌、九侯、鄂侯为三公。九侯有好女，入之纣。九侯女不喜淫，纣怒杀之，而醢九侯。鄂侯争之强，辨之疾，并脯鄂侯。西伯昌闻之窃叹，崇侯虎知之，以告纣。纣囚西伯羑里。西伯之臣闳夭之徒求美女、奇物、善马以献纣。纣乃赦西伯。西伯出而献洛西之地，以请除炮格之刑。纣乃许之，赐弓矢、斧钺，使得征伐，为西伯"。"西伯归，乃阴修德行善，诸侯多叛纣而往归西伯。西伯滋大，纣由是稍失权重。"

据《周本纪》，"西伯阴行善，诸侯皆来决平。于是虞、芮之人有狱不能决，乃如周。入界，耕者皆让畔，民俗皆让长。虞、芮之人未见西伯，皆惭，相谓曰：'吾所争，周人所耻。何往为？祇取辱耳。'遂还，俱让而去。诸侯闻之曰：'西伯盖受命之君。'明年伐犬戎。明年伐密须。明年败耆国。殷之祖伊闻之，惧，以告帝纣。纣曰：'不有天命乎？是何能为！'明年伐邘。明年伐崇侯虎，而作丰邑，自岐下而徙都丰。明年，西伯崩，太子发立，是为武王……诗人道西伯盖受命之年称王，而断虞、芮之讼。后十（疑当为'七'）年而崩。谥为文王"。"武王即位，太公望为师，周公旦为辅，召公、毕公之徒左右王师，修文王绪业。九年，武王上祭于毕。东观兵，至于盟津。为文王木主，载以车，中军。武王自称太子发，言奉文王以伐，不敢自专。……是时诸侯不期而会盟津者，八百诸侯。诸侯皆曰：'纣可伐矣。'武王曰：'女未知天命，未可也。'乃还师归。居二年闻纣昏乱暴虐滋甚，杀王子比干，囚箕子，太师疵、少师强抱其乐器而奔周。于是武王遍告诸侯曰：'殷有重罪，不可以不毕伐。'乃遵文王，遂率戎车三百乘、虎贲三千人、甲士四万五千人以东伐纣。十一年十二月戊午师毕渡盟津。……二月甲子昧爽，武王朝至于商郊牧野乃誓。"牧野决战的结果是，殷王纣兵败自杀，武王进入殷都，祭社，由尹佚宣读的祭社祝文中正式宣称："膺更大命，革殷，受天明命。"

从《史记》的记载来看，周文王作为一个诸侯，曾经是殷纣的大臣，曾经被囚，后来被纣释放并被册封为西伯；西伯在虞、芮两国来求仲裁之年"受命"称王，随后连年征战，直至去世。西伯称王，周也就由殷的诸侯变为与殷抗衡的敌体（equivalent）。武王继位，奉文王木主以伐纣。这表明他是在继承文王所受"天命"，完成其父未竟之业。可是，武王第一次进军到盟津时，又因知"天命"尚未在自己一边而还师；在第二次进军消灭殷纣以后，才正式宣布"革殷，受天明命"。所以这又表明，周在"革殷"成功以前尚未能获得"天命"，也就是尚未能称王而作为与殷抗衡的敌体，对殷至少尚有名分上的不平等或从属关系。否则祭社祝文中的话就是多余的，不能成立的。

这样就发生了问题。可是司马迁写《史记》是有其根据的（他的根据在本文第一、二两部分中基本都可以看到）。他的问题产生于"厥协六经异传，整齐百家杂语"的过程中。而司马迁的问题，在其后的学者们又继续争论不决。因此有必要来考察一下这个问题的原委。

一、周人对殷周关系的转变所作的解释

现在看到的说明殷周关系的最早的历史文献是《尚书》和《诗经》。《尚

书·周书》中的《牧誓》《大诰》《康诰》《酒诰》《召诰》《洛诰》《多士》《无逸》《君奭》《多方》《立政》等篇都或多或少地说到了殷周的关系，除《牧誓》为武王的誓师词以外，其他各篇都出自周公之手（伪孔传以为《召诰》乃召公所作，于省吾教授列出八点理由证明为周公所作，可从），具有原始文献的价值。《尚书·商书》中的《西伯戡黎》《微子》两篇也直接或间接地说到殷周关系。这两篇文字不似殷亡以前的作品，大抵为周代时宋国人据历史记录或传说而作。因此，这两篇也反映了殷周关系的基本事实。《诗经·大雅》中的《文王》《大明》《皇矣》《文王有声》和《诗经·周颂》中的《武》等篇都直接或间接地说到殷周关系。这些诗都是西周时期官方的作品，虽然带有文学的色彩，但也反映了殷周关系的基本事实。《尚书》和《诗经》的这些篇章，都是研究殷周关系时必须首先考察的文献资料。

在周人的史诗中，《大雅·生民》讲了姜嫄因踏上了上帝的足迹而生育周始祖弃的神话，《大雅·公刘》讲了周人祖先公刘迁至豳地定居的传说，《大雅·绵》讲了古公（文王之祖父，后称太王）由豳迁至岐下周原，并建城立国的故事。在这三篇诗里还看不出殷周之间有何关系。《大雅·大明》讲了王季、文王、武王三代人从联合殷商诸侯或与国到最后伐商的过程。"挚仲氏任，自彼殷商，来嫁于周，曰嫔于京，乃及王季，维德之行。大任有身，生此文王。"挚国国君姓任，是殷商属下的诸侯，他的二女儿嫁给王季，生了文王。"文王初载，天作之合。在洽之阳，在渭之涘。文王嘉止，大邦有子。大邦有子，伣天之妹。文定厥祥，亲迎于渭。造舟为梁，不显其光。有命自天，命此文王，于周于京。缵女维莘，长子维行，笃生武王。保右命尔，燮伐大商"。继王季和殷之诸侯挚国联姻之后，文王又和洽水之北的莘国（在今陕西省合阳县一带）结成婚姻关系，迎娶莘君长女为妻（即太姒），生育了武王。莘是一个大邦，^①地理位置在殷周之间；周联合了莘，更有利于对付殷商。到武王时，周协调了自己盟邦的力量，于是"燮（和也）伐大商"。周为了对付殷，连续三代人处心积虑，作了周密的准备。《大雅·皇矣》叙述自太王以后周人在岐周的发展，其中突出地歌颂了王季"王此大邦"，尤其着力歌颂文王伐密、伐阮、伐共、伐旅（莒）、伐崇的武功，说文王是"万邦之方，下民之王"。

《尚书·西伯戡黎》说明，当周文王（西伯）伐黎（《史记》作耆）时，殷臣祖伊惊恐，建议纣改善内政，作应付周的准备，而纣自以为有"天命"在身，拒不采纳。此篇所记祖伊对话虽非原文记录，但所反映的周的扩展给殷人造成的威胁感无疑是真实的。至于《尚书·微子》，虽非原始文献，但所反映的殷商崩溃前夕部分贵族投奔周的倾向也是无可怀疑的。

在《尚书》和《诗经》中，没有一处说到周文王曾经臣属于殷，连"西伯"这个称呼也都只一见于《西伯戡黎》篇第一句带有前言性质的话中。从以上所列举的材料看，周人首先或根本地说是把他们与殷商的关系当作邦与邦的关系来看待的。其实周人不仅对殷商是如此，在他们正在伐商和战胜商以后，周把自己和其他诸侯国的关系也是基本当作邦与邦的关系来看待的。在《牧誓》中，周武王把各路诸侯称为"友邦冢君"。在《大诰》中周公也把各诸侯称为"友邦君"或"庶邦君"。在《酒诰》《梓材》《无逸》《顾命》《康王之诰》等篇中，周仍然以庶邦称其诸侯。

---

① 有些学者以为这里的"大邦"指殷商，其实不然。如在《诗经》之中，《大雅·皇矣》："维此王季……王此大邦。""密人不恭，敢距大邦。""大邦"都是指周。《小雅·采芑》："蠢尔荆蛮，大邦为雠。""大邦"仍是指周。《鄘风·载驰》："控于大邦，谁因谁极。"这个"大邦"竟无确指。所以大邦小邦是就国之大小相对而言的，并非殷商的专有代词。另外，按主张"大邦"指殷的学者的意见，文王先娶于殷，继娶于莘（"缵女维莘"）。可是，从"文王初载，天作之合"到"文王嘉止，大邦有子"之间，原诗明说"在洽之阳，在渭之涘"。在洽之阳、渭之涘的"大邦"只能确定为莘，而不能说成为殷。"缵"字毛传、郑笺均释为"继"，谓太姒继大任之事。马瑞辰已认为"继女则不词，故此增成其义"，属于增字解经。把"缵"释为"继娶"，岂非增字更甚？马氏以"缵"为"嬑"之假借。《说文》：嬑，白好也。《尔雅·释诂》：嬑，好也。"嬑女"即是"美女"，适与下句"长子"相对称为文（见《毛诗传笺通释》第二十四，载《皇清经解续编》卷439）。按马瑞辰说有理，可从。因为事涉殷周之间是否曾有直接婚姻关系，故略赘于此。

当然，周人也承认，在周战胜殷纣之前，他们对殷的关系是小邦对大邦的关系。他们习惯地把那时的殷商称为"大邦殷"（见《尚书·召诰》《康王之诰》）、"大国殷"（见《尚书·召诰》）、"天邑商"（《尚书·多士》），而自称为"小邦周"（见《尚书·大诰》）、"我小国"（见《尚书·多士》）。

周人还承认，在武王克殷以前，殷与周之间存在的并不是一般的大邦、大国对小邦、小国的关系，其间还有一个"天命"所在的问题。《诗经·大雅·文王》："殷之未丧师，克配上帝。"这就是说，周人承认，在纣败亡以前，殷是有"天命"的。在《尚书》的《召诰》《多方》《立政》等篇中，周公还说明了历史上先后有"天命"的三个国家或朝代，它们依次是夏、商、周。周有"天命"是天意改变的结果。"皇天上帝，改厥元子兹大国殷之命，惟王（指周王）受命"（见《召诰》）。"皇天改大邦殷之命，惟周文武诞受羑若"（见《康王之诰》）。殷曾有"天命"而成天之"元子"（长子），即天子；天改命后，周受"天命"而成天子。商取代夏，周取代商，就是"天命"转移的结果。三代的代兴，就是三次天子的改换。周人承认这种历史的改变，也就是承认周曾经对殷有从属的关系。

周对殷曾经有邦与邦之间的平行关系，又曾有天子与诸侯间的从属关系，这就是周人对殷周关系历史的二重性认识。应该说，周人这种认识是符合于历史的实际的。

周在什么时候代殷而有"天命"？后世经学家很重视这个问题，争论不休。可是周人自己对这个问题却没有精确的回答。《诗经·大雅》中的《文王》《大明》《皇矣》《文王有声》等篇都说是文王受"天命"，而《周颂·昊天有成命》篇又说："昊天有成命，二后（指文王和武王）受之。"在《尚书》中，《大诰》云："天休于宁王（即文王），兴我小邦周。"《康诰》云："天乃大命文王，殪戎殷，诞受天命。"《洛诰》中周公嘱咐成王说："承保乃文祖（文王为成王祖父）受命民"，也是说文王受命。《无逸》云："文王受命惟中身。"《君奭》云："天不庸释于文王受命。"以上的话，均出自周公之口。周公先后辅助文王、武王逐步制胜殷纣，在武王死后又曾平定纣子武庚之乱，对周兴起的历史最清楚。所以"文王受命"之说大概是周初人的共识。不过，

《尚书·洛诰》中有史官的一句附记云："惟周公诞保文武受命，惟七年。"这又说文、武二王受命。大抵周公摄政为王时还只说"文王受命"，到成王以下，开始有文、武受命之说。周人从来不单独说武王受命。他们说文王受命，是因为真正打下克殷基础的是文王；他们又说文、武受命，是因为文王打好基础，武王终于克殷，大业成于文、武父子二人之手。看来周人认为，两种说法均可成立，其中并无矛盾。

在文王、武王二人中，周人似乎更为重视文王。这在《尚书》《诗经》中是可以看出来的。为什么呢？这与周人对"天命"转移的原因的认识有关。《诗经》中多篇说到文王的武功，"文王受命，有此武功"。（《大雅·文王之声》）这是对文王之功的概括性的歌颂。但是《诗经》尤其是《尚书》特别强调文王之德。"维天之命，于穆不已，于乎不显，文王之德之纯"（《周颂·维天之命》）。这是对文王之德之纯（纯大也）的概括性的歌颂。而武王呢？"执竞武王，无竞维烈。"（《周颂·执竞》）武王的功烈是无人可与比拟的，这是周人对武王之功的概括性的歌颂。周人凭武力打败了殷纣，可是他们重视德却远甚于重视力。

《尚书·周书》中的《大诰》《康诰》《酒诰》《梓材》《召诰》《洛诰》《多士》《无逸》《君奭》《多方》《立政》等篇，几乎篇篇都强调德的重要性。周公作为一位杰出的政治家和思想家，从殷之代夏与周之代殷的历史中发现了"天命"之得失与德之有无二者之间有着正比的关系。他说："我不可不监于有夏，亦不可不监于有殷。我不敢知曰，有夏服天命，惟有历年，我不敢知曰，不其延；惟不敬厥德，乃早坠厥命。我不敢知曰，有殷受天命，惟有历年，我不敢知曰，不其延；惟不敬厥德，乃早坠厥命。今王嗣受厥命，我亦惟兹二国命，嗣若功"（《尚书·召诰》）。所以，"天命"（即政权）之得失并不在于天，而在于统治者自身的德性。怎样才能察知自己是否失德并从而察知天意的向背呢？周公在告诫他的弟弟康叔（受封于卫）时也作了明确的回答："天畏棐忱，民情大可见。小人难保，往尽乃心，无康好逸豫，乃其乂民"（《尚书·康诰》）。天命不可信，只有随时从民心的向背中考察天命得失的趋向。类似的思想和文句在《尚书》和《诗经》重复了多遍。把

"天命"或政权的得失归因于人心的向背，也就是把"天命"还原为人心。这是周公和周人的一项意义深远的伟大发现。周公教导其弟康叔说："惟乃丕显考文王，克明德慎罚，不敢侮鳏寡，庸庸（用可用之人）、祗祗（敬可敬之人）、畏畏（畏可畏之人），显民。用肇造我区夏，越我一二邦，以修我西土。惟时怙冒，闻于上帝，帝休。天乃大命文王，殪戎殷，诞受天命，越厥邦厥民"（《尚书·康诰》）。文王明德慎罚，勤政保民，使西方之周在政治上很修明。这种勤勉精神为上帝所知，并得赞美，天乃使文王消灭殷，取得政权，掌握对殷邦和殷民的统治权。周人说"文王受命"，关键性的根据是文王有德以得民心，因此而得天下。

以上是周人对殷周关系的转变所作的解释。

二、春秋时代末叶至清代学者对殷周关系的研究

自春秋时代末叶直至清代，历代学者对殷周关系作了许多研究。他们对殷周关系作了种种解释，可是也发生了长期争论不决的问题。

《论语·泰伯》记孔子云："三分天下有其二，以服事殷，周之德可谓至德也已矣。"看来所指的是周文王。为什么说周有至德呢？孔子自己没有解释。《左传》襄公四年记晋韩厥之言曰："文王帅殷之叛国以事纣，唯知时也。"这是从功利角度作的解释，与《论语》从伦理角度的解释有所不同。可是《左传》襄公三十一年记卫北宫文子之言曰："纣囚文王七年，诸侯皆从之，纣于是乎惧而归之。"《左传》所记不同的人对文王的说法即有所不同。可见春秋时期就有人强调文王长于策略，有人强调文王以德化人。这种强调的不同给后代学者留下了自作解释的余地。

《墨子·非命上》："昔者文王封于岐周，绝长继短，方地百里，与百姓兼相爱，交相利，则是以近者安其政，远者归其德……未殁其世，而王天下，政诸侯。"墨子认为，夏桀、殷纣都违反了兼爱百姓的天志，因此天命汤、武征伐桀、纣。墨子主张非攻，不过他认为汤、武代表了天命，"则非所谓攻也，所谓诛也"（见《墨子·非攻下》）。墨子以为，文王以德，武王以

力，都符合兼爱之志，都是正义的。尽管墨子承认纣是圣王之后，曾是天子，但是他违反了天志，"天亦纵弃纣而不葆。察天以纵弃纣而不葆者，反天之意也"（《墨子·天志中》）。武王伐纣，不过是奉天命行事；纣已被天所弃，已不是君，所以不存在以臣伐君的问题。

《孟子·梁惠王下》记："齐宣王问曰：'汤放桀，武王伐纣，有诸？'孟子对曰：'于传有之。'曰：'臣弑其君可乎？'曰：'贼仁者谓之贼，贼义者谓之残，残贼之人谓之一夫。闻诛一夫纣矣，未闻弑君也'。"在齐宣王的观念中，殷周之间的君臣关系突出了，而邦与邦的关系被忽略了。孟子在回答问题时，也未强调殷周之间的邦与邦之间的平行关系，而是和墨子一样（尽管孟子是激烈批评墨子的人），只强调纣自己已经失去了为君的资格，因而也就没有弑君的问题。

《荀子·正论》："世俗之为说者曰：'桀纣有天下，汤武篡而夺之。'是不然。以桀纣为常有天下之籍则然，亲有天下之籍则不然。古者，天子千官，诸侯百官。以是千官也，令行于诸夏之国，谓之王……圣王之子也，有天下之后也，执籍之所在也，天下之所宗也。然而不材不中，内则百姓疾之，外则诸侯叛之；近者境内不一，遥者诸侯不听。甚者诸侯侵削之，攻伐之。若是则虽未亡，吾谓之无天下矣……诛暴国之君，若诛独夫。若是则可谓能用天下矣。能用天下之谓王。汤、武非取天下也，修其道，行其义，兴天下之同利，除天下之同害，而天下归之也。桀纣非去天下也，反禹汤之德，乱礼义之分，禽兽之行，积其凶，全其恶，而天下去之也。天下归之之谓王，天下去之之谓亡。故桀纣无天下，而汤武不弑君，由此之效也。"荀子的话比墨子、孟子分析的更清楚，而和他们的道理基本相同。

墨子、孟子、荀子都认定殷周之间曾经存在过天子——诸侯的君臣关系。他们又都恪守了《尚书》《诗经》所开立的民本传统，认为无道之君为天人所共弃，因此推翻无道之君不仅不是罪过，而且正是有德有功。因此，这三位大思想家并未感到在殷周关系有什么不解的难题。

韩非子虽然说过殷纣是暴乱之君，文王"行仁义而怀西戎，遂王天下"（见《韩非子·五蠹》），但是文王在韩非子心目中却非儒、墨两家所想象的那种圣人。《韩非子》中说了一些文王与纣之间关系的故事。"周有玉版，纣令胶鬲索之，文王不予；费仲来求，因予之。是胶鬲贤而费仲无道也。周恶贤者之得志也，故予费仲"（《喻老》）。"文王资费仲而游于纣之旁，令之谏纣而乱其心"（《内储说六微》）。这样，韩非笔下的文王就不像儒墨所说的圣人，而是一位善用权谋以至安排间谍的政治策略家了。"费仲说纣曰：'西伯昌贤，百姓悦之，诸侯附焉，不可不诛，不诛必为殷患。'纣曰：'子言，义主，何可诛？'费仲曰：'冠虽穿弊，必戴于头；履虽五采，必践之于地。今西伯昌人臣也，修义而人向之，卒为天下患，其必昌乎。人臣不以其贤为其主，非可不诛也。且主而诛臣，焉有过？'纣曰：'夫仁义者，上所以劝下也。今昌好仁义，诛之不可。'三说不用，故亡"（《外储说左下》）。费仲给纣出了一个两难命题：不杀西伯昌，有亡国的危险；杀西伯昌又犯了杀贤的错误，从而也有失人心而亡国的危险。在韩非的笔下，纣的专制与阴险的程度还很不够，似乎还有一点妇人之仁。纣因此而亡国。韩非是彻底的人性恶论者，他根本就不相信真有什么仁义道德的人，而相信"上下一日百战"（见《扬权》）之说。所以，在他看来，尽管纣与文王之间有君臣关系，可是他们之间的暗斗明争也本是家常便饭，无足惊异。韩非与儒墨二家见解不同，但他也不认为殷周关系中有不解的难题。

在《吕氏春秋》这一部杂引先秦各家说的书中，周文王的人物形象正式发生分裂。《孝行览·首时》："王季历困而死（按说与古本《竹书纪年》相似），文王苦之，有（又）不忘羑里之丑，时未可也。武王事之，夙夜不懈，亦不忘王门之辱，立十二年而成甲子之事（克殷）。时固不易得。"这一说与上引晋国韩厥（献子）见解相同，认为文王是策略家，心不忘仇。《恃君览·行论》："昔者纣为无道，杀梅伯而醢之，杀鬼侯而脯之，以礼诸侯于庙。文王流涕咨之。纣恐其畔，欲杀文王而灭周。文王曰：父虽无道，子敢不事父乎？君虽不惠，臣敢不事君乎？孰王而可畔也？纣乃赦之。"这样文王又是一位忠孝淳笃的圣人。

到了汉朝，君主专制统治已经确立，殷周关系的研究中开始出现了难题。按《史记·儒林列传》记："清河王太傅辕固生者，齐人也。以治诗，孝景时为博士，与黄生争论景帝前。黄生曰：'汤、武非受命，乃弑也。'辕固生曰：'不然，夫桀、纣虐乱，天下之心皆归汤、武。汤、武与天下之心而诛桀、纣，桀、纣之民不为之使而归汤、武。汤、武不得已而立，非受命为何？'黄生曰：'冠虽敝，必加于首；履虽新，必关于足。何者？上下之分也。今桀、纣虽失道，然君上也；汤、武虽圣，臣下也。夫主有失行，臣下不能正言匡过以尊天子，反因过而诛之，代立践南面，非弑而何也？'辕固生曰：'必若所云，是高帝代秦即天子之位，非邪？'于是景帝曰：'食肉不食马肝，不为不知味；言学者无言汤、武受命，不为愚。'遂罢。是后学者莫敢明受命放杀者。"辕固生和黄生说的基本内容都是前人早已说过的，但是他们直接争论在已经确立专制权威的汉帝之前，而且针锋相对到把汉高帝也引出来当论据，这就使汉景帝处于两难境地：否认黄生的话，那岂不等于公开表明臣下在君主无道时可以造反？否认辕固生的话，那岂不是把自己的祖宗的取秦而代之的合法、合理性也否认了？汉景帝只好"王顾左右而言它"，把这种争论压制下去。可是问题没有解决而压下去，它本身仍然存在，以后总会不时有所复燃的。

汤、武受命或革命的问题，因为容易涉及现实政治，汉以后的学者谈起来就比较谨慎了。还有"文王受命"的问题，经书中反复出现；学者如何解决它，也成了难题。汉末大经师郑玄在这个问题上试图寻找一个解决的办法。《尚书·无逸》记："文王受命惟中身。""郑玄云：受殷王嗣位之命。然殷之末世，政教已衰，诸侯嗣位何必皆待王命？受先君之命亦可也。王肃云：文王受命，嗣位为君，不言受王命也"（《无逸》孔颖达疏）。郑玄想把文王受命说成受殷王纣之命继任周邦君主。如果这个解释能成立，那么"文王受命"的问题就解决了。可是他的这一解释纯属推测，王肃就驳他没有根据。真正困难还在于经书上有许多文王受天命以代殷的话，郑玄还能把这些解释为文王受殷王之命以谋克殷吗？郑玄提出新说的动机可以理解，同样他的新说之决无成立之可能也是可以理解的。

唐初孔颖达主持为五经作疏，也遇到了"文王受命"这个难题。他虽然在解"文王受命惟中身"一句时引了郑玄之说，但是在为《诗经·大雅·文王》作疏时就不得不承认还有一个文王受命称王的问题。孔颖达作疏的一条重要规矩，就是征引经典文献为证。他看到《礼记·文王世子》中有"武王曰：西方有九国焉，君王其终抚诸"一句，就以为找到了文王生时称王的确证。不然，武王怎会称其父为"君王"呢？可是在他看来，文王称王是一件具有震动性的大事。他说："天无二日，土无二王。若五年以前既已称王改正，则反形已露。纣当与之为敌，非直咎恶而已。若已称王，显然背叛，虽纣之愚，非宝能释也。又《书序》周人乘黎之下云：'祖伊恐，奔告于受。作《西伯戡黎》。'若已称王，则愚者亦知其叛，不待祖伊之明始识之也。且其篇仍云西伯，时明未为王……但文王自于国内建元久矣，无故更复改元，是有称王之意。虽则未布行之，亦是称王之迹。"于是孔氏杂引纬书以考证文王称王之年，尽可能把他称王之年推晚，六年称王，七年即死（《十三经注疏》本《毛诗·大雅·文王》孔疏）。孔颖达竭力弥缝文献中的矛盾，可是却在思想上留下了一个大矛盾："文王受命"本是经典歌颂的大事，孔颖达却把这说成"反形已露"；他又想把文王说成有称王之意而实际称王很晚，可那也是有叛君之意并终于叛君。在经典中被歌颂为圣德的文王，在孔颖达笔下却成了处心积虑叛君的阴谋家、野心家了。

孔颖达留下的矛盾，使后来的刘知幾得出这样的推断："《论语》曰：大矣，周之德也，三分天下有其二，犹服事殷。按尚书序云：西伯戡黎，殷始咎周。夫姬氏爵乃诸侯，而辄行征伐，结怨王室，殊无愧畏，此则《春秋》荆蛮之灭诸姬，《论语》季氏之伐颛臾也。又按某书曰，朱雀云云，文王受命称王云云。夫天无二日，地惟一人。有殷犹存，而王号遽立，此即春秋楚及吴越僭号而陵天子也。然则戡黎灭崇，自同王者，服事之道，理不如斯。"然后直以周文王与阴谋篡魏的司马昭为一类人物（《史通·疑古》）。于是经典所说文王为克殷做好准备的事实被肯定了，而文王作为圣人却被否定了。作为圣人，竟然背叛君主，这在唐代学者是不能想象的。

唐人所感到并已说出的问题，到了爱讲名分的宋儒手里，自不免又有许多大议论。他们大抵是在为维护文王的圣人形象而做翻案文章，如说戡黎的不是文王而是武王等。看来还是朱熹比较圆融通达。他说："西伯戡黎，便是这个事难判断。观戡黎，大故逼近纣都，岂有诸侯而敢称兵于天子之都乎？看来文王只是不伐纣耳，其他事亦都做了，如伐崇、戡黎之类。韩退之《拘幽操》云：'臣罪当诛兮，天王圣明。'伊川以为此说出文王意中事。尝疑这个说得太过。据当时世事观之，恐不如此。若文王终守臣节，何故伐崇？只是后人因孔子'以服事殷'一句，遂委曲回护个文王，说教好看，殊不知孔子只是说文王不伐纣耳"（《朱子语类》卷七十九"西伯戡黎"条）。朱熹此说只是在缓和矛盾，但也没有解决问题。

到了清代乾嘉时期，南北方同时出现了两位善疑的学者。南方杭州的梁玉绳坚决否认文王受命称王之说。他说："受命二字，实本于诗、书。《诗》曰：'文王受命，有此武功。'《书》曰：'文王受命惟中身。'受命云者，一受殷天子之命而得专征，一受天西眷之命而兴周室。凡经言文王，并后世追述之，曷尝有改元称王之说哉？自有此说，而改元称王之论纷如聚讼，独不思改元始于秦、魏两惠王，称王始于徐偃，皆衰周叛乱之事，奈何以诬至德之文王……或问：仲达疏经、朱子评泰誓论，俱两存其说，得无文王于统内六州亦尝建号欤？曰：否。《竹书》称'周文公'，称'西伯昌薨'，非不王之证耶"（《史记志疑》卷三"诗人道西伯，盖文受命之年称王……"条）。按梁氏当时尚不知今本《竹书纪年》是伪书，他所引的"周文公"恰好是伪书的文字，因此不足为据。

北方大名的崔述于《丰镐考信录》之太王、王季篇中说："世之论周者，于大王则以为有翦商之志，于王季则以为商牧师伯而见杀于商，于文王则以为商三公而囚于羑里，于武王则以为父死不葬而伐商，为伯夷、叔齐所斥绝；似后世羁縻之属国，桀骜之君长，若晋之慕容、苻姚，宋之西夏，今日修贡而明日扰边，弱则受封而强为寇者。呜乎。曾谓圣人而有是哉！盖其所以如是说者有二：一则误以汉、唐之情形例商、周之时势；一则惑于诸子百家之言而不求之经传。故致彼此抵牾，前后不符。今但取《诗》《书》《孟子》言商、周之事者熟读而细玩之，则其事了然可见：周固未尝叛商，亦未尝仕于商；商自商，周自周；总因商道已衰，政令不行于远，故周弱则为獯鬻所迫而去之，周强则伐崇、密之地而有之。圣人之事本自磊磊落落，但后儒轻信而失真耳"(《崔东壁遗书》168～169)。崔述考信的结果是把殷、周之间任何一点君臣关系都推翻了。梁、崔二人的共同点是,都认为文王是圣人。其不同点是:梁承认殷、周间有君臣关系,但否认文王曾有称王、翦商之事;崔则承认周有翦商之思想和行为,但周对殷并无任何君臣关系。这两位能疑善考的学者都从尊崇文王为圣人的起点出发,结果竟然得出了两种相反的结论。

以上对殷周关系研究史的回顾,只是给了一个最粗略的轮廓,应该也是一个最基本的轮廓。从这一回顾中看来只能得出一个结论,即只凭文献考证就不能对殷周关系得出确切的结论。

三、20 世纪以来关于殷周关系的研究

殷周关系问题,以前争论了二千余年而不能解决,而到了20世纪初以后,随着出土资料与文献资料相结合的研究方法的进展,就逐渐在解决之中。

第一,文王受命称王问题。这个过去使人头痛的问题,很快就被王国维用二重证据法打开了大门。

王国维在《古诸侯称王说》一文开头就说:"世疑文王受命称王,不知古诸侯于境内称王,与称君、称公无异。"① 然后,他先列了一些传世文献的依据,并退一步说这也许可以被说为史学家的追记,继而他就列举出土彝器铭文上的证据。他不引徐、楚之器的铭文,因为那还可以被解释为徐、楚系僭称王,早已见诸经籍。他说:"矢王鼎云:'矢王作宝尊。'散氏盘云:'乃为图矢王于豆新宫东廷。'而矢伯彝则称'矢伯'。是矢以伯而称王者也。矢伯毁残敦盖云:'王若云:彔伯毁□自乃祖考有劳于周邦。'又云:'毁拜手稽首对扬天子丕显休,用作朕皇考釐王宝尊敦。'此釐王者,彔伯之父。彔伯祖考有劳于周邦,则其父釐王非周之僖王可知。是亦以伯而称王

---

① 《观堂别集》卷1,16～17页,《王国维遗书》第4册。本段引王氏此文,不另注。

者也。夨伯敦云：'王命仲到归夨伯萩。王若曰：夨伯，朕丕显祖玟、珷，应受大命，乃祖克□先生翼自他邦，有□于大命。我亦弗望（假为忘字）享邦，锡女□萩。夨伯拜手稽首天子休，弗望小□邦归夆。敢对扬天子丕显鲁休，用作朕皇考武夨几王尊敦'。夨伯之祖自文、武时已为周属，则非周之支庶，其父武夨几王亦以伯而称王者也。而彔伯、夨伯二器，皆纪天子锡命以为宗器，则非不臣之国。盖古时天泽之分未严，诸侯在其国自有称王之俗。即徐、吴、楚之称王者，亦沿周初旧习，不得尽以僭窃目之。苟知此，则无怪乎文王受命称王而仍服事殷矣。"

王国维的论证告诉我们，诸侯在境内称王在古时是常有之事，故文王称王并不足怪。不过，当时他还没有文王在境内称王的实证材料。

20 世纪 70 年代周原甲骨出土，其中有若干片上有"王"字。经学者研究，其中有文王时期之物（王宇信，1981）。文王时期甲骨文上的"王"字是否都指文王？学者有不同意见。但其中也有不成问题的，如"今秋王斯克往密"（H11:136）中之王，学者们一致认为就是伐密之文王。

这样，文王曾经称王的问题就得到肯定的回答。

第二，殷周之间是否曾有君臣关系？这个问题比较复杂。殷墟甲骨中有若干涉及周的卜辞（主要属于武丁时期），学者据以研究殷周关系并作出成果，[1] 然后总结说："看来自武丁征伐之后周一直臣属于殷，甚至为殷的侯国，这与文献上周文王称西伯是一致的。但名义上的对立关系与臣属关系是一事，实际上的敌友关系又是一事。第四期周虽偶称为侯，卜辞中仍有'戋周'的说法"（张光直，1983：97—100）。张先生用了"看来"这样慎重的语气，大概因为考虑到其中还有尚待研究的问题。而他所主张的把名义和实际分开来看，这的确是非常重要的。

如果说以前周族所在之地还有些问题，那么太王以后他们已在周原就没有问题了。在周原的遗址与甲骨也证实了这一点。在周原甲骨中有

---

① 张光直教授综论了学者已有研究成果，张先生很推重 David N. Keightley 教授的 "The Late Shang State: When, Where, and What?" 一文，并作了摘译。此文已经载在 *The Origins of Chinese Civilization*, ed. by Keightley, 1983, 摘译文在此书第 529～531 页。

两片说到了周方伯："……在文武……贞，王其邵帝□天，□晋，晋周方伯，□□，斯正，亡左……，王受有佑"（H11：82）。"贞，王其奉，侑太甲，晋周方伯，盍斯正，不左于受有佑"（H11：84）。对于这两条卜辞，学者们有种种不同的解释，而大别可分为两说。一说以为辞中的"王"指文王，而"周方伯"也指文王；另一说以为其中的"王"指商王，而"周方伯"指周文王。两说相反，前者比较迂曲难解，而后者于义为长。李学勤教授说："卜辞'王'与'周方伯'同见，前者为主辞，后者为宾辞，绝不能是指一人。因此，'王'不可能是周王，只能是商王"（1988）。这是有道理的。按照此说，卜辞中"王"为商王，周方伯为周文王，这说明两者之间确实存在君臣的从属关系。这和文献中所说的纣封文王为"西伯"相一致的。即令退一步从另一说，卜辞中的"王"和"周方伯"都指文王，那也只能说"王"是周文王在邦内的自称，而"周方伯"才是对殷商王朝的正式爵称。这同样也说明当时殷周之间确实存在君臣从属关系。当然卜辞所证实的殷周间的君臣关系只有在名义上才具有它的全部价值，在实际上，这种君臣关系既不可能是完全的，也不可能是一成不变的。周邦三代人立志翦商，到武王时终于达到目的。这就是殷周君臣关系既不完全又在变化的有力证据。

四、关于二重证据研究法的几点个人体会

从以上对殷周关系研究的回顾中，可以看出以出土资料与传统文献资料相结合的二重证据研究法的重要意义。现在再就这个问题谈几点个人体会。

第一，出土资料对于传统的文献资料具有权威性的检验作用，如所周知，这是由于它所固有的第一手性质决定的。《尚书》《诗经》中的某些篇章虽然对于研究殷周关系来说也是第一手的资料，但是它们经过长期的流传，不免产生失误，因而不具备出土资料的那种直接的性质。所以出土的资料可以证实经传中关于文王称王的记载而证伪文王未曾称王之说，可以证实经传中关于殷周间君臣关系的记载而证伪殷自殷、周自周的二者不相蒙说。

这些都是出土资料对传统文献资料的直接证明（包括肯定的和否定的），在此不必多说。

值得注意的是，出土资料还可以对与之并不直接有关的问题作出间接性的检验。例如，汉代今、古文经学争论的问题中有一个天子是否纯臣诸侯的问题。《诗经·周颂·臣工》："嗟嗟臣工，敬尔在公，王釐尔成，来咨来茹。"郑玄笺云："臣，谓诸侯也。釐，理；咨，谋；茹，度也。诸侯来朝天子，有不纯臣之义。于其将归，故于庙中正君臣之礼，敕其诸官卿大夫云：敬女在君之事，王乃平理女之成功。女有事当来谋之，来度之于王之朝（庙），无自专。"郑玄的说法是有根据的。作为东汉正宗今文经学的标准的《白虎通》中的"王者不臣"篇说："王者不纯臣诸侯何？尊重之。以其列土传子孙，世世称君，南面而治。凡不臣者，异于众臣也。朝则迎之于著（宁），觐则待之于阼阶，升降自西阶，为庭燎，设九宾享礼而后归，是异于众臣也"（《白虎通疏证》）。可是也有与此相反的意见。据许慎所作《五经异义》云："公羊说，王者不纯臣。左氏说，诸侯者，天子蕃卫，纯臣。谨按，礼，王者所不纯臣者，谓彼人为臣，皆非己德所及。《易》曰：'利建侯。'侯者，王者所亲建，纯臣也。"郑玄作《驳五经异义》云："玄之闻也，宾者敌主人之称。而礼，诸侯见天子，称之曰宾。不纯臣诸侯之明文矣。"（《诗经·周颂·臣工》孔颖达疏引）郑玄和许慎争辩的是历史问题，而这个问题由于事过境迁对他们已不大好理解了。秦汉以下，君主专制之制确立，哪里还有什么王者不纯臣之人？《史记·高祖本纪》："高祖五日一朝太公，如家人父子礼。太公家令说太公曰：天无二日，土无二王。今高祖虽子人主也，太公虽父人臣也。奈何令人主拜人臣？如此则威重不行。后高祖朝，太公拥篲、迎门、却行。高祖大惊，下扶太公。太公曰：帝，人主也。奈何以我乱天下法？于是高祖乃尊太公为太上皇；心善家令言，赐金五百斤。"汉高帝只是用尊其父为太上皇的办法解决了父以臣礼见子的过度反常现象，并未否定太公家令之言本身；太史公说他心善家令言还说得比较委婉，实际上刘邦正以自己的行动宣布：如无太上皇的名义，即使是父也必须为子之臣。在这样历史环境中，古文学家不能理解世上（除了蛮荒化外）还有王者不纯臣之人。许慎见到《周易·屯卦》的卦辞和爻辞中有"利建侯"三字，便以为侯皆王者所建（在汉确实如此）；既为王者所建，王者当然纯臣之。他未想到古代曾有许多实际上并非王者所建的侯。郑玄从王者有以宾礼待诸侯的古礼中看出了王者有不纯臣诸侯之义。不过，他也只是说，从礼遇上看王者以诸侯为宾（非臣），而从实际上看王者又以诸侯为臣；正因这两个方面的契合，诸侯就成了既宾又臣的非纯臣。郑玄对诸侯非纯臣的理解仍然是形式上的，但是他总从古礼中觉察出了古代历史的一些真实信息。

汉代今、古文经学家关于王者是否纯臣诸侯的辩论是一种教条主义性的讨论，这本来只有思想史上的价值，原不足引以证史。但在出土资料的"激光"照射下，这个经学史上的老问题却产生了一种新的作用。诚然，殷墟甲骨和周原甲骨都没有直接涉及王者是否纯臣诸侯的问题，看来与此问题是无关的。可是，殷墟甲骨和周原甲骨所告诉我们的殷周关系又恰好正是一种非纯臣的关系（说已见上文）。在这种情况下，出土资料对思想史资料中所含的反映历史过程的信息作了检查，从而有助于我们从思想史资料中析取出有价值的说明历史的资料来。

第二，地下资料的出土，可以证实或证伪传统文献对有关问题的说明，说已如上。但是，在某一问题上出土资料的阙如，这不能作为证实或证伪有关文献资料的默证。默证法从来就不是一种安全的论证方法，而用于论证古史时危险性尤巨。例如，在《尚书》和《诗经》中，周人认为自己所以能取代殷商的关键是有德；而刘知幾则认为周文王并非有德，所谓有德无非欺人之说（说已见上）。又迄今尚无足以证明周人有德的资料出土。在这样情况下，我们是否可以因出土资料的阙如而证实刘知幾的说法、证伪周人自己的说法呢？当然不能。因为这还有两方面的进一步的研究要作。

首先，在直接的资料不具备的情况下，文献中的问题是可以也应当用分析文献的方法来寻求解决。对周文王是否以德胜殷的问题，对周人自己的说法与刘知幾的驳论，也是可以通过文献分析而说明问题的。

刘知幾否认周文王有德，其理由至简单又至明白。殷纣为君，文王为臣；文王以诸侯而称王并专征伐，即是背君不忠。不忠即是无德。他以唐代人的道德标准衡量文王，自然地得出了他否定文王的结论。这完全是可以理解的。但是殷周之际的道德标准如何，这却是另一问题。

周人对于德之有无有明确的说明。《尚书·多方》记周公云："惟帝降格于夏，有夏诞厥逸，不肯戚言于民，乃大淫昏，不克终日劝于帝之迪，乃尔攸闻。厥图帝之命，不克开于民之丽（网罗），乃大降罚，崇乱有夏。因甲（狎）于内乱，不克灵承于旅（众）；罔丕惟进（赆）之恭（供），洪舒（荼、荼毒）于民。亦惟有夏之民叨懫（贪戾）日钦（兴），劓割夏邑。天惟时求民主，乃大降显休命于成汤，刑殄有夏。"夏末王荒淫，不能忧民，不能免民于刑网而大加罚，上下贪财，荼毒人民；于是人民亦生贪戾之心，使夏邦受到伤害。这样，夏失了人民之心，也就失了德，天就命汤来伐夏。《尚书·牧誓》记周武王讨纣之言曰："乃惟四方之多罪逋逃，是崇是长，是信是使，是以为大夫卿士，俾暴虐于百姓，以奸宄于商邑。"纣重用坏人，肆虐百姓，就失去人心，失去了德，周也就有理由起来革殷纣之命。

周人非常重视民心的向背，以为这是德之有无与"天命"（实际是王权）得失的关键。《尚书·无逸》记周公之言曰："自殷王中宗及高宗及祖甲，及我周文王，兹四人迪哲。厥或告之曰：'小人怨汝詈汝！'则皇自敬德，厥愆，曰：'朕之愆。'允若时，不啻不敢含怒。"明智有德之王，听了人民的抱怨和詈骂，不但不敢发怒降罚，而是立刻反省，有过错立即自己认错。《尚书·康诰》记周公告诫康叔之言曰："天畏棐（非）忱，民情大可见。小人难保，往尽乃心，无康好逸豫，乃其乂（安）民。我闻曰：'怨不在大，亦不在小；惠（爱）不惠，懋（勉）不懋'。"周公把民心当作天命的镜子，十分重视安民心。他引用古语说明自己的主张：不管民怨是大是小，总要民不爱则爱之，民不勉则勉之。总之，周人以尽心于民为有德，反之为无德。

由此可以看出，周人所重的德与刘知几等后世学者所重的德，根本倾向不同。周人所重之德在敬民事，而后世学者所重之德在忠君主。在周人看来，文王重民为大有德，他因而能得民心，得"天命"，得天下。在后世学者看来，文王不忠于君（殷纣）为无德，或者为说明文王有德而必说他忠于殷纣。周人把保民当作德之核心，故吊民伐罪（伐纣）并无悖论；而后人把忠君当作德之核心，故伐罪与弑君构成悖论。所以，经过对文献的分析，辨别古今辞义的异同，文王以德胜殷的问题基本还是可以解决的。

更何况，在古代小邦林立的情况下，忠于本邦和国人的美德，其本身就隐含着对忠于他邦的排斥。如果说也有对友邦或周王的忠诚，那么这也是建立在本邦利益的基础上的。《左传》中所记的杰出的政治家（如郑国的子产等）都是按这样的原则行事的。

据《尚书》《诗经》等文献来看，周原是一个独立于殷以外的邦。据周原甲骨卜辞"晋周方伯"之文来看，周原来并非殷之属国，受殷册封为方伯，乃有君臣之关系。据考古资料来看，虽然关中地区西部的先周文化到底应以刘家类型文化或郑家坡类型文化为代表的问题尚未最后解决，但是周原一带现远非"商文化中心区"又不属"商文化亚区"（或"商文化分布区"），而是在"商文化影响区"的邻近"商文化亚区"的地带（宋新潮，1991：138～144、200～201）。从以上三方面情况看，周原来是不从属于殷的独立方国，只是由于殷的武力威胁或文化影响才成为从属于殷的方伯。所以殷周之间存在的只是一种羁縻性的半从属半独立的君臣关系。古本《竹书纪年》所记，"周王季命为殷牧师"（《后汉书·西羌传》注），"文丁杀季历"（《晋书·束皙传》）等事，都说明殷周关系实际只是一种力量对比的结果。在这样情况下，周文王和他的国人怎么可能把忠于殷商作为一项重要的美德呢？在这里，以考古资料为依据而作出的商文化三圈或三层说虽然没有直接回答周人为何不把忠于殷商作为德来看的问题，但却为我们提供了一个解决问题的切实的文化背景。在这个背景的衬托下，我们对于周人的观念就可以有一个更为清楚的了解。

第三，二重证据研究法不仅承认出土资料在证实或证伪文献资料方面的重要作用，而且承认文献资料对于说明或论证出土资料的重要性。不过，有时也能看到一种倾向，即在注意于前一方面时对后一方面有所忽视。例如，周原甲骨（H11：1）："癸巳，彝文武帝乙宗贞：王其邵吼成唐齍御，服二女，其彝：血牲三，豚三，斯有正。"又周原甲骨（H11∶84）："贞，王其奉，侑太甲，曲周方伯，蠿，斯正，不左于受有佑。"对这两条卜辞，学者颇有不同考释。其中分歧最大之点在于：一说以为辞中的王指周文王，文王为了策略的缘故而祭殷商的先王（徐锡台：1981：406～407）。一说则以为辞中的王指殷王，理由是："按我国古代礼制，祭祀的原则是'神不歆非类，民不祀非族'（《左传》僖公十年）所谓'非我族类，其心必异'（《左传》成公四年）。周虽然是商朝的诸侯国，也没有必要（或可能）去祭祀商王的祖先，因为周是姬姓，商是子姓，其间没有共同的联系"（李学勤、王宇信：1980：84）。在此二说之外，还有一说认为：卜辞中的王是指周王，固然"神不歆非类、民不祀非族"的原则是不可动摇的，但据《史记》的《殷本纪》和《周本纪》殷祖契与周祖弃都是帝喾之子，只是母亲不同，所以周王也可以祭殷先王（陈全方：1988：125～126）。

以上的事例表明，对于同样的甲骨卜辞竟有不同甚至相反的解释，这正是由于对文献资料有不同理解的结果。主张周文王祭殷先王的学者们似乎认为文献中"神不歆非类、民不祀非族"的说法没有重要性，甚至根本没有注意到这一点。其实，这在古人是当作一条根本原则来严格奉行的。《左传》僖公三十一年记："卫成公梦康叔曰：'相夺予享。'公命祀相。宁武子不可，曰：'鬼神非其族类，不歆其祀。杞、鄫、何事？相之不享于此久矣，非卫之罪也。不可以间成王、周公之命祀，请改祀命'。"那一年卫因受狄人的威胁而迁到帝丘，而帝丘是夏王相曾居之地，所以心中未安的卫成公才会有献给自己祖先康叔（卫始封君）的祭品为夏王相所夺的梦。他想用祭祀夏王相的补偿方法来解决问题。可是宁武子坚决反对，理由是夏王相应由夏的后裔杞国和鄫国之君来祭祀，相得不到祭祀不是卫国的罪责；卫（姬姓）无权利也无义务去祭祀夏王相（姒姓），尽管相曾经居住在卫现在所住的地方。宁武子（俞）不是一般的人，孔子曾称赞他"邦有道，则知；邦无道，则愚。其知，可及也；其愚，不可及也"（《论语·公冶长》）。所以，宁俞必有十分的证据、十分的把握，才会坚决要求卫成公收回祀相的成命。面对这样坚实的文献证据，我们怎么可以用尚待解释的卜辞就把它掩盖过去呢？在这里我们有必要取审慎的态度。至于以契、稷之母皆为帝喾之妃的传说，且不论其是否可靠，亦不足以作为周人可祭殷王之论据。因为古人是明确地以同姓作为同族的标准的，上文已引《国语·晋语四》的文字清楚表明"异姓"、"异德"、"异类"是同一事实的不同表述方法。殷、周既非同姓，当然就是"异类"；既是"异类"，按传统周人也就不可能祭殷王了。

从殷周关系研究的历史来看，我们也可以得出一种认识：古史的研究十分需要考古学与历史学的结合，也需要以研究出土资料为主的考古学者与以研究文献的历史学者的合作。

引用书目

《五经异义》，（汉）许慎，据（清）陈寿祺《五经异义疏证》，载《清经解》第1248～1250卷，上海，上海书店缩印本，1988。

《史记》，（汉）司马迁，北京，中华书局，1959。

《史记志疑》，（清）浦起龙《史通通释》本，上海，世界书局，1935。

《左传》，据（清）阮元校刻《十三经注疏》本，北京，中华书局，1980。

《白虎通》，（汉）班固，据（清）陈立《白虎通注疏》本，载《清经解续编》第1265～1276卷，上海，中华书局，1988。

《朱子语类》，（宋）黎靖德编，北京，中华书局，1986。

《竹书纪年》，据方诗铭、王修龄《古本竹书纪年》本，上海，上海古籍出版社，1981。

《吕氏春秋》，据《诸子集成》本，北京，中华书局，1954。

《周易》，据《十三经注疏》本，北京，中华书局，1980。

《孟子》，据《十三经注疏》本，北京，中华书局，1980。

《尚书》，据《十三经注疏》本，北京，中华书局，1980。

《后汉书》，（宋）范晔，北京，中华书局，1965。

《春秋》，据《十三经注疏》本，北京：中华书局，1980。

《晋书》，（唐）房玄龄等，北京，中华书局，1974。

《荀子》，据《诸子集成》本，北京，中华书局，1954。

《国语》，据《四部备要》本，上海，中华书局（原书版权页无年代）。

《崔东壁遗书》，（清）崔述撰著，顾颉刚编订，上海，上海古籍出版社，1983。

《驳五经异义》，（汉）郑玄，据陈寿祺《五经异义疏证》本，上海，上海书店，1988。

《论语》，据《十三经注疏》本，北京，中华书局，1980。

《诗经》，据《十三经注疏》本，北京，中华书局，1980。

《墨子》，据《诸子集成》本，北京，中华书局，1954。

《韩非子》，据《诸子集成》本，北京，中华书局，1954。

《丰镐考信录》，（清）崔述，在《崔东壁遗书》中。

王宇信

1981《西周甲骨文探论》，北京，中国社会科学出版社。

王国维

1983《古诸侯称王说》，《观堂别集》卷一，载《王国维遗书》第 4 册，上海，上海
　　古籍书店。

1983《王国维遗书》，上海，上海古籍书店，据商务印书馆 1940 版影印。

宋心潮

1991《殷商文化区域研究》，西安，陕西人民出版社。

李学勤

1988《周文王时期卜甲与商周文化关系》，《人文杂志》2：69 ～ 73。

李学勤、王宇信

1980《周原卜辞选释》，见《古文字研究》（四），中山大学古文字研究室编，北
　　京，中华书局。

徐锡台

1981《周原卜辞十篇选释及断代》，见《古文字研究》（六），四川大学历史系古
　　文字研究室编，北京，中华书局。

张光直

1983《中国青铜时代》，北京，生活·读书·新知三联书店。

陈全方

1988《周原与周文化》，上海，上海人民出版社。

原载台湾"中央研究院"历史语言研究所会议论文集之四
《中国考古学与历史学之整合研究》，1997 年

先秦时期天下一家思想的萌生

一、问题的提出

六十多年以前，顾颉刚先生发表了《秦汉统一的由来和战国人对于世界的想象》一文，批评了人们以为中国从来就是如此统一的误解。他说："秦汉以前的中国只是没有统一的许多小国；他们争战并吞的结果，从小国变成了大国，才激起统一的意志；在这个意志之下，才有秦始皇的建立四十郡的事业。"[①]顾先生以其疑古精神纠正人们对于古史的误解，这当然有积极的意义。因为前人读了《禹贡》往往误以为，在大禹治水以后，真的就"九州攸同"、"四海会同"了。不过当他强调上古无统一的时候，对问题的另一方面便不免有所忽略。因此傅斯年、张荫麟等先生又指出他把商代的疆域看得太小了，对他作了匡正。[②]

经过几十年的疑古与辨伪，人们一般不会再把《尚书》中的《虞书》《夏书》以至《商书》中的一些篇章当作当时的原始文献，而是会有分析地加以使用。而近几十年来的考古研究的巨大成果，又使人们眼界大开，对古代的历史有了前人所难有的了解。例如，从前我们只能通过《诗·商颂·玄鸟》知道商的规模是："邦畿千里，维民所止，肇域彼四海。"怎样肇域彼四海法？那就不知道了。可是考古研究的成果改变了我们知识的状况。"综观各地发现的殷商时期的方国遗存，它们的文化面貌尽管在某些方面也表现出一定的地方特点……但在很多主要的方面和殷商文化几乎是完全

---

① 《古史辨》第2册上编，1页。
② 同上书，10～16页。

相同的。这就表明殷商文化的分布已经远远超出了原先的想象，它不仅存在于黄河中下游，而且发展到长江以南的广大地区……它充分证实了殷商文化对于各个方国的强大影响。这些方国中，有的是殷商帝国的重要盟国，有的长期与殷商帝国处于敌对状态。但是，无论是哪一种情况，在物质文化上都接受了殷商的文明。"[1]

几十年来的历史学与考古学的研究成果表明，到了殷周时期，中原大地上虽然有小国的林立，但也并非没有任何统一的趋向；不容忽视的文化统一进程正为政治的统一奠定着坚实的基础。因此，现在我们不能再以为，只有到了战国时期才开始有统一的意志，并且这种意志只是由征战兼并激发而生的。这样，探索从商周时期开始的统一思想或天下一家思想的萌生过程，就不是没有意义的了。这也就是本文的写作目的所在。

二、商周时期天下一家思想的萌芽

在司马迁所著的《史记》中，首先是《五帝本纪》，随后就是夏、殷、周三个本纪以至秦、汉诸本纪。如果不看内容，人们是会有可能把五帝、三代之君误会为先后相承的统一国家的君主的。《史记》所反映的当然是大一统了的汉代的观念。中国文明自三代始，夏、商、周还不是真正的统一国家。这在今天已经为人们所公认。但是，难道司马迁的三代统一的观念就只有其自身时代的影响而没有任何历史的根据吗？不，事情并非如此简单。司马迁是历史家，他不能凭空说话，而是言必有据，尽管他的史料依据有时并不太可靠。他写夏、商、周三代本纪，所根据的是《尚书》《诗经》《左传》《国语》以及先秦诸子书中的有关资料。就以"三代"的观念来说，他是有其充分的历史根据的。三代观念的源头见于《尚书》之中。传世的二十九篇《尚书》（伪古文诸篇除外）就是按虞、夏、商、周的朝代次序排列的。当然这并非按照各篇产生的真实时间次序排列的。因为学者们发现，

---

① 中国社会科学院考古研究所编：《新中国的考古发现和研究》，244 页。

所述时代较早的虞、夏、商书的许多篇章的行文反而比较晚的周书更为通顺易懂，其内容也常夹有晚后的成分；所以它们的最后成篇当在周书之后。不过，即使如此，这样的排列次序在春秋战国时期就已经出现了。《墨子》书中常引"先王之书"，其中包括"夏书"、"商书"、"殷书"、"周书"，其《明鬼下》中还明确提出："尚者〔书〕夏书，其次商、周之书。"[①] 这就说明，墨子所见的《尚书》已经是按夏、商、周三代的次序来排列的了。那么春秋时期的学者又何所据而这样编排《尚书》篇章的次序呢？他们是有根据的，根据就在《尚书》自身之中。

在最可凭信的《尚书·周书》中，我们可以看到两种情况：一方面，小邦林立；另一方面，在众小邦之上有一个共主的王朝。周与商曾经是小邦与大邦之间的关系。周人在自己的文献中丝毫也不掩盖这一点。他们习惯地把原先的殷商称为"大邦殷"（见《召诰》《康王之诰》）、"大国殷"（见《召诰》）、"天邑商"（见《多士》），而自称为"小邦周"（见《大诰》）、"我小国"（见《多士》）。武王伐商成功以后，殷、周之间的大小邦关系颠倒了过来，殷变成了"小腆"（见《大诰》，郑玄谓小腆即小国），尽管它还是一国。周对其他小邦或称"友邦"（见《牧誓》《大诰》），或称"庶邦"（见《大诰》《酒诰》《梓材》《无逸》《顾命》《康王之诰》等）。既然承认邦的存在，那么大小邦之间自然是邦与邦之间的关系；邦之大小从这个角度来看只是量的区别。然而事情还有另一方面。当殷还是大邦或天邑的时候，它不仅在量上为大，而且在质上为"天"，即"天命"所在之邑或邦。当时小邦固然很多，幅员较大以至在某些情况下称为大邦者也是有的，但是被公认为受有天命的则只有商。因为天只有一个，天命也只有一个。

也许有人会问，在殷、周时期，人们就真地认为天命只有一个吗？王国维不是已经用彝铭材料证明"古时天泽之分未严，诸侯在其国自有称王

---

① 据孙诒让《墨子间诂》（孙氏引王念孙、引之父子说）改"书"为"者"。见《诸子集成》第4册，150页。

之俗"① 了吗？文献材料说明，早在武王伐商之前，周文王就已经有受命称王之说。在《尚书》的《大诰》《康诰》《洛诰》《无逸》《君奭》等篇和《诗经·大雅》的《文王》《大明》《皇矣》《文王有声》等篇中，都说是文王受命；而《尚书·洛诰》和《诗经·周颂·昊天有成命》中又说是文、武二王受命。证诸彝器刻词，如盂鼎铭文也说："丕显文王受天有大命，在武王嗣文王作邦。"周人的说法中看来有矛盾，但是他们说的是实话。因为规划并着手反对商王朝的是周文王，而实现了文王的计划的则是武王。后世儒者为了文王受命称王问题争论不休，以为文王既是圣人就不会不守臣节，不会在殷王朝尚在的时候称王。这是后世儒者不明古今之异，不懂当时"天泽之分未严"的缘故。不过，天泽之分未严不等于无天泽之分。这也是可以用文献材料加以说明的。

近年在陕西省周原发现的甲骨中，有两片（H：82 和 H：84）记有"册周方伯"之句。在此周邦之君被称为方伯，而称周君为方伯者是殷王。殷、周之间的君臣关系于此可见实证。其实在《尚书》和《诗经》之中，周人一直是明确承认这一点的。不过，周人不是把这种殷、周君臣关系当作永恒状态来看待的，而是把它放在历史的过程中来说明的。《诗经·大雅·文王》："殷之未丧师，克配上帝。"这是说殷在败于周以前曾经是克配上帝的天子。而在败于周以后，情况就变了。周人把这种殷、周地位的变化解释为"皇天上帝，改厥元子兹大国殷之命，惟［周］王受命"（见《尚书·召诰》）或"皇天改大邦殷之命，惟周文武诞受羑若"（见《尚书·顾命》）。原来殷受天命而为天子或天之元子，但是天把给予殷的命改了，转而给予周了。所以周王就代替殷王而为天子。此处值得注意的是，天只有一个，天下只有一个，天命也只有一个。所以，天授命与殷的时候，周就没有天命，就不能君临天下；天要授命与周，就又必须改掉了殷受的命，使殷不再君临天下。所以天之元子或天子在同一时间内应该也只能有一个，他就是代

---

① 《古诸侯称王说》，见《观堂别集》第 1 卷，16～17 页。见《王国维遗书》第 4 册，上海，上海古籍出版社，1983。

表唯一的天而统治唯一的天下的唯一的人。所以他们总自称为"予一人"。

　　这一套理论究竟始于何时？现在还不能给予准确的回答。可以肯定的是，在商代就已经存在了。周以一个原先的小邦战胜并取代了天邑商，商遗民总是心中不服。周人就对商人说："惟尔知殷先人有册有典，殷革夏命。"（见《尚书·多士》）可见，周人不过是把殷人对夏人做过的事在不同历史条件下重演了一次。你殷人既然革过夏人的命，我周人为什么就不能革你殷人的命呢？你们祖先遗留下的典册正好可以作为我们可以革你们的命的根据。由此可见，尽管商先公们曾经和夏王朝同时并在，商原来总是夏王的臣；而在殷革夏命以后，夏裔也还存在，但君臣关系却倒过来了。至少殷先人的典册中是这样记载的。殷人为什么要承认在自己的王朝以前有过一个夏王朝呢？那看来只能说这是承认历史事实。因为如非事实，商人是完全没有必要生造出一个先前统治过自己的君主来的。这就说明，在夏、商、周三代，尽管小邦林立，其上是有一个共主或王朝的。它就是分离状态中的统一象征，也就是天下一家思想赖以萌芽的最初土壤。

　　说到这里，也许有人会说，这并非中国古代特有的现象，于古代近东实亦有之。事情的确如此。在两河流域，早在苏美尔（Sumer）城邦时期的《苏美尔王表》（The Sumerian King List）中就有了"王权降自上天"和王权在诸邦间转移的记载；在著名的《汉穆拉比法典》（The Laws of Hammurabi）中，这位立法者也自称为"众王之王"、"天下四方之王"。以后，在波斯国王居鲁士（Cyrus）、大流士（Darius）、薛西斯（Xerxes）等人的铭文中，也多次出现过"众王之王"、"天下四方之王"的称谓。这些材料出现于公元前二千纪中叶至公元前一千纪中叶，大约相当于中国的殷商至春秋时期。试将中外古代的情况一比，我们的确可以发现其中的某些相似之处。不过，我们也不能忽视了中国历史的特点。

　　在古代近东，那些"众王之王"、"天下四方之王"的地位是凭武力打出来的；当然，在古代中国，商之代夏与周之代商也是凭武力打出来的。这也是二者的相似之处。但是，在周取代殷以后，以周公为代表的周人对夏、商兴衰的历史进行了深度的反省，从而在思想上和实践上都比前人大有突破。而这些突破看来就不是古代近东诸国所曾有的了。现在请一论周公在上述两方面的突破（breakthrough）。

首先说周公在思想方面的突破。周公是武王伐商时的重要辅佐，又是东征平定武庚之乱的统帅，当然知道周之代商不能不用武力。但是周公的真正伟大之处并不在于此，而在于他看出了武力的不可靠性。如果论武力，殷的武力比周曾经强得多了，不然周也不会成为殷的方伯。即以牧野之战时的兵力对比来说，周也并不比殷占优势。可是，曾经强大一时的殷竟然被小邦周打败了。这一奇迹般的胜利，不仅没有使周公头脑发昏，反而使他大吃一惊，使他不能不想一想这究竟是什么缘故。周公反省的结果就反映在《尚书·周书》的《大诰》《康诰》《酒诰》《梓材》《召诰》《洛诰》《多士》《无逸》《君奭》《多方》《立政》诸篇之中。如果把这些篇中的主要思想概括起来，那也许可以说有两点：其一，天命或天子的地位并不可靠，它是会变的，其变化的指标就反映在民心的向背上。他说："天棐忱辞，其考我民"（见《大诰》）。又说："天畏棐忱，民情大可见"（见《康诰》）。又说："古人有言曰：人无于水监，当于民监。今惟殷坠厥命，我其可不大监抚于时"（见《酒诰》）。早在公元前二千纪之末，周公就能把天命直接地还原为人心，这自然是一大突破。其二，天命和人心向背的根据又何在？周公的回答是在国君之德的有无得失。他说："我不可不监于有夏，亦不可不监于有殷。我不敢知曰，有夏服天命，惟有历年，我不敢知曰，不其延；惟不敬厥德，乃早坠厥命。我不敢知曰，有殷受天命，惟有历年，我不敢知曰，不其延；惟不敬厥德，乃早坠厥命。今王嗣受厥命，我亦惟兹二国命，嗣若功"（见《尚书·召诰》，按《召诰》亦为周公之作）。他多次生动地说明，当夏有德的时候，天就授命与夏；当夏失德的时候，天就革夏命而授与商；当商又失德的时候，天就再革殷之命而与周。"天惟时求民主"（见《多方》）。在周公看来，天总在根据民心所向去为人们寻找有德之君以代替无德之君。周公把这种变换君主的过程叫做"皇天上帝改厥元子"。郑玄解释此句说："言首子者，凡人皆云天之子，天子为之首耳。"这就是说，不管周公的自觉到了什么程度，他的确已经或多或少地意识到，天为人之父或家长，因而天下之人皆为一家。这一大家的管家长子（即天之元子或天子）虽非由人民直接选举产生，也是由天根据人心所向指定的。这种刚刚发生的天下一家思想中就蕴藏了一种理性的萌芽，在当时也不能不说是一大突破。

其次，周公为了巩固周王朝对诸侯的君临地位，建立了封建制与宗法制。据《荀子·儒效》篇说，周公"兼制天下，立七十一国，姬姓独居五十三人焉；周之子孙，苟不狂惑者，莫不为天下之显诸侯"。《左传》僖公二十四年亦记，"昔周公吊二叔之不咸，故封建亲戚，以蕃屏周"。周公的封建是与宗法的建立有关系的。王国维在《殷周制度论》中说："周公既相武王克殷胜纣，勋劳最高，以德以长，以历代之制，则继武王而立，固其所宜矣。而周公乃立成王而己摄之，后又反政焉。摄政者，所以济变也；立成王者，所以居正也。自是以后，子继之法遂为百王不易之制矣。由传子之制而嫡庶之制生焉。由嫡庶之制而宗法与服术二者生焉。"①于是周王由政治而言为诸侯之天子，由宗法而言又为天下之大宗。诸侯之不同姓者，则又与周及周之同姓诸侯互通婚姻，构成另一种亲戚关系。周王照例称同姓诸侯为伯父或叔父，称异姓诸侯为伯舅或叔舅。这就是天下一家思想在封建和宗法、政治和血缘并行不悖体制中的体现。这样的体制在中国历史上也不能不说是一种突破。现在看来，这两种突破的同时出现，在古代其他地区似乎还不曾见到过。这应该说是中国古代历史上的一个特点。当然，我们也应看出，在周公的两种突破之间是有一种张力（tension）的：他的天命得失取决于人心向背的思想，体现的是以德作为核心的天下一家的理性，是超越的而且无私的；而他所设立的封建与宗法制度，则体现为以姬周王朝一姓为核心的天下一家的实践，是现实的却又有私的。

三、春秋战国时期天下一家思想的成长

宗周既灭，平王东迁以后，周公所构建的封建与宗法一致的体制日益

---

① 载《观堂集林》卷10，3～5页，见《王国维遗书》第2册。

衰败。于是诸侯势力兴起，不断相互争夺并进行兼并战争。与西周时期相比，这时的形势表现为分裂与混乱，是一种所谓礼坏乐崩的无理性的局面。然而正是在春秋战国时期，中国历史上出现了由封建而郡县、由小邦而大国的转变的过程；所以在分裂与混乱的现象的后面，历史实际是在向一个更高层次的统一进展着。在这样的情况下，中国历史上出现了第一次百家争鸣，出现了一个空前的文化繁荣时代。人们的理性正由无理性状态中激发而生，其中也包括了关于天下一家思想的发展。

春秋战国时期并没有统一的天下，但是儒、墨显学与法家之学都不以为那是正常现象。因为他们都相信，曾有过先王王天下的统一时期，当时的分裂混战只是一时的状态。《论语·季氏》记孔子曰："天下有道，则礼乐征伐自天子出；天下无道，则礼乐征伐自诸侯出。"所以，礼乐征伐自天子出的统一局面是正常的或有道的状态，反之就是无道的不正常状态。尽管显学中有儒、墨之争，而法家又批评儒、墨显学，他们彼此间多有分歧，可是他们都力图改变当时的分裂混战的或无道的局面。至于天下为何可以成为一家又怎么才能成为一家？各家的答案就不同了。

孔子作为先秦诸子中的第一人，最服膺于周公。周公总结出的巩固周王天子地位的理论是自人心以观天命，自修德以求民心；其措施则是以分封诸侯与确立宗法来作为王权的保障。到春秋时期，周公所设立的制度已在崩解，而他的思想却得到了孔子的继承和发扬。如果说周公发现了德，那么就可以说孔子又进了一步，由德进到了仁。什么是仁？《论语》中记载了孔子从不同角度所作的回答。《颜渊》篇记："樊迟问仁。子曰爱人。"这是关于仁的最简明而又切要的答案。同篇又记："颜渊问仁。子曰：克己复礼为仁。一日克己复礼，天下归仁焉。为仁由己，而由人乎哉。"周公以为有德可以得天下，孔子则以为行仁可以得天下。"德"和"仁"都有爱人的意思；不过，德是站在君主的地位爱臣民，而仁则是站在人的地位爱人。何以见得？《颜渊》篇记仲弓问仁，孔子的回答是："己所不欲，勿施于人。"《雍也》篇记孔子对子贡说："夫仁者，己欲立而立人，己欲达而达人。能近取譬，可谓仁之方也已。"所以，仁就是推己及人地爱人。这也就是孔子所说的"为仁由己"的意思所在。仁者为什么能够推己及人？这需要意识到自己和他人同样是人，同类才能相推。当然，对这些孔子并未作展开的论述，但他的意思是明白的。同时应该说明的是，孔子虽未表明他要实施周公设立的封建制与宗法制，但他确实很重视礼，强调君君、臣臣、父父、子子的亲亲尊尊的等级秩序。他的仁、他的推己及人之爱，也就是要经过这一条等级阶梯由己及人、由内向外地推展出去。他的仁与他的礼是相须而行的。孔子以为，只要能够行仁，天下就会归仁而成为一家。能够成就这一点的逻辑前提是什么？孔子没有明说，如果加以推论，那就只能是天下之人都有一个共性即人性。

墨子也主张天下一家。《墨子·法仪》："今天下无大小国，皆天之邑也；人无幼长贵贱，皆天之臣也。"从天的角度来看，不论天下之国还是天下之人皆属一家。他同孔子一样，主张爱人；不过他以为孔子的有等差的仁爱还不够，而主张实行无差别的兼爱。在《兼爱》上中下三篇中，他都批评了主张爱己先于爱人、爱自己之亲先于爱他人之亲、爱自己之国先于爱他人之国的现象。他认为这是一切纷争的根源。除了《兼爱》篇中的经验论证以外，在《大取》篇中还有其逻辑的论证。他说："爱人不外己，己在所爱之中；己在所爱，爱加于己。伦列之，爱己，爱人也……臧之爱己，非为爱己之人也。"[1] 他认为己是人中一员，爱人中就包括了爱己。从逻辑上说，爱己也可以说是爱人，因为自己也是人；但是，爱作为自己之人不等于爱全人类。爱人（类）之中可以包括爱己，爱己之中却包括不了爱人。譬如一个奴隶（臧）爱他自己，其目的就在爱己，而非爱自己仅作为其中一员的人（类）。因此墨子认为，要实现天下一家的理想，就不能像儒家那样，爱人从爱己起，再外推以爱人；而必须先人（类）然后及己，即行兼爱。兼爱本是墨子的主张，是人志，但他一定要把它说为天志。这倒不仅是为了打出天的旗帜以利号召，爱既不能从爱己始，能爱与所爱自始即已背离，故能

---

[1] 据孙诒让《墨子间诂》，此处引文删节号以下文字应与以上文字相连，见此书第244～245页，见《诸子集成》第4册。

爱之源就不能不外化为"天志"。所以墨子所要实现的是人从天志的天下一家。怎么样才能达到天下一家呢？墨子的处方是"尚同"。在《尚同》上中两篇的开端，我们可以看到墨子把原始的人说成一群野兽，不能和合而相亏害。这就必须由天来选知天志的人为天子（像野兽一样的人是不可能有选择能力的），然后逐级下选诸侯、百官等等。有了这样的秩序，人们再逐级上同到天子，天子又上同于天。总之，下级服从上级，天子服从上天。一旦上同实现，墨子以为，天下一家也就实现了。

　　孟子更为明确地主张天下一家。《孟子·梁惠王上》记他和梁襄王的一段对话："卒然问曰：'天下恶乎定？'吾对曰：'定于一。''孰能一之？'对曰：'不嗜杀人者能一之。''孰能与之？'对曰：'天下莫不与也……诚如是也，民归之犹水之就下，沛然谁能御之'。"他说："三代之得天下也以仁，其失天下也以不仁。"（见《离娄上》）又说："桀纣之失天下也，失其民也。失其民者，失其心也。得天下有道，得其民斯得天下矣。得其民有道，得其心斯得民矣。得其心有道，所欲与之聚之，所恶勿施尔也。民之归仁也，犹水之就下、兽之走圹也。"（见《离娄上》）这也就是孔子所主张的恕道或仁道。为什么行仁道就能实现天下一家？他说："仁也者，人也；合而言之，道也。"（见《尽心下》）仁就是把人当人，以仁对人就是道。对人类实施人道，天下人自然可以成为一家。孟子与墨子不同，他不把人性看成野兽一样，而是以为人性善，"人皆可以为尧舜"（见《告子下》）。因此他也不须像墨子那样，必须先把人能爱人之理性外化为天志，而后才能加以运用。孟子的"人"，不是天下一家的对象，而是其主体。墨子说儒家的仁爱不如无差别的兼爱。孟子说："仁者以其所爱及其所不爱，不仁者以其所不爱及其所爱。"仁者老吾老以及人之老，爱人之老是爱己之老的向外展延；墨家兼爱主张对路人之父如对己之父，实际也就是以对路人的态度对自己之父。所以墨子的"人"心中没有理性的火种，因而必须要到天上去取；而孟子的"人"就有理性的火种在其自心，只要加以扩充就可以了。孟子说："人皆有不忍人之心。先王有不忍人之心，斯有不忍人之政矣。以不忍人之心行不忍人之政，治天下可运之掌上。"（见《公孙丑上》）在他看来，实现天下一家的关键就在于使人性充分展开。

荀子的理想也是天下一家。他认为，只要大儒居于君位或居君位者为大儒，就可以"一天下，材万物，长养人民，兼利天下，通达之属，莫不从服"（见《荀子·非十二子》）。就可以做到"四海之内若一家，通达之属，莫不从服"（见《儒效》）。他反对墨子的"僈差等"而主张隆礼，但又受了墨子人性说的影响而主张性恶论。他认为："人生而有欲，欲而不得，则不能无求；求而无度数分界，则不能不争。争则乱，乱则穷。先王恶其乱也，故制礼义以分之，以养人之欲，给人之求。使欲必不穷乎物，物必不屈于欲，两者相持而长，是礼之所生也。"（见《礼论》）墨子以为无差别的兼爱可以达到和谐，荀子则认为有等差的礼才能够造成和谐。孟子以为充分发挥人性可以达到天下一家，荀子则认为以礼节制人性才能构成有差别的统一。荀子虽主张性恶说，但他又认为"涂之人可以为禹"（见《性恶》）。为什么？因为他认为，人皆有"可以知之质，可以能之具"（见《性恶》）。人性虽恶，但还有改恶从善的智与能；而且这种智与能的充分发挥还可以使人成圣人。所以荀子重视劝学、修身，强调教育与文化影响的作用。他对天下一家的实现看得不像孔、孟那样简单，并不认为一旦仁政出现，天下就会立即全部归仁。从前人们相信圣王汤、武已经做到了天下一家，可是到了战国晚期荀子的时候，有人就怀疑汤武是否真能统治全天下了。荀子坚持认为："汤居亳，武王居镐，皆百里也，天下为一，诸侯为臣，通达之属，莫不振动从服以化顺之。"不过这种统一并非无差别的统一，而是"诸夏之国同服同仪，蛮夷戎狄之国同服不同制。封内甸服，封外侯服，侯、卫宾服，蛮夷要服，戎狄荒服。甸服者祭，侯服者祀，宾服者享，要服者贡，荒服者王。日祭，月祀，时享，终王。夫是之谓视形势而制械用，称远近而等贡献，是王者之至也"（见《正论》）。大体相同的说法见于《国语·周语上》，类似的说法见于《尚书·禹贡》篇末。因此可见，这时的"天下一家"不仅包括了华夏诸邦，而且包括了边裔少数民族。儒家不以种族而以文化别华夷，在

《孟子》中就有了开端。[1]这些大概都是当时儒家学派中人提出的以文化声教为导向的有区别的渐进的天下一家的理论。不管这些说法中的事实可靠性如何，其中无疑是有着理性的因素的。

当儒墨显学正在从理论上讨论天下一家问题的时候，历史上的客观统一进程却快速地发展着。法家迎着这种形势走了出来。韩非说："世异则事异……事异则备变。上古竞于道德，中世逐于智谋，当今争于气力。"（见《韩非子·五蠹》）又说："夫两尧不能相王，两桀不能相亡；亡、王之机，必其治乱、其强弱相踦者也。木之折也必通蠹，墙之坏也必通隙。然木虽蠹，无疾风不折；墙虽隙，无大雨不坏。万乘之主，有能服术行法以为亡征之君风雨者，其兼天下不难矣。"（见《亡征》）还引申子曰："独视者明，独听者聪。能独断者，故可以为天下主。"（见《外储说右上第三十四·说二》）这些实际都只是阴谋独断以取天下之术，而颇为当时君主欢迎。因为它是实用主义的。

秦的统一结束了诸子的讨论。儒、墨显学似乎都未能起到直接的作用。但是，秦的统一六国与罗马的征服地中海地区，情况毕竟有所不同。秦统一后，六国故地和秦地一样成为郡县，六国遗民和秦人一样成为黔首；而罗马的行省及其人民与罗马及其人民的地位就无法同日而语了。中国与罗马的区别，固然与多方面的条件不同有关；但是，文化上的统一与天下一家思想的深入人心实在也是不能忽视的一个因素。所以，尽管秦的统一未能运用周公和儒、墨显学提出的天下一家思想，这种思想本身作为文化遗产还是很值得我们研究的。

原载中国历史上的分与合学术研讨会筹备委员会主编：
《中国历史上的分与合学术研讨会论文集》，
联合报系文化基金会，1995 年

---

[1] 孟子主张在文化上"用夏变夷"（见《滕文公上》）。他说舜是"东夷之人"，文王是"西夷之人"（见《离娄下》），夷而能成华夏的圣人，是夷在文化上变为夏的结果。

儒家孝道与家庭伦理的社会化

儒家学说的核心是仁，是与礼相辅相成的仁；而"孝悌为仁之本"①，所以孝是儒家学说中一项极为重要的内容。孝从原则上来说本是一种家庭伦理，可是儒家把它社会化了，从而使它在中国历史上发挥了重要的作用。那么，是什么历史条件使得儒家有这样做的可能？先秦时期儒家大师是怎么样建立自己的孝学说的？这一学说在汉代又是怎么样发展巩固的？这些就是本文所要探讨的问题。现分别论述于下。

一、儒家孝道的渊源

孝虽是儒家学说的一项重要内容，却并非由儒家所创始。早在孔子之前，《尚书》《诗经》之中就有了许多关于孝的论述。现在我们可以就此二书中所说的孝加以分析，看看此字到底具有哪些含义。

在《尚书》中，除伪古文诸篇所有者不论，共有言及孝者四条：一、《尧典》说舜能在父母不慈、兄弟不恭的情况下，"克谐以孝"②。二、《康诰》把"不孝不友"当作一种"元恶大憝"来提③。三、《酒诰》说，要教导妹土的殷遗民"其艺黍稷，奔走事厥考厥长；肇牵车牛远服贾，用孝养厥父母。"④四、《文侯之命》夸奖受命的晋文侯说："汝克绍乃显祖，汝肇刑文

---

① 孔子弟子有若语，见《论语·学而》，见《诸子集成》第1册，4页。
② 《尚书正义》，见《十三经注疏》，123页。
③ 同上书，204页。
④ 同上书，206页。

武，用会绍乃辟，追孝于前文人"① 以上四条引文中出现了"孝"、"孝养"、"孝友"、"追孝"等语汇，让我们结合《诗经》中的有关引文来一起分析。

《诗经》中说到"孝"字的地方有十余处，十五国风中没有，皆在雅、颂之中；所以其内容大多数都与祭祀有关。涉及活着的人的只有一条，即《小雅·六月》叙述尹吉甫凯旋后饮宴亲友时说，"侯谁在矣？张仲孝友"②。《尔雅·释训》："善父母为孝，善兄弟为友。"③ 这里孝、友并提，作为人的一种善德，其性质和《尚书》中所说的孝友是一样的。孝就是孝养父母，所以，刘熙《释名·释言语》记："孝，好也。爱好父母，如所爱好也。"《孝经说》曰："孝，畜也；畜，养也"④。按孝、好、畜三字古音同在晓母、幽部，乃双声叠韵之同源字，故可相通。

在《诗经》的雅、颂里，出现了以下几个由孝字组成的词汇：

（1）孝享；例如《小雅·天保》"吉蠲为饎，是用孝享。"⑤《周颂·载见》"以享以孝，以介眉寿。"⑥ 这里的与孝字并列的享字本来是同一个意思。《尔雅·释诂》："享，孝也。"郝氏义疏曰："释训云：善父母为孝，主生存而言；此言享孝，主祭祀而言……孝以畜养为义，享又以畜养为义，故《广雅》云：享，养也。"⑦ 按孝、享二字古音皆属晓母，为双声字；而享字与养字古音皆在阳部，为叠韵字。所以它们可以相通假。只不过因为把对父母的孝养由生前推广到死后，孝享就变成祭祀的意思了。《小雅·楚茨》"以为酒食，以享以祀。""祖赉孝孙，苾芬孝祀。"⑧ 这里的享祀与孝祀意思完全相等，所以孝字与享字皆具有与祀字相当的意思。

（2）孝子、孝孙：例如，《楚茨》中的祭祀者自称孝孙。《周颂·邕》"假

---

① 《尚书正义》，见《十三经注疏》，254页。

② 《毛诗正义》，见《十三经注疏》，425页。

③ 郝懿行：《尔雅义疏》，见《清经解》第1260卷，第7册，290页。

④ 王先谦：《释名疏证补》，171页。

⑤ 《毛诗正义》，见《十三经注疏》，412页。

⑥ 同上书，596页。

⑦ 《清经解》第7册，272页。

⑧ 《十三经注疏》，467页、469页。

哉皇考，绥予孝子"①，这里的祭祀者则自称孝子。所以，孝子与孝孙就是能够对先人实行享祭从而能尽孝道的子孙。

（3）追孝：《大雅·文王有声》说周文王能"遹追来孝"②，关于这一句诗，前人解释多有分歧。陈奂《毛诗传疏》说："遹追来孝，犹言追孝于前人也。"③此解最为简明得当。所以此句和以上所引《尚书·文侯之命》中的"追孝于前文人"属于同一类型。对于此句《尚书》，伪孔安国传解释说："继先祖之志为孝。"俞樾在解释此句《尚书》时说："按追孝犹言追养继孝也。《礼记·祭统》篇曰：祭者，所以追养继孝也。古钟鼎款识每有追孝之文。追敦曰：用追孝于前文人。语与此同。楚良臣余义钟曰：以追孝先祖。邾遣敦曰：用追孝于其父母。亦与此文义相近。是追孝乃古人常语。又邾公敦曰：用享孝于乃皇祖，于乃皇考。陈逆簠曰：以享以孝于大宗。享孝并言。可知所谓追孝者，以宗庙祭祀言也。犬戎之难，文武几不血食。平王东迁，周室复存；然后春秋享祀不致废坠，得以追孝于前文人。文侯之功业大矣。故特言此，所以大其功也。传但谓继志为孝，是犹未达古义矣。"④按俞氏所说是正确的。这是因为，第一，他开始用金文材料来对证传统文献，弄清了追孝一语的源头就是孝享于前人。现在我们一看《金文诂林》，就知道俞氏所言不仅不差，而且例证确实是很多的。所以，追孝，原来是孝养父母的宗教形式的延续。第二，俞氏只说伪孔传解释之不足，但并未以为伪孔传的解释完全谬误。按《礼记·中庸》"夫孝者，善继人之志，善述人之事者也"⑤。《中庸》作于战国时期子思门人之手，所以这一解释是相当早的。

（4）孝思：《大雅·下武》"永言孝思，孝思维则"，"永言孝思，昭哉嗣服"。毛传对前两句的解释是："则其先人也。"郑玄笺对其中第一句补充解

---

① 《十三经注疏》，596 页。
② 同上书，526 页。
③ 《清经解续编》第 3 册，1169 页。
④ 《群经平议·尚书四》，见《清经解续编》第 7 册，1059～1060 页。
⑤ 《礼记正义》，见《十三经注疏》，1629 页。

释说:"长我孝心之所思。"①所以,前两句的意思就是,常存对先人尽孝的思念,而这种思念就体现在遵循先人的法则上。后两句的意思是,常存对先人尽孝的思念,要明显地体现在继承先人的事业上。从《下武》的这四句诗来看,应该说《诗经》里就已经有以继志为孝的认识了。

据以上所引的《尚书》和《诗经》的文字,我们可以断言,孝道不仅早在儒家兴起以前就已经出现,而且也有了一定的发展,由生前的孝养到死后的祭祀、由物质的供养到精神的遵循。

如果就以上所列《尚书》和《诗经》的资料作一个概括,那么可以说,孝道包括它的扩充了的形式——孝友,在当时完全是一种家庭伦理。

说到这里,我们不禁想到一个很值得玩味的问题。这就是,尽管从《尚书》《诗经》中已经可以看到"孝"的存在和重要性,而后来在中国人的伦理上几乎与"孝"占有同等地位的"忠",在《诗经》三百零五篇中竟然一次也没有出现;在五十八篇本的《尚书》(即《十三经注疏》本)里,除了出现于伪古文的《仲虺之诰》《伊训》《泰誓上》《蔡仲之命》《君牙》《冏命》等篇之外,在可信的三十三篇中也竟然一次也未出现。不仅如此,试查《金文诂林》,其中亦无忠字,在《金文诂林补》中只提到了战国后期中山王墓出土的一篇铭文里有忠字,这已经是很晚的文献了。②当然,这些现象本身只能作为默证,并不能正面说明什么,不过总可以向我们提出一个问题,这究竟是什么缘故?

在《诗》《书》所述的西周时期,君主制的政治体系早已确立,这是不成问题的。既然有了这种政治体系,君臣之间的伦理关系当然也会应运而生了。例如,在《尚书·君奭》篇里,周公列举了商代成汤时的伊尹、太戊时的伊陟与臣扈、祖乙时的巫贤、武丁时的甘盘,说他们都是辅佐君主有功的贤臣,并以此来鼓励召公和他一道效力于王室。③又如,《尚书·文侯之

① 《十三经注疏》,52 页。
② 周法高:《金文诂林补》第 5 册,3273 页,台北,"中央研究院"历史语言研究所,1982。
③ 《十三经注疏》,223～225 页。

命》表扬了晋文侯匡救王室的功勋。① 在《诗经·小雅》里，《出车》中的南仲②、《六月》中的尹吉甫③、《采芑》中的方叔④，在《诗经·大雅》里，《烝民》里的仲山甫⑤《江汉》中的召虎⑥，这些人也都是诗所要表彰的忠于王室的贤臣。所以，后世以忠字来表述的臣对君的伦理准则，在《诗》《书》里已经明显地表现出来，只是未用"忠"这个字来表达而已。那么，原因是什么呢？我想从大体上来说有两点：一是，春秋以上的国家体制仍是封建的而非郡县的，很多的有土之君在君臣关系的系统中都处于相对的地位，即对于在上位者来说为臣，而对于在下位者来说则为君。在此君主地位尚未绝对化的情况下，以后逐渐绝对地用于对君之"忠"自然尚未产生（实际上，直到春秋时期，忠的概念还不只用于对上，而且有用于对下的实例。详见下文，此处不赘）。二是，当时与封建制相应地存在着宗法制。在这种情况下，天子是天下的大宗，诸侯相对于天子为小宗；诸侯在本国为大宗，卿、大夫相对于诸侯为小宗；卿、大夫在自己的封地之内为大宗，士相对于卿、大夫为小宗；士以下还继续有大宗、小宗之别。这就是所谓的宗统与君统的一致。⑦ 按照家族伦理，小宗自应尽孝于大宗，所以在金器铭文中，我们常可看到"用享孝宗室"，"用享孝于宗室"，"用享孝于宗老"，"用享孝于大宗"等习用语。⑧ 这种小宗对于大宗的孝，在如上所述的宗统与君统一致的情况下，就直接地等同于臣下对于君主之忠。所以，在当时，虽然从文字上尚未见忠字，它实际上已经存在于孝字之中，只不过还没有成熟到能够作为一种独立的道德准则从孝字里分化出来而已。

这就是儒家孝学说出现以前已有的孝道的情况。

---

① 《十三经注疏》，254 页。
② 同上书，415～416 页。
③ 同上书，424～425 页。
④ 同上书，425～426 页。
⑤ 同上书，568～569 页。
⑥ 同上书，573～574 页。
⑦ 关于宗统与君统是否一致，学者有不同说法，应以一致说为长。参见拙作《宗法辨疑》，见《古代中国与世界》，235～253 页。
⑧ 周法高主编：《金文诂林》，5283～5286 页，香港，香港中文大学出版社，1975。

二、儒家的孝学说

关于这一时期的儒家的孝学说，现拟分为三个阶段来说，即孔子与其及门弟子时期，亦即春秋末期、战国早期；孟子时期，亦即战国中期；荀子时期，亦即战国晚期。每期皆先说一下其时代与学术背景，然后论儒家孝学说的发展，这是为了更好地说明这种发展。

（一）孔子与其及门弟子时期

如果说在西周早期封建制与宗法制初建时"孝"能兼有"忠"的功能，那么这种情况实际是在不断变化的；尤其是进入春秋时期以后，首先是曾对东周的建立有过大功的郑国开始藐视王室，继而齐、晋、楚、秦等大国逐渐兴起，争霸中原，周天子的势力一蹶不振，从君统与宗统一致的最高峰上跌落下来。大国在争霸的过程中灭了许多小国，[①] 这样就引起了两重后果。

第一，大国兼并小国从消极的方面来说，是破坏三代时期原有的封建邦国的体系，以前原则上是不灭国的，打败一个国家或部落只不过让它成为服从自己的一个诸侯，成为自己的封邦建国体系中的一部分；从积极方面来说，春秋时期的一些大国如楚、晋等开始设县，[②] 尽管春秋时期的县与后来的郡县制还有相当多的区别，但总是向郡县制迈步的一个开端。

第二，当一个大国兼并了许多小国以后，它就不能依靠原来的宗法制

---

① 　清儒顾栋高在《春秋大事表》中的《春秋列国爵姓及存灭表》里详述了春秋时灭国的情况，见《清经解续编》第 1 册，462～465 页；陈槃先生撰《春秋大事表列国爵姓及存灭表撰异》（台北，"中央研究院"，1988 年第 3 版）第 3 册，对此又有进一步的考证。

② 　清儒洪亮吉作《春秋时以大邑为县始于楚论》，首先论及春秋时之设县问题，载《更生斋文甲集》第 2 卷。《四部备要》本，上海，中华书局，1936。又参阅顾颉刚《春秋时代的县》，载《禹贡》第 7 卷，第 6、7 期合刊。杨宽《春秋时代楚国县制的性质问题》，载《中国史研究》，1981（4）。拙作《楚邦的发生和发展》第三部分（三），见《古代中国与世界》，330～338 页。

度来要求其新臣民向它效忠了。而且在大国争霸的过程中，有许多卿、大夫以至于士由于种种不同的原因离开了自己的国家而投奔别国，他们与移居国并无任何血缘关系，自然不在该国宗法系统之内。这一类的事例甚多，不必细述，从孔子的身世就可看出情况的一斑。孔子祖先是宋国人，殷的后裔，在宋是处于宗法系统中的；后来迁到了鲁国，尽管孔子的父亲在鲁也做了小官，却与鲁没有任何宗法关系了。孔子本人在鲁国做官，又曾周游列国，以求得行其道。从孔子自己的情况就可以知道，那时人们在政治上的效忠已经和宗法制没有多大关系了。由于封建制与宗法制的衰落，孝逐渐变成了单纯的家庭伦理，它已经很难再兼摄忠的内容；这时正开始萌生的郡县制，又使君主对臣民有了比以前更多的忠的要求。这样，孝道内容的再诠释就成为时代的需要了。孔子和他的及门弟子就在这样的历史条件下开始了儒家对于孝道的诠释。这些论述基本上保存在《论语》里。

在《论语》中，我们所看到的孔子论孝的言论并不太多，但是他的论孝显然是同其学说的核心（即仁礼学说）紧密地结合在一起的。《论语·为政》记："孟武伯问孝，子曰：父母唯其疾之忧。"[1]又《里仁》记："子曰：父母之年不可不知也，一则以喜，一则以惧。"[2]父母高龄固然可喜，而衰老已至则又可惧。忧父母之疾与惧父母之老，皆出于孝子中心之爱，其本质为仁。不过，孔子说孝，还不止于此。《为政》记："子游问孝，子曰：今之孝者，是谓能养。至于犬马，皆能有养；不敬，何以别乎？"又记："子夏问孝，子曰：色难。有事，弟子服其劳，有酒食，先生馔。曾是以为孝乎。"[3]《里仁》记："事父母，几谏；见志不从，又敬不违，劳而无怨。"[4]这就是说，对父母不仅要有物质上的养，而且要有精神上的敬，既包括心情容貌的恭敬，也包括分辨是非的肃敬。这种敬在本质上就是礼。所以，据《为政》记："孟懿

---

① 见刘宝楠《论语正义》第 1 册，《诸子集成》本，26 页。按旧注对此句有两解：马融以为，子不为非，除疾病外父母可以无忧，这样的子女就算是孝。而《孝经·孝行》、《礼记·曲礼》等则以为，子忧父母之疾为孝。俱见刘氏《正义》。

② 《诸子集成》第 1 册，84 页。

③ 同上书，26 ～ 28 页。

④ 同上书，83 ～ 84 页。

子问孝，子曰：无违。樊迟御，子告之曰：孟孙问孝于我，我对曰无违。樊迟曰：何谓也？子曰：生，事之以礼；死，葬之以礼，祭之以礼"①。以上所引孔子论孝之说都是纯粹家庭伦理，不过孔子的孝学说既然构成其仁礼学说的一个组成部分，那么它的作用就不可能仅限于家庭之内了。

《论语·为政》记："或谓孔子曰：子奚不为政？子曰：《书》云：'孝乎惟孝，友于兄弟，施于有政。'是亦为政，奚其为为政。"②这就是说，一个人并不必须直接为政，只要能行孝友之道而影响于执政者，这就是为政了，何必一定要亲自去问政呢？孝道是可以由己外推的，正如仁之可以推己及人一样。那么，孝道一旦推广于君臣之际，其效果将如何？《为政》记："季康子问使民敬、忠以劝，如之何？子曰：临之以庄，则敬；孝慈，则忠；举善而教不能，则劝。"③为政者能教民以孝慈，民对统治者就能忠。这就是孔子把作为家庭伦理的孝推衍为政治伦理的直接说明。《学而》记孔子弟子有若语："有子曰：其为人也孝悌，而好犯上者，鲜矣。不好犯上，而好作乱者，未之有也。君子务本，本立而道生。孝弟也者，其为仁之本与。"④有若这一段话可以说是对于孔子上述的话的具体解释。

从以上引文中，我们可以看到孔子渐渐把"忠"作为与"孝"相对应的伦理范畴提了出来。按"忠"字原来并非专指对君主或当政者的忠诚。《说文解字》："忠，敬也。尽心曰忠。"⑤《左传》桓公六年记随大夫季梁语曰："所谓道，忠于民而信于神也。上思利民，忠也；祝史正辞，信也。"⑥这个忠是指上尽心于民。当然也有臣下对君主之忠，如襄公九年记楚子囊对当时晋国政治情况的说明是"君明臣忠"⑦。这就又是指臣对于君的尽心。《论

① 《诸子集成》第1册，25页。
② 同上书，36页。按此句所引《书》为逸《书》，或谓"施于有政"非《书》之文，而为孔子语，但此种分歧不影响文义的理解。
③ 同上书，35页。
④ 同上书，3～4页。
⑤ 见段玉裁：《说文解字注》，502页。"尽心曰忠"为段氏据《孝经疏》补。
⑥ 《春秋左传正义》，见《十三经注疏》，1749页。
⑦ 同上书，1942页。

语·学而》记曾子语："吾日三省吾身：为人谋而不忠乎？与朋友交而不信乎？传不习乎。"[①] 这是泛指对于一切人尽心之忠。不过，在《论语》里，孔子从不把子对父母之尽心说为"忠"，而只说为"孝"；同时，把臣下对于君主之尽心说为"忠"，却比较自然了。例如《论语·八佾》记："子曰：事君尽礼，人以为谄也。"[②] 又记："定公问：君使臣，臣事君，如之何？孔子对曰：君使臣以礼，臣事君以忠"[③]（其实，在《左传》里，"忠"字用于臣对国家或对君的情况也是远比用于君对民多的。看来，这在春秋时期已形成一种趋势）。孔子的意思是：君臣之间皆应以礼相待，臣事君以礼就是事君以忠。相应地，父子之间也应以礼相待，而子事父以礼，则称之为孝。这就是说，孔子及其及门弟子时期的儒家已开始把忠从孝里分离开来，同时又使二者之间有一个内在的联系——不再是凭借宗法的直接的联系，而是由仁学说的外推作用而产生的间接的联系。

以上所述孔子与其及门弟子关于孝的学说，是春秋晚期至战国初期的事。

（二）孟子时期

中国历史进入战国时期以后，情况发生了加速度的变化。一方面，原来的封建制迅速地为郡县制所代替，旧的宗法制度分崩离析；另一方面，各国君主的势力不断加强，他们要求臣民尽忠尽力为他们去作战，去争夺土地。在这样的情况下，出现了两种主张的人。一是墨家，其代表为墨子；一是早期法家或兵家，如吴起。

墨子针对当时战争给人民带来空前苦难的情况，提出兼爱、非攻之说。他认为，兼爱是君惠、臣忠、父慈、子孝的前提。《兼爱下》："我以为人之于就兼相爱交相利也，譬之犹火之就上、水之就下也，不可防止于天下。故兼者，圣王之道也，王公大人之所以安也，万民衣食之所以足也。故

---

① 《诸子集成》第 1 册，5 页。
② 同上书，62 页。
③ 同上。

君子莫若审兼而务行之。为人君必惠，为人臣必忠；为人父必慈，为人子
必孝；为人兄必友，为人弟必悌。故君子莫若欲为惠君忠臣、慈父孝子、友
兄悌弟，当若兼之不可不行也。此圣王之道，而万民之大利也。"①在这里，
墨子提到了忠臣、孝子、悌弟，看来忠与孝是分开了的；尤其"忠臣"作
为一个固定的名词（与之相应的"孝子"作为一个固定名词是早就出现了
的），在《论语》《孟子》里都还未曾见到，在《墨子》中却首先出现了。这
个名词表明了"忠"与"臣"之间专门的配搭关系的固定化。但是，另一方
面，墨子又对忠与孝有其区分不清的地方。《兼爱上》："臣子之不孝君父，
所谓乱也。子自爱，不爱父，故亏父而自利；弟自爱，不爱兄，故亏兄而自
利；臣自爱，不爱君，故亏君而自利。此所谓乱也。虽父之不慈子，兄之不
慈弟，君之不慈臣，此亦天下之所谓乱也。"②在这里，臣之善事君与子之善
事父皆称为孝，而且君臣父子兄弟之间皆以爱，不见其中分别。《节用中》：
"古者明王圣人，所以王天下、正诸侯，彼其爱民谨忠，利民谨厚，忠信相
连，又示之以利，是以终身不餍，殁世不卷。"③在这里，"忠"字又用于君对
民上。这就出现了一种矛盾的现象。怎么样解释这种矛盾呢？我想，墨子
在注意到忠、孝之别的地方，那是依从了当时忠、孝渐分的习惯；他之所
以孝不分君父和忠不分上下，那是由于在他的思想里爱本来就是无差别的，
不然就不成其为兼爱了。既然本质上为无差别之爱，用什么名词来表达也
就无所谓了。所以，尽管像墨子这样重视概念含义准确性的人，他也说过：
"孝，利亲也。"④可是他也能把孝用于利君的场合。

　　吴起则是另外一个类型的人物，一个与墨子的兼爱、非攻学说恰好相
反的人物。现在我们看不到吴起的著作，但是从《史记·孙子吴起列传》的
记载可以窥见其一斑。据司马迁记，吴起是卫国人，"其少时家累千金，游
仕不遂，遂破其家。乡党笑之，吴起杀其谤己者三十余人，而东出卫郭门。

①　孙诒让：《墨子间诂》，见《诸子集成》第4册，80页。
②　同上书，62页。
③　同上书，101页。
④　同上书，192页。

与其母诀，啮臂而盟曰：'起不为卿相，不复入卫。'遂事曾子。居顷之，其母死，起终不归。曾子薄之，而与起绝。"吴起因此成了历史上著名的不孝之子。起以知兵事鲁君，会齐攻鲁，而起妻为齐女，故鲁人欲以为将而疑之。起乃杀妻，卒将兵大破齐军。这说明吴起略无仁爱之心。其后，吴起到魏国，"魏文侯以为将，击秦拔五城。起之为将，与士卒最下者同衣食，卧不设席，行不骑乘。亲裹赢粮与士卒分劳苦。卒有病疽者，起为吮之。卒母闻而哭之。人曰：'子卒也，而将军自吮其疽，何哭为？'母曰：'非然也。往年吴公吮其父，其父战不旋踵，遂死于敌。吴公今又吮其子，妾不知其死所矣，是以哭之'。"吴起看来是很爱部下士兵了，可是其终极目标并非爱兵，而是要其尽忠以死。司马迁以一个简单的故事就把问题说明了。后来，吴起到楚国事楚悼王，"至则相楚，明法审令，捐不急之官，废公族疏远者，以抚养战斗之士。要在强兵，破驰说之言从横者。于是南平百越，北并陈、蔡，却三晋，西伐秦。诸侯患楚之强。故楚之贵戚尽欲害吴起。及悼王死，宗室大臣作乱而攻吴起"[①]。所以，吴起是一个典型的只讲富国强兵而六亲不认的人。为了成就事业，"忠"他倒是讲的，至于"孝"那就不在话下了。根据以上这种背景情况的说明，我们就可以了解孟子的孝学说实际是针对墨子与吴起等人的主张而展开的。

首先，与墨子的兼爱说以及由之而来的忠孝无别思想相反，孟子认为孝与忠既可相通，又不相同。《孟子·离娄上》孟子曰："居下位而不获于上，民不可得而治也。获于上有道，不信于友，弗获于上矣。信于友有道，事亲弗悦，弗信于友矣。悦亲有道，反身不诚，不悦于亲矣。诚身有道，不明乎善，不诚其身矣。"[②]这就是说获于上或忠于君是可以从修身、孝亲推衍而得的。故二者可以相通。但是孝与忠又不相同，是因为爱是有差等的，父子慈孝之爱是一切爱的起点，当然不能与对君之忠等同。孟子说："事亲，

---

① 以上关于吴起的文字皆见于《史记会注考证附校补》，1317～1319页，上海，上海古籍出版社影印本，1986。

② 焦循:《孟子正义》，见《诸子集成》第1册，299页。

事之本也。"①就是指的这个意思。以下就来让我们看看孟子对于父子之间与君臣之间的处理究竟有何不同。

《离娄下》记孟子告齐宣王曰："君之视臣如手足，臣则视君如腹心；君之视臣如犬马，臣则视君如国人；君之视臣如土芥，则臣视君如寇雠。王曰：礼，为旧君有服，何如斯可为服矣？曰：谏行言听，膏泽于下民；有故而去，则使人导之出疆，又先于其所往；去三年不反，而后收其田里。此之谓三有礼焉，如此则为之服矣。今也为臣，谏则不行，言则不听，膏泽不下于民；有故而去，则君搏执之，又极之于其所往；去之日遂收其田里。此之谓寇雠，寇雠何服之有"②。在孟子看来，臣对于君取何种态度，取决于君对臣取何种态度。据《公孙丑下》记，孟子将朝齐王，而王也想孟子入朝。可是王不说他命令孟子入朝，而说他病了，所以不能来看孟子。这时孟子改了主意，也托病不朝；次日却出吊于东郭氏。这时王派人来探望孟子的病。孟子弟子只好说孟子去上朝了，不知到了没有；同时派人到路上接孟子，让他赶快上朝。孟子就是不去上朝，而到景丑家去寄宿。当景丑问孟子这样做是否对王失礼的时候，孟子说了一通大道理。其中有言："天下之达尊三：爵一，齿一，德一。朝廷莫如爵，乡党莫如齿，辅世长民莫如德。恶得有其一以慢其二哉（指齐王只是爵比孟子高，而年龄和道德二者皆不如孟子）？故将大有为之君，必有所不召之臣，欲有谋焉则就之。其尊德乐道不如是，不足于有为也。"③在《孟子》书中，我们可以看到类似的事例是不一而足的。孟子并不把君视为天然尊长，其尊君是有条件的。

从另一方面看，孟子对于父的主张就大有不同了。《万章上》记："万章问曰：'舜往于田，号泣于旻天。何为其号泣也？'孟子曰：'怨慕也。'万章曰：'父母爱之，喜而不忘；父母恶之，劳而不怨。然则舜怨乎？'曰：'……天下之士悦之（指舜），人之所欲也，而不足以解忧；好色，人之所欲，帝（指尧）妻之二女，而不足以解忧；富，人之所欲，富有天下，而不足以解

---

① 焦循：《孟子正义》，见《诸子集成》第1册，308页。
② 《诸子集成》第1册，322～323页。
③ 同上书，150～154页。

忧；贵，人之所欲，贵为天子，而不足以解忧。人悦之、好色、富、贵无足以解忧者，惟顺于父母可以解忧。人少则慕父母，知好色则慕少艾，有妻子则慕妻子，仕则慕君，不得于君则热中。大孝终身慕父母。五十而慕者，予于舜见之矣。'"① 而且，《尽心上》记："桃应问曰：'舜为天子，皋陶为士，瞽瞍（舜之父）杀人，则如之何？'孟子曰：'执之而已矣然则舜不禁与？'曰：'夫舜恶得禁之？夫有所受也。''然则，舜如之何？'曰：'舜视弃天下，犹弃敝屣也。窃负而逃，遵海滨而处，终身欣然，乐而忘天下。'"② 舜之父母是有名的不慈者，可是孟子并未要求舜报之以不孝；相反，如果其父犯了法，孟子还主张舜偷偷把被捕的父亲带走，放弃帝位而和父亲一同过逃亡生活。孟子高度赞扬了舜的大孝，这就是说，他所要求于子之事父者，并非如臣之事君那样的对等原则。为什么呢？因为，"孟子道性善，言必称尧舜"③。尧舜是孟子理想中的善的典型，而孝正是性善的根本表现，其他一切的善都是从此推衍而来的。"老吾老，以及人之老；幼吾幼，以及人之幼"④。如果离开了孝，那么这种推导的前提就丧失了。

　　照此说来，孟子就只强调孝作为家庭伦理的作用，而不把它推衍成为社会的以及政治的伦理了吗？不是的。只要一看孟子对于当时主张富国强兵一派人的批判，这个问题就可以清楚了。吴起事母不孝，仕于楚废公族疏远者不慈，而讲富国强兵、战胜攻取之道。《离娄上》记："孟子曰：'求也为季氏宰，无能改于其德，而赋粟倍他日。孔子曰：'求非我徒也，小子鸣鼓而攻之可也。'由此观之，君不行仁政而富之，皆弃于孔子者也。况于为之强战，争地以战，杀人盈野；争城以战，杀人盈城。此所谓率土地而食人肉，罪不容于死。故善战者服上刑，连诸侯者次之，辟草莱任土地者次之'"⑤。在孔、孟看来，国家之富强只能在行仁政、爱人民的条件下实现之。

---

① 《诸子集成》第1册，359～363页。
② 同上书，548～549页。
③ 《滕文公上》，见《诸子集成》第1册，186页。
④ 《梁惠王上》，见《诸子集成》第1册，51～52页。
⑤ 《诸子集成》第1册，302～303页。

所以,《梁惠王上》记,王问孟子如何才能雪战败之耻,孟子对曰:"地方百里而可以王。王如施仁政于民,省刑罚,薄税敛,深耕易耨,壮者以暇日修其孝悌忠信,入以事其父兄,出以事其长上,可使制梃,以挞秦、楚之坚甲利兵矣。彼夺其民时,使不得耕耨,以养其父母;父母冻饿,兄弟妻子离散。彼陷溺其民,王往而征之,夫谁与王敌? 故曰王者无敌。王请勿疑。"① 君主行仁政,使人民能安居乐业、孝养父母,再教之以孝悌忠信之道,人民就能拥护国君;这样的国君自然就能胜过不爱民之国君。在行仁政的条件下,孝就可以从事亲推衍至于事君而为忠。为什么在这样条件下就能推呢? 因为国君行仁政并非别的,而恰好是尽到了为民父母之责。《公孙丑上》记孟子曰:"尊贤使能,俊杰在位,则天下之士皆悦而愿立于其朝矣。市,廛而不征,法而不廛,则天下之商皆悦而愿藏于其市矣。关,讥而不征,则天下之旅皆悦而愿出于其路矣。耕者助而不税,则天下之农皆悦而愿耕于其野矣。廛,无夫里之布,则天下之民皆悦而愿为之氓矣。信能行此五者,则邻国之民仰之若父母矣。率其子弟,攻其父母,自有生民以来,未有能济者也。如此则无敌于天下"② 又孟子曾对梁惠王说:"庖有肥肉,厩有肥马,民有饥色,野有饿莩,此率兽而食人也。兽相食,且人恶之;为民父母行政,不免于率兽而食人,恶在其为民父母也。"③ 所以,凡是率兽食人、率土地食人的君主,就不能算是民之父母,因而也就不配获得人民对他的孝即忠;国君要获得人民之孝即忠,他就要做得像个民之父母的样子。所以,孟子不仅不是反对孝之外推为忠,而且正是要由行仁政而达到大慈大孝:国君视民如赤子,起到为民父母的作用;民也事君如事父母,做到推孝为忠。

(三)荀子时期

公元前4世纪中后期,当孟子正在各国宣扬儒家仁政说的时候,秦孝

---

① 《诸子集成》第1册,38～41页。
② 同上书,134～137页。
③ 同上书,37页。

公用商鞅之议实行了改革（前356—前338）。从此秦国迅速强盛起来，不断向东方扩展；东方六国之间也互相争夺。于是战争越来越频繁，其规模也越来越大；一场战争的双方动辄调遣数十万人，秦于长平之战中击败赵以后竟然屠杀了赵军四十万人。真是争城以战，杀人盈野！与此同时，商鞅一派的学说大行其道。在《商君书》（包括商鞅本人以及同派后学的作品）中，我们可以看到他们是怎样痛斥儒家的孝道的。

《商君书·去强》："国有礼乐，有《诗》有《书》，有善有修，有孝有悌，有廉有辩，国有十者，上无使战，必削至亡；国无十者，上有使战，必兴至王。国以善民治奸民者，必乱至削；国以奸民治善民者，必治至强。国用《诗》、《书》、礼、乐、孝、悌、善、修治者，敌至必削国，不至必贫；国不用八者治，敌不敢至，虽至必却，兴兵而伐必取，取必能有之，按兵而不攻必富。"① 又《商君书·靳令》："六虱：曰礼，乐；曰《诗》《书》；曰修善，曰孝悌；曰诚信，曰贞廉；曰仁义；曰非兵，曰羞战。国有十二者，上无使农战，必贫至削。十二者成群，此谓之君之治不胜其臣，官之治不胜其民，此谓六虱胜其政也。十二者成朴，必削。是故兴国不用十二者，故其国多力，而天下莫能犯也。兵出必取，取必能有之；按兵而不攻，必富。"② 商鞅学派以为，儒家之孝道及仁义、《诗》《书》都有害于君主之专制，有害于富国强兵与战胜攻取。他们要使人完全失去父慈子孝之心，做到"民之见战也，如饿狼之见肉，则民用矣。凡战者，民之所恶也。能使民乐战者王。强国之民，父遗其子，兄遗其弟，妻遗其夫，皆曰：'不得，无返。'又曰：'失法离令，若死，我死，乡治之。行间无所逃，迁徙无所入。'入行间之治，连以伍，辨之以章，束之以令。拙无所处，罢无所生。是以三军之众，从令如流，死而不旋踵"③。他们的办法就是要以严刑峻法把人民吓怕，使人民忘了一切父子、兄弟、夫妇之亲情，不敢不为君主发动的战争去拼命。所以，尽管在同一《画策》篇里说到了"为人子孝、少长有礼、男女有别"，但是也

---

① 严万里校：《商君书》，见《诸子集成》第5册，8～9页。
② 《诸子集成》第5册，23页。
③ 《画策》，见《诸子集成》第5册，31页。

被认为是"此乃有法之常也"。^①所以，他们所谓的孝，不过是君主统治下的一种有秩序的表现而已。在如此赤裸裸的残民以逞的理论中，作为道德伦理的孝，自然是绝对不能被允许存在的。

在这样的情况下，孟子所论述的孝学说还能起什么作用呢？孟子的孝学说是建立在其性善说的基础上的，这一点上文已经说过了。可是到了战国后期，整个社会风气都在残酷的国家间的战争与各国内的斗争中江河日下。《韩非子·六反》中就说道："且父母之于子也，产男则相贺，产女则杀之。此俱出父母之怀衽，然男子受贺、女子杀之者，虑其后便，计之长利也。"^②父母对子女都以功利之心相对待，子女又如何能对父母有天然的孝敬之情呢？所以荀子说："今孟子曰：'人之性善。'无辨合符验；坐而言之，起而不可设张，不可施行。岂不过甚矣哉。"^③孟子的孝学说既难得验证、又难以实行，于是，荀子就不能不重新作自己的论证了。

荀子论孝，不再像孟子那样从人性之善出发，而是反转过来从人性之恶出发。《荀子·性恶》："今人之性，饥而欲饱，寒而欲暖，劳而欲休，此人之情性也。今人饥，见长而不敢先食者，将有所让也。劳而不敢求息者，将有所代也。夫子之让乎父，弟之让乎兄，子之代乎父，弟之代乎兄，此二行者，皆反于性而悖于情也。然而孝子之道，礼义之文理也。故顺情性，则不辞让矣；辞让，则悖于情性矣。用此观之，然则人之性恶明矣，其善者伪。问者曰：人之性恶，则礼义恶生？应之曰：凡礼义者，是生于圣人之伪，非故生于人之性也。"^④同篇："天非私曾、骞、孝己而外众人也，然而曾、骞、孝己独厚于孝之实、而全于孝之名者，何也？以綦于礼义故也。天非私齐、鲁之民而外秦人也，然而于父子之义、夫妇之别，不如齐、鲁之孝具敬父者，何也？以秦人之从情性、安恣睢，慢于礼义故也。"^⑤

---

① 《诸子集成》第 5 册，33 页。

② 王先慎：《韩非子集解》，见《诸子集成》第 5 册，319 页。

③ 王先谦：《荀子集解》，见《诸子集成》第 2 册，294 页。

④ 《诸子集成》第 2 册，291 页。

⑤ 同上书，295 页。

　　荀子既以为孝非出于人之情性而出于圣人所制作之礼义，那么，圣人又何所据而制作礼义呢？《荀子·礼论》："礼有三本：天地者，生之本也；先祖者，类之本也；君师者，治之本也。无天地，恶生？无先祖，恶出？无君师，恶治？三者偏亡焉，无安人。故礼，上事天，下事地，尊先祖而隆君师，是礼之三本也。"① 按此段又见于《大戴礼记·礼三本》，文有小异。后世中国人长期供奉的"天地君亲师"，盖源出于此，只是把君、亲的位置换了一下而已。按礼三本之说，实际是要寻求人类社会秩序的源头，但此处并未说清楚。《荀子·王制》："天地者，生之始也；礼义者，治之始也；君子者，礼义之始也。为之、贯之、积重之、致好之者，君子之始也。故天地生君子，君子理天地。君子者，天地之参也，万物之总也，民之父母也。无君子，则天地不理，礼义无统，上无君师，下无父子。夫是之谓至乱。君臣、父子、兄弟、夫妇，始则终，终则始，与天地同理，与万世同久。夫是之谓大本。"② 在这一段表述中，荀子把礼三本说里的天地和先祖概括而为天地，把其中的君师概括而为君子；因为天地和先祖都是人的生之者，而君与师都是人的教之、治之者。不过，后一说中多出了一个"礼义"，它是什么呢？它是君臣、父子、兄弟、夫妇之间的永恒的秩序或原则，而且它又是与天地同理的秩序或原则。这种秩序或原则，好像是一种客观的理性，只有当君子去学习并把握了它以后，才能真正起到本的作用。所以，天地生人的同时就生了人类社会的秩序或原则，但是这种秩序或原则不能自己呈现出来，必须有君子通过艰苦的学习去了解并把握它，从而实现它。所以，按照荀子的理论，孝道就是君子根据这样发现的礼义体认出来并用以教人的。

　　由于孝是这样从礼义中生发出来的，荀子讲子之孝父母就与孟子颇有不同了。如上所述，孟子在回答如舜父杀人舜将如何处理时，主张舜窃负父而逃之海滨。荀子则明确主张："入孝出弟，人之小行也；上顺下笃，人

---

① 《诸子集成》第 2 册，233 页。
② 同上书，103～104 页。

之中行也；从道不从君、从义不从父，人之大行也。若夫志以礼安，言以类使，则儒道毕矣，虽舜，不能加毫末于是矣。孝子所以不从命有三：从命则亲危，不从命则亲安，孝子不从命，乃衷；从命则亲辱，不从命则亲荣，孝子不从命，乃义；从命则禽兽，不从命则修饰，孝子不从命，乃敬。故可以从而不从，是不子也；未可以从而从，是不衷也。明于从不从之义，而能致恭敬、忠信、端悫以慎行之，则可谓大孝矣。传曰：'从道不从君，从义不从父。'此之谓也。"①

由此可见，荀子所坚持的事亲、事君的一个共同的出发点，就是以礼为根据。那么是否在荀子的孝和忠的学说里就没有了仁爱的成分了呢？这也不然。据《荀子·大略》："亲亲、故故、庸庸、劳劳，仁之杀也；贵贵、尊尊、贤贤、老老、长长，义之伦也；行之得其节，礼之序也。仁，爱也，故亲；义，理也，故行；礼，节也，故成。仁有里，义有门。仁，非其里而处之，非仁也；义，非其门而由之，非义也。推恩而不理，不成仁；遂理而不节，不成义；审节而不和，不成礼；和而不发，不成乐。故曰：仁义礼乐，其致一也。君子处仁以义，然后仁也；行义以礼，然后义也；制礼反本成末，然后礼也。三者皆通，然后道也。"②仁为爱之外推（即推恩），礼为仁之节制，因此，孝之本身固然为子对父母之爱，但必以礼节之。以上所说孝之三不受命，就是以礼节爱的具体表现。子对父的孝，是以父子间的爱或仁为基础的。臣对君的忠，也应该是以君臣之间的爱或仁为基础的。试看其《富国》篇之言："治万变、材万物、养万民、兼制天下者，为莫若仁人之善也。夫故其知虑足以治之，其仁厚足以安之，其德音足以化之；得之则治，失之则乱。百姓诚赖其知也，故相率而为之劳苦以务佚之，以养其知也；诚美其厚也，故为之出死断亡以复救之，以养其厚也；诚美其德也，故为之雕琢刻镂黼黻文章以藩饰之，以养其德也。故仁人在上，百姓贵之如帝，亲之如父母，为之出死断亡而愉者，无它故焉，其所是焉诚美，其所

---

① 《荀子·子道》，见《诸子集成》第 2 册，347 页。

② 《荀子·大略》，见《诸子集成》第 2 册，324 ～ 325 页。按《大略》可能为荀子后学所记荀子言论，不过其思想为荀子的，这应该是没有问题的。

得焉诚大，其所利焉诚多。"① 这就是说，君主如能以仁爱临其下，则民亲之如父母，自然就会如事父母之孝以忠其君。所以，在荀子那里，孝之外推亦可以为忠，所持论点基本还是和孔、孟一样，是儒家的。

如果把先秦儒家三大师的孝学说的发展作一最简单的概括，那么，孔子言孝即以仁与礼二者为基点，然语焉不详。孟子着重从仁之外推的角度看孝道（与早期法家之否定仁爱及孝道不同），其视孝父与推孝致君以为忠二者之间亦有程度的差别（与墨子之兼爱或无差别之爱不同）；所以他不强调事父以礼的方面，而强调君臣之间必以礼。荀子虽然仍以仁为孝以及由孝而引申出的忠之基点（与商鞅以下的法家彻底否定仁爱与孝道不同），但是他所着重分析的是，不论是孝还是忠皆必须出之以礼（与孟子的人皆有不忍人之心的性善说不同）。如果说孟子对于孔子孝学说之发展主要在仁的方面，那么，荀子对于孔子的孝学说的发展则主要在礼的方面。

三、《孝经》和孝道在汉代的盛行

这样一个题目本来是应该写一篇专论的，不过在本文里却只能作为文章的余论来处理。这也就是说，只能从儒家孝道作为家庭伦理而社会化的角度来作一简要的论述。

以上谈先秦儒家三大师之论孝，而未涉及《孝经》，是因为此书成书年代上有些问题。《史记·仲尼弟子列传》记："曾参……孔子以为能通孝道，故授之业，作《孝经》。" ②《汉书·艺文志》记："《孝经》者，孔子为曾子陈孝道也。"③ 按司马迁与班固的说法，此书乃孔子于授业曾子时之作。今观《孝经》，皆孔子与曾子有关孝道的问答之辞，对曾子亦称子，则当为曾门后学所记先师论孝之语。使人疑惑的是，直到战国晚期，荀子论孝时不曾引用它，韩非驳儒家孝道时也未提到它。可是，《吕氏春秋·孝行览》在

① 《诸子集成》第 2 册，117 页。

② 《史记会注考证附校补》，1338 页。

③ 见王先谦：《汉书补注》，876 页，北京，中华书局影印虚受堂本，1983。

不提书名的情况下引了今本《孝经·天子章》之文，^①其《先识览·察微》则明引《孝经》一段文字，^②按此段引文在今本《孝经·诸侯章》中。有些学者以为这可以作为秦火前已有《孝经》的证据，有些学者则仍持异议。^③现在至少有一点可以肯定，即此书的内容在先秦时的后期已经有了。汉初劝汉高帝采纳儒学的陆贾，在其《新语·慎微》篇末引"孔子曰：有至德要道以顺天下"^④。虽未明言出自《孝经》，但实是《孝经·开宗明义章》中之文。而且，到了汉朝，《孝经》很快就受到重视并流传开来。据《汉书·艺文志》记："汉兴，长孙氏、博士江翁、少府后仓、谏大夫翼奉、安昌侯张禹传之，各自名家，经文皆同；唯孔壁中古文为异。"^⑤一经之说不是短期可以作出来的，所以《孝经》（今文）看来是在汉初诸经逐渐出现的过程中出现的。

其实，《孝经》作为一部论孝的专著，在深度上并无超出上述儒家大师之处。但是它有两个明显的特点：一是它简明易学，与多数其他经书相比，实在容易得多了。因此，历来对此书作注疏者也比其他经书少得多了。^⑥二是它把儒家孝道的基本内容都概括进来了，虽然不深，却也相当完备。今本《孝经》凡十八章，首章开宗明义，引孔子语说明，孝为天下之"至德要道"，"夫孝，德之本也，教之所由生也"^⑦。这就把孝说成是一切伦理道德的根本和起点，从一开始就把它从家庭伦理的层次超升到全社会的层次。然后，从第二到第六章分别论天子、诸侯、卿、大夫、士、庶人之孝，大体不外从两方面来说，从在上者来说要以爱亲的孝道推而广之来爱下，而从在下者来说则要以爱亲之孝推而广之来爱上，如此则上下和睦，天下太平。以下十余章，除在具体方面作一些引申之论外，基本就是这一思想的反复

---

① 《吕氏春秋》，见《诸子集成》第 6 册，137 页。

② 同上书，192 页。

③ 参阅陈奇猷：《吕氏春秋校释》，1009 页，上海，学林出版社，1995。

④ 《新语》，见《诸子集成》第 7 册，11 页。

⑤ 《汉书补注》，876 页。按长孙氏时代不详，江翁以下皆武帝以后昭、宣时期之人。

⑥ 说《孝经》容易读，不是说其中无难处，只是相对而言。前人注本当以阮福的《孝经义疏》（见《清经解》第 7 册，690～697 页）及皮锡瑞的《孝经郑注疏》为佳。

⑦ 《孝经注疏》，见《十三经注疏》，2545 页。

说明和发挥。所以，从道理上来说，此书没有什么可以深入钻研之处，却是很便于少年反复背诵掌握它。因此，从内容到形式，都适合于作为少年之读本。在汉代，它也就成了少年的读本了。

那么，汉代为什么会重视儒家的孝道呢？这就要从秦对孝道的否定及其后果说起。先秦儒家三大师的孝学说在战国时期没有受到重视，而且秦接受了法家的忠孝不能两全之说，^①不讲伦理道德，而以战争的暴力兼并了六国。贾谊对此加以评论说："商君遗礼义，弃仁恩，并心于进取，行之二岁，秦俗日败。故秦人家富，子壮则出分；家贫，子壮则出赘。借父耰锄，虑有德色；母取箕帚，立而谇语。抱哺其子，与公并倨；妇姑不相说，则反唇而相稽。其慈子耆利，不同禽兽者，亡几耳。然并心而赴时，犹曰蹶六国，兼天下。功成求得矣，终不知反廉愧之节，仁义之厚。信并兼之法，遂进取之业。天下大败，众掩寡，智欺愚，勇威怯，壮陵衰，其乱至矣。是以大贤起之，威震海内，德从天下，曩之为秦者，今转而为汉矣。"^②贾谊的这一段分析说明了秦之所以灭亡而为汉所代，其中一个重要因素就是否定孝道仁义之结果。汉朝的统治者似乎也早知道了这个道理。惠帝四年"春正月，举民孝悌力田者，复其身"^③。而且，自惠帝起，汉代皇帝（除东汉开国之君光武帝外）的谥号中都加一个孝字，以示朝廷以孝治天下之意。汉文帝十二年下置三老孝悌力田常员诏，说："孝悌，天下之大顺也；力田，为生之本也。三老，众民之师也；廉吏，民之表也。朕甚嘉此。"^④这样，汉就正式以孝悌力田代替了秦之尚武力田（耕战）政策。汉武帝元朔元年又决定举"孝廉"^⑤。元狩六年六月又下诏"谕（论）三老孝悌以为民师"^⑥。三老、

---

① 参阅《韩非子·五蠹》，见《诸子集成》第 5 册，344～345 页。
② 《汉书·贾谊传》，见王先谦《汉书补注》，1059～1060 页。
③ 《汉书补注》，62 页。
④ 同上书，74 页。
⑤ 同上书，87 页。
⑥ 同上书，91 页。

孝悌力田既是地方上的官，[①] 又是基层社会的师；而孝廉则成为汉代人进入
仕途的一个重要门径。由此可见汉代统治者对于孝的重视之一斑。至于汉
朝各代皇帝对于孝者的种种赏赐和优待，可以说是史不绝书，在此就不必
细说了。

　　最后，让我们再看一看《孝经》在汉代受重视的情况。据《汉书·儒林
传》，《孝经》不在五经之列，但五经博士中也有治《孝经》者，如治鲁诗的
博士江公亦曾"著《孝经说》"[②]，而《艺文志》则将《孝经》列于六艺略中，
与《论语》地位相当，不能说不受重视了。再从《孝经》的传授范围来看，
据《汉书·疏广传》记：疏广、疏受叔侄并为宣帝之太子师，而"皇太子年
十二通《孝经》"[③]。疏氏受到皇室极高的礼遇。又据《汉书·景十三王传》
记，广川王去"师受《易》《论语》《孝经》，皆通"[④]。这个刘去名为通《孝
经》，而实际行为恶劣，是学而不行的问题。又据《汉书·平帝纪》三年记
当时学官情况："郡、国曰学，县、道、邑、侯国曰校；校、学置经师一人。
乡曰庠，聚曰序；序、庠置《孝经》师一人。"[⑤] 所以，如果说儒家五经的传
授还达不到社会的基层，那么，《孝经》的传授倒真是自天子以至于庶人，
从皇太子、诸侯王以至乡村聚落，处处都学《孝经》了。汉朝的情况既然如
此，那么这也可以从一个侧面说明，儒家的孝道在当时已经真正社会化了。

原载台湾汉学研究中心主编：《中国家庭及其伦理

研讨会论文集》，汉学研究中心，1999 年

---

　　① 赵翼：《廿二史札记》卷2《三老孝悌力田皆乡官名》。见王树民《廿二史札记校
证》，45页，北京，中华书局，1984。

　　② 《汉书补注》，1521页。

　　③ 同上书，1335页。

　　④ 同上书，1123页。

　　⑤ 同上书，142页。

关于战国时期的性恶说

在战国时期的"百家争鸣"状态中，有一个引人注目的现象，那就是人性恶的学说的出现以及它的风行一时。最初人们注意到的是荀子的性恶说，后来韩非的性恶说也得到了学者们相当深入的分析和研究。不过，在荀子以前是否有过性恶说或近似于性恶说的思想呢？这一点似乎尚无太多的讨论。如果有，荀子性恶说和其前驱者之间的关系又是怎么样的？同时，关于荀子性恶说和韩非子性恶说本身以及二者之间的关系，似乎也还有可以进一步分析的余地。这些也就是本文所拟讨论的问题。

一、战国早、中期人性恶的思想的萌生

（一）关于《墨子》书中的性恶思想

《尚同上》记："子墨子曰：古者民始生，未有刑政之时，盖其语人异义。是以一人则一义，二人则二义，十人则十义。其人兹众，其所谓义者亦兹众。是以人是其义，以非人之义，故交相非也。是以内者父子兄弟作怨恶，离散不能相和合；天下之百姓皆以水火毒药相亏害，至有余力不能以相劳，腐朽余财不以相分，隐匿良道不以相教。天下之乱，若禽兽然。"《尚同中》篇首记有同样的内容。

墨子在这里讲的是人类的原始状态，亦即未经改造过的人性的表现。他认为，人的生而具有的本性是恶的，而且恶到了这样一种程度："若禽兽然"。为什么人类会这样性恶呢？墨子也已给了回答，那就是因为一人一义。简而言之，那就是人皆有己，并以自己为中心；于是为了一己之私，不惜伤害他

人的利益。于是"己"或个人的自我就成了墨子的性恶说中的恶源。

墨子何所据而云然？他的这种认识是从战国时期的激烈的争夺和兼并环境中得来的。在墨子看来，人性之恶，表现为损人利己。在《非攻上》中，他列举了从"入人园圃，窃其桃李"，到"攘人犬豕鸡豚"，"取人牛马"，以至"杀不辜人，扡其衣裘"，并指出这是人们公认的损人利己的行为。而在当时的战国时代，这种损人利己的行为已经发展为大规模的杀人的战争。《非攻中》分析了当时战争造成的国家财富损失与人民伤亡常常"不可胜数"。"杀人多必数于万，寡必数于千，然后三里之城、七里之郭且可得也"。可是统治者"贪伐胜之名，及得之利，故为之"。墨子把这一切看作是本质为恶的人性的充分扩展的结果。

出于救世的目的，墨子从两个层面上提出了自己的主张。在实践的层面上，他主张"非攻"，以免除人民的伤亡与痛苦；在理论的层面上，他主张"兼爱"，以消除争夺的祸根。墨子为何不用其前辈学者孔子的"仁"爱，而一定要用"兼爱"呢？从表面上或墨子本人所能意识到的层面上来看，那是因为孔子的"仁"中还不免有一个"己"字，而他自己的"兼爱"则是完全没有人我之别的。墨子把孔子称为"别士"，而自称为"兼士"。他在《兼爱下》中将二者作了一个对比说："是故别士之言曰：'吾岂能为吾友之身若为吾身、为吾友之亲若为吾亲？'是故退睹其友，饥即不食，寒即不衣，疾病不侍养，死丧不葬埋。别士之言若此，行若此。兼士之言不然，行亦不然，曰：'吾闻为高士于天下者，必为其友之身若为其身，为其友之亲若为其亲，然后可以为高士于天下。'是故退睹其友，饥则食之，寒则衣之，疾病侍养之，死丧葬埋之。兼士之言若此、行若此。若兹二士者，言相非而行相反欤。"这就是说别士尚不能忘我，而墨家的兼士们则是廓然而大公的。不过墨家还没有把这种廓然大公说为完全无私。他们说："爱人不外己，己在所爱之中；己在所爱，爱加于己。伦列之，爱己，爱人也……臧之爱己，非爱己之人也。厚不外己；爱无厚薄，举己非贤也。"[①]他们的逻辑是，

---

① 《墨子·大取》，见《诸子集成》第 4 册，244～245 页。

己为人（类中之一员），爱厚于人（类），自然地包括了爱己。由于己也是人（类中之一员），固然也可以说爱己也是爱人，但那只是爱人中的一员，而不等于爱了人（类）。譬如，一个奴隶（臧）爱他自己，那并不等于爱他所属的人类。所以不论爱的厚薄，突出自己总是不对的。墨家处处都把"己"或个人当贼那样来防范着，只许它融于人（类）之中，而不许它有任何独特的自立性。这是他们把"己"或个别人当作性恶之源的自然结果。

墨家的陈义固然甚高，而且也甚重逻辑，可是他们用以救治性恶的灵丹妙药即"兼爱"却由此而失去了在人性上的内在依据。孔子说："夫仁者，己欲立而立人，己欲达而达人。能近取譬，可谓仁之方也已"。[1] 又说"己所不欲，勿施于人"。所以说"为仁由己，而由人乎哉"[2]。孔子的"仁"爱是由对己之爱推出去的，作为"仁"的出发点或中心的正是作为人（之一员）的个人或"己"。所以"仁"之源不假外求，即在自己的人性之中。在墨家性恶说的理论体系中，"兼爱"却无法从人性自身找到它的源泉。因为性恶本来就是对于爱人的排斥，人性之中既然本无爱人的资源，那又如何能无中生有地从人性中幻变出一个"兼爱"来呢？于是墨子只有把"兼爱"归之于"天志"。"兼爱"本是一种人类之爱，可是在墨子那里却不得不外化为一种宗教之爱：既然天无差别地兼爱世人，人们当然也就应该互相兼爱了。墨家的这种论证具见于《天志》三篇之中，此处不烦细说。此处所要强调指出的是，"天志"无非是墨家性恶说的自然的逻辑结论。而且，墨子只要否定孔子的"仁"，他就不能不走上这一条路。

由于同样的道理，墨家既然不能从个人或"己"的"义"中看到任何理性的因素，那么就必然要使人们下级服从上级、直到服从天子，而后天子再服从于天。其说具见于《尚同》三篇，此处也不必细说。这里想要说明的是，墨子的"非攻"、"兼爱"、"天志"、"尚同"等基本思想，几乎都是以其性恶说为其必要条件的。

---

① 《论语·雍也》，见《诸子集成》第1册，262页。
② 《论语·颜渊》，见《诸子集成》第1册，134页。

（二）关于早期法家的性恶思想

在早期法家的著作中有比较明显的性恶思想的是《商君书》。尽管其中掺入了若干较晚时期的人的东西，应该说此书仍是战国中期商鞅及其后学的作品。现在试从此书来探索这一学派的性恶说。

此书《开塞》篇云："天地设而民生之，当此之时也，民知其母而不知其父，其道亲亲而爱私。亲亲则别，爱私则险；民众，而以别险为务，则民乱。当此时也，民务胜而力征，务胜则征，力征则讼，讼而无正，则莫得其性也。"这也是说的人类的原始状态，也是把人的本性说得既自私又险恶，几乎和以上所引的《墨子·尚同上》中的那一段话一模一样。看来作者是受过墨家学派的影响的，所以二者之间有共同性。

不过，商鞅及其后学在处理性恶的问题上比墨家学派又远走了一步。当墨子说了"天下之乱若禽兽然"以后，就接着说："夫明乎天下之所以乱者，生于无政长。是故选天下之贤可者，立以为天子。天子立，以其力为未足，又选择天下之贤可者，置立之以为三公。天子三公既立，以天下为博大，远国异土之民，是非利害之辩，不可一二而明知；故画分万国，立诸侯国君。诸侯国君既立，以其力为未足，又选择其国之贤可者，置立之以为正长。正长既具，天子发政于天下之百姓。"墨子以为，天子是天选派的，以下各级政长分别由其上级选派；他们必须是各级的贤者，人民则必须逐级地尚同于上。人民之上同至于天子，而天子则必须上同于天。这种尚同虽然已有相当程度的盲从的性质，但是尚同的既是贤者，那就不能说其中完全没有理性的因素。"天志"所体现的"兼爱"中实际也包含了人类之爱的理性因素，尽管它已经经过了外化。商鞅及其后学们在这一点上与墨家就大有不同了。在以上所引的《开塞》篇那段文字以下，紧接着就是"故贤者立中正，设无私，而民说仁。当此时也，亲亲废，上贤立矣。凡仁者以爱为务，而贤者以相出 ① 为道。民众而无制，久而相出为道，则有（又）乱。

---

① 按"相出"，一说"出"即"屈"，意即互相使对方屈服；一说以为，相出就是互相超出。总之，就是互相竞争，贤本来就是在竞争中产生出来的。

故圣人承之，作为土地、货财、男女之分。分定而无制，不可，故立禁。禁立而莫之司，不可，故立官。官设而莫之一，不可，故立君。既立君，则上贤废而贵贵立矣。然则上世亲亲而爱私，中世上贤而说仁，下世贵贵而尊官。上贤者以道相出也，而立君者使贤无用也"。《商君书》的这一段话说明了这样两个问题：第一，墨子是主张上贤的，除上引文字外，《墨子》中还有《尚贤》的专篇。《商君书》在这里却明确提出"尚贤"已经过时；有了君主就不能再有别的权威，所以尚贤必须废止。第二，"尚贤"也是有问题的，因为"贤"本身就有赖于竞争才能出现；而竞争本身就包含了作为性恶之源的私，所以有竞争而无制必乱。这两点可以说都是否定墨家思想的。如果说其第一点是以历史的眼光否定墨家的尚贤，那么其第二点就是批评墨家在对付"性恶"的方法还不彻底。因为"贤"本来就含有"私"或"性恶"的因素，可是贤者总又以"仁"为号召；所以"尚贤"于"性恶"虽可以致治于一时，而结果必然是"乱"。于是这些法家们决心把贤放到一边，而把全部对治"性恶"的希望投在君主身上。

那么商鞅及其后学对治"性恶"的具体方法又是什么呢？概括起来说也有两点：一是以恶治恶，二是以愚治恶。在先秦法家著作中要找以恶治恶的言论，那可以说是太多而无法备引了。现在姑且引用《开塞》篇的结语以为概括："故王者以禁赏，以刑劝，求过不求善，藉刑以去刑。"这真是与儒家的"仁"和墨家的"兼爱"划清了界限，把性恶说运用得够彻底了。至于以愚治恶的话，那在法家著作中也可说是俯拾即是。现在姑且引《商君书·农战》篇一段话以为概括："学者成俗，则民舍农，从事于谈说，高言伪议，舍农游食，而以言相高也。故民离上，而不臣成群。此贫国弱兵之教也。夫国庸民以言，则民不畜于农。故惟明君知好言之不可以强兵辟土也，惟圣人之治国作壹，抟之于农而已矣。"这就是说，要富国强兵，就只能要人民在家努力种地，外出为国作战；而要做到这一点，就必须使人们无知无识。这种愚民主张，不仅为儒家所缺乏，而且也为墨家所未知，真是做到了前无古人的地步。

《墨子》和《商君书》都以人性恶为自己政治理论的前提，可是当他们展开各自的理论的时候，却走到几乎完全相反的两个极端去了。墨家对"人"采取的是悲天悯人的态度：主张非攻，反对使人民蒙受苦难的战争；主张无差别的兼爱，以推己及人的"仁"爱为不足。而早期法家对"人"却采取冷酷无情的态度：对国内人民重罚而不重赏，对其他国家则一概以战争解决问题。为什么同自性恶说出发而结果如此不同呢？看来这与他们对性恶主张的彻底程度不同有关。墨家虽然从人性中找不到善，但是在"天志"（外化了的人性）发现了善源，于是主张以天之善救人之恶；法家却不信天而只信人，因而找不到任何善源，于是就只有以恶治恶了。

二、关于荀子的性恶说

荀子的性恶说集中地记录于其《性恶》《正名》等篇中，而《荀子》书中许多篇章的内容又多有与其性恶说密切相关者。如果说反映在《天论》中的自然天道观是荀子思想体系的一大理论支柱，那么性恶说就应该是荀子思想体系的另一重大理论支柱了。

《性恶》篇云："人之性恶，其善者伪也。人之性，生而有好利焉，顺是，故争夺生而辞让亡焉；生而有疾恶焉，顺是，故残贼生而忠信亡焉；生而有耳目之欲有好声色焉，顺是，故淫乱生而礼义文理亡焉。然则从人之性，顺人之情，必出于争夺，合于犯分乱理而归于暴。故必将有师法之化，礼义之道，然后出于辞让，合于文理，而归于治。用此观之，然则人之性恶明矣，其善者伪也。"在这里，荀子对于性恶的论证，几乎和墨子一样，是以经验事实为根据的。

当然，荀子也注意到了要回答性恶而善又何来的问题。同篇云："问者曰：人之性恶，则礼义恶生？应之曰：凡礼义者，是生于圣人之伪，非故生于人之性也。故陶人埏埴而为器，然则器生于工人之伪，非故生于人之性也；故工人斲木而成器，然则器生于工人之伪，非故生于人之性也；圣人积思虑、习伪故，以生礼义而起法度，然则礼义法度者，是生于圣人之伪，非故生于人之性也。若夫目好色，耳好声，口好味，心好利，骨体肤理好愉佚，是皆生于人之情性者也；感而自然，不待事而后生之者也。夫感而不能然，必且待事而后然者谓之生于伪。是性伪之所生，其不同之征也。故圣人化性而起伪，伪起而生礼义，礼义生而制法度；然则礼义法度者，是圣人之所生也。故圣人之所以同于众、其不异于众者，性也；所以异而过众者，伪也。"这就是说，性是与生俱来、自然而然的，而伪则是凭后天的努力而对于性的改变、节制、纠正或否定；虽圣人，其性也不能有异于常人，其不同于常人者在于他能"化性起伪"而已。

在区分了性与伪以后，从逻辑上说还有两个问题必须回答。第一，人性既然为恶，人们如何会感到有化性起伪、改恶从善的必要？荀子的回答是："凡人之欲为善者，为性恶也。夫薄愿厚，恶愿美，狭愿广，贫愿富，贱愿贵；苟无之中者，必求于外。故富而不愿财，贵而不愿势；苟有之中者，必不及于外。用此观之，人之欲为善者，为性恶也。"[①]荀子的这一回答看来很机警，但实际很勉强，严格说来并不能成立。因为，他所说"薄愿厚、恶愿美、狭愿广、贫愿富、贱愿贵"等等，都是可以用其性恶说来解释的；可是，根据他的性恶说，"厚愿薄、美愿恶、广愿狭、富愿贫、贵愿贱"就不可能成立了。何况，根据他的性恶说的逻辑，厚者只会愿更厚，美者只会愿更美，广者只会愿更广，富者只会愿更富，贵者只会愿更贵；否则就不会有贪利争夺，就不成其为性恶了。既然荀子所举"薄愿厚"等例证不具有可逆性，它们就不能证明人们对于凡是自己没有的东西都有必需之感；没有不幸经验的人，是绝不会因此而希望不幸的降临的。荀子此说之病，前辈学者已经指出过了。[②]第二，人性既然为恶，那么人们又如何会有化性起伪、改恶从善的可能？《正名》篇云："生之所以然者谓之性。性之和所生，精合感应，不事而自然谓之性。性之好、恶、喜、怒、哀、乐谓之情。情然而心为之择谓之虑。心虑而能为之动谓之伪。虑积焉，能习焉，而后成谓之伪。正利而为谓之事，正义而为谓之行。所以知之在人者谓之知，

---

① 《性恶》，见《诸子集成》第 2 册，292 页。
② 见郭沫若：《十批判书·荀子的批判》。

知有所合谓之智；智（卢文弨云：此智字衍）所以能之在人者谓之能，能有所合谓之能。"这一段话首先给"性"下了定义：即"生之所以然者"或"不事而自然者"；然后又说明"伪"的来源。为了说明"伪"的来源，荀子由性而引出情，即好与恶、喜与怒、哀与乐三对各自类相同而质相反的情；并由此而引出选择的必要。要选择就不能无虑，要虑就不能不引出能虑的主体即心。心有两种功能：一是"知"，即虑事、知事的功能；二是"能"，即断事、行事的功能。心能思（虑）能行（动）就是"伪"（与性或本能不同的人的后天努力），思虑和行动积累到某种程度就成就为"伪"（与自然而然的性不同的人的后天规范）。正是心的知和能这两种功能，为人的化性起伪、改恶从善提供了可能性。同时，荀子在这里倒是间接地回答了上述第一个问题，即人性恶而为何有求善之需要的问题。因为他在这段话中表明，人有性而有情，有情就需要选择，而选择即非性之所能胜任；这就有了外求的必要性。

关于心是怎么样对性起作用的，《正名》篇云："欲不待可得，而求者从所可。欲不待可得，所受乎天也；求者从所可，所受乎心也。所受乎天之一欲，制于所受乎心之多，固难类所受乎天也。人之所欲，生甚矣；人之所恶，死甚矣；然而人有从生成死者，非不欲生而欲死也，不可以生而可以死也。故欲过之而动不及，心止之也；心之所可中理，则欲虽多奚伤于治。欲不及而动过之，心使之也；心之所可失理，则欲虽寡奚止于乱。故治乱在于心之所可，亡于情之所欲。不求之其所在而求之其所亡，虽曰我得之，失之矣。"这就是说，心里的欲望不一定要它能实现才会发生，而寻求实现欲望的行动则必定发生在它有可能实现之后。因为欲望是自然而生的，而寻求欲望的实现则是人心决定的。自然而生的一种欲望会受到心的多种考虑的制约。人皆欲生而恶死，可是有人却由生而求死。这不是说他的本性不想活而想死，而是他的心知道了他无法活而只能死。欲望多而行动少，这是心起了阻止的作用，所以只要心的决定合理，欲望多也没有关系；欲望少而行动多，这是心在起促进作用，所以只要心的决定不合理，欲望少也会乱。乱不乱在于心的决定，不在于人的欲望。总之，心对植根于性的欲望或促进，或阻止，起着支配性的作用。

由此看来，荀子所说的心与性很近似于亚里士多德所说的灵魂中的有理性的部分与无理性的部分。亚氏以为，灵魂的有理性部分处于统治的地位，而无理性的部分则处于被统治的地位。[①]这与荀子的心与性的关系很相似。亚氏又把灵魂的无理性部分分为纯本能的部分与有接受理性指导的倾向的部分，把有理性的部分又分为实践的（practical）和思辨的（speculative）两部分，或知识的（intellectual）和道德的（moral）两部分。[②]亚氏的思辨理性（知识理性）和实践理性（道德理性）与荀子的心的知和能两种功能又很相似。既然如此，那么荀子为什么不像亚氏那样说人心或灵魂包含善恶两个部分而只强调性恶呢？在我看来，亚氏强调的是，人的理性优于非理性的方面，从而能制胜非理性的方面；而荀子所强调的则是，人性虽然能为人心之知与能所化而起伪，但是伪不能离性而生，故必强调性恶。所以，如果从表面上看，亚氏把有、无理性二者当作人的灵魂统一体中的两个相关部分，而荀子的心与性是否是统一体的两个部分呢？这在荀子书中却无明文表述。可是，在实际上，荀子的心与性同样是一个统一体中的两个互相依存、互相制约的部分。不仅性受心的节制和支配这一点在荀子书中是清楚的，而且心受性的制约的方面也是可以从荀子的议论中看出来的。《正名》篇云："凡人之取也，所欲未尝粹而来也；其去也，所恶未尝粹而往也。故人无动而不可以不与权俱。衡不正，则重县于仰，而人以为轻；轻县于俯，而人以为重。此人所以惑于轻重也。权不正，则祸托于欲，而人以为福；福托于恶，而人以为祸。此亦人所以惑于祸福也。道者，古今之正权也；离道而自择，则不知祸福之所托。"又说："欲虽不可尽，可以近尽也；欲虽不可去，求可节也。所欲虽不可尽，求者犹近尽；欲虽不可去，所求不得，虑者欲节求也。道者，进则近尽，退则节求，天下莫之若也。"这就是说，由于事物的复杂性，人在取所欲和去所恶的时候，所取与所去往往都

---

① 见 Aristotle's *Politics*，Ⅰ，xiii，6，E. Barker 英译，1952，London，p. 35。

② 见 *Politics*，Ⅶ，xiv，9～10，Barker 本，317 页；Aristotle's *The Nicomachean Ethics*，Ⅱ，i，1；H. Rackham 英译，The Loeb Classical Libery，1934，p. 71。

不会是纯粹的，因而须要权害取轻、权利取重。心在权衡轻重、祸福的时候不能是任意的，而必须遵循"道"，即对欲望"进则近尽，退则节求"的原则。用现在的话来说明，那就是，当权（秤锤）在衡（秤杆）上移动的时候，所取位置的值应在可欲（利）最大而可恶（害）最小的点上。因此，心不仅不能完全满足或取消植根于性之欲，而且必须按照性之所欲的方向来取最大值。可见，心虽支配性，但又不能完全脱离性的制约。而这一点在亚氏书中却是未被充分注意到的。荀子之所以强调性恶，看来是他更多地注意到了性的重要性的结果。

那么荀子的性与心的关系在本质上属于什么范畴呢？应该说，那属于内在于人的天（即自然或性，nature）人（即心或知，intellect）关系。作为一个人，他不可能没有天生的或来自自然的性，更不可能没有人所特具的心或知。荀子这样认识人的性与心的关系，和他对于天人关系性质的认识是一致的。所不同者，他的"天"是外在于人的自然（nature），他的"人"则是自然之有心或知者。荀子在《天论》篇中主张人定胜天："大天而思之，孰与物畜而制之。从天而颂之，孰与制天命而用之。"这正好和他在《性恶》《正名》等篇中主张以心引导并节制性的思想是相表里的。特别应当指出的是，荀子并未止步于其性恶论与天论的并列关系的指出上，而是进一步发现了二者之间的内在的因果关系。《王制》篇云："水火有气而无生，草木有生而无知，禽兽有知而无义；人有气、有生、有知亦且有义，故最为天下贵也。力不若牛，走不若马，而牛马为用，何也？曰：人能群，彼不能群也。人何以能群？曰：分。分何以能行？曰：义。故义以分则和，和则一，一则多力，多力则强，强则胜物。故宫室得而居也。故序四时，裁万物，兼利天下，无它故焉，得之分义也。"这就是说，人之性恶为心制胜之后就能按义而有分，能按义分就能有多的统一而成群，能群而后有力以胜自然。所以，在荀子看来，人的心之胜性，正是人定之所以能够胜天的前提。所以，在荀子的天论和性恶论中，二者只要缺一，他的天人关系的理论体系就不能是完整无缺的。

如果说荀子的性恶说在哲学上是和他的自然天道观的天论相关联的，

那么这种性恶说和他的政治、伦理学说同样是关系非常密切的。《礼论》篇云："礼起于何也？曰：人生而有欲，欲而不得，则不能无求，求而无度量分界，则不能不争。争则乱，乱则穷。先王恶其乱也，故制礼义以分之，以养人之欲，给人之求。使欲必不穷乎物，物必不屈于欲，两者相持而长，是礼之所起也。"有对植根于性的欲的否定（是扬弃而非取消），乃有礼制的建立；而礼在荀子伦理、政治学说中无疑具有十分重要的地位，不待多言。《富国》篇云："人之生不能无群，群而无分则争；争则乱，乱则穷矣。故无分者，人之大害也；有分者，天下之本利也。而人君者，所以管分之枢要也。故美之者，是美天下之本也；安之者，是安天下之本也；贵之者，是贵天下之本也。"这样，荀子的国家发生学说也就建立在对于人性之恶的否定上了。因此，我们说性恶论是荀子全部学说体系中的一个必不可少的重要部分。

　　荀子的性恶说显然受了墨子的影响。墨子以为，未有国家以前，由于人之性恶，"天下之乱，若禽兽然"。故必有国立君以为挽救。荀子也以为，未有国家之前，"无君以制臣，无上以制下，天下害生纵欲；欲恶同物，欲多而物寡，寡则必争矣"[①]。故必有国立君以为挽救。他们对原始状态中的人群关系的描写，实际都是以性恶说为依据的。不过在如何有国立君的问题上，荀子与墨子的主张就不同了。《非十二子》篇批评墨子云："不知一天下、建国家之权称，上功用，大俭约而僈差等，曾不足以容辨异、县君臣；然而其持之有故，其言之成理，足以欺惑愚众。"墨子主张无差别的兼爱和节用，把人群组成一个归依天志的无差别的统一体；而荀子则以为这是取消了君臣上下之分，使人群失去了礼。荀子以为，人群必须实行有差别的统一，因为只有有差别的统一才是和谐的、有机的统一；而且，正是由于这样的统一，人才有了力量并由此而从自然界或天的权威下直立起来。在墨子那里，人只不过是天志的手段；而在荀子那里，人是要"制天命而用之"的主体，是要与天地"参"的。这也是儒家和墨家不同的一个地方。

---

　　① 《富国》，见《诸子集成》第 2 册，113 页。

荀子既然主张性恶，这就和商鞅及其后学的性恶说不能没有相似的地方。但是，应当指出，二者之间是有着原则的区别的。如上所述，商鞅等人对治性恶的办法是以恶治恶与以愚治恶。而荀子与此相反，他主张以心治性、以理性治情欲，经过理性对于本质为恶的性的否定，以达到善的目的。这也是儒家和法家不同的一个地方。

三、韩非子的性恶说

韩非虽然没有写过论性恶的专篇文章，可是他在性恶说上真算是走到了极点。这可以从两方面来说明。

首先，韩非以为，如果观察一个个的人，那么就可以发现人的性彻底为恶，恶到了连一点可以由之而改恶从善的内在的可能性都没有的程度。他说："人为婴儿也，父母养之简，子长而怨。子盛壮成人，其供养薄，父母怒而诮之。子、父，至亲也，而或谯、或怨者，皆挟相为而不周于为己也。夫卖庸而播耕者，主人费家而美食，调布而求易钱者，非爱庸客也，曰：如是，耕者且深耨者熟耘也。庸客致力而疾耘耕者，尽巧而正畦陌畦畤者，非爱主人也，曰：如是，羹且美钱布且易云也"[1]。内则父母与子女之间、外则雇主与庸工之间，人皆为己而不为人；如果有看来是为人的事，那么究其实际还是为了自己。如果说荀子以为人之性恶其善者伪也，他的"伪"是"人为的努力"的意思，那么韩非以为人之性恶其善者伪也，他的"伪"就只能是伪装的意思了。韩非又说："且父母之于子也，产男则相贺，产女则杀之。此俱出父母之怀衽，然男子受贺，女子杀之者，虑其后便，计之长利也。故父母之于子也，犹用计算之心以相待也，而况无父子之泽乎。"[2] 儒家主张恕道，推己及人，老吾老以及人之老，幼吾幼以及人之幼；其前提是人对自己的老、幼总还有一份善心，由此才能够外推。韩非把这

---

　① 见《外储说左上·说三》，见《诸子集成》第5册，204页。
　② 见《六反》篇，见《诸子集成》第5册，319页。

样一点善的种子都剥开踏碎，当然就只能也必须走向彻头彻尾的性恶说了。

再则，韩非以为，如果观察社会或人的群体，那么就会发现人性彻底为恶，恶到了连一个善者也找不出来的程度。按照传统的说法，人中之至善者为圣人，圣人的典型也就是尧、舜、汤、武等先王。可是，韩非对尧、舜、汤、武也不恭维，一律以为无善可言。你说这些先王是圣人，看你从什么角度说吧；不过，不管你从什么角度说，他都能把你驳回去。如果你歌颂传统的尧、舜禅让之说，那么韩非就告诉你："尧之王天下也，茅茨不剪，采椽不斲，粝粢之食，藜藿之羹，冬日麑裘，夏日葛衣，虽监门之服养，不亏于此矣。禹之王天下也，身执耒臿以为民先，股无胈，胫不生毛，虽臣虏之劳不苦于此矣。以是言之，夫古之让天子者，是去监门之养而离臣虏之劳也，古传天下而不足多也。"① 这就是说，上古天子很苦，所谓禅让只不过是他苦够、苦怕了，因而想耍个滑头逃脱下来。这有什么值得歌颂的！如果你歌颂传统的汤、武征诛之说，那么韩非就告诉你："尧、舜、汤、武，或反君臣之义，乱后世之教也。尧为人君而君其臣，舜为人臣而臣其君，汤、武为人臣而弑其主、刑其尸，而天下誉之，此天下所以至今不治者也。夫所谓明君者，能畜其臣者也；所谓贤臣者，能明法辟、治官职以戴其君者也。今尧自以为明而不能以畜舜，舜自以为贤而不能以戴尧，汤、武自以为义而弑其君长，此明君且常与而贤臣且常取也。"② 这就是说，所谓征诛，不过是弑君篡位罢了。这又有什么值得歌颂的！既然连所谓圣人都是恶的，那还有什么人性善的余地。

从以上两点来看，性恶说到了韩非手里的确又大为加深了一步。不过事情还不止于此，值得注意的是，性恶说在韩非的思想体系中也占有了更重要的地位。

韩非在历史上是被公认的法家，但又不同于其先驱商鞅那样的法家。如所周知，韩非是一位兼法、术、势三者而用之的"集大成的"法家。他

---

① 见《五蠹》篇，见《诸子集成》第 5 册，340 页。
② 见《忠孝》篇，见《诸子集成》第 5 册，358 页。

在《定法》篇中说明商鞅与申不害的片面言法或言术的不足："问者曰：徒术而无法，徒法而无术，其不可何哉？对曰：申不害，韩昭侯之佐也；韩者，晋之别国也。晋之故法未息，而韩之新法又生；先君之令未收，而后君之令又下。申不害不擅其法，不一其宪令，则奸多。故利在故法前令则道之，利在新法后令则道之。利在故新相反，前后相悖，则申不害虽十使昭侯用术，而奸臣犹有所谲其辞矣。故托万乘之劲韩，七十年而不至于霸王者，虽用术于上，法不勤饰于官之患也。公孙鞅之治秦也，设告相坐而责其实，连什伍而同其罪，赏厚而信，刑重而必，是以其民用力劳而不休，逐敌危而不却，故其国富而兵强。然而无术以知奸，则以其富强也资人臣而已矣……故战胜则大臣尊，益地则私封立，主无术以知奸也。商君虽十饰其法，人臣反用其资。故乘强秦之资，数十年而不至于帝王者，法不勤饰于官，主无术于上之患也。"韩非以为，术虽可为治于一时，然不足以强国；法虽可以强国，而又不足以张君权。所以，法与术不可偏行，而应兼收并用，以取互相补充之效。不过，在韩非看来，只有法和术仍不够，还必须有势。他在《难势》篇中反复论述了势之必要性，并得出结论说："抱法处势则治，背法去势则乱。"在《人主》篇中，他又说："万乘之主，千乘之君，所以制天下而征诸侯者，以其威势也；威势者，人主之筋力也。"还有许多篇章也都说到了势的重要性。所以，法、术、势三者并用，这才是韩非的完整的政治思想体系。

韩非看到了法、术、势三者互补的一面，可是，问题还有其另一方面。因为，一则法与术是有其内在的矛盾的。《难三》篇云："人主之大物，非法则术也。法者，编著之图籍，设之于官府，而布之于百姓者也。术者，藏之于胸中，以偶众端而潜御群臣者也。故法莫如显，而术不欲见。"法是成文的、公开的、要人知道的，术是不成文的、不公开的、不可要人知道的。因此二者恰好成一组矛盾，不能同真，也不能同假，只能此真而彼假或此假而彼真。二则法与势也是有矛盾的。法既是成文的、公开的、人所共知的，当然就应该是人所共守的；说人所共守，其中自然包括君主，因为君主也是人。《南面》篇云："人主不能明法而以制大臣之威，无道得小人之信矣。

人主释法而以臣备臣，则相爱者比周而相誉，相憎者朋党而相非；非誉交争，则惑乱主矣。人臣者，非名誉请谒无以进取，非背法专制无以为威，非假于忠信无以不禁；三者，昏主坏法之资也。人主使人臣，虽有智能，不得背法而专制；虽有贤行，不得逾功而先劳；虽有忠信，不得释法而不禁，此之谓明法。"这说明君主不能离法而用人，大臣不能背法而立威，君臣都不能离法而行事。大臣"非背法专制无以为威"，所以大臣背法就是专制，不可。"人主使人臣，虽有智能，不得背法而专制"，这是说谁"不得背法而专制"呢？有人以为是"人主使人臣不得背法专制地来治民"。[1] 这是因上文的大臣背法专制而作的解释，不无道理。但是，如果连下文的"虽有贤行"、"虽有忠信"以下的句子来看，那么这里"不得背法而专制"的就应当是君主了。《难二》篇云："人主虽使人，必以度量准之，以刑名参之；以事遇于法则行，不遇于法则止；功当其言则赏，不当则诛。"这里也主张君主在用人时必须按照法行事，意思也就是不得背法专制。所以在守法这一点上君臣应该是一致的。可是，如果讲势，那么君臣之间就绝对不可一致了。君臣上下而可一致，那还有什么势呢？韩非对此论述很多，不必再引。所以法与势同样是矛盾的。

关于韩非的法与术、势之矛盾，前贤已有所见。[2] 现在须要思考的是，韩非又是怎么把矛盾着的东西组合为一体的？

在我看来，韩非赖以将其法、术、势连成一体的因素是"不上贤"。他在《忠孝》篇中明确表示："是废常上贤，则乱；舍法任智，则危。故曰：上法而不上贤。"这篇文章为此论点提供了许多论据，那就是尧、舜、汤、武等所谓贤者没有一个是好东西；要说他们贤，那也是贤于为他们自己。所以韩非说："故人臣毋称尧、舜之贤，毋誉汤、武之伐，毋言烈士之高，尽力守法，专心于事主者为忠臣。"什么贤不贤，都是各自为己；哪怕是条狗，只要能忠心耿耿为主子就是忠臣。说透了，韩非的性恶论走到了极端，因

---

① 梁启雄：《韩子浅释》，127～128 页，北京，中华书局，1982。

② 见梁启超：《先秦政治思想史》，第 14 章，尽管他的说法有不是处已经郭沫若氏在《十批判书·韩非子的批判》中指出，但是他对法与术、势之间存在的矛盾是有所见的。

此无人可信；无人可信，当然也就不上贤了。

韩非为何讲术呢?《扬权》篇云："黄帝有言曰：上下一日百战。下匿其私，以试其上；上操度量，以割其下。"人性如此之恶，君主不用术又何以对待来自下面的一日百战？所以韩非之重术，也是因为无贤可信，人性太恶之故。至于韩非所重之势，那也是与贤不能相容的。他在《难势》篇中打了著名的以子之矛陷子之盾的比方之后说："夫贤之为道不可禁，而势之为道也无不禁，以不可禁之贤与无不禁之势，此矛盾之说也。夫贤势不相容亦明矣。"所以韩非重势也是由于贤无可取而人性太恶之故。由此我们可以看到，韩非所以能把本来相互间有矛盾的法、术、势整合为一个体系，其关键就在于他的彻底的性恶论。这样，性恶论在韩非思想体系中的地位也就很清楚了。

韩非的性恶说远绍墨子，其主张君主专制的思想也与墨子尚同之说相通。但是，墨子的人虽无理性、为性恶，而他的"天"却是有理性的，即以兼爱为其内容的天志。天志是墨子思想体系中的"绝对命令"（categorical imperative），虽君主亦必恪遵无违。桀、纣不从天志，就被认为暴王，就要受到天罚；于是汤、武起而革命就是奉天之命，就是圣王之举[①]。墨子的君主是有天志管着的，而天志如前所言不过是人志之外化，所以，在墨子思想体系中，君主还可以说是间接地由人心管着的。也就是说，墨子还有一定的民本思想。韩非不信邪，在他的思想中没有有意志的天，这是一个进步。不过，韩非没有了天，他的君主也就不会受到天（间接地就是受到人）的限制了。不仅如此，《八经》篇又说："故明主之行制也天，其用人也鬼。天则不非，鬼则不困。"韩非的君主本身就成了至高无上的天，其行事又莫测如鬼；这样，一切的人和法对君主都不再有限制作用。由此他的学说中的君主就真正可以无法无天了。

韩非的性恶说直接源于荀子。可是，荀子的性恶说容纳了一个有知与能的心，正是这种心使人能以化性起伪而为善；而韩非的思想里连这一点

---

① 见《墨子》的《非攻下》《天志上》。

可以由之转恶为善的潜在可能性都断绝了。韩非把荀子的性恶说推向了极端，因而也就失去了荀子思想中可能有的一切理性因素。荀子讲性恶，其目的在强调人的自律的重要。韩非不承认人有自律的可能，而只相信外来因素他律的作用。他的全部法、术、势学说都是由此而设的。当然，韩非也不相信君主性善或要求君主性善，他所要求的只是用君主的恶来制住其他一切人的恶，如此而已！

韩非的性恶说的一个重要来源自然还有商鞅等早期法家的思想。他与他们一样地主张以恶制恶、以愚制愚。在《五蠹》《显学》《诡使》等篇中叙述的韩非的愚民思想，假使商鞅等前辈看了也会感到那是大大青出于蓝的。如果说商鞅等主张愚民而办法尚少，那么韩非的法、术、势相辅相成的那一套真是能把不愚的人也弄愚了。不过，既然"上下一日百战"，那么你愚民就不能排除民也愚你，怎么办呢？韩非所能指望的仍然只能是专制主义，极端的愚民需要极端的专制主义；同样，极端的专制主义也需要极端的愚民。韩非在这两方面都远远超越他的前驱者。而其所以如此，看来仍与韩非在性恶说上的极端化有关。

战国时期性恶说的产生，在相当程度上是学者们对于当时各国之间与各国内部的激烈而残酷的斗争的思想反映。在那些斗争中，人性中的恶的一面的确暴露得相当充分。所以，墨、荀、商、韩等人在发表性恶说的时候，又都是以救世的姿态出现的。不过，墨子、荀子是在借性恶说以明理性（墨子之"天志"，荀子之人"心"）的重要性，因而其主张总不失为理性的思考；而商鞅、韩非的性恶说则表现为对于人类理性的绝望，他们因而也就陷入了主张君主专制主义的狂热之中。性恶说也就在其发展中走向了其自身的反面。

原载中国社会科学院历史研究所编:《华夏文明与传世藏书——中国国际汉学研讨会论文集》，中国社会科学出版社，1996 年

《左传》中的人本思想与民本思想

在 20 世纪里，不止一次地有人主张彻底抛弃中国传统典籍，也不止一次地有人主张从传统典籍中开发出有价值的文化资源，以此为中国文化的再生或复兴疏导源流。《左传》作为先秦的一部重要典籍，当然也会遇到不同态度的对待。本文不是专门讨论如何从《左传》中开发有价值的文化资源的问题；但如果我们真能证实《左传》中确有可供开发的重要文化资源，那么在客观上也就证明它不应该被彻底抛弃了。

《左传》有什么文化资源可以开发呢？在 20 世纪 20 年代初，梁任公著《先秦政治思想史》，其中有"民本的思想"一章，而《左传》也被认为是有民本思想的著作。这一见解的提出，在中国近代思想史上可能还是第一次，应该说具有很重要的意义。为什么呢？当 19 世纪末梁氏追随其师康有为从事变法运动的时候，他们还守着今文经学的门户，不重《左传》，而从公羊学中寻求文化资源。清代今文学家刘逢禄作《左氏春秋考证》，自称"余年十二读《左氏春秋》，疑其书法是非多失大义"[1]。至晚清皮锡瑞作《经学通论》，其中"论孔子作春秋以辟邪说，不当信刘歆、杜预反以邪说诬春秋"条说："传载韩厥称赵盾之忠，士鞅称栾书之德；弑君之贼，极口赞美。史墨云，君臣无常位；逐君之贼极力解免，而反罪其君。可见当时邪说诬民。"他以为这还是《左传》的据事直书，至于左氏凡例的问题就大了。他说："凡弑君称君君无道，称臣臣之罪也一条，尤与《春秋》大义反对。"[2] 清代今文经学家以为《左传》中多邪说，而清代古文经学家的见解也颇多如

---

[1] 《清经解》第 7 册，435 页。

[2] 皮锡瑞：《经学通论》四《春秋》，44 页，中华书局重印商务印书馆"国学基本丛书"本，1954。

此。其显著的实例如，万斯大在其《学春秋随笔》中说："《春秋》弑君，有称名、称人、称国之异。左氏定例，以为称君君无道，称臣臣之罪。甚矣其说之颇也。"[①]其他如焦循等人也均有类似的见解。总之，凡《左传》中以为人民在一定条件下可以反对国君的说法，清代的今、古文经学家大多皆以为邪说。到20世纪20年代，梁任公一变而把此等"邪说"称为"民本思想"，视为中国古代的文化精华。从历史的角度来看，这一认识上的转变，其意义不能说不重要。

自梁氏此说发表七十余年来，学者们就《左传》一书探讨中国古代民本思想的著作不能说少，不过或称之为民本思想，或称之为民主思想，或称之为原始的民主思想，具体见解又各自有所不同。我以为，这些不同见解的发表，对于我们从《左传》中开发积极的文化资源在不同程度上都是有启发价值的。现在我写这篇文章，把《左传》中的人本思想和民本思想结合起来进行讨论，希望能够在前贤讨论的基础上把探索再推进一步。

一、"人本思想"和"民本思想"释义

为了避免在讨论中发生概念的混乱，这里首先谈一下个人对这一对概念的理解。

"人本思想"，就是西文中的 Humanism。这个词在汉文中或译为人文主义，或译为人道主义，或译为人性论等，那都是根据上下文的语义而作的具体处理。这个字来源于拉丁文的 Homo（人），其本义为关心或致力于人的利益（而非神的利益）的思想体系。这种思想的基本要求是，把人看作人而非神或任何其他非人之物，同时以人事而非天心或神意来解释人事。人本思想不等于无神论（Atheism），它并不要求人们在思想上排除对于神的信仰，而只要求人们在处理人神或天人关系时以人为本。在古代中国、希腊以及近代西方文艺复兴时期，人本思想都很盛行，而那时的人本

① 《清经解》第1册，328页。

思想都未曾排斥对于神的信仰；毋宁说，它承认在人与神之间存在一种张力（tension）或"拔河"关系。人本思想只是告诉人们，在这种关系中不能忘记了人是根本，即使你信神，那么目的也是人而非神。

我认为，理解人本思想的这一特点，对于研究古代思想尤为重要。因为要求一位古代思想家完全消除神的观念是极为困难的。关于这一点，以下还会说到。

"民本思想"，这在西文中没有与之对应的词。关于"民本"一词，或以为出自《尚书·五子之歌》中"民惟邦本，本固邦宁"之说。不过，《五子之歌》是伪古文书，不能为据。惠栋《古文尚书考》引阎若璩曰："《淮南·泰族训》国主之有民也，犹城之有基，木之有根；根深则本固，基长（应作'美'）则土（应为'上'）宁。"① 按惠栋引阎氏说非是。《管子·霸言》："夫霸王之所始也，以人（民）为本；本理（治）则国固，本乱则国危。"② 又《晏子春秋·内篇问下》记晏子谓叔向曰："卑而不失尊，曲而不失正者，以民为本也。"此二书出于战国时期，可见民本之说产生甚早。不过，对于民本思想作系统论述的是贾谊的《新书·大政上》。郭颖颐教授曾有文论述，于此不赘。按贾谊死时刘安尚未封为淮南王，所以伪古文《五子之歌》"民为邦本"之说非始出于《淮南子》，而出于上述三书。

从贾谊《新书·大政上》的论述看，中国的民本思想不等于西方的民主主义（Democracy，来自古希腊文的 demos［人民］和 cracy［统治］），在古希腊实行民主制的城邦，是不允许有君主存在的。例如雅典的情况就是如此。中国古代的民本思想，却从来没有把君主当作一种制度加以排斥的意思。孟子曾说："民为贵，社稷次之，君为轻。"③ 这样的话不愧为民本思想的一种典型。可是，也正是他批评杨朱、墨子"无父无君，是禽兽也"④。梁

---

① 《清经解》第 2 册，707 页。
② 《管子校正》，见《诸子集成》第 5 册，151 页。戴望曰："御览治道部引，人作民，理作治，是也。今本系唐人避讳所改。"
③ 《孟子·尽心下》，见《诸子集成》第 1 册，573 页。
④ 《孟子·滕文公下》，见《诸子集成》第 1 册，269 页。

任公曾说，林肯释民主主义为 Of the people, By the people, For the people（即民有，民治，民享）三原则，中国古代民本思想但有 Of the people, For the people，而无 By the people①。这实在是一种真知灼见。

我在这里所要进一步说明的是，"民本思想"所重视的是君民之间的张力或"拔河"关系，并在这种关系中强调民作为"本"的重要性；即使你在表示要尊君的时候，也不能忘记尊君的目的不在于君而在于民。

由此可见，人本思想和民本思想都不是只承认两极中的任何一极，而是从两极间的张力中强调其一极为"本"。本文所论《左传》人本思想与民本思想，都是在这样的释义的基础上进行的。

二、《左传》中的人本思想

《左传》中的人本思想首先表现在以人而非以神为目的这一点上。例如，《左传》僖公十九年记："夏，宋公使邾文公用鄫子于次睢之社，欲以属东夷。司马子鱼曰：古者六畜不相为用，小事不用大牲，而况敢用人乎？祭祀以为人也。民，神之主也。用人，其谁飨之。"宋襄公为了谋取霸主的地位，竟然用一个小国君主作为牺牲（或谓叩其鼻使出血而用之）以祭神，实际是企图以此立威，恐吓东夷，使之归属自己。宋襄公这样祭神，其目的也非为神，而是为人，不过是他这个做霸主梦的个人。司马子鱼说他这样做是达不到目的的。子鱼为什么这样说呢？他的论证逻辑实际是这样的：祭祀本身体现的是一种人神关系，人以牺牲祭神，看来是在满足神的要求、达到神的目的，但其实，人满足神正是为了要神回报人，从而达到人的目的。在这一点上，子鱼与宋襄公并无分歧。既然祭祀是人神之间的礼尚往来的关系，那么，小事用小牲，大事用大牲，不言而喻，也就是合乎交换的对等原则的。在这一点上宋襄公已经违背了传统的原则。不过，宋襄公的错误远不止此。他犯的不是小事大牲的量的错误，而是以人代牲的质的错

---

① 梁启超：《先秦政治思想史》，4 页。

误。人为什么与牲畜有质的区别呢？这正是人本思想的基本原则所在：人是人，不是神，也不是其他非人之物。值得注意的是，子鱼的分析并未到此而止。他在认清人不是神的同时，指出了"民，神之主也"。《左传》中不止一次地出现"民，神之主也"的语句。这里的"主"自然不是"主子"的"主"，而是"东道主"的"主"。人是神的飨祭者，从这一角度说，神有赖于人；但另一方面，神又是人的保佑者，从这一角度说，人又有赖于神。人与神正是张起拔河绳的相对应的两极，相互间有着既相反又相成的不可分离的关系。牲畜不具有这样的与神对应的关系，所以只能作为工具或牺牲品，而不能成为目的。人与神则在这种对应关系中各以自身为目的；而且，为了实现自己的目的，双方都不能完全忽视对方的存在的重要性。宋襄公以人为祭神的牺牲，就直接地伤害到神的祭祀者，也就是发生了伤害到飨祭的来源的问题。子鱼的议论，充分地说明了人本思想中人是目的而非神的工具这一根本认识。

《左传》中人本思想更大量地表现在主要以人事说明人事的成败得失上。在《左传》中，人事的成败得失，有只以人事作解释的，也有以各种形式的神意（如天道、鬼神、灾祥、卜筮、梦等）作解释的。不过，清代学者汪中在其所作《左氏春秋释疑》中早已用充分的证据说明，《左传》在记述天道、鬼神、灾祥、卜筮和梦的时候都"未尝废人事也"[①]。这里仅举一例，试作一些分析。《左传》僖公十五年记，秦于韩原之战中胜晋，晋惠公被俘至秦，接着就写了这样一大段文章：

> 初，晋献公筮嫁伯姬于秦，遇归妹（兑下震上）之睽（兑下离上）。史苏占之曰：不吉。其繇曰："士刲羊，亦无衁也；女承筐，亦无贶也。西邻责言，不可偿也。归妹之睽，亦无相也。"震之离，亦离之震。"为雷为火，为嬴败姬。车说其辐，火焚其旗，不利行师，败于宗丘。归妹睽孤，寇张之弧。侄从其姑，六年其逋，逃归其国，而弃其家，明年其

---

① 载汪中：《述学·内篇二》，参见《清经解》第5册，240～241页。

死于高梁之虚。"及惠公在秦，曰："先君若从史苏之占，吾不及此夫。"
韩简侍，曰："龟，象也；筮，数也。物生而后有象，象而后有滋，滋而
后有数。先君之败德，及可数乎。史苏是占，勿从何益？《诗》曰：下
民之孽，匪降自天；僔沓背憎，职竞由人。"

这段文字是很值得分析的。晋惠公埋怨他的父亲献公不该在筮占不利
的情况下把女儿伯姬（惠公之姊）嫁给秦穆公，从而招致韩原之败，身陷
秦国。晋献公当时所遇之卦为归妹之睽，这也很可能是事实，因为古人迷
信，遇事必占，占而偶遇归妹之睽，也不足为奇。按归妹下兑（为少女之
象）上震（为长男之象），为婚媾之卦，却由于震之上爻变阴为阳而成为离。
于是兑（少女）下离（为中女之象）上而卦变为睽。睽者，违也；所谓"二
女同居，其志不同行"者也。占婚姻而遇此卦，自非吉兆。史苏解为不吉，
也是正常的。所以，在这段文字中，"归妹之睽，亦无相也"以上是没有问
题的。晋献公听了那些笼统的解释以后，不以为意，也是正常的。晋惠公
埋怨父亲不从占，韩简劝说惠公，以为失败之因在人不在天。这也很可能
是当时之事。从这两句以下，说的后果就太明确了：如果嫁女，晋人就要
打败仗，要被俘，要逃归，要被杀。晋献公即使十分固执，看到那样严重的
后果，大概也不敢不听的。尤其奇怪的是，在那些预言里，"败于宗丘"一
句以上，说的是晋惠公的失败过程，惠公本人事前可能未太注意；而此句
以下，说的就是惠公的儿子为质于秦、其后逃归、被杀等事，惠公知道这
些又怎么会在此后还让他的儿子为质于秦呢？从这些情况来看，"震之离"
以下，肯定是后人添上去的。什么人在什么时候添上去的呢？我看那是晋
国史官在惠公、怀公父子失败的过程发生以后，把他们的失败用从前占得
的卦象加以解释，并作为验辞记录在先前的占卦的档案上去的。那些话都
是晋献公、惠公、怀公三代人所根本不会知道的。由于这些话都在档案上，
而且说得很圆，《左传》作者见到了，也就记录下来了。但是《左传》作者
宁可更重视韩简的话，并借韩简的话来表示他在天人两极的张力关系中更
重视人事的作用。

应该说《左传》作者在天人关系上的思想也就是他那个时代的思想。这里可以举晋国的叔向和郑国的子产为例作一些说明。《左传》襄公十八年记："楚师伐郑，次于鱼陵……晋人闻有楚师，师旷曰：'不害。吾骤歌北风，又歌南风，南风不竞，多死声。楚必无功。'董叔曰：'天道多在西北，南师不时，必无功。'叔向曰：'在其君之德也。'"在这里，叔向作为博物君子，宁信人事而不信天道。《左传》昭公元年记："晋侯有疾，郑伯使公孙侨（子产）如晋聘，且问疾。叔向问焉，曰：'寡君之疾病，卜人曰：实沈、台骀为祟。史莫之知。敢问此何神也？'"叔向在这时又信神了。子产对叔向原原本本地讲了关于实沈、台骀的神话史，表现出当时博物君子的特色；可是，他不认为晋君之病由神而起，而认为是由于晋君多同姓内宠所致。他在此处宁信人事而不信神。又《左传》昭公十七、十八二年记，十七年冬"有星孛于大辰，西及汉"。郑国的裨灶说明年将有火灾，劝子产用玉器祭神祛灾，子产不许。次年夏果有火灾；裨灶再次劝子产祭神。子产又不许，并说："天道远，人道迩，非所及也，何以知之？灶焉知天道？"子产的这一席话常常被人们解释为唯物论的思想。可是，请看《左传》昭公七年的记载："郑子产聘于晋。晋侯有疾，韩宣子逆客，私焉，曰：'寡君寝疾，于今三月矣，并走群望，有加而无瘳。今梦黄熊入于寝门，其何厉鬼也？'对曰：'以君之明，子为大政，其何厉之有？昔尧殛鲧于羽山，其神化为黄熊以入羽渊，实为夏郊，三代祀之。晋为盟主，其或者未之祀乎。'韩子祀夏郊，晋侯有间，赐子产莒之二方鼎。"这一次子产又表现为传统神话的忠实信奉者。同年《左传》记载，郑国被杀大夫伯有作祟，一些人被害死；子产就立伯有的儿子为大夫，作为安抚。据说，伯有也就不再作怪了。当子产到了晋国，有人问他，伯有真能为鬼吗？他说能，还大谈了一通关于鬼的理论。如果看见子产说"天道远，人道迩"就说他有唯物主义思想，那么现在就又必须说他有唯心主义思想了，其结果等于什么也没有说。子产、叔向都是春秋时期的博物君子。他们深于传统文化，以博知前言往行为人所称许；他们又是深知现实的政治家、思想家，看问题不能不以人事为基本出发点。这就是他们成为人本思想家而不是无神者的原因所在，也就是他们对于传统能推陈出新的原因所在。《左传》作者也一方面深于历来史官的传统，熟知过去的神话史，另一方面，为了把握历史真相，又不能不从人事上来说明人事的问题。他在天人关系中表现出的重人倾向，正是一种精神觉醒的反映；也可以说，他是在从巫史之史向史家之史转化的过程中迈出了关键的一步。

三、《左传》中的民本思想

《左传》中的民本思想主要反映在以下几个方面。

第一，君权的根本在民。例如，《左传》哀公元年记，吴师伐陈，因为十二年前吴先王阖庐伐楚时陈未肯站在吴的一面。"吴师在陈，楚大夫皆惧，曰：'阖庐惟能用其民，以败我于柏举。今闻其嗣（指吴王夫差）又甚焉，将若之何？'子西曰：'二三子恤不相睦，无患吴矣。昔阖庐食不二味，居不重席，室不崇坛，器不彤镂，宫室不观，舟车不饰，衣服财用择不取费。在国，天有灾疠，亲巡孤寡而共其乏困。在军，熟食者分而后敢食，其所尝者，卒乘与焉。勤恤其民，而与之劳逸，是以民不罢劳，死知不旷。吾先大夫子常易之，所以败我也。今闻夫差，次有台榭陂池焉，宿有妃嫱嫔御焉；一日之行，所欲必成，玩好必从；珍异是聚，观乐是务；视民如仇，而用之日新。夫先自败也已，安能败我？'"

十二年前吴伐楚，入其都城郢，楚几乎亡国。这时吴王夫差的兵力看样子比阖庐时更强，所以楚国的大夫们一见吴出兵就感到震惊。这并非是全无理由的。可是唯独子西看到了问题的深层实质。他指出，阖庐之强，全凭爱惜民力，从而得到人民的效力；夫差之"强"，则靠滥用民力，从而在实际上是在为其自身的失败准备了条件，当然对楚也不能成为真正的威胁了。子西看到了一个国君的权力的盛衰存亡最后取决于人心的向背，说明了君权的真正基础在民。

第二，立君的目的在于保民。例如，《左传》文公十三年记："邾文公卜迁于绎。史曰：'利于民而不利于君。'邾子曰：'苟利于民，孤之利也。天生民而树之君，以利之也。民既利矣，孤必与焉。'左右曰：'命可长也，君何弗为？'邾子曰：'命在养民。死之短长，时也。民苟利矣，迁也，吉莫如之。'遂迁于绎。五月，邾文公卒。君子曰：'知命。'"

在这一段引文里既包含了邾文公的思想，也包含了《左传》作者通过对于邾文公的思想的评论而表现出的思想。当占卜说明迁都利于民而不利于君的时候，邾文公认定了利于民就是有利于君，因为他认为天立君的目的就在于养民，不思利民就不配为君；能利民才说明君的称职，为君而能称职才算有利。所以他不把利民与利君对立起来，而认定利民就是利君。他的左右却有不同的看法，以为迁都危及国君生命，不迁才有利于君；他们考虑到的是国君作为个人的生命之利，而非其作为国君的使命之利。所以邾文公为他们解释了命的意义。他说"命在养民"，这个"命"就是国君的使命；而个人的生命短长，那不过是个时间问题，没有什么了不起的意义。所以他坚决迁绎。《左传》作者对于邾文公只作了两个字的评论："知命。"这就是说这一位国君知道他为君的使命。可见立君为民原是当时流传的一种思想认识。这种思想的一个重要特点是：不可以无民，也不可以无君。立君为民，民为目的，是重要的；但是无君即无以达到为民之目的，所以君也是重要的。这里也有君民之间的张力关系，《左传》作者在这种关系中仍保持其以民为本的思想倾向。

第三，如果君不称职，民可以批评以至反抗。例如，《左传》襄公三十一年记："郑人游于乡校，以论执政。然明谓子产曰：'毁乡校何如？'子产曰：'何为？夫人朝夕退而游焉，以议执政之善否。其所善者，吾则行之；其所恶者，吾则改之。是吾师也，若之何毁之？我闻忠善以损怨，不闻作威以防怨。岂不遽止？然犹防川。大决所犯，伤人必多，吾不克救也。不如小决使道，不如吾闻而药之也。'然明曰：'蔑也今而后知吾子之信可事也。小人实不才，若果行此，其郑国实赖之，岂唯二三臣？'仲尼闻是语也，曰：'以是观之，人谓子产不仁，吾不信也。'"

这一段文字既说明了子产主张让人民批评执政者的思想，又说明了孔子对于子产思想的赞同。子产以为，执政者只有听见人民的批评，才能及时地改正错误，才能利民；而利民才可以避免人民的反感的积累，从而才能避免大的政治动荡。这可以说是既利民，又利君；而在这君民张力的关系中，子产和借孔子的话来表达自己思想的《左传》作者坚持了以民为本的思想倾向。

又例如，《左传》庄公十八年冬记巴人伐楚，次年春又记："楚子（指文王）御之，大败于津；还，鬻拳弗纳。遂伐黄，败黄师于踖陵。还，及湫，有疾；夏六月庚申，卒。鬻拳葬诸夕室；亦自杀也，而葬于经皇。初，鬻拳强谏楚子，楚子弗从；临之以兵，惧而从之。鬻拳曰：'吾惧君以兵，罪莫大焉。'遂自刖也。楚人以为大阍，谓之大伯。使其后掌之。君子曰：'鬻拳可谓爱君矣；谏以自纳于刑，刑犹不忘纳君于善。'"

鬻拳对于自己的国君，一方面敢于实行兵谏，以至在君战败时拒其回国；另一方面，在作了这些事以后，又十分惶恐，以至自刑、自杀。这显然是一种很矛盾的现象，其原因何在？当他兵谏和拒君的时候，他是认为国君没有尽到国君的职责，因而必须用一切手段来督促或迫使国君尽其职责；当他对国君实行暴力以后，他又认为自己犯了辱君之罪，因而不敢自爱而自刑、自杀。正是因为他自觉地认识到后一点，所以他在作前一点的时候也并非自肆害君，而是出于爱国爱君之忱。《左传》作者假"君子"之口说鬻拳爱君，道理就在这里。不仅《左传》作者认识到了这一点，楚人也认识到了这一点；不然，他们就不会让鬻拳的后代继承他的官职以表对他的报答了。从这一件事又可看到君民之间的张力关系，而《左传》作者在这种关系中仍然是以民为本的。

又例如，《左传》昭公三十二年记，鲁昭公流亡在外多年后死于乾侯，晋国大夫赵简子问于史墨曰："季氏出其君，而民服焉，诸侯与之；君死于外而莫之罪，何也？"史墨回答了一大套话，其中最重要的是，"鲁君世从其失，季氏世修其勤，民忘君矣；虽死于外，其谁矜之？社稷无常奉，君臣无常位，自古以然。故《诗》曰：'高岸为谷，深谷为陵。'三后之姓，于今为庶，主所知也"。

赵简子（鞅）看到鲁君被季氏流放而死于外，以为是不正常的，而鲁国的人民却无异议。他于是问史墨原因何在。史墨的回答很明白：首先，逻辑地说，国君而不勤民，就是未尽为君之责；为君而未尽为君之责，自然会被人民遗忘；被遗忘了的国君流死于外，自然不会发生人民的抗议。从历史的角度说，改朝换代，君臣易位，自古以然；为什么会有这种变化呢？终极原因还在于君是否能尽其为君之责。君不忘民，能勤民事，民亦不忘其君，这样君位就可以维持下去；否则，君位就不能维持下去。这里再现的还是君民之间的张力关系，而《左传》所引的史墨之言仍然重在以民为本。

更能说明《左传》作者的民本思想的是宣公四年关于弑君的凡例："凡弑君，称君，君无道也；称臣，臣之罪也。"所谓"称君"，就是只写被杀国君的名字，不写杀君者的具体人名，而写某国或某国人弑其君。古人以直呼其名为不敬，称君之名就表示此君不足敬，已说明其无道；不写具体杀君者的人名而称某国或某国人，则说明此次杀君并非某个人的行动，而是国人对此君都已不能容忍，皆有杀之之心。在这里最值得注意的是，凡国人皆曰可杀的国君被杀，就不是杀君者犯了罪，而是被杀的国君无道而该杀。为什么呢？因为那个被杀的国君违背了其为君的职责，即君以保民的职责。君与民在这里同样处于一种张力关系之中，《左传》的弑君凡例在这种关系中显然以民为本。

四、《左传》中人本思想与民本思想的关系

以上说了《左传》中的人本思想和民本思想，现在再就一些实例来辨析此二者之间的内在关系。

《左传》桓公六年记，楚武王侵随而又派使者去谈和，他的一位大臣建议等随国使臣到达时故意示弱，诱随追击，以歼灭随。随使臣看到假象，回去果然建议追击楚军。随大夫季梁说，楚大随小，小不敌大。要小能敌大，那就必须是"小道大淫"。"所谓道，忠于民而信于神也。上思利民，忠也；祝史正辞，信也。今民馁而君逞欲，祝史矫举以祭，臣不知其可也。"

随君说，他祭神的用品很丰盛，怎能说不信于神呢？季梁说："夫民，神之主也。是以圣王先成民而后致力于神。故奉牲以告曰：'博硕肥腯，谓民力之普存也'，谓其畜之硕大蕃滋也，谓其不疾瘯蠡也，谓其备腯咸有也；奉盛以告曰：'絜粢丰盛'，谓其三时不害而民和年丰也；奉酒醴以告曰：'嘉栗旨酒'，谓其上下皆有嘉德而无违心也。故务其三时，修其五教，亲其九族，以致其禋祀，于是乎民和而神降之福，故动则有成。今民各有心，而鬼神乏主，其何福之有？"随君听了季梁的话，未敢追击楚军，免了败亡之祸。

从季梁的这一段话里，我们可以看到人与神的关系以及君与民的关系，并且二者是结合在一起的。国君要向神祈福，当然要向神献祭。这一点随君看到了。但是这还不够，还要看他是否信于神，这一点是关键所在，随君恰好没有看到。季梁说得清楚，献神的祭品好，那必须意味着人民的实际生活好；祭品好而人民生活不好，那就是对神说了假话，就是不信于神，自然也就不能得福。所以，国君要想得福于神，就得取信于神；而要取信于神，就得先"忠于民"。"忠于民"恰好是"信于神"的不可或缺的前提。这样，在君民之间的张力关系中，神作为仲裁者也就侧重于民的一面；于是，《左传》中的神竟然也有了民本思想的倾向。

《左传》昭公二十年记载了另一个类似的例子。齐景公患了疥疮，又有疟疾，经年不愈。诸侯的使者来问候的很多。于是有人对齐景公说，现在我们祭祀鬼神比从前丰盛，可是国君的病长期不好，让诸侯担忧；这一定是祝和史的罪过，请诛祝、史。齐君听了很高兴，把此事告诉晏子。晏子说，如果国君有德，祝、史祭神时如实报告以向神求福，那么神是会降福的；可是，如果国君无德，祝、史祭神时只好说假话，那么鬼神就会降祸。齐君问晏子那怎么办？晏子说，现在国家的问题很多，"民人苦病，夫妇皆诅。祝有益也，诅亦有损。聊、摄以东，姑、尤以西，其为人也多矣。虽其善祝，岂能胜亿兆人之诅？君若欲诛于祝、史，修德而后可"。晏子这一段话的前一部分，说的也是要信于神，不必再论；其后一部分，又说到少数人在神前为君祝福终不如多数人的诅咒有力。在君和民之间的张力关系中，神又总是会听多数人的话，而不会听少数人的话的。这样，神从多数也就是一种重民的思想倾向了。

《左传》襄公十四年记，卫献公被卫人放逐出国，晋悼公问正在身边的师旷说："卫人出其君，不亦甚乎？"师旷回答说："或者其君实甚。良君将赏善而刑淫，养民如子，盖之如天，容之如地；民奉其君，爱之如父母，仰之如日月，敬之如神明，畏之如雷霆，其可出乎？夫君，神之主而民之望也。若困民之主（杨伯峻以为当作'生'，可从），匮神乏祀，百姓绝望，社稷无主，将安用之？弗去何为？天生民而立之君，使司牧之，勿使失性……天之爱民甚矣，岂其使一人肆于民上，以从其淫，而弃天地之性？必不然矣。"

师旷的这一段话说明了这样几个问题：第一，君是天所立的，是司牧（统治）人民的；第二，如果君良，能尽为君之责，民就只能敬君、爱君、畏君，而无抗君之理；第三，如果君不良，使百姓失望、社稷无主，那么此君就是未尽到为君之责，就失去了天立君的目的，从而也就是可以推翻或放逐的；第四，天之所以如此对待国君，那是因为"天之爱民甚矣"，故不能容许一人"肆于民上"。由此我们可以看到天、君、民之间的三个梯级：天治君，君治民；这是一般的正常原则。可是，君对民的统治又不能是绝对专制的，因为天意又是受民心影响甚至支配的；于是就又出现了民心、天意、君权兴亡这样的三梯级的关系。如果我们把这两个三梯级的关系联接起来，那么就可以得到一个三者循环影响的圆圈。

现在我们可以看出，中国古代的民本思想是少不了一个"天"来起调剂作用的。如果没有中国的人本思想，那么就不可能有民本思想而只能有专制思想。同样，中国古代的人本思想总是以民本思想作为其内容的；如果没有中国的民本思想，那么也就会失去中国古代的独具特色的人本思想。所以，只有看清了二者之间的关系，我们才可以说对二者各自的特点有了了解。

从《左传》研究史的角度看，自杜预以下，中国学者越来越不易了解其中的民本思想，直到梁任公提出古代有民本思想时为止。清代杰出学者汪中发现了《左传》中的人本思想，实为不凡之见；可是他未能将它与《左传》中的民本思想联系起来，因而也就未能把问题推向更深入的一步。汪中的局限性是他的时代所决定的。梁任公提出古代民本思想，可能是受了日本人的影响。日本人安井衡作《左传辑释》（刊出于明治四年，即1871年），其前言中就提出《左传》对于无道之君是主张批评的，虽然他没有明确地提出"民本思想"这一个词。安井之所以能见及于此，看来也与其时的日本的历史条件有关系。不过安井又未能注意到《左传》中的民本思想与人本思想的密不可分的内在关系，因而没有作出进一步的分析和讨论。

一旦我们把《左传》中的人本思想和民本思想结合起来观察，那么就可以发现，这种思想体系的一个重要特点即在于：在君主统治人民这一环节上，其关系是直接的，也是无弹性的；而在民意作用于君主这一环节上，其关系就是间接的，并且因为隔着"天"这一个中介而成为有弹性的了。因为，在这种思想体系里，君主受命于天，从而对天负责，而不对民负责；君主无道伤民，民怨上达于天，天才或早或迟地警告、惩罚以至变置君主。在这里，就表现出两个弹性极限：其一，君主如非大无道，天是不会遽然变置他的（其实是，民怨如不积累到一定程度，人们是不会轻易对君主的地位提出挑战的）；其二，君主的无道只有达到使人无可容忍的程度，天才会改命新君，革旧君之命，实现改朝换代（其实是，只有当民怨和人民反抗的力量积累到一定的程度，旧的王朝才有可能被推翻）。于是只要在这种弹性极限之内，君主有其恣意妄为的自由，而其反抗者（如起义农民）也只能落一个"败则为寇"的下场。在这里，我们还可以看到一种悖论（paradox）：本质实为民心的"天意"在这种思想体系里原是一种起调节作用的理性，可是它的实现却只能在暴力的革命中才能完成。自从《诗》《书》叙述商革夏命、周革商命以下，大多数改朝换代都是这样实现的；一些以"禅让"为名的篡权夺位，实际也是以暴力为其后盾的。在这样的历史里，我们可以清楚地看到古代以天为中介的民本思想的局限性。

我们不能忽视《左传》中人本思想与民本思想结合的思想体系里的合

乎理性的成分，浪费其中的宝贵资源；同样，我们也不能忽视了其中的局限性，误以为那在今日还有其现实的价值。我们需要从历史获得的是其有益的启示。

原载《历史研究》1995 年第 6 期

汉代春秋公羊学的大一统思想

早在先秦时期，中国就有了"天下一家"思想的悠久传统。这种思想到战国尤其是汉朝时期，更进一步发展为系统的大一统思想。《春秋公羊传》是表述这种思想的一部著作。此书在战国时期就以口授的方式在学者间师生相传，至汉景帝时始著于竹帛。汉武帝时的春秋公羊学大师董仲舒作《春秋繁露》，对公羊学的大一统思想作了系统的阐述。至东汉末，何休作《春秋公羊经传解诂》，把公羊学的大一统思想发展成一套具有历史哲学的特点的理论体系。本文所要论述的范围就是这三部书的大一统思想的内容以及其间的发展。

一、《公羊传》中的"大一统"思想

《春秋》开篇云："隐公元年，春，王正月。"《左传》云："元年，春，王周正月。"只是说明，所谓"王正月"就是周王朝所采用的历法的正月，即周正。所以只是说明一下事实。《穀梁传》云："虽无事，必举正月，谨始也。"这就连经文中"正月"前面的"王"字都未作解释。唯独《公羊传》作了细致的解释，云："元年者何？君之始年也。春者何？岁之始也。王者孰谓？谓文王也。曷为先言王而后言正月？王正月也。何言乎王正月？大一统也。"

对于这一段《公羊传》，董、何二家皆有解说；不过，他们的解说包含了他们各自的天人学说。这可以说是他们对于传文的解释，也可以说其中已经包括了他们的发展。所以，关于他们的解释，以下论及他们的思想时再说，这里直接谈我个人对于传文的理解。为了尽可能减少个人前见

（prejudice 或 vorurteil）中不应有的主观成分，这里将尽量采用汉代人的训诂成说。首先，关于"大一统"的"大"，在这里不是形容词，而是动词。按《公羊传》文例，凡言"大"什么者，都是以什么为重大的意思。如隐公七年传中两次言"大之也"，都是"以此为大事"的意思。又例如《荀子·性恶》"大齐信焉而轻财货"，杨注云："大，重也"。这里的"大"作为动词既与"轻"相对举，解为"重"自然是毫无疑问的。所以，这里传文"大一统也"，意思是说，所以书为"王正月"，是因为以"一统"为重为大的缘故。至于"一统"，看来已经非常明白而无须解说；不过，我以为如果了解一下汉人的解诂，那么就可以把其真意弄得更确切、更清楚一些。汉儒许慎作《说文解字》，其中对"统"的解释是："统，纪也。"段玉裁注云："《淮南·泰族训》曰：茧之性为丝。然非得女工煮以热汤，而抽其统纪，则不能成丝。按此其本义也。引申为凡纲纪之称……《公羊传》大一统也。何注：统，始也。"《说文》云："纪，别丝也。"段注云："别丝，各本作丝别。《械朴》正义引：纪，别丝也。又云：纪者，别理丝缕。今依以正。别丝者，一丝必有其首，别之是为纪；众丝皆得其首，是为统。统与纪，义互相足也，故许不析言之。"这就是说，纪是一根丝的头，找到丝头，这根丝就能理好；统是许多根丝的头，把这许多根丝的头抓到一起，这一团丝也就能理出头绪来了。所以，如果就其为"头"的词义来说，"统"和"纪"可以无别；但是析而言之，只有"统"才有一的问题，而纪则不存在这个问题，因为它本身就是一。所以，这个"一统"不是化多（多不复存在）为一，而是合多（多仍旧在）为一；它可作为动词（相当于英文之 to unite），也可作为名词（相当于英文之 Unity），就此而言，词义的重心在"一"。但此"一"又非简单地合多为一，而是要从"头"、从始或从根就合多为一。只有看出这后一点意思，才确切地把握了《公羊传》的"一统"的本义。而这样的"一统"，要从西文里找出与之完全相对应的词，看来就很困难了（按西文中的"一统"，如 Unity, die Einheit 等等，其词根皆源于"一"，而与"统"略无关系）。中国人的"一统"观念，自有其历史的特色，是非常值得我们研究的。

　　《公羊传》为什么把"王正月"和"大一统"联系在一起呢？因为，在春秋时期，各诸侯国的历法实际并不一致；例如《左传》记晋国事，常用夏历（以现在农历的正月为岁首，故今农历亦称夏历），说明晋在当时采用夏历，与周历（以今农历十一月，即冬至所在月为岁首）不同。当时有夏、商（以今农历十二月为岁首）、周三正说，可见所用非皆周历。可是，诸侯既以周为天子，自然在理论上该用周历。《春秋》原本为鲁史，鲁用周历，故《春秋》也用周正，称"王正月"。《公羊传》据此发挥《春秋》大义，以为书"王正月"就是奉周王之"统"或"正朔"；各国都奉周之统，于是"统"就为"一"。所以，书"王正月"就是要强调"一统"的重要性。

《公羊传》从"王正月"这一尚无具体历史内容的记时方法上就看出了《春秋》的大一统思想。当然，这一思想在其论述具体历史事件中也是必然有所表现的。兹举例论述如下：

例如，在《公羊传》所论及的春秋时期，周王朝已经日趋衰落，诸侯势力日增；因而诸侯各行其是，天子已经无力过问。这正是不一统的现象。《公羊传》既然要"大一统"，它就不能不对诸侯独断专行的现象加以批评。桓公元年《春秋》记："三月，公会郑伯于垂，郑伯以璧假许田。"《公羊传》（以下引此传解经文皆简作《传》）云："其言以璧假之何？为恭也。曷为为恭？有天子存，则诸侯不得专地也。许田者何？鲁朝宿之邑也。诸侯时朝乎天子，天子之郊，诸侯皆有朝宿之邑焉。此鲁朝宿之邑也，则曷为谓之许田？讳取周田也。讳取周田，则曷为谓之许田？系之许也。曷为系之许？近许也。此邑也，其称田何？田多邑少称田，邑多田少称邑。"按这里对经文的事实说明与《左传》有所出入，但在一个基本点上是无可怀疑的，即鲁国把由周天子授予并在朝周时居住的近许之土地擅自转让给了郑国。上面还有周天子在，诸侯竟自交易土地，这当然是有损大一统的行为。因此，《公羊传》不与"诸侯专地"。

又例如，僖公元年《春秋》记："齐师、宋师、曹师次于聂北，救邢。夏六月，邢迁于夷仪，齐师、宋师、曹师城邢。"《传》云："救邢，救不言次，此言次何？不及事也。不及事者何？邢已亡矣。孰亡之？盖狄灭之。曷为不言狄灭之？为（齐）桓公讳也。曷为为桓公讳？上无天子，下无方伯，天下诸侯有相灭亡者，桓公不能救，则桓公耻之。曷为先次而后言救？君也。君则其称师何？不与诸侯专封也。曷为不与？实与而文不与。文曷为不与？诸侯之义不得专封也。诸侯之义不得专封，则其曰实与之何？上无天子，下无方伯，天下诸侯有相灭亡者，力能救之，则救之可也。"狄人灭邢，齐桓公率齐、宋、曹三国之师救之不及，但是把溃败的邢人迁于夷仪，帮他们筑城复国。按筑城立国就是"封"，而封诸侯本是天子的权力，齐桓公作为诸侯是无权"专封"的。所以，尽管他作了救邢的好事，《传》对他仍然是只"实与"而"文不与"。为什么呢？因为齐桓公存亡国固然有功，但是他终究还是违背了诸侯不得专封的原则；要"大一统"，在文词上就不能不批评他。《公羊传》中不与诸侯专封的事例不少，如僖公二年、僖公十四年、襄公元年、昭公四年、昭公十三年皆有类似文例。

又例如，《春秋》宣公十一年记："冬十月，楚人杀陈夏征舒"。《传》云："此楚子也，其称人何？贬。曷为贬？不与外讨也。不与外讨者，因其讨乎外而不与也。虽内讨，亦不与也。曷为不与？实与而文不与。文曷为不与？诸侯之义，不得专讨也。诸侯之义不得专讨，则其曰实与之何？上无天子，下无方伯，天下诸侯有为无道者，臣弑君，子弑父，力能讨之，则讨之可也。"陈国的夏征舒杀了其君陈灵公，楚庄王出兵伐陈，杀夏征舒。这本是讨杀君的罪人，按《春秋》之义是正当行为。可是，楚庄王不是陈国人，就算是"外讨"；诸侯越境外讨，这就是做了天子才能做的事。因此不能允许。那么本国人就可以任意讨杀罪人了？如果不报告天子就动手，那就算是"专讨"，仍然是不能允许的。

以上所说不与诸侯"专地"、"专封"、"专讨"，都是《公羊传》特有之义，为《左传》及《穀梁传》所无（《穀梁传》桓公元年虽有"礼，天子在上，诸侯不得以地相与也"之文，但不像《公羊》明标为例。所以，那只是个别地方接受了《公羊传》的见解）。《左传》与《穀梁传》对于隐公元年"春王正月"未有"大一统"的解说，独《公羊传》有之。这与其不与诸侯专地、专封、专讨是精神一致的。为什么这样说呢？齐桓、楚庄等人或救亡存灭，或讨杀杀君之人，这本来是合乎《春秋》之"义"的，但是仍然只能实与而文不与。为什么呢？因为还有一条更重、更大的"义"，就是诸侯不得独断专行（"专"），不得有违"一统"之"义"。惟其"一统"之"义"重于、大于其他诸义，所以这才叫做"大""一统"，也就是以"一统"为大。

关于《公羊传》的"大一统"的思想，以上已经作了解析和讨论。那么《公羊传》的"大一统"思想是否就是《春秋》经本有之义呢？当然，有人是把公羊家的"大一统"之说看作骗人的鬼话。不过，我以为，如果说《公羊传》的全部"大一统"说都直接来自《春秋》，那未免失之于凿；但是，不能说《公羊传》的大一统思想与《春秋》没有渊源关系。正如司马迁在《史记·孔子世家》中所指出，"吴、楚之君自称王，而《春秋》贬之曰子；践土之会实召周天子，而《春秋》讳之曰天王狩于河阳"。这就是《春秋》尊王的大一统思想的表现。至于《春秋》的这种思想与孔子是否有关，这也不能作断然否定的答案。相反，《论语·季氏》记孔子曰："天下有道，则礼乐征伐自天子出；天下无道，则礼乐征伐自诸侯出。"应该说这正是《公羊传》不与诸侯"专地"、"专封"、"专伐"的思想源所自出。所以，可以说《公羊传》的大一统思想虽然未必就等于《春秋》的同类思想，但它总是《春秋》中一统思想的发展。

二、董仲舒天人合一体系中的"大一统"思想

如上所述，《公羊传》是从"王正月"说到"大一统"的。董仲舒也由此说到一统，但内容有所拓展。《春秋繁露（以下简作繁露）·三代改制质文》云："《春秋》曰：'王正月'，《传》曰：'王者孰谓？谓文王也。曷为先言王而后言正月？王正月也。'何以谓之王正月？曰：王者必受命而后王。王者必改正朔，易服色，制礼乐，一统于天下。所以明易姓，非继人，通以己受之于天也。王者受命而王，制此月以应变，故作科以奉天地，故谓之王正月也。"《公羊传》从"王正月"直接就到了"大一统"，其间未涉及天命；而董生则以为，"王正月"是王者受天命必改正朔以应变、以奉天地的结果。所以改正朔"一统于天下"者，不仅是天子与臣民的关系，而且首先是

天子与天的（受天命）的关系。这样，董生就把公羊家的一统说纳入了他的天人合一的思想体系。

董生既然要把其一统说置于其天人合一体系之中，他就不可能止步于其上述的对于"王正月"的解说上。于是，他又追溯到"王正月"以上的"元年"的"元"，通过对此字的解说来进一步阐发其天人合一说及在此体系中的大一统思想。为什么第一年不叫一年而叫元年呢？《繁露·玉英》曰："谓一元者，大始也。"为什么改称一为称元就算是以"始"为大了呢？他在《繁露·重政》中说："惟圣人能属万物于一，而系之元也；终不及本所从来而承之，不能遂其功。是以《春秋》变一谓之元，元犹原也，其义以随天地终始也。故人惟有终始也而生，不必应四时之变，故元者为万物之本，而人之元在焉。安在乎？乃在于天地之前。故人虽生天气及奉天气者，不得与天元本、天元命而共违其所为也。"对于这一段文字，前人理解颇有分歧。或如俞樾在其《诸子平议》中所主张，以为人之元"乃在乎天地之前"意不可解，其中实有衍文；他以为不当有"乃在乎"三字，而应以"安在乎天地之前"为句。俞氏以为人之"元"不可能在于天地之前。或如苏舆在其《春秋繁露义证·玉英》篇注（苏氏取钱塘之说以为此段文字当属《玉英》）中所主张，以为原文无误，"元"自应在天地之前。我以为苏说为长。苏说具见于其注[1]，恕不备引。不过，这一段话对于理解董生天人合一的一统说极为重要，因此不能不从这一方面稍作说明。

按董生此说乃专为解《春秋》经文首字"元"而发。在他看来，孔子作《春秋》，字字皆无虚置。所以，既然以"元"字开篇，其中就必有深意。意在何处呢？这个"元"既是纪年之始，又是经文之始，还是万物之始。他认为，圣人变一为元，乃是为了追本溯源至最初的源头。为什么呢？因为万物虽属分殊，但溯至初源乃归于一。当然，这个一不是具体的一，而是抽象的一或大一，为了区别于具体的一，乃改称为元。他曾对汉武帝说："一

---

[1] 苏舆：《春秋繁露义证》，68～70页。

者万物之始也，元者辞之所谓大也。"① 所以这个 "元"，既近似于老子的道，又近似于古希腊毕达哥拉斯派的 "一元"（monados）。此 "一" 既是在时间中作为序数的一（第一），又是在空间中作为基数的一（单一或独一）；也可以说这就是 "一" 与 "统" 的先天的结合，或者说就是 "一统" 的形而上学的根源。因此，它作为初本（近于古希腊的 archi，即 "始基"）之 "元"，既是天地之原，也是人之原。看来这个 "元" 似乎非常虚玄而不切于实用，可是它在董生的天人合一体系中却是必不可少的大前提。《繁露》一书多处谈天人合一，天与人为什么又怎能够合一呢？关键就在于天人同 "元"。此书中又一再说到人能与天地 "参"，人为什么又怎能够与天地参呢？其关键仍在于天人同 "元"。作为天人共同之 "元"，当然它既在人之前，又在天地之前。惟其如此，"故人虽生天气及奉天气者，不得与天元本、天元命而共违其所为（即共同的 '元'）也"。不过，董生的天人合一体系理论又有不同层次之分。相对于最高层次的 "元" 来说，天与人属于同一层次。如果下降到天人关系的这个层次，董生又以为 "人之（为？）人本于天"②，"天者万物之祖"③。所以天人之间并不平等，而是人从于天。如果再从天人关系层次降到人与人的关系层次，董生则以为 "君者民之心也，民者君之体也"④。所以君处于支配地位，民处于被支配地位。他在 "深察君号之大意" 时甚至说 "君者元也……是故君意不比于元，则动而失本"⑤。当然，这里所说 "君者元也" 只是说君之意相对于民来说可以 "比于元"，而非说君就等于元。所以君与民虽同样是人，但地位仍不平等。所以他说："《春秋》之法，以人随君，以君随天"⑥。董仲舒的这种等级系统开始于 "元"，而其终极目的则在于化大行、天下一。《繁露·二端》云："是故《春秋》之道，以元之深正天之端，以天之端正王之政，以王之政正诸侯之即位，以诸侯之即位正境内

---

① 《汉书·董仲舒传·对策一》，见《汉书》第 8 册，2502 页。
② 《繁露·为人者天》，318 页。
③ 《繁露·顺命》，410 页。
④ 《繁露·为人者天》，320 页。
⑤ 《繁露·深察名号》，290 页。
⑥ 《繁露·玉杯》，31 页。

之治。五者具正，而化大行。"化大行则天下之统一矣。这就是董生要把他的天人合一体系中的一统说溯源于"元"的理论原由。当然，这种说法只不过是他的一种理论上的虚构。早在孔子以前的青铜器铭文上就有了把第一年称为元年的先例，可见元字本身并没有那么多深文大意。在这里我们只是就董生之文而论其思想，并无信其说为历史之真的意思。

董生把他的一统说上溯到"元"，那只是为了在理论上求得一种彻底性。他说："故春正月者，承天之所为也，继天之所为而终之也。其道相与共功持业，安容言乃天地之元？天地之元奚为于此、恶施于人？大其贯承意之理矣。"① 所以，谈"元"只是"大其贯承意之理，"而人间的正月仍然是直接按"天之所为"（即地球绕日而引起的一年四季现象）来确定的，并不直接与天之"元"有关。因此，要说天人合一的一统，直接地仍然要从"春正月"说起。为什么这样说呢？因为一年有四季，以春季为首。春季又有三个月，以正月为春季之首。可是，以这三个月中的哪一个月为春正月呢？在中国古代曾有三正之说。那就是，周以建子之月（冬至所在月、今农历十一月）为正月，商以建丑之月（今农历十二月）为正月，夏以建寅之月（立春所在之月、今农历一月）为正月。古人看到冬至之日最短，以为这应当是一年之末；此日之后天渐变长，便以为新岁之春已经开始。这种看法并非没有天文上的根据，可是就是与实际气候条件不合。冬至过后，不仅没有转暖，而且更加严寒。这就使得古人不得不把岁首逐渐往后推延。以冬至所在月为岁首，是周正；往后推一个月，就是商正；再往后推一个月，就是夏正。推到夏正，正好符合天时气候，所以就不能再往后推了。因此，三正就有了子、丑、寅三个月。"天之所为"既然可以有三正，那么又怎么能成一统呢？于是董仲舒又推衍出一套通三统为一统的说法。

董生的"三统"说源出于古代的"三代"观念。当周王朝取代商王朝以后，周人在多篇文告中都曾表示，周之代商犹之乎过去商之代夏；从而正式地承认在周以前有过夏、商两个王朝。这些皆见于《尚书·周书》，亦见

---

① 《繁露·重政》，147 页。

于《诗经》的不少篇章，在此无须细说。到了春秋时期，就有了以夏、商、周为"三代"的说法，这也见于孔子的言论中，如"斯民也，三代之所以直道而行也"①。三代是在历史的进程中递嬗的，董生的三统也是在历史中流变的。在《繁露·三代改制质文》中，他结合历法、天象、物候推衍出一整套三统论。他以夏为"黑统"，以商为"白统"，以周为"赤统"。其说为："三正以黑统初。正日月朔于营室，斗建寅。天统气始通化物，物见萌达，其色黑。故朝正服黑，首服藻黑……亲赤统，故日分平明，平明朝正。正白统奈何？曰：正白统者，历正日月朔于虚，斗建丑。天统气始蜕化物，物始芽，其色白。故朝正服白，首服藻白……亲黑统，故日分鸣晨，鸣晨朝正。正赤统奈何？曰：正赤统者，历正日月朔于牵牛，斗建子。天统气始施化物，物始动，其色赤。故朝正服赤，首服藻赤……亲白统，故日分夜半，夜半朝正。"继赤统者又为黑统，三统重新循环下去。三统是循环的，在三统体系中运行的王朝系列却不是循环的，而是不断代谢的。周为赤统，代周者为黑统，这是循环的；但是，前面的黑统代表者夏王朝不仅没有循环回来，而且要在历史流程中被绌下去。董生于同篇文章中说："《春秋》上绌夏，下存周，以《春秋》当新王。《春秋》当新王者奈何？曰：王者之法，必正号。绌王谓之帝，封其后以小国，使奉祀之。下存二王之后以大国，使服其服，行其礼乐，称客而朝。故同时称帝者五，称王者三②，所以昭五瑞、通三统也。是故周人之王，尚推神农为九皇，而改轩辕谓之黄帝，因存帝颛顼、帝喾、帝尧之帝号，绌虞而号舜曰帝舜，录五帝以小国。下存禹之后于杞，存汤之后于宋，以方百里，爵号公；皆使服其服，行其礼乐，称先王客而朝。《春秋》作新王之事，变周之制，当正黑统。而殷、周为王者之后，绌夏改禹谓之帝，录其后以小国，故曰绌夏，存周，以《春秋》当新王。不以杞侯，弗同王者之后也。"那么这种三统说与一统又是什么样的关系呢？这里有两点值得注意：第一，三正虽然在历史上曾经同时并存，但三统则一个接

---

① 《论语·卫灵公》，见《诸子集成》第 1 册，343 页。

② 请注意，这里的"称"只是说有其称号，而不是真正地同时为帝、为王。

替一个；虽同时有"三王"之称，但其中必有两者是先王，而真正的王同时期中则只有一个。因此，经过三统说的规范，在任何一个时期里三正中只有一正是一统之正，三王中只有一王是正统之王。例如，在周代，尽管三正并存，但只有周之正月为王正月；虽有三王之说，而夏、商之后皆为先王客，真正之王只有周王。因而虽有三统，而实成一统。第二，同一时期只有一个王正月，只有一个天子，这本来只有空间中的一体性；可是，经过了三统说的规范，这种空间中的一体性或者共时性的（synchronic）一体性又具有了时间中的或者历时性的（diachronic）连续性。当董生把一统说从"王正月"追溯到"元"的时候，他已经注意到了"一统"在时间与空间中的统一性；三统说兼容了"一统"在时间中的连续性与在空间中的一体性，所以正是他的"元"一统说的继续和发展。值得我们深深注意的是，这种冶空间中的一体性与时间中的连续性于一炉的大一统思想，也正是中国思想传统中的一大特点，为其他国家和地区的历史中所罕见。这样的有经有纬的大一统思想对于中国历史发展的影响也是至关重大的。而董仲舒的看来颇具神秘色彩的天人合一体系中的三统说，却曲折地把这种大一统的观念表述出来了。

以上着重论述董生一统说的思想体系，所以说得比较抽象。但是，这不等于说他没有比较具体的主张一统的言论。他对《公羊传》中不与诸侯专地、专封、专讨之义也是有所阐述的，因与上节所述多有雷同，此处故不赘述。同时，他的大一统说是维护君主专制制度的，他的此类言论甚多，人们不难从《繁露》书中或其"天人三策"中看出，这里也不用多说。当然，他的一统思想既有拥护王权的一面，又有主张行德政的一面。在某种程度上，他也认为德是维系一统的重要条件。他主张，爱必远推，"远而愈贤、近而愈不肖者，爱也。故王者爱及四夷，霸者爱及诸侯，安者爱及封内，危者爱及旁侧，亡者爱及独身。独身者，虽立天子诸侯之位，一夫之人耳，无臣民之用矣"[①]。所以，必有德能爱及四夷，方能成为胜任一统的王者；

---

① 《繁露·仁义法》，252 页。

君之德不足以至无德，其处境必每下愈况，以至于灭亡。董生的这种思想，所依循的仍然是儒家（如孟子）一统思想的传统。

三、何休的"三科九旨"与"大一统"

何休在解释"元年"的"元"字上与董仲舒不同。董生解之为"始"与"大"，即既为时间上的第一又为空间中的独一的抽象的大一。何休则以为，"变一为元，元者气也。无形以起，有形以分，造起天地，天地之始也。故上无所系，而使春系之也"。所以，董生所见的"元"是作为序数的一与作为基数的一的逻辑的统一，而何休所见的"元"则是先于天地的元气及其"造起天地"的运作；前者的思维方法具有思辨的特色，而后者的思维方法则具有历史的特色。何休解释《传》文"大一统"说："统者始也，总系之辞。夫王者始受命，改制布政，施教于天下，自公侯至于庶人，自山川至于草木昆虫，莫不一一系于正月，故云政教之始。"他的"大一统"说的基础，同《公羊传》本身一样，仍然建立在王正月的统一上。所以，他的"一统"说的理论起点，比起董仲舒的从"元"开始来说，是后延了一步。何休的"一统"说的卓越之处在于，他把此说与他的"三科九旨"体系紧密地联系起来。

《公羊传》徐彦疏引何休《文谥例》云："三科九旨者：新周、故宋、以《春秋》当新王，此一科三旨也。又云，所见异辞，所闻异辞，所传闻异辞，二科六旨也。又内其国而外诸夏，内诸夏而外夷狄，是三科九旨也。"我以为，何休的"大一统"说即寓于此"三科九旨"之中，应该加以充分说明。可是，清末今文经学家皮锡瑞于其《经学通论·春秋》之部的"论存三统明见于董子书，并不始于何休"条说："三科之义，已见董子之书"。因此，如果不先辨明何、董在这方面异同，那么何休的贡献是无法说明的。兹请先论何、董之异同。

皮氏引《繁露·楚庄王》篇云："《春秋》分十二世以为三等，有见，有闻，有传闻。有见三世，有闻四世，有传闻五世。故哀、定、昭，君子之所见也。襄、成、文、宣，君子之所闻也。僖、闵、庄、桓、隐，君子之所传闻也。所见六十一年，所闻八十五年，所传闻九十六年。"皮氏论断云："此张三世之义。"按以上引文乃董生对于隐公元年《传》"所见异辞，所闻异辞，所传闻异辞"的解说，皮氏所引以下还有："于所见微其辞，于所闻痛其祸，于传闻杀其恩，与情俱也。"这是说孔子在作《春秋》时，因自己对于不同的三世有感情深浅的不同，所以在书法上也有所不同。何休对于此段《传》文以及桓公二年同样《传》文也有类似于董文的解说。同据《传》文本义作解说，其说法相似是很自然的，无所谓何源于董。更重要的是，董的解说在此与一统说毫无关系，而何另有说，为董说所未有，请待以下再作详论。皮氏又引《繁露·王道》篇云："内其国而外诸夏，内诸夏而外夷狄，言自近者始也。"并论断云，"此异内外之义。"按董生此处所说实为成公十五年《传》文之节引。此年《传》云："曷为殊会吴？外吴也。曷为外也？《春秋》内其国而外诸夏，内诸夏而外夷狄。王者欲一乎天下，曷为以外内之辞言之①。言自近者始也。"董生引其文重在自近始，而未直接言及一统；而何休于此处之注则重在"大一统"，与董有别。

又皮氏引《繁露·三代改制质文》篇云："《春秋》应天作新王之事，时正黑统。王鲁，尚黑，绌夏，新周，故宋……"并论断说，"此存三统之义。"按"存三统"之说在《公羊传》中并无直接的根据，故与"张三世"、"异内外"不同。宣公十六年《春秋》记："夏，成周宣谢灾。"《传》云："外灾不书，此何以书？新周也。"董、何皆由此而引申出"王鲁、新周、故宋"的"存三统"说，实为增字解经，根据不足。在这一点上，何休显然是受了董生的影响的。不过，董生是由其"三统"说而发挥出一大套如上所述的一统理论的，而何休的一统理论主要并非来自董生的"三统"说，却是发挥自董生所未充分论述的"张三世"与"异内外"以及二者的内在关系上。

这里我们可以考察一下何休的有关论述。在隐公元年《传》"所见异辞，所闻异辞，所传闻异辞"之下，何休注包括了两个部分。其前一部分，

---

① 何休注云：据大一统。

与董生之说基本相同，上文也说到了；其后一部分则为何休的独到之见，其文云："于所传闻之世，见治起于衰乱之中，用心尚粗觕；故内其国而外诸夏，先详内而后治外，录大略小，内小恶书，外小恶不书，大国有大夫，小国略称人，内离会书，外离会不书是也。于所闻之世，见治升平，内诸夏而外夷狄，书外离会，小国有大夫……至所见之世，著治大平，夷狄进至于爵，天下远近大小若一，用心尤深而详。"这样，他就把"张三世"的三阶段和"异内外"的三阶段重合起来了。由于这一重合，何休的大一统说有了新的巨大发展。不过，在阐述他的大一统说以前，我们还必须考察一下它在事实上及在理论上是否有所根据。

人们通常都把《春秋》看作史书，《公羊传》解《春秋》自然也应在史书之列。可是，如果单从历史学的角度来看，那么何休对"张三世"、"异内外"的重合的确"其中多非常异义可怪之论"[1]。何休把"所传闻世"看作衰乱世，把"所闻世"看作"升平世"，把"所见世"看作"太平世"，这就和春秋时期的历史情况不能相符。春秋时期的不少国家中都曾有过政权下逮的现象。由西周而东周，礼乐征伐由自天子出而下逮为自诸侯出，随后在若干国家中又下逮为自大夫出，在鲁还出现过陪臣执国命的趋势。孔子曾为此而发浩叹。与政权下逮相应的是各种矛盾的激化与战争的频繁。所以，到底是由衰乱而升平而太平呢？还是相反地越来越乱呢？到底是由西周而来的"封建"的一统日益瓦解呢？还是相反，由分裂逐步走向大一统呢？如果直接地观察历史，人们是会认为何休说于此的确是与历史事实背道而驰的。当然，何休本人也不是不知道这一点。他认为，他注《公羊传》并非为了叙史，而是为了解《传》并由解《传》以明经。在公羊家看来，《春秋》并不是史，而是经，是孔子借史以发挥其微言大义的经典之作。所以，《传》解《春秋》，有"名不与而实与"之类的名实背离之例；何休循着这一逻辑，就推导出了"《春秋》定、哀之间文致太平"的说法[2]。这就真成了刘逢禄所

---

① 何休《春秋公羊经传解诂序》中语。
② 见定公六年"讥二名"注。

说那样："鲁愈微而《春秋》之化益广"，"世愈乱而《春秋》之文益治"①。所以，在史学中实在非常异义可怪者，在经学中就不成其为问题了。历史上的公羊学家们从来也都是以分别经史来为自己的说法辩护的。

我们不是公羊学家，没有必要为公羊学辩护。不过，我们也不能把何休的思想当作发高热中的胡言乱语，简单地一嗤了之。我们需要的是，首先理清他的思路，然后再循其思路以析论其一统说的得失。

按何休的衰乱、升平、太平三世之说是从"所见异辞、所闻异辞、所传闻异辞"的《传》文引申而来的。这三句《传》文见于隐公元年、桓公二年以及哀公十四年凡三次。第一次是解释公子益师卒为何不记日期，理由是"远也"。因为在所传闻世，时远恩浅，所以不记日期。第二次是解释鲁桓公与齐、陈、郑三国之君集会"以成宋乱"，鲁君协助成宋乱，这当然是大恶；按书法"内大恶讳"，本是不该记的，却记了。为什么呢？还是"远也"。因为时远恩浅，所以不讳。第三次总述《春秋》笔法，不详论。这三句《传》文本是说鲁国内部的事的，与"异内外"的问题无关。可是，如果不消除内外之异，那么就不可能由分裂而走向一统，由衰乱而渐进于太平。所以何休又把"张三世"与"异内外"联系起来。为什么能这样联系呢？他从不同时期书法"异辞"这一点着眼，看出《经》《传》之文对不同时期的"内外"也是有"异辞"的。例如，隐公二年《春秋》记："公会戎于潜。"何注云："所传闻之世，外离会不书，书内离会者，《春秋》王鲁，明当先自详正，躬自厚而薄责于人，故略外也。"公羊家以为两国间的私会为离会，应该贬斥；但批评要从自己开始。所以在所传闻世只批评本国的内离会而不批评外国间的离会。那么，是否有例外呢？例如，桓公五年《春秋》记："齐侯、郑伯如纪。"《传》曰："外相如不书，此何以书？离，不言会。"何注云：《春秋》始录内小恶，书内离会；略外小恶，不书外离会。至所闻世，著治升平，内诸夏而详录之，乃书外离会。嫌外离会常②书，故变文见意，以别嫌明疑。"

---

① 《春秋公羊经何氏释例·张三世例》释。
② 陈立以为，"常"字当作"当"，可取。

齐、郑之君离会于纪，在所传闻世，本不当书；这里书了，可是不书为会而书为"如"，就是为避嫌疑。这样，他就从本国与诸夏的内外中看到了不同时期的"异辞"。又如，成公十五年《春秋》："冬，十一月，叔孙侨如会晋士燮、齐高无咎、宋华元、卫孙林父、郑公子鯂、邾娄人，会吴于钟离。"《传》云："曷为殊会吴？外吴也。曷为外也？《春秋》内其国而外诸夏，内诸夏而外夷狄。"何注云："吴似夷狄差醇，而适见于可殊之世，故独殊吴。"如果吴在《春秋》的所传闻世出现，那时还外诸夏，就谈不到殊吴。吴恰好出现于传闻世，正是外夷狄的时候，所以就要殊了。这样，他就又从诸夏与夷狄的内外中看到了不同时期的"异辞"。不管他所说是否有牵强之处，但是他从经传文字中看出了时间中的先后阶段与空间中的内外层次之间的函数关系。这不能不说是一种特识，因为他把空间中的一统理解为时间中历史发展的趋势或结果。如果说董仲舒的通三统为一统的一统说中已经有了时间与空间中的两重因素的结合，那么其结合还是思辨的。何休却是把这种结合引进了历史的思考之中。

也许历史学家们会以为我陷入了何休的玄想圈套，而忘记了自己所学的是历史。其实，在我看来，在何休的似乎极其违背历史的说法中，也很难说就没有任何一点历史的真实性。从表面上看，由西周而春秋，中国是在由统一走向分裂；而其实，春秋的分裂中正准备着更高一级统一的必要条件。这一点似乎是没有多大争议的。在春秋时期，由小邦而渐成为大国，甚至开始出现了郡县制最初萌芽。原来被视为夷狄的楚、吴等邦，这时也逐渐实现了华夏化；而原先自以为华夏的诸邦，在此过程中也大量地汲取了所谓夷狄的文化，在一定程度上也是夷狄化。至春秋时期之末，楚、吴诸邦与中原诸夏无复分别。这就是"夷狄进至于爵"，以当时人对"天下"的眼界来说，说"天下远近大小若一"，虽然夸大到了不合事实的程度，但也总不能说连一点影子都没有吧。所以，在何休的似乎荒唐的一统说中，实际是蕴含着孤明卓识的。

如果我们再作进一步的分析，那么就可以发现，何休的以"张三世"与"异内外"结合的大一统说，还有其深刻的儒家伦理、政治思想的内涵在。三世之别与内外之别，都在其所爱程度之别。儒家之仁爱自近而及远，推己以及人；三世与内外之差别，不过在一为时间之远近、一为空间之远近而已。所以，自儒家之仁学原则观之，二者自然是可以重合的。

空间中的大一统如何才能在时间的进程中实现？不能靠武力或其他东西，而只能靠仁心与仁政之不断地外推。这是从伦理的角度说的。从政治的角度说，儒家以为必正己方能正人。成公十五年《传》云："王者欲一乎天下，曷为以外内言之？言自近者始也。"何注云："明当先正京师，乃正诸夏；诸夏正，乃正夷狄。以渐治之。叶公问政于孔子，孔子曰：近者悦，远者来。季康子问政于孔子，孔子曰：政者，正也；子帅以正，孰敢不正。是也。"所以，何休的大一统说也就是儒家正己以正人的主张的不断外推。如此而已。

按照何休以上的一统说，能实现大一统的王者必须是能推己以及人、正己而正人的仁者。不如此，也就不能成为这种王者。因此，一统在历史中是不断发展的，而王者却不是万世一系的。甚至于尽管一统的起点通常是本国，然后由本国而诸夏，由诸夏而夷狄；但是，这一次序也不是绝对的。一个国家是夷还是夏，在《公羊传》及何休注中并非是以血统来分辨的，而是要看它的实际行为。例如，昭公四年《春秋》记："夏，楚子、蔡侯、陈侯、郑伯、许男、徐子、滕子、顿子、胡子、沈子、小邾娄子、宋世子佐、淮夷会于申。"何注云："不殊淮夷者，楚子主会行义，故君子不殊其类。所以顺楚而病中国。"因为这一次会是为了合力讨齐逆臣庆封；诸夏不能讨而楚讨之，故顺楚而病中国。又例如，昭公十二年《春秋》记："晋伐鲜虞。"何注云："谓之晋者，中国以无义故，为夷狄所强。今楚行诈灭陈、蔡，诸夏惧然去而与晋会于屈银。不因以大绥诸侯，先之以博爱，而先伐同姓，从亲亲起，欲以立威行霸。故狄之。"在一般情况下，楚为夷狄，晋为诸夏。可是，当楚能行诸夏所不能行之义时，公羊家就顺楚而病中国；当晋不能绥诸夏而反伐同姓时，他们就以晋为夷狄了。总之，中国与夷狄并无截然的界限，其标准就是要看其行为合乎义与否。因此，何休的一统说并不以种族原则为依归，而是以儒家之义为取舍。这正是孟子所说的"不嗜杀人者能一之"思想的发挥。

因为能承担一统之责的不必是某国、某王，所以在统一发展的进程中可以有中心的转移，也可以有王朝的更替；中心变而一统之趋势不变。这其实也就是"三统"说所以必需的原由。董仲舒对"通三统"说得很有创见，但是他未能将它与"张三世"、"异内外"结合起来。以上已经说到，何休把"张三世"和"异内外"结合起来从而将其大一统说发展到了一个比董仲舒更高的阶段。可是，现在我们又可以看到，何休实际上也将"通三统"和"张三世"及"异内外"结合起来了。

《公羊传》徐彦疏说何休"三科九旨"之意云："何氏之意以为，三科九旨正是一物。若总言之，谓之三科；科者，段也。若析而言之，谓之九旨；旨者，意也。言三个科段之内，有此九种之意。"初读这一段话常不能解。因为能直接看到的是何休将"张三世"与"异内外"结合起来，而"通三统"则似乎与前二者无关。经过以上的论析，我们可以证实徐疏的这一段话是很有见识的。何休的大一统说之特点，正是将"三科九旨"结合为一来加以论述的；惟其如此，他的一统说比董仲舒又发展到了一个更高的阶段。

《春秋》公羊学是汉代经学中的重要一支，它在大一统学说的发展上的成绩是其他经学流派所不能比拟的。它把一统在空间中的拓展与在时间中的延续结合为一，并把一统的基本原因或前提理解为儒家的仁学的实行以及由之而来的不同族群的文化的趋同。这种思想对于中国历史上一统事业的发展是有其深度影响的。

原载《史学理论研究》1995 年第 2 期

史学的悖论与历史的悖论

东汉末何休在其所作《春秋公羊经传解诂序》中说："传《春秋》者非一，本据乱而作，其中多非常异义可怪之论。"①关于"传《春秋》者非一"之句，徐彦疏谓，凡有二说：一说以为指传《公羊传》的诸家，一说以为指包括公羊、左氏、穀梁、邹氏、夹氏五家。陈立于其《公羊义疏》中说："然此下何氏传论公羊家学，未必牵涉余四家也。"②按陈说是，何休所说"非常异义可怪之论"，正是指公羊家而言的。

何休所说的"非常异义可怪之论"，如果用当前惯用的词来说，那就是本文所说的"悖论"。"悖论"在西方文字中通常作 paradox。这个词来自古希腊文，是由 para（意思是"谬误"等）加 dox（意思是"意见"）构成的。在一般情况下，它的直接含义就是"谬论"（例如亚里士多德在其《形而上学》一书中就经常是按这个意思来用这个词的），可是又常常表示"似非而实是"的意思（例如柏拉图在其《理想国》472a 中就曾按这个意思来用这个词）。现在人们常常就后一种意思来用这个字，用它表示似非而实是的议论或似悖理而实合理的事情。有些学者译 paradox 为"吊诡"，所取的也正是后一种常用的意思。我以为，何休所说的"非常异义可怪之论"恰好符合"悖论"的这个意思。

怎样才能论证何休所说的汉代公羊学的"非常异义可怪之论"的似非而实是呢？我想，这应该从历史客观过程的复杂性以及由之而来的似非而是与似是而非的现象来求解答。本文题为《史学的悖论与历史的悖论》，所

---

① 《十三经注疏》，2190 页。
② 见《清经解续编》第 5 册，496 页。

要表达的就是这个思路。

应该说明，在《公羊传》和汉儒董仲舒、何休等的解说中，"非常异义可怪之论"的具体事例甚多，我们没有可能一一予以解说，也没有必要一一加以解说。本文只想就与汉代公羊学的历史哲学有关的两个问题发表一些个人的管见，尚祈方家有以教之。

一、关于世愈乱而文愈治的问题

隐公元年《春秋》记："公子益师卒。"《公羊传》曰："何以不日？远也。所见异辞，所闻异辞，所传闻异辞。"何休注曰："所见者谓昭、定、哀，己与父时事也。所闻者，谓文、宣、成、襄，王父时事也。所传闻者，谓隐、桓、庄、闵、僖，高祖、曾祖时事也。异辞者，见恩有厚薄，义有深浅，时恩衰义缺，将以理人伦，序人类，因制治乱之法。故于所见之世，恩己与父之臣尤深；大夫卒，有罪无罪，皆日录之。丙申，季孙隐如卒，是也。于所闻之世，王父之臣恩少杀。大夫卒，无罪者日录；有罪者不日，略之。叔孙得臣卒，是也。于所传闻之世，高祖、曾祖之臣恩浅。大夫卒，有罪无罪，皆不日，略之也。公子益师、无骇卒，是也。于所传闻之世，见治起于衰乱之中，用心尚粗粝，故内其国而外诸夏，先详内而后治外，录大略小，内小恶书，外小恶不书，大国有大夫，小国略称人，内离会书，外离会不书，是也。于所闻之世，见治升平，内诸夏而外夷狄，书外离会，小国有大夫。宣十一年秋，晋侯会狄于攒函，襄二十三年邾娄劓我来奔，是也。至所见之世，著治太平，夷狄进至于爵，天下远近小大若一，用心尤深而详，故崇仁义，讥二名，晋魏曼多、仲孙何忌，是也。"[1]

按何休这一大段话，既包括了张三世的内容，又涵盖了异内外的内容，涉及汉代公羊学的三科九旨中的二科六旨，可以说已经体现了此派历史哲学的基本原则。

----

[1]　见《十三经注疏》，2200 页。

我们说这体现了汉代公羊学的历史哲学的基本内容，是因为它把历史的发展看作必须经过衰乱世而升平世，进而达到太平世这样三个阶段，从而提出了历史发展的规律性的问题。

可是这样的历史发展三阶段说非常容易引起人们的怀疑，因为它与人们所见到的春秋时期的历史过程在直观上并不相符合。《论语·季氏》记："孔子曰：天下有道，则礼乐征伐自天子出；天下无道，则礼乐征伐自诸侯出。自诸侯出，盖十世希不失矣；自大夫出，五世希不失矣；陪臣执国命，三世希不失矣。天下有道，则政不在大夫；天下有道，则庶民不议。"又记："孔子曰：禄之去公室，五世矣。政逮于大夫，三世矣。故夫三桓之子孙微矣。"①按照上引孔子的话来看，春秋时期的情况应该说是愈来愈乱。所以，刘逢禄在其《公羊何氏释例·张三世例》中把这种现象概括为"鲁愈微而《春秋》之化益广"，"世愈乱而《春秋》之文益治"②。其实，何休本人也并非不知道这一点。《春秋》定公六年记："季孙斯、仲孙忌帅师围远。"《公羊传》曰："此仲孙何忌也，曷为谓之仲孙忌？讥二名。二名，非礼也。"何休注曰："为其难讳也。一字为名，令难言而易讳。所以长臣子之敬，不逼下也。《春秋》定、哀之间，文致太平；欲见王者治定，无所复为讥。唯有二名，故讥之。此《春秋》之制也。"③

明知定、哀之间并非太平，而谓《春秋》"文致太平"，于是"世愈乱而《春秋》之文益治"，这样就把《春秋》解释为直接与历史相违戾的了。于是，公羊家的历史哲学变成了背离历史的哲学，变成了非常异义可怪之论，它的不能为人所理解就成为很自然的事了。不过，我以为，对于问题的观察似乎不应该停留在这一点上，而应该对于客观的历史过程作进一步的分析，从而考察其中是否有在深层上与汉代公羊说相应的成分。

首先，我并不否认孔子所说的鲁政下逮的情况之为真，甚至也不能否认三晋与齐等国中政权下逮于大夫的事实。不过，这是否就足以说明春秋

---

① 刘宝楠：《论语正义》，见《诸子集成》第 1 册，354～357 页。

② 《清经解》第 7 册，371 页。

③ 《十三经注疏》，2339 页。

时期的历史发展总趋势是愈来愈乱，每下愈况？看来问题是不能以简单的是或否来定论的，而应该从提问题的角度来作具体的分析。孔子是从"礼乐征伐"是否"从天子出"的角度提问题的，他自然会得出他自己那样的结论。孔子提问题的角度并非没有理由，因为在三代至少西周时期，天子代表了国家（当时称天下）一统和有秩序的象征，政权由天子而逐级下逮，自然地意味着秩序的愈来愈乱。可是，到了孔子的时候，周王室已经"无可奈何花落去"。关于这一点孔子本人也是知道的，所以他尽管非常热爱周文化，但在周游列国时并未到过周。假如对于春秋时期历史的盛衰只有从周王室盛衰这个唯一的角度来考察，那么中国的历史到春秋末就应该完全绝望了。然而历史的事实并非如此，我们不妨多从几个角度来看一看：

第一，从经济和文化发展的角度看，春秋时期的情况不仅不能说是每下愈况，而且必须说那正是一个大有进展的时期。根据考古学家的研究成果，我们知道，青铜冶炼技术的发展和冶铁技术的发明，无疑是这一时期的一项重要成果[①]。与经济发展相应的是各诸侯国的兴起，考古学家对于这一时期各国的城市遗址所作的勘察结果可以为证[②]。从地下发现的青铜彝器来看，在西周时期，那主要都是周王朝的，各诸侯国者很少；而春秋时期，则诸侯国者大增，周王朝者反而甚少[③]。从而保存在青铜器上的铭文数量的比例也发生了重大的变化。这种现象，从一方面来说，的确是下僭于上，是"礼崩乐坏"；而从另一方面来说，则不能不说是经济、文化在更广大的层面上的一种巨大的发展。

第二，从周王朝政令不行的角度看，春秋时期的历史是在走向分裂。但是，西周王朝的统一是建立在大量诸侯国存在的基础上的，而各诸侯国内又有着自己的分封等级；因此，这种统一具有其很大的表面性，在层次上无疑是属于低一级的。在春秋时期，相应于这种统一的破坏，逐渐出现

---

① 参阅《新中国的考古发现和研究》，334～339页。又李学勤：《东周与秦代文明》，221～271页，北京，文物出版社，1984。

② 参阅《新中国的考古发现和研究》，270～278页。

③ 《东周与秦代文明》，222～223页。

了一种层次较高的统一趋势。

顾栋高于其《春秋大事表·春秋列国爵姓及存灭表叙》中说:"封建之裂为郡县,盖不自秦始也。自庄公之世,而楚文王已县申、息,封畛于汝。逮后而晋有四十县。哀二年赵鞅为铁之师,誓曰:'克敌者,上大夫受县,下大夫受郡。'终春秋之世,而国之灭为县邑者,强半天下,而诸国卒以强盛。则当日之势,较之周初,亦稍稍异矣。虽圣王复起,不得不变其制也。且入春秋以来,周室得以绵延数百年者,赖齐与晋耳。而齐、晋之兼国不为少也。假令齐、晋谨守侯度,犹然临淄、太原百里之封,而周天子能统虞、虢、谭、遂诸国,以鞭笞荆楚、披攘戎狄乎? 不能也。其不能者何也? 其势散,且有土之诸侯未必皆贤,即使因其不贤而易置之,而其政令不能尽出于王朝,其民之视听不能尽属于天子。故常散而不能聚,弱而不能强。其易而县邑也则不然。度才而使之,程能而任之,朝不道则夕斥之矣,夕不道则朝罢之矣……其操纵由一己,其呼吸若一气,其简练教训如亲父兄之于子弟也,故能抗方张之敌,而成翼戴之势。"[①]

顾氏在此表中列举了春秋时期灭国的事例,正因为春秋时有大批小国被灭,到战国时才能有七雄并立的局势。灭国不仅是大批小国归并而为大国,而且还开始实行郡县之制,使政权由分散而走向集中。顾栋高氏实际已经看出,春秋时期周王朝的衰落如果说是一种统一的解体,那么它同时就又是更高一个层次的统一的准备业已开始了。他的这一篇叙说的就是这个意思。

第三,从族群交往与文化融合的角度看,春秋时期的情况也不是每下愈况,而是有了空前的进展。春秋时期华夏诸国面临的一个严重问题就是夷狄的威胁,其中南方的楚所造成的压力尤大。《公羊传》僖公四年记齐桓公伐楚盟屈完以后说:"楚有王者则后服,无王者则先叛,夷狄也,而亟病中国。南夷与北狄交,中国不绝若线。桓公救中国,而攘夷狄,卒怗

---

① 《清经解续编》第1册,462页。

荆，以此为王者之事也。"①《公羊传》在此处高度评价了齐桓公抑制楚国的功绩，把齐看作华夏的代表，把楚看作夷狄的代表。到宣公十二年，《春秋》记："夏，六月，乙卯，晋荀林父帅师，及楚子战于邲，晋师败绩。"《公羊传》曰："大夫不敌君，此其称名氏以敌楚子何？不与晋而与楚子为礼也。"至于为什么不与晋而与楚子（庄王）为礼？《公羊传》以通常少用的篇幅叙述了楚庄王伐郑，胜郑而不有；与晋战，既败晋而不穷追。②在这里，原为夷狄的楚竟然受到了尊重，而作为中原霸主的晋反而不与为礼。这就说明，这里已经不把楚当作夷狄了。在这里，我们不妨再看看同年《左传》所记楚庄王在胜晋以后不肯封晋尸为京观的一段话，文长恕不备引，但其中称引《诗经》，说明"夫武，戢兵、保大、定功、安民、和众、丰财者也"。不仅不炫耀武功，反而有所自省。③就从《左传》所引楚庄王的这一段话也再不能认为他还是夷狄了。到春秋晚期，定公四年《春秋》记："秋……楚人围蔡。晋士鞅、卫孔圉帅师伐鲜虞。冬，十一月，庚午，蔡侯以吴子及楚人战于伯莒，楚师败绩。"《公羊传》曰："吴何以称子？夷狄也，而忧中国"④。吴本为夷狄，而在此称子，就是夷狄进至于爵了。为什么呢？因为楚围蔡，威胁了中原（实指华夏），蔡向中原霸主晋求救，而晋却把注意力放在伐鲜虞以扩大自己的势力上，置蔡的安危于不顾。这时候，吴在伍子胥的策划下伐楚救蔡，于伯莒一战胜楚，随后一直打进楚的郢都。吴能忧中国，就是其进至于爵的根据。其实，吴是否有资格进至于爵，这不妨从其文化发展的程度来加以考察。《左传》襄公十四年记吴公子季札辞让君位时引曹国历史以自况的讲话，⑤说明他已经很熟知中原诸国的历史。《左传》襄公二十九年记季札访问鲁国时听了鲁乐工为他演奏的《诗经》风、雅、颂各乐章，都作了极为准确而深透的评论，即使以当时中原的标

①　《十三经注疏》，2249 页。
②　同上书，2284～2285 页。
③　同上书，1882～1883 页。
④　同上书，2336～2337 页。
⑤　同上书，1956 页。

准来衡量，那他也完全够得上是一位博雅君子了。随后他又访问齐国，结交了晏平仲；访问郑国，结交了子产；访问卫国，结交了蘧瑷等人；访问晋国，结交了叔向。[①] 他所结交的都是当时一流的博雅君子，其中一些在《论语》里都是被孔子提及并夸奖过的人。就凭季札的文化修养，吴也完全达到了进至于爵的水平了。

综上所述三条，可见汉代公羊家的由衰乱而升平而太平的三世说虽确有夸大之处（如天下远近大小若一，在今天的世界上也达不到），但并非完全荒谬绝伦，而是有其相当切实的历史基础的。如果说在孔子的时候还不能完全看清，那么到了汉代，公羊学家们再回顾秦汉大一统的历史来路时，就不难看出春秋时期历史变化的真正意义了。

二、关于实与而名不与的问题

如果说世愈乱而文愈治是公羊家的第一大悖论，那么，实与而名不与就应该算是其第二大悖论了。按照逻辑，名与实是不应该不相符的，不相符就是悖谬之论。以下就让我们对这一悖论作一些具体的分析。

按"实与而名不与"之例在《公羊传》凡有六条，可全部予以分析。

第一条，《春秋》僖公元年记："齐师、宋师、曹师次于聂北，救邢。"《公羊传》曰："救不言次，此言次何？不及事也。不及事者何？邢已亡矣。孰亡之？盖狄灭之。曷为不言狄灭之？为桓公讳也。曷为为桓公讳？上无天子，下无方伯，天下诸侯有相灭亡者，桓公不能救，则桓公耻之。曷为先言次，而后言救？君也。君则其称师何？不与诸侯专封也。曷为不与？实与而文不与。文曷为不与？诸侯之义，不得专封也。诸侯之义不得专封，则其曰实与之何？上无天子，下无方伯，天下诸侯有相灭亡者，力能救之，则救之可也。"[②]

---

① 见《十三经注疏》，2006～2009页。

② 同上书，2246页。

按《春秋》所记，庄公三十二年（前662）狄伐邢，闵公元年（前661）齐人救邢。至僖公元年（前659），狄再侵邢，齐桓公率齐、宋、曹三国之兵救，到了聂北，邢师已溃，逃奔聂北的齐、宋、曹援军。于是，齐桓公迁邢于陈仪，并率三国之师为邢筑城而去。①

第二条，《春秋》僖公二年记："正月，城楚丘。"《公羊传》曰："孰城？城卫也。曷为不言城卫？灭也。孰灭之？盖狄灭之。曷为不言狄灭之？为桓公讳也。曷为为桓公讳？上无天子，下无方伯，天下诸侯有相灭亡者，桓公不能救，则桓公耻之也。然则孰城之？桓公城之。曷为不言桓公城之？不与诸侯专封也。曷为不与？实与而名不与。文曷为不与？诸侯之义，不得专封。诸侯之义不得专封，则其曰实与之何？上无天子，下无方伯，天下诸侯有相灭亡者，力能救之，则救之可也。"②

按狄人灭卫在闵公二年（前660），卫遗民流亡至曹，齐桓公派兵戍曹，保护卫人。③至僖公二年（前658），又为卫人筑楚丘之城，使还旧都。

第三条，《春秋》僖公十四年记："春，诸侯城缘陵。"《公羊传》曰："孰城之？城杞也。曷为城杞？灭也。孰灭之？盖徐、莒胁之。曷为不言徐、莒胁之？为桓公讳也。曷为为桓公讳？上无天子，下无方伯，天下诸侯有相灭亡者，桓公不能救，则桓公耻之也。然则孰城之？桓公城之。曷为不言桓公城之？不与诸侯专封也。曷为不与？实与而名不与。文曷为不与？诸侯之义，不得专封也。诸侯之义不得专封，则其曰实与之何？上无天子，下无方伯，天下诸侯有相灭亡者，力能救之，则救之可也。"④

按《春秋》僖公十三年（前647）记，"公会齐侯、宋公、陈侯、卫侯、郑伯、许男、曹伯于咸"，《左传》说"淮夷病杞故"⑤。到次年，齐桓公率诸国之师在缘陵筑城，将杞迁至缘陵。

---

① 事见同年六月《春秋》，出处同上。又同年《左传》，见《十三经注疏》，1791页。
② 《十三经注疏》，2247页。
③ 参阅《左传》，见《十三经注疏》，1788页。
④ 《十三经注疏》，2253～2254页。
⑤ 同上书，1802～1803页。

第四条，文公十四年《春秋》记：“晋人纳接菑于邾娄，弗克纳。”《公羊传》曰：“纳者何？入辞也。其言弗克纳何？大其弗克纳也。何大乎其弗克纳？晋郤缺帅师革车八百乘，以纳接菑于邾娄，力沛若有余而纳之。邾娄人言曰：‘接菑，晋出也。貜且，齐出也。子以其指，则接菑也四，貜且也六。子以大国压之，则未知齐、晋孰有之也。贵则皆贵矣。虽然，貜且也长。’郤缺曰：‘非吾力不能纳也，义实不尔克也。’引师而去之。故君子大其弗克纳也。此晋郤缺也，其称人何？贬。曷为贬？不与大夫专废置君也。曷为不与？实与而文不与。文曷为不与？大夫之义，不得专废置君也。”①

第五条，宣公十一年记：“冬，十月，楚人杀陈夏征舒。”《公羊传》曰：“此楚子也，其称人何？贬。曷为贬？不与外讨也。不与外讨者，因其讨乎外而不与也，虽内讨亦不与也。曷为不与？实与而文不与。文曷为不与？诸侯之义，不得专讨也。诸侯之义不得专讨，则其曰实与之何？上无天子，下无方伯，天下诸侯有为无道者，臣弑君，子弑父，力能讨之，则讨之可也。”②

第六条，定公元年《春秋》记：“三月，晋人执宋仲几于京师。”《公羊传》曰：“仲几之罪何？不蓑城也。其言于京师何？伯讨也。伯讨则其称人何？贬。曷为贬？不与大夫专执也。曷为不与？实与而文不与。文曷为不与？大夫之义，不得专执也。”③

按《春秋》昭公三十二年（前510）记：“冬，仲孙何忌会晋韩不信、齐高张、宋仲几、卫世叔申、郑国参、曹人、莒人、邾娄人、薛人、杞人、小邾娄人，城成周。”《左传》对此事的记载是，是年秋八月，周王派使者到晋国，要求晋国联合诸侯为周修成周之城。晋应周王之命，召集诸侯为周修城。④次年即定公元年（前509），修城工程开始，而宋仲几拒绝接受所分配的修城任务，借口是应该由几个小国代替宋承担此项任务。在这样的情况

① 《十三经注疏》，2273页。
② 同上书，2284页。
③ 同上书，2334页。
④ 同上书，2127～2128页。

下，晋国的主事大夫逮捕了宋仲几。①

从以上六条材料来看，前三条都是说齐桓公攘夷狄而救诸夏的事绩，事情都是做得很正确的，所以必须"实与"（在实际上加以肯定）；不过根据"礼乐征伐自天子出"的原则，齐桓公作为诸侯是无权自作主张地为其他诸侯筑城（专封）的，所以又必须"文不与"（在形式上加以否定）。第四条讲晋郤缺率大军把晋国女儿生的邾娄公子送回去当国君，邾娄人予以拒绝，其理由是，齐国女人生的公子比晋国女人生的公子年长。晋大夫不依靠强大的兵力把晋女所出的公子强加于邾娄，这是重礼义而不重武力的表现，所以应该"实与"；但是按照传统的礼，他作为一个大夫，是无权自作主张地决定一位君主的废或立的，所以又应该"文不与"。第五条讲楚庄王讨陈夏征舒。夏征舒杀了陈灵公（其实他是罪有应得），在当时算以臣弑君，罪不容诛。楚庄王杀了他，算是讨乱臣贼子，所以必须"实与"；可是，楚庄王是一个诸侯，无权自作主张地讨伐罪人，所以又必须"文不与"。第六条讲晋大夫逮捕了宋仲几的事。晋率领诸侯为周王修都城，这是应该肯定的大事。宋仲几不服从晋的命令，拒绝做所分配的工作，当然是犯了严重的错误。晋大夫逮捕他是应该的，所以必须"实与"；可是按照传统的原则，大夫无权自作主张地逮捕人（专执），所以又必须"文不与"。

从以上的分析看，凡是做了正确的事而"文不与"的人，他们的问题就出在一个"专"字上。因为按照传统的礼义，做这些事都是要先禀报天子，得到同意以后才能执行。可是，春秋时期的情况变了，变成"上无天子，下无方伯"了。实际情况如此，还向谁禀报呢？面对这种历史的变化，公羊家采取了承认的态度。所以，他们发明了"实与"的办法；由于传统的"礼乐征伐由天子出"的原则又不能废弃，他们就加了一个"文不与"。所以，"实与而文不与"的矛盾，所反映的正是客观历史过程中的矛盾。

问题说到这里，自然地要涉及两个相关的问题。这就是复古与改制的问题和守经与行权的问题。现在分别讨论如下。

---

① 参阅此年《左传》，见《十三经注疏》，2131 页。

首先谈复古与改制的问题。董仲舒于《春秋繁露·楚庄王》中说:"《春秋》之于世事也,善复古,讥易常,欲其法先王也。然而介以一言曰:'王者必改制。'"①这就提出了一个矛盾的问题。董氏对于此问题的解决办法是,道不变故复古,事有敝则改制;因非专论董氏,此处不必细说。何休实际也有同样的问题,既然张三世,以《春秋》之所见世为太平世,则复古又将焉托?杨向奎先生早已给我们指出了何休思想中的这一矛盾。②现在让我们来考察一下董、何二人的矛盾之说在《公羊传》本身是否确有根据。

关于复古方面,《春秋》僖公二十年记:"春,新作南门。"《公羊传》曰:"何以书?讥。何讥尔?门有古常也。"何休注曰:"恶奢泰,不奉古制常法。"③又《春秋》宣公十五年记:"秋,初税亩。冬,蝝生。"《公羊传》曰:"初者何?始也。税亩者何?履亩而税也。初税亩何以书?讥。何讥尔?讥始履亩而税也。何讥乎始履亩而税?古者,什一而藉。古者曷为什一而藉?什一者,天下之中正也。多乎什一,大桀小桀;寡乎什一,大貉小貉。什一者,天下之中正也,什一行而颂声作矣……蝝生不书,此何以书?幸之也。幸之者何?犹曰受之云尔。受之云尔者何?上变古易常,应是而有天灾。"④又《春秋》昭公五年记:"春,王正月,舍中军。"《公羊传》曰:"舍中军者何?复古也。"何休注:"善复古也。"⑤直接涉及复古者,《公羊传》中有此三条,董、何二人之说不为无据。

至于改制方面,《公羊传》本身并无明文;《公羊传》中三次说到三世(隐公元年、桓公二年、哀公十四年),皆不能从中直接看出何休所说的衰乱世、升平世、太平世的意思来。那么,就真是不能从《公羊传》中看出与复古相反的一方面吗?事实并非如此。

试从上文所引公羊家"实与而名不与"的事例来看,凡是诸侯实际

---

① 见《春秋繁露义证》,15 页。
② 《绎史斋学术文集》,164 ～ 165 页,上海,上海人民出版社,1983。
③ 《十三经注疏》,2256 页。
④ 同上书,2286 ～ 2287 页。
⑤ 同上书,2317 页。

上做了好事，而按传统则犯了"专"的过失，这样就实与而名不与。为什么"实与"？因为按照当时已经变化了的历史条件，他是做了好事；为什么"名不与"？因为按照古来的传统，他犯了规。从这里我们就可以看到一个关键：公羊家承认历史的变化为实，对于按历史变化之实而做好事的人就加以实与；当然，公羊家也尊重古来的传统，所以对于不能兼顾传统和现实的好事就名不与。在这个限定的范围内，公羊家的善复古，就是在名义上的；而承认历史的变化，却是实实在在的。

那么，对于公羊学家们的反对"变古易常"又怎么样解释呢？既然反对变古易常，那岂非守旧不变？事情并非如此简单。古今中外打着复古的旗帜行变革之实的事例是相当多的。欧洲的"文艺复兴"（Renaissance，意为"再生"，即希腊、罗马古典文化之再生）就是一个很典型的实例。所以，问题的关键在于反对的到底是什么样的变而要复的又是什么样的古。试就以上所引《公羊传》宣公十五年对于初税亩的态度来看，尽管公羊学家们对于"初税亩"的历史实际情况未必清楚（到今天学者们对此问题也难以说有一致的定论），但有一点很清楚，就是他们反对加重人民的赋税负担。因为他们所坚持的还是什一之制。由于春秋时期的许多变化（包括战国时期的变化）都具有加重人民负担与痛苦的一面，所以儒家学者的反对变古往往与此有关。我这样说，并非要否认儒家有守旧的方面，而是说，我们对公羊学家的具体复古之说不能不加以具体分析就一概笼统地斥为反对历史的进步。我们不能不看到，历史的进步本身常常就是很复杂的（这一点老子早就看到了），其中就有着自己的悖论。

其次，就是关于守经与行权的问题。按《公羊传》中直接说到权与经的关系的只有桓公十一年的一条。此年《春秋》记："九月，宋人执郑祭仲。"《公羊传》曰："祭仲者何？郑相也。何以不名？贤也。何贤乎祭仲？以为知权也。其为知权奈何？古者，郑国处于留。先郑伯有善于邻公者，通乎夫人，以取其国而迁郑焉，而野留。庄公死，已葬，祭仲将往省留，途出于宋。宋人执之，谓之曰：'为我出忽而立突。'祭仲不从其言，则君必死，国必亡。从其言，则君可以生易死，国可以存易亡。少辽缓之，则突可故出，而忽可故反。是不可得则病，然后有郑国。古人之有权者，祭仲之权是也。权者何？权者，反于经然后有善者也。权之所设，舍死亡无所设。行权有道，自贬损以行权，不害人以行权。杀人以自生，亡人以自存，君子不为也。"①郑庄公刚死不久，祭仲就在宋人劫持下允诺出公子忽而立公子突（宋国的外甥）为君，这是否真如《公羊传》所说，是能行权，学者见解不同，我们且不分解。这里要说的是，《公羊传》有其关于经与权的关系的见解："权者，反于经然后有善者也。"按"权"本指称锤。它可以按照被衡物的轻重，在秤杆上来回移动以取平衡。作为一种运动中的重量，它既可释为重，又可以释为变。在此处，权相对于经（常）而言，自然是变的意思。因此，《公羊传》中的经与权的关系就是指常与变的关系。《公羊传》中直接说到的知权的历史事例只此祭仲一件。但是，如果我们把实与而名不与的事例也用来说明经权关系，那看来也是没有问题的。②为什么不能"名与"呢？因为它反经；为什么又可以"实与"呢？因为它虽反于经而最终却达到了经所要求的善的结果。经之与权以及常之与变，在这里并非绝对互相排斥，而是相反相成。在公羊学家看来，历史是有其常规的，因此论史须有恒常的标准，即《春秋》之义。然而，他们也承认历史是有变化的，在条件变化了的情况下，人们的行为就不能"刻舟求剑"，而是要以"权"应变，这样就少不了要行权。守经与行权，在直观的层面上是相反的，而在深层次上却又是相成的。所以，在这里，公羊家的史学的悖论同样是有其历史的悖论为基础的。

文章写到这里就该收场了，当然公羊学中的悖论却远远没有写完。因为这在事实上也是不可能用一篇文章写完的。不过，我还想把写此文的目的简单地说明一下。

《春秋》公羊学在汉代一度盛行，而魏、晋以下几成绝响。为什么？大概就因为，它作为一种历史哲学，在直接的层面上却背离了历史。由此而

---

① 《十三经注疏》，2219～2220页。

② 蒋庆：《公羊学引论》，237～245页，沈阳，辽宁教育出版社，1995。该书第四章第八节就是从较广的方面举例来讨论公羊家的经权说的。

引起人们对它的大惑不解。唐代是中国历史上经学和史学都比较发达的时期，但实际上对于公羊学也未能有更深的理解。刘知幾作为出色的史学家，于《春秋》三传中独重《左传》。其所作《史通·申左》谓："盖左氏之义有三长，而二氏（公羊、穀梁）有五短。"如果再结合其中的《惑经》篇来看，刘氏对于公羊家经学（其中包括历史哲学）中的悖论是很困惑也很反感的。① 刘氏以后，啖助、赵匡等以经学家而论三传得失，虽先后在具体见解上有所不同，但总体上则以为，"公、穀守经，左氏传史，故其体异耳"②。由此把经史分开，不再以史学的标准来要求公羊学。宋代朱熹对三传之释《春秋》实际都不满意，但是也说："左氏曾见国史，考事颇精，只是不知大义，专去小处理会，往往不曾讲学。公、穀考事甚疏，然义理却精。二人乃是经生，传得许多说话，往往都不曾见国史。"③ 他对公羊家也不作史学的要求了。清末今文经学家皮锡瑞作《经学通论》，其中论《春秋》的部分中竟然有这样的一条，曰"论《春秋》借事明义之旨，止是借当时之事做一样子，其事之合于不合，备与不备，本所不计"。其论证是："如鲁隐非真能让国也，而《春秋》借鲁隐之事，以明让国之义。祭仲非真能知权也，而《春秋》借祭仲之事，以明知权之义。齐襄非真能复雠也，而《春秋》借齐襄之事，以明复雠之义。宋襄非真能仁义行师也，而《春秋》借宋襄之事，以明仁义行师之义。所谓见之行事，深切著明。孔子之意，盖是如此。故其所托之义，与其事本不必尽合。孔子特欲借之以明其作《春秋》之义，使后之读《春秋》者晓然知其大义所存。较之徒托空言而未能征实者，不亦深切而著明乎？三传唯公羊家能明此旨，昧者乃执左氏之事以驳公羊之义（按所指包括刘知幾以下之史学家），谓其所称祭仲、齐襄之类如何与事不合；不知并非不见国史，其所以特笔褒之者，止是借当时之事做一样子，其事之合与不合，备与不备，本所不计。孔子是为万世作经，而立法以垂教，非为

---

① 参阅浦起龙：《史通通释》第 14 卷，1～17 页。
② 陆淳：《春秋啖赵集传纂例》第 1 卷，8 页。
③ 《朱子语类》第 6 册，2145～2158 页，引文见 2151～2152 页。

一代作史，而纪实以征信也。"①这里所以要不惮烦地引皮氏之说，是因为其中有严重的似是而非的悖论。既说孔子是在借事明义，那么必须事真然后才能义真；如果所见之事为假，那么其所明之义又何所托而为真？皮氏说"徒托空言而未能征实者"不能"深切著明"（见上），那么，不托空言又未能"征实"，而只是把事当作一个样子，又怎能"深切著明"呢？如按皮氏之说，那就只能说孔子是在搞影射史学。把《春秋》公羊学说成了影射史学，而且出自今文学名家之口，也可以说是一种悖论了。

与皮氏同时的今文经学家、政治家康有为作《孔子改制考》，在学术上走的和皮氏完全是一个路子。此书为了说明孔子托古改制，于是把诸子称引历史都说为托古。康氏的做法的确有令人耳目一新的爽快之感，因为他把对于一切历史的迷信都扫除了。真不愧为革新人物。不过，康氏的变法改制的理论是建立在公羊家的三世说基础上的。他好像不曾想过，他这样把一切古史都说为前人为改制而编造出来的神话，难道不就是摧毁了自己的历史哲学的真正历史基础吗？悲夫！戊戌变法的失败，其主要原因绝对不在康氏的历史哲学有缺陷上，这是大家都能清楚的。不过，康氏在历史哲学上的不成熟，是否至少也可以从一个方面（甚至是极不重要的方面）说明其时变法的条件未成熟呢？这是可以深思的。

我真是很难想象，把汉代传下的公羊学糟蹋得最厉害的，竟然是后来的公羊学家自身。我绝无意为汉代以下的公羊学辩护，更不认为它对我们今天还能有什么实际的用途。不过，我想，公羊学作为一种历史哲学，在中国的学术史上，其所达到的高度恐怕还是不多见的。它达到了某种高度，是因为它在一定程度上脱离了历史并高出于历史；其不可信处也在于它寻求一种体系上的完整性。作为历史哲学，黑格尔尚且由于追求体系的完整而达到了与历史背离的程度，公羊学家历史哲学的背离历史之处自然就不在话下了。我所希望说明的是，如果我们还承认公羊学中的历史哲学尚有其深刻之处，那么，看来就是它从充满悖论的历史中看出了一些富有深层

---

① 《经学通论》四《春秋》，21～22页，北京，中华书局，1954。

意义的历史哲学悖论来。它不像某些公羊学家所理解的那样，是无源之水、无根之木，而是有其历史的渊源的；它的悖论也就来自历史深层的悖论。所以，尽管公羊学对于我们今天来说已经不再有直接的现实意义，但是它对于我们的启发作用则是不能忽视的。

原载《庆祝杨向奎先生教研六十年论文集》编委会编：

《庆祝杨向奎先生教研六十年论文集》，

河北教育出版社，1998 年

理性的结构——比较中西思维的根本异同

一、问题的提出

中西文化异同，在现象中随时随处可见。如果加以分类，一般可以分作：1）物质文化层面，2）制度文化层面，3）思想文化层面。从发生的角度看，每一前者对于其后者来说都具有基础性的前提作用。从表里层次来看，每一后者都比其前者更为深入。因此，从交流与沟通的难易程度来说，每一前者都较其后者容易，每一后者都较其前者为难。思维方式属于思想文化层面，本文的目的就在于从中西思维模式异同的核心问题作一些尝试性的探讨。

中西思维方式的比较多年来一直是学术界所关心的题目，前贤们的耕耘使我们对中西之同异有了相当程度的了解，下面简单介绍一下他们的观点。

王国维先生说："抑我国人之特质，实际的也，通俗的也；西洋人之特质，思辨的也，科学的也，长于抽象而精于分类，对世界一切有形无形之事物，无往而不用综括（Generalization）及分析（Specification）之二法。"他又说："吾国人之所长，宁在于实践之方面，而于理论之方面，则以具体的知识为满足，至分类之事，则除迫于实际之需要外，殆不欲穷究之也。"[①]

林语堂先生认为，与西方比较，中国没有系统的哲学（systematic philosophy）；中国重视实践，重身体力行，不重形而上学；不注重逻辑，尤其不喜爱抽象的术语；中国重情，重直感，重安身立命，求可行之道。中西

---

① 王国维：《论新学语之输入》，《静庵文集》，116页，沈阳，辽宁教育出版社，1997。

的不同，"可以说是直觉与逻辑，体悟与推理之不同"。①

唐君毅先生强调，中国文化不重视个人的自由意志；不重视理智的理性活动；不重视科学知识。"西方言哲学者，必先逻辑、知识论，再及形上学、本体论，而终于人生哲学伦理、政治。而中国古代学术之发展，适反其道而行，乃由政治、伦理以及人生之道。而由人生之道以知天道与性，而终于名学知识论之讨论。"②

张东荪先生在《知识与文化》中指出，与西方相比，中国哲学有三个特征：1）中国哲学不是西方的本体哲学（substance philosophy）与因果原则哲学（causal philosophy），而是"函数哲学"（function philosophy）。这种哲学强调自然与社会的"整体"（integral whole），注重变化和相互关系，认为个人在社会内如同耳目在人身一样，"各尽一种职司而实现其全体"，君臣父子在社会上的司职与乾坤坎兑在自然界的司职是一样的，都为的是整体。2）中国哲学不是形式哲学（form philosophy），因为中国人不分属和种，没有属概念加种差的定义，不重视分类上的差异。3）中国哲学不追求"最后的实在"。由于中国人不重视本体，也就没有实在（reality）与现象（appearance）的区分。"严格来说，中国只有'实践哲学'而无纯粹哲学"③。

哲学史家张岱年先生列出六条中国与西方的不同：1）合知行。2）一天人。3）同真善。4）重人生而不重知论。5）重了悟而不重论证。6）既非依附于科学亦不依附于宗教。这六条与西方截然相反。张先生说，这六条中，他的前辈熊十力先生总结了三条，他自己增加了三条④。

前贤们从多方面分析了中西思维特点的不同，综合他们的观点，我们可以作如下的分类。在本体论方面，西方关注形而上学的存在，中国重视形而下的实在。宇宙论方面，西方追求万物的本原，中国强调天人合一的

---

① 林语堂：《论东西思想之不同》，《林语堂自传》，172～174页，南京：江苏文艺出版社，1995。

② 唐君毅：《中国文化之精神价值》，44页，桂林，广西师范大学出版社，2005。

③ 张东荪：《知识与文化》，99～101页，上海，商务印书馆，1946。

④ 张岱年：《中国哲学大纲》，序论，5～9页，北京，中国社会科学出版社，1994。

整体世界观。认识论方面，西方依靠思辨去掌握知识，中国依靠经验性的体悟和直觉。逻辑方面，西方发展出逻辑学体系，中国则不予重视。伦理学方面，西方强调自由意志的重要性，中国专注于道德的实践和人伦关系。根据雅斯贝斯的研究，中国和希腊在同一个时期内进入了"轴心时代"，以上各家的论述揭示了"轴心时代"的中国和希腊在哪些方面发展出各自的特点，他们的正确性是不言而喻的。但是，他们忽略了一点：理性在两个文明中起到的作用。虽然理性的爆发是"轴心时代"几个文明的共同特点，但是各个文明表现出来的理性结构却不尽相同。本文认为，从"轴心时代"开始，中西的根本不同是理性结构的不同。

二、理性结构不同是中西思维不同的根本原因

（一）西方思维的理性结构

理性结构指由人类各种理性组成的体系，在这体系中理性的各个部分所起的作用有程度上的差别。理性（reason）有哪些部分？有纯粹理性（pure reason）、实践理性（practical reason）、审美理性（aesthetic reason）、自然理性（natural reason）和历史理性（historical reason）。纯粹理性完全与人们的生活无关，是纯粹的逻辑推理，概念的运用，其基础就是数学、几何学。逻辑理性的特点是可以进行逻辑演绎，一旦到了逻辑演绎，就脱离了时间，超出历史理性的范围了。实践理性，柏拉图不明确，亚里士多德讲得很清楚，在他的《政治学》、《伦理学》之中，实践理性最明显的是道德理性（moral reason）或伦理学（ethics）。伦理学的希腊语词根是 ethos，有风俗（custom）或特点（character）的意思；道德（morality）的拉丁文词根是 mos，对应的英文也是 custom（风俗）。自然理性是人们对自然界表现出来的规律的认识。历史理性是人们对历史进程的所以然和一定规则的探讨和探寻，认识到历史是"常"与"变"的统一：从"变"中把握"常"，从"常"中把握"变"。除此以外，还有审美理性（aesthetic reason）。从柏拉图和亚里士多

德以来，美的问题就经常被讨论，亚里士多德在《诗学》中论述了美学。他认为，诗学所涉及的，不是某个具体的人，而是典型的、有概括性的东西，典型就具有一定的永恒性、概括性。西方哲学界比较晚些的时候，才提出来历史有无理性的问题。西方人认为历史没有理性，是因为他们强调真理或纯粹理性只有在永恒中才能把握。这一观念可追溯到古希腊。可以说，古代西方的理性结构包括逻辑理性、自然理性、实践理性／道德理性、审美理性，而缺少历史理性，理性结构以纯粹理性为主导。

希腊人的自然理性表现在他们的自然哲学中，他们也提出了类似中国"五行"的看法，水、火、地、风，后来亚里士多德又增加了以太。作为世界的本原，这些元素有单独起作用的，也有两个结合在一起起作用的，但都没有很有说服力地解释世界现象。虽然每一种理论都具有一定的经验观察和逻辑推理，但都没有取得占统治地位的信服力，因此，到了巴门尼德，他另辟蹊径，开创了抽象思维的方式。他指出，过去的这些本体观点都是对自然的研究，都没有触及最根本的东西，没有涉及永恒的东西，因为不论是水、风、地、火，都是活动的，而本原必须是静止的、永恒的。永恒的是"存在／是"（being）。这是人类思想的飞跃，从此开启以逻辑为根基的、抽象推理的哲学。中国五行相生相克理论是将共时性的东西变为历时性的、循环性的，历史性的，而且为政治服务；而希腊则将四种本原的东西保持在共时性范围内。我们也许可以说，这与希腊没有历史知识的原因有关，也与巴门尼德个人阻止了"四大元素"历时性理论的形成有关。

巴门尼德的存在／是有三个特征：第一是抽象，最高的普遍性；第二是超越时间，永恒不变的；第三是超越空间，在中国是，在美国是，在任何地方都是。这些特点就决定存在论不是历史的，只能是逻辑的。到了柏拉图，情况就发生了变化。柏拉图在知识与无知之间，还重点分析一个东西，叫做"意见"（巴门尼德就提出了"真理"与"意见"的不同），有些意见是有意义的，但不具有绝对意义，所以历史在柏拉图看来就是意见。古希腊哲人包括柏拉图和亚里士多德都否认历史有理性。历史则不被看中，因为历史是变化的。人只能从永恒中把握真理，不能从变动中把握真理。

　　逻辑理性追求永恒的真理在感官世界之外，所以不能依赖感觉器官去把握，只能依靠思辨和分析的方法，自身演绎。几何学用几条自明的公理自我展开，演绎出定理，形成整个系统。A 大于 B，B 大于 C，A 就大于 C，永远如此。三角形靠六个基本函数（正弦、余弦、正切、余切、正割、余割），就可以研究整个三角学，不必出门去观察客观事物。闭门造车，出门必然合辙。希腊人认为历史没有理性，因为历史是变化的，昨天是，今天也许就不是了，今天是，明天也许又不是了。要想把握一切，对象必须是永远是，必须超越时间，就变成永恒。"是"又必须是无限的，超越空间。这是从几何学上讲道理，所以柏拉图说过：不学几何学的人不能到我们这里来。亚里士多德也认为，研究本体存在的和研究公理的数学同属一个学科。

　　西方的逻辑理性、自然科学与宗教信仰是有一定关系的。神／上帝，是人们从自然界发现的，或是从理性中发现的。苏格拉底发现，人的五官安排得非常合理，从而判断是被设计出来的，当然设计者就是神。亚里士多德的神是第一推动力的设想，解决了否则就无法解释的自然现象。一直到 17 世纪，牛顿也仍然认为，静者恒静，动者恒动。是谁使动者动起来的呢？神／上帝，是最好的回答，上帝不做无用功。连康德这样伟大的哲学家也无法在逻辑上否定上帝的存在。逻辑学建立在语言学上，把人的理性抽象为概念定义的内涵和外延，判断，质的判断，量的判断，所有这些成为逻辑学。抽象的逻辑学建立后，人们都必须服从。从物理学角度和宗教角度说，希腊信仰神和基督教信仰上帝，是从逻辑上推出来的。也可以说，上帝依靠着逻辑而存在着。

　　希腊的历史学也很发达，希腊人有没有寻找历史规律呢？答案是否定的。希腊的历史学家是非常重视历史真实的。为了把希腊与蛮族人的斗争情况保留下来，希腊史学家必然追求历史的真实；他们努力寻找当时参与事件的证人。希罗多德写波希战争，他本人就亲自参加了这场战争。修昔底德也是伯罗奔尼撒战争的参加者。英文的 History 一词，既有发生的意思，也有对所发生的事情记录的意思。希腊人写历史也找原因，但是有局限。他们写的历史都是当代史，这时希腊都是城邦的观念。进入城邦之前是黑暗的"荷马时代",那个时代的文字断裂了,没人能够认识。那段历史只是以神话的形式,恍恍惚惚地留存在《荷马史诗》中,无法被书写,也无价值。希腊的历史学家看到的,只是当代的,他们不再注重神话了,而专注于人事,这是很大的进步。历史仅限于当代,因此不容易总结规律,也没有从"变"中求"常"。柯林武德指出,希腊的历史著作只关心什么是真实的。希罗多德使用的 Historia 一词,在希腊文的含义是追问、考察,目的是强调对当事人或目击者的追问和考察,重建事件的经过。

西方早期缺乏历史理性的一个原因是经验层面上的。在真正的希腊古代时代之前,有克里特岛文明和迈锡尼文明,但都没有留下历史记录和遗产。20 世纪初,西方考古界发现克里特岛文明的线形文字 A 和迈锡尼文明的线形文字 B。直至 1952 年,英国学者温特瑞斯解读出线形文字 B,始知这是希腊语。这是个了不起的发现,因为线形文字 B 与当今希腊语完全不一样,中间没有任何桥梁。而中国人解读甲骨文则有很多桥梁可以借用,古今文字的演变有因可循。多利亚人的入侵毁灭了迈锡尼文明,希腊进入所谓的"黑暗时代"。入侵者对前段的历史没有了解。《荷马史诗》里叙述的迈锡尼时代的历史,比如,特洛伊战争等,只是影子,对真实的历史丝毫不知。导致希腊文明突然断层的原因不太清楚,很多学者认为天灾是个可能的原因。不管什么原因,其结果是希腊人无文化传统可以继承和思考。从希腊作家的文字中看,他们几乎不讲过去的历史,顶多是隐隐约约地提到一、两句。城邦时代之前的文明没有给希腊人留下什么历史传统。

希腊的传统是神话学。最初神与人是一样的,即人格神(personified)。奥林匹斯山的神具有人的七情六欲,男盗女娼,狡诈乱伦。与人不同的只是超越了死亡。迈锡尼时代的英雄都是人神合一的,历史人物与神分不清楚。作为文学作品,神话有其价值,《荷马史诗》是文学经典。针对只有神话传统存留的情况下,知识界就要问:什么是人要掌握的知识对象?什么是人应该认识的对象?答案是:自然。将自然而不是历史传统作为知识的对象,时间的维度立刻转为空间的维度。中国的知识方向是历时性的(diachronical),希腊的是共时性的(synchronical),与神话分离后,产生出人与自然独立的思想，认识到人与自然是两个不同的类，所以希腊哲学始源于自然哲学，物理学（physics），逐步发展出逻辑理性，并且占统治地位。

（二）中国的理性结构

我们同样从经验层面上看中国的情况。雅斯贝斯谈到的"轴心时代"在中国是春秋战国时期，在希腊是城邦时期，在罗马也是城邦时期。为什么轴心时代会发生在这一段时间？雅斯贝斯的解释是：发生在两个帝国之间，人们有一个"自由呼吸之际"，英文是 pause for free breath。有的翻译是：为自由而暂停，其实准确的意思是：喘气之际，不是停顿，德文与英文都很清楚。这样的关键词句，看中文版之外，一定要看德文英文。希腊在"轴心"之前有个波斯帝国，但这个帝国是虚拟的；中国之前有三代时期。从经验层面上说，周人取代殷商时，不是将商人完全歼灭，彻底去除，而是进行了很好的继承。这就是孔子在《论语》里说的"殷因于夏礼，所损益，可知也。周因于殷礼，所损益，可知也。其或继周者，虽百世，可知也"（《论语·为政》）。

中国的历史记载非常丰富，而且古今是连在一起讲的。《左传》中的人物讲当代，离不开古代，拿古代的事情验证当代。古代文献中最典型的一句话就是周公在《尚书》中说的"惟尔知，惟殷先人，有册有典"（《尚书·多士》），先周时期甲骨文的发现证实了周公的说法。克商之前的周人已经继承了殷文化的很多东西。这表明中国人在文化文明上是有根底的，一脉相承的。有因循，有损益，也就是有继承，也有改变。这就是中国历史理性得以建立的直接的经验基础。历史就是有、无的交替和延续。有会变为无，无也会出现有。"变"与"常"，可以用旅客住店来比喻。旅客昨天来今天走，都是过客；而旅店是常的，昨天和今天是不变的。"铁打的营盘流水的兵"也是同样的意思，营盘是"常"，兵是"变"。

周公没有否定所有的殷王，只是否定商纣王，纣之前的都被称为哲王。这就是继承的原因。另外，周公告诉人们一个道理：得人心者得天下，失人心者失天下。这就是改变，是非常伟大的思想。周公的时代可以看成中国的"前轴心时代",孔子所处的"礼崩乐坏"的春秋时期是"轴心时代"。
周公只意识到统治者要实行德政,但没有提出"仁"的概念,这是时代的
局限。周公面对的是建立各种制度的要求,考虑的是如何稳定局势。孔子
继承周公的道德观,发展出"仁"的观念,即把人当人对待。这一观念的伟
大程度,接近自然法。

中国历史理性占主导地位的原因是,哲学家们离不开传统。中国最初
的历史理性是与道德理性结合在一起的,即周公的言论,但到战国时被五
行理论取代了。五行相生、相克的理论从汉到隋,一直成为政治哲学的核
心,因为关系到政权正统与否的问题。中国有丰富的历史传统,这既是遗
产,也是包袱。后来的人背着这个大包袱,不能将其轻易甩掉。孔子何尝
不是背着个大包袱向前走?他的思想有新有旧。先秦诸子各家都有对三代
的继承,都"出自王官"的说法不可信,但都有传统的根源。儒家墨家都引
《诗》、《书》,只是解释不同。儒家温和地继承周公的观点,孔子的伦理是有
层次的,由里向外是"仁",由外向里是"礼"。墨子的兼爱没有等差,有点
类似基督教,但又没有基督教的整体理论。道家否定"六经",当然否定的
时候,就会产生黑格尔说的"扬弃"。法家也否定"六经",但对其内容也很
熟悉。"六经"的特点是"经世致用",是政治哲学,是伦理哲学。《孟子》受
其影响,讲些经济理论,法家也提出自己的经济理论。司马迁引其父亲司
马谈的话,"阴阳、儒、墨、名、法、道德,此务为治者也"(《史记·太史公
自序》)。由此可见,历史理性与政治挂上了钩,史学为政治服务,为实践服
务。历史既然与时间有关,就是线性的,线有直线和线段。直线的两端没
有限制。可以无限延长;线段的两端都有头,不可延长。中国史学有"通"
的精神,可以比作无尽头的直线;古希腊罗马的史学只关注当代,可以比
作线段,线段也是直线,只是长度有限。

中国的自然理性不如希腊的发达。"五德终始说"是历史理性与自然理
性的结合,用五行的循环比附朝代的更替。这种比附的结果,秦国毫无顾
忌地、公然地使用残酷的暴力手段,实行专制独裁,他们认为这是完全合
乎历史规则的,有历史的合法性。到了汉代,儒家感到秦的残暴违背道德,

改"五行相克"为"五行相生"，并且把秦排除在相生的序列中，不承认秦为正统。所谓的"紫色蛙声，余分润位"，意思是说，紫色是杂色，是红与蓝的混合，不算正色，蛙声不算正声。余分的概念是，太阳运行一周的时间与月亮盈缩的时间不能整除，一个月多出来一、两天的叫做大余，多出几个时辰的叫小余。所有的余积累到29天或30天就可以闰月，所以叫"余分润位"，即历法上，岁月之余分只能算是润统，而不是正统。这是《汉书》形容王莽篡政的话，但也适用于秦朝。

周公讲的天是宗教之天，天是主宰，有道德，挑选人间最有德的人做统治者。孔子讲天，对挑选决定人王的宗教之天存而不论，将道德之天引入人心。这是一个很大的进步，但产生一个后果，即人可以与天、地参，给后来发展出的天、地、人"三才"铺垫了道路。荀子讲天，又不同于孔子，是自然之天，但他不是讨论自然，研究自然。他公开声称"大天而思之，孰与物畜而制之？从天而颂之，孰与制天命而用之？"(《荀子·天论》)此观点极其壮观，但他没有说应该研究自然，分解自然的成分。可见，中国人从来没有将天/自然当做一个课题来研究。人为万物之灵，天与人就是一致的。孟子认为，知人就可以知天。这一点到了宋儒那里，就更加大谈特谈，而那时西方的文艺复兴已在萌芽中。儒家讲"因循"，讲"损益"，就是要去包袱，批判地继承。但是在文化传统如此深厚的条件下，很难使"损益"达到质变。没有外在因素冲击的话，很难有突破。佛教进入中国，但很快就中国化了。人是历史的动物，即人是摆脱不开历史传统的。古希腊文明的传统是空白，也就没有包袱在身，可以轻松而自由地进行思想活动。中国三代甚至远古帝王的传说和历史是极其丰富的。这些传统使轴心时代的思想家无一不重视历史，可见他们受到传统的影响有多深。

综上所述，理性有不同的内容和类别。不同的理性类别组成不同的理性结构。理性是多重的，中西理性的侧重点不同：西方重视逻辑理性，中国偏重历史理性。中西文明之别，关键在于理性结构的不同。西方人，包括黑格尔，认为中国人没有理性。实际上，中国人有理性，只是结构不同。中国虽然没有逻辑理性，但也有一定的逻辑思想，而中国是历史理性占支配地位。中国人重视历史理性，但没有从历史理性中推出逻辑理性。西方的历史理性从分析中来；中国的是从经验中以归纳的方法获得的，在"变"中发现"常"。中国人看待"常"是离不开"变"的，即"常"与"变"的统一。这两类理性对人类都有贡献，缺一不可。

（三）逻辑理性、历史理性、道德理性三者的关系

理性结构主要包括了逻辑理性、历史理性和道德理性，那么，它们之间是什么关系呢？我们先分析逻辑理性与历史理性的关系，包括两个方面。第一，历史理性与逻辑理性有强烈的互相排斥的力量。这是因为，逻辑理性从概念开始，概念有抽象的过程，有超越时间、空间的特征，明显地排除了历史理性。历史理性是离不开具体时间、空间的。我们读《论语》发现，孔子对"仁"就是不给定义，这不是孔子无知，而是为了因材施教，对不同的学生有不同的解释。给出具体的定义，发挥就被束缚住了。也就是说，历史理性很难融入逻辑理性。西方逻辑理性发展出"在场的形而上学"，这有好处也有坏处。几何学就是由在场的形而上学建立起来的。给概念定义的时候，一定要说某某是什么，不是什么。所不是的东西就退出去了，就不在场了，剩下的就是在场的。随着定义的深入，退场的越来越多，分析就达到最细致的程度。

柏拉图通过概念由低向高、逐渐由特殊到一般的发展的方法得出最高的型相。每向上一层，就抽象一次。抽象到最后就是存在，这个抽象的存在就脱离了时间和空间。脱离时空就与历史无关，因为历史必须是发生在时空中的。巴门尼德的存在与非存在，二者绝对分离，所以无法发展运动；到柏拉图的通种论就可以运动了，是逻辑概念的运动；黑格尔的《小逻辑》也是概念的运动发展，而不是经验事物。逻辑的发展是历史的，这是逻辑理性和历史理性的交叉点。反过来讲，历史理性中有逻辑。但是，在根本上，二者是排斥的。

第二方面，既然历史理性与逻辑理性都属于人类的理性，二者之间就有内在的不可分割性，也有互相渗透的特点。从逻辑理性方面论证，我们

可以问两个逻辑学方面的问题。一问：逻辑理性是不是人的理性？答案是肯定的，逻辑理性是人具有的，不是别种动物的。再问：逻辑理性是不是人的全部理性？答案是否定的，逻辑理性只是人类理性范围中的一种。上面两个逻辑学的回答是两个判断，第一个判断不周延，第二个周延。逻辑理性是人的理性，在人的范畴之内，不周延。逻辑理性不是人的全部理性，"全部理性"是周延的。这两个判断表明，人和人的逻辑还是历史的。人有出生、成长、衰老、死亡的历史。在西方，到黑格尔时期，他已经意识到逻辑本身就是历史的，因为从柏拉图的通种论开始，概念就在历史演变中，逻辑的发展最后是数理逻辑、符号逻辑。黑格尔说的"哲学就是哲学史"，他的《小逻辑》讲的是概念发展的历史。西方的形而上学也是形而上学史，逻辑学也是逻辑学史，都是人的，都是历史的。逻辑理性，并不是希腊人建立以后就不再变化了，后来的逻辑学不仅不断发展，而且有不同的学派。符号逻辑至少就有四个发展阶段。也就是说，逻辑的东西仍然是在历史之中。

培根指出，人天生有三个功能：有理性，所以产生逻辑；有情感，所以有诗歌；有记忆，所以有历史。这是讲人的存在功能，属于本体论哲学，这一观点非常重要，给予史学一个合法的地位。历史和逻辑的关系是紧密的，历史理性受逻辑理性支配。人之所以成为人，是有理性思考的。人与人对话，只有符合逻辑才能交流。海德格尔说语言是人与生俱来就存在于其中的东西，人不可能离开语言而存在。语言必须有起码的逻辑才可以成为人际交流的工具。也就是说，人离不开逻辑。一篇文章写得好，对读者来说就是对话，读者听到觉得是合情合理，合理就是合乎逻辑。欧阳修的《醉翁亭记》，时间地点人物景象，叙述层次分明，逻辑关系十分清楚。你不能把夏天的景象写成冬天的，冬天的景象写成夏天的。你不能说早饭你吃了，又说没吃。杜牧的《阿房宫》描写秦造阿房宫的铺张奢华和百姓的疾苦，最后得出"族秦者，秦也，非天下也"的结论，并且表达了"秦人不暇自哀，而后人哀之，后人哀之而不鉴之，亦使后人复哀后人也"这一真知灼见。文章前后的逻辑关系和卓越的历史理性使世人赞叹不已。中国古代的博弈、运筹、兵法，等等，都有逻辑在其中，逻辑就在人的生活中潜藏着。

亚里士多德的"人是有理性的动物",就指出了人的定义。对历史的考证,必须依靠逻辑。史书中前面说有某事件,后面说没有,这时就需要依据其他方面的材料进行逻辑推理来决定有无。

以"空城计"的故事为例。《三国志》没有记载诸葛亮的"空城计"事件,但这个故事在南朝裴松之为《三国志》作注时就有流传。南朝宋文帝刘义隆认为《三国志》太简单,命令裴松之搜寻各类材料补充《三国志》。裴松之引用了大量的材料,有150多种。其中有本书提到司马懿的后人与朋友对话,朋友说到了空城计的事件,并且以此事件嘲笑司马家族。裴松之从几个方面分析,质疑这个故事的可信性。"空城计"的故事说是发生在西城,在陕南的东部,现在的安康一带。当时汉中和关中是主战场。诸葛亮在汉中,出祁山伐曹魏,先向宝鸡方向出发,然后从渭水上游向关中西安发动进攻。当时曹家不信任司马懿,让自家人曹真驻守关中,而司马懿的部队在当今的湖北一带,所以西城的地理位置与"空城计"对不上,司马懿也不在关中。曹真曾经计划主动进攻诸葛亮,从关中进入汉中,但是在路上遇到大雨,恶劣天气将近一个月,曹真也因此生病。这时,曹家才将司马懿调回关中。所以司马懿与诸葛亮在西城的对抗,没有可信性。

中国史学是有逻辑的,但中国人没有将逻辑抽象地发展出一套有定律有系统的学科,而习惯于具体的形象思维。先秦诸子论证其观点时,都是引用具体的历史事件,司马迁引孔子语"我欲载之空言,不如见之于行事之深切著名也"(《史记·太史公自序》)。"道不离器"的说法表明,"道"本身不能推演,必须依靠具体的事物"器"来解释。中国人所依靠的逻辑主要是归纳法。西方人则认为,归纳法是不可靠的,你可以举出一万个例子,但找出一条相反的例子,结论就不成立。

史学离不开逻辑,材料的取舍和甄别等等,都要经过逻辑的推理。逻辑理性和历史理性又是相互联系的。逻辑理性直接影响到自然科学,历史理性影响到人文学科。而自然科学本身也是历史的。逻辑理性对历史理性来说,是必要条件,但不是充分条件。没有逻辑理性,就没有历史理性;但是,有逻辑理性不见得就有历史理性。为什么如此?因为人作为一种动物,有非理性的方面：七情六欲。感性、情感是人生活中不可或缺的，德国哲学家狄尔泰提出的"体验"（erleben）是生命存在的方式。感情这东西，动物也具有，但动物没有逻辑理性。逻辑理性与历史理性，前者以推理为主，后者以感性为主。单靠逻辑，没有经验，是不行的；单靠经验，没有逻辑，也不行。英国从培根开始，二者结合，出现了工业革命。

我们再看逻辑理性、历史理性与道德理性（伦理学）的关系。伦理学也是一个专门的学科。欧洲有个学者，后来去了美国，叫麦金泰尔（A. MacIntyre），写了《谁之正义？何种合理性？》，研究道德理性。他不仅研究西方的，也研究中国的。道德理性自古就有两种。苏格拉底和柏拉图认为，"知识即美德"。知识决定道德，知道什么是善，就会行善。在苏格拉底看来，道德是由逻辑理性决定的。亚里士多德不同意老师的观点，他的《伦理学》强调道德由风俗决定。风俗有时代的不同，地区的不同，道德观是不同的。所以，亚里士多德的道德观是历史的。康德认为，道德一定以理性原则为前提。"金律"（Golden Law）也是历史的，古今贯通的；也是随时间推移而变化的。一些古人认为符合道德的东西，现代人则认为不符合。中国人认为符合道德的，外国人认为不符合。宗教极端主义分子和恐怖分子的道德观也与其他人不同。不同道德观的人，在历史舞台上都受到逻辑理性和历史理性之光的照耀。苏格拉底的道德观是逻辑理性，亚里士多德虽然强调逻辑理性，但他的伦理学却是历史理性。文艺复兴时期的拉斐尔在梵蒂冈教皇宫里创作的《雅典学院》，将柏拉图和亚里士多德二人放在画中央，柏拉图手指向天，亚里士多德手指着地，表现出师徒二人的理论不同。

凡是认为古今道德是一律的，就是逻辑的；凡是认为道德可以继承可以变化的，就是历史的。我们可以说，道德理性既有逻辑理性的依据，也有历史理性的依据。在逻辑理性占统治地位的情况下，道德理性受其支配；在历史理性主导的情况下，道德理性也必然受其影响。中国的伦理有古今相同的道德，比如"己所不欲勿施于人"不随时代变化，有逻辑理性的背景；中国伦理也讲前后变化的道德，这集中体现在"礼"的层面上。孟子认为，"男女授受不亲"，是符合道德的，但是，见嫂子落水而不去援手相救，

"是豺狼也"，这种情况下，"男女授受不亲"的规矩可以不遵守，这叫做"权"，即权变。权变，就是以非正常的手段达到正常的目的。中国人现在认为男女跳交际舞，道德上没问题，已经放弃了"男女授受不亲"的观念。可见，道德理性反映了逻辑理性和历史理性。

在中国，历史理性与道德理性紧密地结合在一起。从周人的天命论开始，古典文献中充满了统治者必须以德治国才能够长期执政的看法，尤其是春秋战国时期，人们对三皇五帝的憧憬，更是把三代由天命论决定王朝命运的历史推向乌托邦式的远古时代。《春秋》作为史书，也是为了经世致用而作。孟子的"五百年必有王者兴"（《孟子·公孙丑下》）体现了历史理性和道德理性的结合，他所推崇的"王者"是实行"仁政"的君主。

道德能不能继承？这个问题中国曾经讨论过，是以批判的态度对待的。无产阶级怎么能继承封建主义、资本主义的道德？可是，以真正马克思主义的观点来看，对传统道德应该批判地继承，这也是黑格尔的否定中的继承。批判继承，既是逻辑的，又是历史的。逻辑在道德上有合理性，道德怎么能没有继承呢？刚出生的婴儿，无法以道德观去衡量，他一出生就在承受着历史的包袱。中国古代，男女如果没有媒人，怎么能结婚呢？现在则无所谓。可见，不同时代，道德标准不一样。男女授受不亲，当时也有一定的合理性。中国人对西方男女见面相互贴脸的行为，是看不惯的，认为不符合道德标准。大清王朝的使臣见到这样的行为，惊吓不已。现在则不同了。道德是由风俗决定的，一点不假。

人必须有历史理性，也必须有逻辑理性。逻辑理性也好，历史理性也好，对人都是必要条件，不是充分条件。这一点在历史中得到了证明。这两种理性各自都可以在不同的文明中占据支配地位，其他理性占从属地位。

（四）历史理性与逻辑理性的作用

世界历史，在科学革命之前，中国一直处于优越的地位，而西方处于落后的地位。因此，李约瑟在他的《中国科学技术史》中提出著名的问题：为什么中国没有发展出科学革命？从上面的分析，我们可以说，原因是中国重人事的历史理性占有支配地位，而西方以逻辑理性占统治地位。可以说，西方人"醒来"早，而"起来"晚。古希腊以逻辑理性为基础的几何学、数学、自然学，在当时没有什么实际用处，所以长时期内是学者为了纯学术而研究的对象。直到 17 世纪，逻辑理性才为科学的发展提供了决定性的方法。法国的笛卡尔将几何学和数学结合在一起，创立了解析几何，引入了坐标系和线段的计算方法。这一贡献的用途非常大，比如，可以计算抛物线。英国的经验主义者培根和其他几位哲学家兼科学家提倡科学研究应当是理论和实验相结合，这一方法在科学领域也有极大的贡献，开启了工业革命。培根的经验主义是建立在亚里士多德的基础之上的，除了分析判断以外，又加上综合判断，西方走到了前面。培根的书名《新工具》，就是针对亚里士多德的《工具篇》，两人同等重要。一切科学学科，包括研究微观世界的量子力学，都是以严密的数学逻辑为基础的，每条定律都有相应的数学公式表示。没有逻辑就没有科学。

历史理性的作用表现在社会层面。现在产生文明冲突的原因很多，其中一个是伊斯兰教与基督教的风俗不相容。如果依赖逻辑理性来解决文明冲突，必然产生更严重的冲突。历史理性是法宝，可以解决这个问题。如何证明？罗马帝国时期的近东、中东，犹太教、基督教、伊斯兰教，三大教之间，甚至各个教本身内部，有着尖锐的矛盾冲突，甚至发生多次战争。任何一个温和的教派，在受到压制时，都有可能发展为原教旨主义。历史理性关注人的情感，强调"变"中有"常"，寻求历史所以然，因此能够引导人们设计出合理的解决方案。

人类既然有非理性的一面，就不能仅以逻辑理性来处理矛盾。韩国人与日本人有很大的矛盾，这就是历史造成的。如果没有历史理性，我们就不容易理解历史。人是有理性的动物，但不是纯理性动物。宗教人士认为纯理性的只有上帝，非宗教人士认为纯理性的人如同计算机，失去人情味。也就是说，人除了理性之外，还有感情，所以人的行为不全由理性支配，在很多情况下，感情支配人的行为。理性与非理性，柏拉图和亚里士多德都分析过了。他们认为，人的灵魂中大致有四个部分，有的属于理性，有的是非理性。先秦儒家也提到这方面的问题，性善性恶即是，但他们的分析没有希腊人充分和彻底。

人性的善恶或人的灵魂中的理性和非理性的问题，历史理性能够理解，而纯粹的逻辑理性则不能。正因为如此，人类历史才有偶然性，而以逻辑理性推之，历史则没有偶然性，全是必然的。说"人心叵测"，"知人知面不知心"，"不按常理出牌"，都是明显的例子。人在作决定时，往往有"不在场"的非理性因素在后面起作用。历史必然与偶然的问题可以从这两类理性的作用予以回答。逻辑理性必须历史化。几何学的论证，不需要结合事实，仅仅是一条一条地推导，就必然得出结论，没有偶然，数学概率论才有一定的偶然性，这是因为概率论结合事实了，历史化了。

西方严格的逻辑是排中的，非彼即此，这样易于导致强制别人，不结合实际情况。这是今天中东动乱的原由之一，也是"阿拉伯之春"造成一片战乱的因素。"非我族类，其心必异"，就是排他的。世界需要包容性，需要多元化。孔子的"己欲立而立人，己欲达而达人"（《论语·雍也》），"己所不欲，勿施于人"（《论语·颜渊》）是包容的，是适合人类的，是"金律"。基督教有包容性，但历史上暴力不断。人类在进步，现在的基督教好多了。

逻辑理性在永恒中求真理，历史理性在运动中求真理。运动中何以能够求得真理？因为运动是"常"与"变"的统一，"常"中有"变"，"变"中有"常"，无"常"就无理性可言，真正的历史就是"常"与"变"的统一。这是逻辑理性和历史理性概念上的根本区别。人怎么能不是历史的呢？人总是有生有死，不可能像上帝一样是永恒的。逻辑理性和历史理性相互排斥。逻辑理性从抽象开始，一抽象就超越时间，超越空间，历史就被甩出来了。历史则就在时间空间中。

我觉得，伦理学能够成为理性的，已经是实践理性了，而历史理性不过是实践理性的一种。伦理学有从逻辑理性推出来的、固定不变的规则，适用于任何时代和地区，比如，康德的"绝对命令"和"人就是人，而不是达到任何目的的工具"，孔子的"己所不欲，勿施于人"，等等。伦理学也有历史理性的内容，比如，由于风俗的变化，过去符合道德的行为，后来不符合了；过去不符合道德的，后来符合了。冯友兰先生曾提出道德可以"抽象继承"的说法，这个观点很矛盾，道德到底是苏格拉底的"知识说"呢，还是亚里士多德的"风俗说"？风俗是变的，而逻辑理性的"知识说"是不变的。麦金泰尔的伦理学，也涉及逻辑理性和历史理性。

西方思维走向抽象的道路，一旦抽象，就超越时间空间。抽象时舍去具体的东西就不在场，留下的是在场的，是一种抽象的在场，是永恒在场的，所以叫做"在场的形而上学"。抽象的方法是为了舍去现象，探究本质。只有通过不断地抽象，不断地进行定义，不断排除在场的，数学和其他科学才能够发展出来。在场形而上学对人生没有什么用，简单的逻辑学对人生还是有用的，到了数理逻辑的高层次就没什么用了。科学方面的数码技术对人生的影响很大，从照相机到电脑，都是革命性的。20世纪的存在主义哲学流派就批评在场的形而上学，海德格尔追求的存在，不是在场的形而上学的存在，而是要活生生的人的存在。存在主义者认为，在场形而上学否定了存在主义所追求的"存在"（existence），即人的存在。

每一个人自身不全是理性的，人与人结合成群体，非理性成分就更多了，许多事情的处理，是不需要逻辑理性的，可能性就够了。比如夫妻，一个是南方人，一个是北方人，吃米吃面的问题很难避免。解决这样的生活问题，逻辑理性是没有好的效果的。历史不像算命可以预知将来，历史有不可预测性，但是，不可预测之中，有没有可以预测的？传统中国的史学回答：可以。人们可以从历史发生过的事件引以为鉴，可以通过时刻调整达到理想的历史目标。

这一节分析了中西思维方式的不同，认为所有方面的不同可以归结到理性结构的不同。逻辑理性主宰了西方的思维，历史理性引领了中国的思维。

三、二分法的不同是理性结构不同的根本原因

思维方式的根本不同，不少人倾向于从社会生产方式和地理位置上去

寻找答案，比如，西方文明起源于地中海沿岸，商业和航海业发达，人们的特点是开放性，而中国是农业社会，人们安土重迁。生产方式和地理环境方面的解释不是根本的，历史的资料也不足以能够说明这个问题。前面提到的希腊和中国在前轴心时代留下的历史遗产的多寡不同也是一个原因，但这些原因都不是主要的，我们应该从人类思想起源方面寻找，其主因是思维的"二分法"（dichotomy）的根本不同。

我们如何能够知道人类最早的思想方法？知识是从什么时候开始的？没有任何历史记载可以回答，只有从逻辑上去寻找答案。人类最初状态是混沌的，这虽然没有任何历史根据，但传说中有。中外都经历过一种混沌的状态，英文是chaos，是一无所知的状态。最初的知识是一分为二观念的产生，一个分成两个的观念。中国的神话"盘古开天辟地"讲的就是一分为二，天地之分。老庄也讲混沌。《庄子》讲南海之帝、北海之帝为中央之帝混沌开窍，一日凿一窍，七日凿七窍，七窍成而混沌死。这反映了认识是从区别产生的，没有区别则不能有认识。孩子最早认识的是父母，妈妈爸爸的发音mama、baba，在世界上是通语，因为都是唇音，发音最容易。假如没有比较，那么我们所面对的就只能是一片混沌。人类认识的真正起点只能是混沌的二分。视觉之区分光明与黑暗，听觉之区分安静与喧哗，嗅觉之区分清香与恶臭，味觉之区分鲜美与苦酸，触觉之区分柔软与坚硬等等。一切感性知识皆由此开始。在康德的认识论体系中，在感性认识阶段作为先验的直观形式的时间与空间，是以比较的形式呈现的。在知性认识阶段作为先验的十二范畴（分为四组）也无不以比较的形式而呈现。甚至进到了他的理性认识阶段，他觉得出现了无法解决的"二律背反"（Antinomy，也分为四组），至黑格尔则以"存有"（Being，Sein）本身就包含了矛盾来加以解决。所以，康德的"二律背反"也是以一种比较的形式呈现的。比较既是一切作为认识对象的存在的基本属性，也是认识本身的基本属性。因为人类认识对象与人类认识主体的基本属性统一，所以对于真理的认识是可能的。从逻辑上说，人的知识绝对是从一分为二开始的。

希腊哲学史上最早采用二分法的是毕达哥拉斯，他的有理数与无理数，就是二分法。无理数被排斥在有理数之外，因为二者之间不可通约。二分法在数学上的作用正是逻辑理性的体现。几何学也建立在二分法基础上。几何不能有矛盾，是就是是，非就是非。毕达哥拉斯以后的哲学二分法是存在与非存在之分，存在就是有理的，无理的就不能存在。比如，巴门尼德的存在与非存在之间绝对排中，非有即无，非无即有。凡是存在的就是知识，是能说和能想的知识；非存在不能说不能想，不是知识。存在是一，而不是多。柏拉图的"分有说"，将存在从一发展为多。一个"我是"就分成两个，一就变成多了。不能动的"是"变成可动的。"我不是"包括了"是"。这个动，是观念的运动，不是历史的运动，不是历史理性。历史理性是人的运动，而这只是概念的运动。然而，概念的运动，一分为二，突破了静止的观念，在思想上是非常有意义的，涉及辩证法。西方的二分法对科学绝对有好处，当今的数码技术带来的革命，的确离不开二分法。

柏拉图运用两分法来寻找定义，先将一个普遍性的概念分出两个相互对立的概念，从二者中选出一个有关的概念再进行两分，重复这样的过程，最后得到定义。比如，"政治家"的定义先从"管理一群动物的技艺者"这个概念开始，将其分为"管理野蛮动物者"和"管理可驯服动物者"两个相对立的概念；然后将前者"野蛮动物"排除，对后者"可驯服动物"继续进行两分，得到"管理水生动物者"和"管理陆生动物者"；后者再分为"管理飞行动物者"与"管理行走动物者"；后者分为"管理有角动物者"和"管理无角动物者"；后者包括"管理可杂交动物者"与"管理不能杂交动物者"；后者有"管理四足动物者"和"管理两足动物者"；后者包括"管理有羽翼动物者"和"管理无翼动物者"。将每一层的两分中保留下来的那部分加在一起，就得到了"人"的定义。因此，"政治家"的定义就是管理一群可驯服的、陆地生活的、行走的、无角的、不能杂交的、两足的、无翅膀的动物的人。这一定义虽然不准确，但其逻辑的定义方法是奠基性的。更加严格的定义，是柏拉图的学生亚里士多德提出的"属概念加种差"（genus +differences of species）。

西方的二分法，永远是除外法：规定一次，就否定一次。规定了"管理无角动物"，就将"管理有角动物"除外了。斯宾诺莎的"规定即否定"的深层含义就在这二分法之中；牟宗三先生也说："一有抽象，便有舍象。"每抽象一次，就会抽出共同的东西而舍去特殊的东西。所有"A是什么"这类的命题，同时也说明"A不是什么"。比如，"你是"，就是"你是你自己"，意味着"你不是非你"，将不是你的人排除了，这才真正把"你"讲全面了。"你是人"这样的判断表示，你不是非人，但因为大家都是人，"你"与别人分有了"人"这个概念。这两句话在逻辑上把一个"你"分成了两个"你"。

二分法和思想律是全部逻辑系统的基本原理。二分法体现了逻辑的对偶原则：任何一个项 A 被否定后就成为它的相反项 –A，–A 被否定就成为它的相反项 A。比如：有理数的否定就是无理数，反之亦然；存在的否定是非存在，反之亦然。存在好理解，非存在就不好理解了，在现实中没有，但它的意义是逻辑上的，逻辑的威力就在于它可以超越感性的认识，在纯理性中不违反定律的要求。肯定和否定的对偶性是思想律的根本。二分法的关键在于与三条思想律（同一律、矛盾律、排中律）紧密相关。一个概念在被两分之前，自身就等于自身。公式是 A=A，不能不是 A。这是同一律。两分之后的两部分之间的关系必须是相互排斥的，非彼即此。用判断句表示就是：凡 S 不是 P，凡 P 不是 S；公式：A×（–A）=0。如果有的 S 是 P，或有的 P 是 S，二者的关系就不是相互排斥的。这是矛盾律。一个概念一分为二后，两部分加起来必须是穷尽的，必须还等于一，不能有遗漏的部分。用判断句表示就是：凡非 S 是 P，或者，凡非 P 是 S；公式是 A+（–A）=1。这是排中律。

中国的是《周易》的两分法，即阴阳鱼、太极图式的。阴阳是互补的。男为阳，女为阴，男女结合生子，繁衍后代。因此，由阴阳而八卦，由八卦而万物。阳卦中有阴，阴卦中有阳。西方的两分法，1 里面的 A 和 –A 不能运动，《周易》的阴阳是可以运动的，但运动的规则缺乏逻辑。阴中有阳，阳中有阴，二者不是排斥的，也不可能从一个极端走到另一个极端，没有剧烈的断裂。《周易》的二分法，被排除的东西又进来了。乾坤没有定义，在这里是天地，在别处是牛马，是父母，等等。乾坤永远在场，因为舍象没有舍出去。母亲生了儿子，阴（母亲）就应该退场了，只剩下阳（儿子）。这与西方的不同。西方每一层的抽象，都将一部分舍掉。说到茶杯时，所有茶杯的概念就在场，非茶杯之物就被舍掉，或退场了。抽象的结果到"是／存在"的时候，就是永远在场。

毕达哥拉斯以数为万物本原，《老子》也讲数，"道生一，一生二，二生三"用数来解释。可是再往下，就没有数了，而是象。以后的思想家将数发展为术，即《易》中的象与术的结合。比如：六、七、八、九，老阴、少阳。三阳为老阳，三阴为老阴，二阳一阴为少阳，二阴一阳为少阴。"大衍之数五十"的"数"不再是《老子》"一生二"所讲的数了。其结果就是没有往抽象的方向发展，象术都是现象界的和具体的事物。《老子》提出"道"，没有进入"非道"的理路去讨论。

《周易》从阴阳两分开始，但没有继续沿着两分的道路向下走。八卦是阴阳两极产生的结果。乾坤为两个门户，进入后，应该二分为四，但没有继续两分，而是用三分来组合。在乾坤两卦之下，三个阳卦，三个阴卦。为何两个阴爻一个阳爻的卦属于阳卦？王弼认为，天地人三才，做主的只有一个。王弼注《易》，已经排除了很多汉代的"术数"非理性成分，但他的理性仍然不够彻底。他的"三才"说不对，三应该代表三个阶段。人类早期，观察到一切东西都有发生、发展、衰亡三个阶段，一、二、三这三个数可以代表每一天早中晚的现象和人类少年、中年、老年的现象。如果从阴阳继续二分的话，就无法表现三个阶段的观念。佛教讲生、老、病、死四个阶段，其实主要还是三个，合病与老为一个阶段。天地人三才是横向的分法，三阶段是纵向的分法，这符合早期人类对事物观察有三个阶段的认识。阴阳是观察事物得出来的两个相关的观念，光明与黑暗，白天与夜晚，太阳与月亮，男与女，等等。同样，三个阶段的观念也是观察的结果。说"天垂象"，"观天象"，就是这个意思。

基于白天黑夜的阴阳观念，发展出早中晚三阶段的观念，这就是从二发展出三的走向，异于西方的两分法走向。有了早中晚的时间观念，阴阳的发展和变化就成为可能的了。有什么证据说有早中晚观念？八卦分别代表了不同的事物，有自然界的，有人类社会界的，比如家庭成员。乾卦下面的这三个阳卦中，"震"是长子，"坎"是次子，"艮"小儿子。坤卦下面的三个阴卦中，"巽"为大女儿，"离"为二女儿，"兑"为三女儿。这些子女就是在不同时间出生的。八卦中的阴阳没有明确的时间性，而早中晚三阶段是时间性的。早中晚是三个，阴阳是两个。三和二，用数学的方法组合，就是六个，再组成重卦，就是六十四个。由二到八，中间有个六。从二发展到三，中国古代的数就到此为止，以后都以象为主。

可见，《周易》的阴阳两分，不是严格的对偶，不是相互排斥的，无法发展成逻辑学的矛盾律和排中律，因为阴中有阳，阳中有阴。这一点尤其表现在后来的阴阳鱼或太极图之中。《周易》的阴阳二数，发展出三，没有沿着两分的原则向下发展。《老子》也背离了两分，由数进入象术的领域。阴阳观念是经验的，没有升华到思辨的高度。从另一方面看，《周易》的阴阳是运动的，可以互补，另外，早中晚的时间概念也是变化的、循环的，从而可以为历史理性提供哲学基础，即事物是"变"与"常"的统一，有一定规则可寻。另外，阴阳二者虽然有分别，但没有互相排斥，没有将不在场的舍去，二者都在场，没有形成西方的在场形而上学，有利于中国历史理性的形成和发展。历史理性强调"常"与"变"，不仅考虑在场的因素，也考虑不在场的。可以说，西方文明中逻辑理性占主导和中国文明中历史理性占主导，其根本在于二分法的不同。

也许有好奇者会追问：为什么中西的二分法会不同？这个问题很难回答，但有一点是可以肯定的：语言的不同有一定的影响。语言的特点在很大的程度上导致了逻辑的特点。语言和逻辑是紧密相关的，中西皆同。属于印欧语系的希腊文有一个特点，即一些词加上前缀 a，就构成该词的反义词，从而产生一对意思相反的词，正是两分法的对偶性。比如：tomos 是分割的意思，加上前缀 a 为 atomos（英文的 atom）构成分割的反义词：不可分割，即原子。追究中西文化不同的原因，追到语言学特点，就算到源头了。再往前是不可能的，我们不能回答"什么因素决定了中西文明起源时不同的语言特点"这样的问题。

　　作者附言：本文原是 2010 年 6 月我在上海师范大学参加一个史学理论研讨会上的发言。2017 至 2018 年间，大约有半年时间，陈宁博士每周三来我家讨论学术。他根据录音，整理成文，而且核实了相关资料，并对第一部分的前人观点做了增补。这篇文章是我们共同劳动的成果，特此说明，并向他致以衷心的感谢！

原载《北京师范大学学报（社会科学版）》2020 年第 3 期

初版后记

《史学、经学与思想》既已编成，行将付诸出版，照例该写几句话作为后记，向读者诸君作一些必要的交代。因为有关书中内容安排等问题在序里已经有所说明，这里就剩下自己有义务（liability or liabilities）要说的事了。

首先，我有义务（liabilities）要致谢。西方学者的书里通常有专写致谢的一页，而我们一般都写在后记里。此书中有关于理雅各的三篇文章，邵东方博士写了其中关于《竹书纪年》部分的内容，费乐仁博士曾提供了关于理雅各本人的若干资料，平时也讨论过不少学术问题，互有启发，应该向他们致以友情的谢意。蒋重跃博士为此书的文章收集、校勘、编排费了很多宝贵时间和精力，还有石洪波、安建、马宏伟、储著武、王振红、王永康、庞慧七位同学不辞劳苦，协同重跃在以上诸方面做了大量工作，在此谨一并向他们致以衷心的谢意。北京师范大学出版社的总编辑杨耕教授约我出这一本书，总编助理李春梅编审对我作了耐心的动员，还组织了此书的全部编辑与校对工作，在此也谨一并向他们致以诚挚的谢意。其他平时在学术交谈中给予我启发的师友（友中包括曾经教过的同学）甚多，无法一一列名，内心常怀敬意而已。

再则，我确有义务（liability）说明自己在此书即将出版时的心境。如果用一句话来说，那就是，我对书里的每一篇文章都不能感到完全的满意，或者说，我已经开始或多或少地感到了它们在不同程度上的不足。一般说来，文章发表以后不会太久，我就会开始发现其中之不足，历时愈久，感觉不足愈多。我不敢轻言出文集，实在与这种感觉有关。朋友们往往劝我说，学问无止境，文章自然也无止境；文集可以标志阶段性成果，只要本来还不是粗制滥造，出版文集也并非封杀研究过程。一个时期的文集出来，听听意见也是不断求进步的一个法门。朋友们的这些好意的劝说一方面减轻了我对出文集的心理压力，但必须指出，另一方面我认为这也是朋友们对我发出的庄严的学术指令：必须不断努力地克服原有的缺陷与局限，用新的进展来代替原来的不足，这样才能面对学术界和读者。于是，这也就成了鞭策我继续前进的新压力，我欢迎这一新的压力。

家和谨识于愚厂

2004 年 6 月 28 日

增订版后记

　　这本文集此前已经由北京师范大学出版社出版过两次（2005年、2013年）。在这本书的正文之前，我比较认真地写了一篇序言，对此书的内容作了比较系统的介绍。

　　商务印书馆郑殿华、于殿利二位编审向我征稿时，是和《古代中国与世界》同时征稿，后者早已在2020年出版，而这一本却拖到了2023年。原因是一直考虑是否要把拙作《理性的结构——比较中西思维的根本异同》（陈宁博士帮我记录、加工完成的）加到此书之中。当时未曾将此文加入，是因成文的时间相距甚远。可如今又想加入，因为关于理性结构的问题在我的思想酝酿中实际经历了很多年头，与这本书里其他文章基本同时，加入此篇可以和本书原有各篇互相参考、印证。

　　我有义务要致谢。此书中有关于理雅各的三篇文章，邵东方博士写了其中关于《竹书纪年》的部分，费乐仁博士曾提供了关于理雅各本人的若干资料，平时也讨论过不少学术问题，互有启发，应该向他们致谢。蒋重跃教授为此书费了很多宝贵时间和精力，还有庞慧、石洪波等同学不辞劳苦，协助重跃做了大量工作，在此谨一并向他们致以衷心的谢意。

　　如蒙各位专家学者赐教，则不胜感谢之至！

家和谨识于愚厂

2023年11月1日